Joe Kane

# Wir bezwangen
# den Amazonas

Bericht über die
einzige internationale Expedition
von der Quelle bis zur Mündung

Aus dem Amerikanischen
von Andrea Galler

Droemer Knaur

# Inhaltsverzeichnis

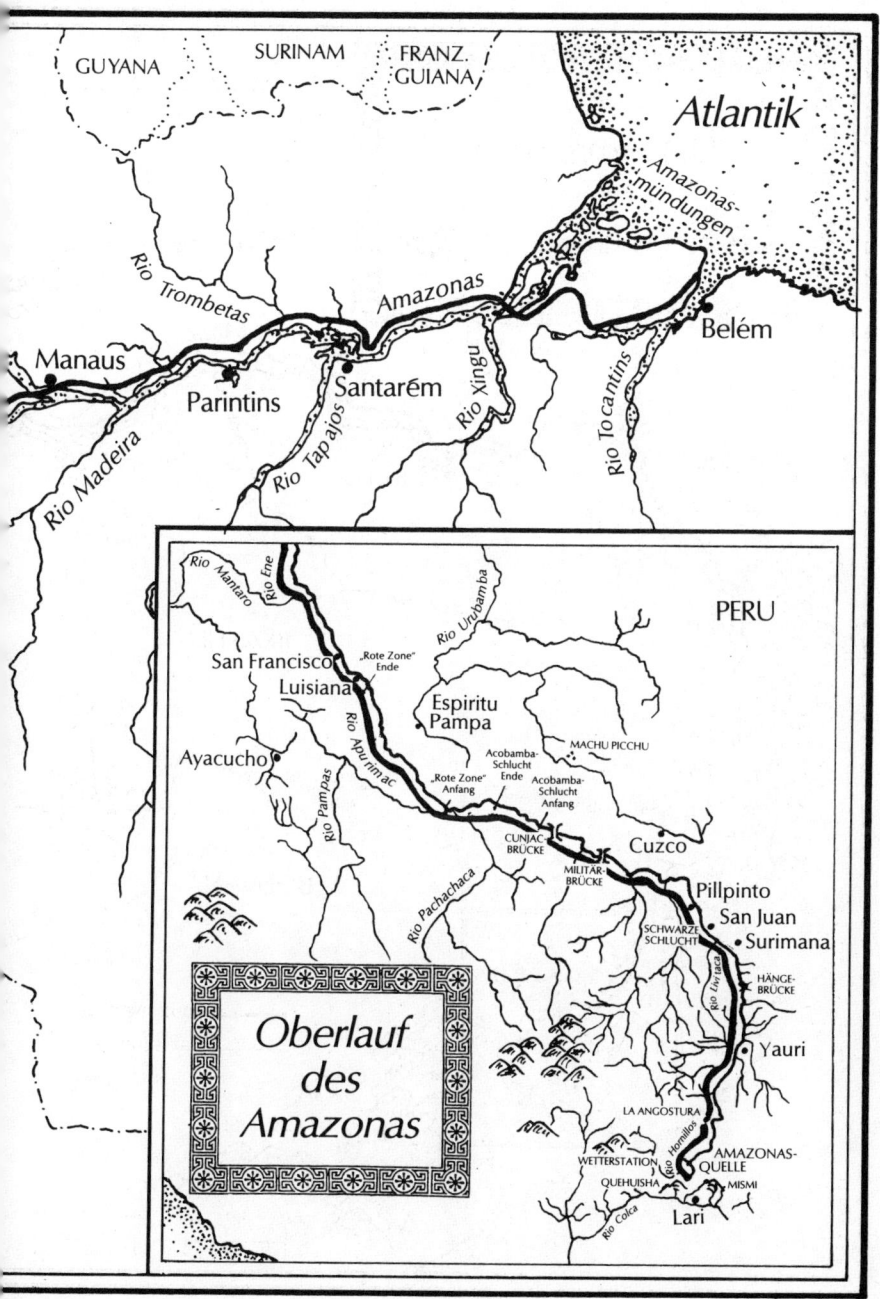

GUYANA  SURINAM  FRANZ. GUIANA

Atlantik

Amazonas-mündungen

Rio Trombetas  Amazonas

Belém

Manaus

Parintins  Santarém

Rio Madeira  Rio Tapajós  Rio Xingu  Rio Tocantins

PERU

Rio Mantaro  Rio Ene

San Francisco  „Rote Zone" Ende
Luisiana

Rio Urubamba

Ayacucho

Espiritu Pampa

MACHU PICCHU

Acobamba-Schlucht Ende
„Rote Zone" Anfang  Acobamba-Schlucht Anfang

Rio Apurímac

Rio Pampas

CUNJAC BRÜCKE

Cuzco

MILITÄR-BRÜCKE

Pillpinto
San Juan
Surimana

SCHWARZE SCHLUCHT

Rio Pachachaca

Rio Urubamba

HÄNGE-BRÜCKE

Yauri

*Oberlauf des Amazonas*

LA ANGOSTURA

Hornillos

WETTERSTATION

AMAZONAS-QUELLE

QUEHUISHA  MISMI

Rio Colca  Lari

# Danksagung

Die in diesem Buch geschilderten Erlebnisse zeugen von den gemeinsamen Anstrengungen aller Teilnehmer der Befahrung des Amazonas von der Quelle bis zur Mündung. Hier ihre Namen: Tim Biggs, Zbigniew Bzdak, Piotr Chmielinski, Kate Durrant, Jack Jourgensen, Sergio Leon, François Odendaal, Jerome Truran, Fanie van der Merwe und Pierre van Heerden. Sie haben sich nicht nur auf das Wagnis eingelassen, den Amazonas zu befahren, sondern auch einem völlig Fremden – denn das war ich für sie bei meiner Ankunft in Peru – erlaubt, sie bei diesem Unternehmen zu beobachten und über sie zu schreiben. Dies zeugt von dem außergewöhnlichem Mut aller; er blieb für mich bis auf den heutigen Tag vorbildlich.

Die Mittel für die Teilnahme und den Mut, über die Expedition zu schreiben, verdanke ich dem Einsatz meines Agenten Joe Spieler. Mein Verleger, Ashbel Green, half mir vom ersten Entwurf bis zu den letzten Korrekturen am fertigen Buch. Ohne ihn wäre dieses Buch nie erschienen. Von den vielen Menschen, die das Manuskript gelesen und kommentiert haben, gilt mein besonderer Dank K. Patrick Conner und Daniel Ben-Horin. Sie haben sich mit wachem Auge und spitzem Bleistift durch mehrere Manuskripte gekämpft. Ich stehe für immer in ihrer Schuld.

Die Expedition als solche wäre ohne die finanzielle, logistische und emotionale Unterstützung vieler Menschen niemals gelungen: Bryce Anderson, Patricia Moore, Jim Allison, Jacek und Teresa Bogucki, Kaye Reed und den Bewohnern von Casper, Wyoming, Canoandes Inc., Michael und Selma Kon, Jerzy Majcherczyk, Andrzei Pietowski von Canoandes Expeditions, Jerzy Dylski und Polonia aus New York, Boleslaw Wierzbianski von Nowy Dziennik, New York, John Tichenor, Wilbur E. Garret und dem National Geographic Magazine, Mark Bryant und dem Outside Magazine, und dem South American Explorers Club. Ein besonderer Dank gilt Marc Reisner, Jim Keller, Randall Hayes und dem Rainforest Action Network, und Manuel Lizarralde.

Die folgenden Firmen lieferten uns ausgezeichnete Ausrüstung und Proviant. Bill Masters von der Firma Perception und Aquaterra-Kajaks, deren Kajaks uns durch die Stromschnellen getragen haben. Sally McCoy von der Firma North Face, deren Zelte sechs Monate lang unser Zuhause waren. Jeanette Smith von der Firma Yurika, die uns mit Lebensmitteln versorgte, und schließlich Jim Stohlquist von der Firma Colorado Kayak Supply, die uns mit der nötigen Wildwasserausrüstung ausstatteten.

Von den Hunderten von Menschen, die uns während der Reise in Südamerika halfen, danke ich besonders: Luis E. Muga in Lima, Antonio Vellutino und seiner Familie, der Familie Arana, Jose Domingo Paz und Familie, Mauricio de Romana und Familie, dem Hotel Turistas und dem Pizza Nostra Restaurant in Arequipa, Edwin Goycochea und der Firma Rio Bravo, Cahndo Gonzalez und Mayuc-Expeditions in Cuzco, Enrique »Kike« Toledo in Iquitos, Foptur, der peruanischen Touristenbehörde und Aero Peru.

In Brasilien gilt mein Dank Ivano F. Cardeiro von Emamtur, der uns vor den Wirrnissen von Manaus beschützte, Maria Severa von Paratur und den Angestellten des Equatorial Palace Hotels, die uns die Rückkehr in die zivilisierte Welt erleichterten. Dasselbe gilt für Mateusz Feldhuzen von der Firma Nowy Dziennik in Rio de Janeiro. Danken möchte ich ebenfalls dem Fernsehsender ABC mit seiner Sendung »Good Morning America« und der Pan American Airlines, die unseren Rückflug ermöglichten.

Viele Eindrücke dieser Reise verstand ich damals nicht und konnte sie auch nicht so verarbeiten, wie ich es mir gewünscht hätte. Die folgenden Bücher haben mir nachträglich Klarheit verschafft: Donald Wrights *Cut Stones and Crossroads*, Billie Jean Isbells *To Defend Ourselves* und John Hemmings *The Conquest of the Incas* über die komplexe und faszinierende Kultur der Quechua. Für den Unterlauf des Amazonas sind die klassischen, aus dem 19. Jahrhundert stammenden Untersuchungen von Alfred Russel Wallace, Henry Bates, Richard Spruce und William Lewis Herndon noch immer von unschätzbarem Wert.

Elyse Axell liebte, versorgte, beriet und kritisierte mich sachkundig auf der langen Flußfahrt, die auch das Schreiben eines Buches ist. Sie hat mich aus so manchem dunklen Loch gerissen und ist inzwischen meine Frau geworden. Dieses Buch ist ihr gewidmet.

# I

# Hochland

# 1. Der Pazifik

Südperu, Ende August 1985. Unter einem bleigrauen Winterhimmel holperte ein zerbeulter Pritschenwagen, Marke General Motors, langsam über die »Puna« genannte Hochebene der Anden. Die Puna ist eine flache, baumlose Mondlandschaft, gesäumt von graubraunen Hügeln und steilen, grauen Gipfeln. Diese Hochebene ist neun Monate im Jahr knochentrocken, frostige Staubwinde pfeifen unablässig über sie hinweg. In 4500 m Höhe, wo der Sauerstoffgehalt der Luft nur noch die Hälfte des Wertes auf Meereshöhe beträgt, bekommen viele Reisende pochende Kopfschmerzen, und in den wenigen Augenblikken, in denen der Himmel aufklart, stechen kalte Sonnenstrahlen ungehindert nieder, daß die Augen schmerzen. Unwillkürlich kniff ich die Augen zusammen und nahm die Puna nur mehr durch die fast geschlossenen Lider wahr. Ich hatte das ungute Gefühl, noch nicht recht begriffen zu haben, auf was ich mich hier einließ.
Eng beieinander hockten wir zu fünft auf der Ladefläche des Lasters. Wir hatten uns vorgenommen, als erste den längsten Fluß der Erde, den Amazonas, von der Quelle bis zur Mündung zu befahren. Wir wollten jeden Meter dieses 6400 km langen Wasserlaufes, der in Südperu entspringt, sich dann in nördlicher Richtung durch die Anden windet, in östlicher Richtung durch den Kontinent wälzt und dann in den Atlantik mündet, mit eigenen Augen sehen. Dazu mußten wir aber zuerst die Quelle des Flusses finden, die irgendwo in diesem öden Hochland entspringt. Doch auf der Suche nach dem Ursprung des Amazonas fanden wir zuerst nur Staub. Obwohl wir husteten, spuckten und die Lider zusammenkniffen, trieb uns der heulende Wind, der über die Puna hinwegfegte, Staub in Kehle, Ohren, Augen und in jede Pore. Staub drang in Lebensmittelkisten, Wasserflaschen, ja bis in die Seele.
Rechts von mir saß der 29jährige Pole Zbigniew Bzdak, ein untersetzter, bulliger Mann mit sanften blauen Augen, einem roten Rauschebart

und einer Glatze mit spärlichem blondem Haarkranz. Reden war ihm trotz des Staubs so lebensnotwendig wie Atmen.

»Vor sechs Jahren lebte ich noch in Krakau«, rief er mir zu. »Ich studierte Fotografie und Nuklearphysik. Nichts Großartiges, aber auch nicht schlecht. Morgens Kaffee, nachmittags Bier. Eines Tages kam mein Nachbar, Piotr, zu Besuch und erzählte mir, daß er nach Südamerika reisen will, um jeden großen Fluß, den er finden könne, mit dem Kajak zu befahren.« Piotr hieß mit Familiennamen Chmielinski und hatte erst kürzlich sein Diplom in Maschinenbau gemacht. Er und sein neunköpfiges Team hatten der polnischen Armee einen Sieben-Tonner-Lastwagen abgeluchst, 20 Kajaks und einen Jahresvorrat Knoblauchsalami darauf gepackt und das Ganze auf einen Frachter verladen. »Der Frachter ist zum Auslaufen bereit, aber der Fotograf ist plötzlich verschwunden«, erzählte Bzdak. »Piotr fragte mich, ob ich nicht Lust hätte, mitzumachen.«

Zwei Wochen später reisten sie gemeinsam aus Polen ab. Damals meinten sie, in sechs Monaten würden sie wieder zu Hause sein. Aber keiner der Männer ist bisher nach Polen zurückgekehrt.

»Den ersten Fluß, den wir uns vornahmen, war der Pescados in Mexiko. Wir ließen sieben Kajaks zu Wasser. Binnen 15 Minuten verloren wir sechs. Der Fluß riß sie einfach mit sich.«

Aber sie ließen sich nicht unterkriegen und brachten es schließlich auf 23 Flüsse in elf Ländern, darunter 13 Erstbefahrungen. Die mexikanische Regierung beauftragte die Gruppe, sechs bisher nicht kartographierte Flüsse zu erkunden. Die National Geographic Society sagte ihnen Unterstützung zu für die Erforschung des tiefsten Cañons der Welt, des Colca in Peru. Jacques Cousteau lud sie ein, in dem Wildwasserteam mitzumachen, das er für ein Amazonas-Filmprojekt zusammenstellte (ein Angebot, das sie jedoch aufgrund anderweitiger Verpflichtungen ablehnen mußten).

»Zwischen Cousteaus Expedition und unserer gab es einen sehr großen Unterschied«, meinte Bzdak.

»Welchen?« fragte ich.

»Vier Millionen Dollar. Selbst auf dem Amazonas trinkt Cousteau guten Wein. Wir hingegen sind nahezu pleite.«

1981 gelang den Polen die erste dokumentierte Befahrung des Colca-Cañons. Als sie 1983 im Auftrag der National Geographic Society zum Colca zurückkehrten, heuerten sie den Südafrikaner Tim Biggs als Kajakführer an. Jetzt saß Biggs mir gegenüber, die Knie bis zu seinem Abraham-Lincoln-Bart hochgezogen. Dreiunddreißig, klein und muskulös, mit dunklen Augen und einem bereits ergrauenden Lockenschopf, war er als unerschrockener Flußfahrer mit außerordentlichen Energiereserven (einmal schlug er in einem 12-Stunden-Rennen ein achtköpfiges Rudererteam) und als ein Mann mit festen, wenn auch zum Teil erstaunlichen Grundsätzen bekannt. So war er – wie auch schon seine Eltern und Großeltern – ein Vegetarier aus einer Familie von Rinderzüchtern. Zwei Stunden spielte er nun schon mit seiner Mundharmonika gegen den Wind an, und zwar *Waltzing Mathilda,* die einzige Melodie, die er konnte. Immer wieder spielte er den Walzer und jedesmal schneller.

Biggs, von britischer Abstammung, hatte etwa zehn Jahre zur Weltklasse der Langstrecken-Kajakfahrer gehört, bevor man ihn wegen seiner südafrikanischen Staatsangehörigkeit in fast allen Ländern von den Wettkämpfen ausschloß. Deshalb hatte er den aktiven Sport aufgegeben. Die polnische Crew hatte er 1981 in Peru kennengelernt, wo er eine südafrikanische Expedition leitete, die den mörderischen Urubamba unterhalb des Machupicchu hinunterfuhr. Nach Abschluß dieser Expedition unternahm Biggs gemeinsam mit Chmielinski die erste Befahrung des schwierigsten Teilstücks des nahegelegenen Apurímac, der als der längste Nebenfluß des Amazonas gilt. Danach war er ihr Anführer durch das Nachtleben von Arequipa. Bzdak hatte ihm in dieser Nacht den Spitznamen »Zulu« gegeben.

In der Zwischenzeit hatte Biggs jedoch geheiratet und sich von seiner Frau zu einem strengen Bibelchristentum bekehren lassen. Seither las er oft ganze Abende in der Heiligen Schrift.

Obwohl er nun bereit war, einen Hausstand zu gründen und die elterliche Farm zu übernehmen, meinte er, für eine letzte Expedition habe er noch Zeit.

Neben Biggs saß Dr. Kate Durrant. Trotz des Schlafsacks, in den sie sich gewickelt hatte, klapperte sie vor Kälte mit den Zähnen. Sie war Engländerin, 30 Jahre alt, schlank, hatte ein schmales, aristokratisches Gesicht und trug einen kurzen Punkerhaarschnitt mit orangefarbenen Strähnchen. Jetzt hob sie gerade den Kopf und betrachtete, so gut es ging, die öde Landschaft der Puna. »In Momenten wie diesem«, meinte sie, »frage ich mich, wie ich nur hier landen konnte.«

»Sie sind hier, weil das hier besser ist als das langweilige Leben in London«, brummte Bzdak.

»Ja, wahrscheinlich haben Sie recht.«

Kate Durrant war die einzige Frau im Team. Außer uns vier Männern auf der Pritsche des Lasters nahmen noch weitere fünf Männer an der Expedition teil. Vor ihrer Ankunft in Peru kannte Kate Durrant nur zwei der Expeditionsteilnehmer persönlich. Sie arbeitete gerade in London als Allgemeinärztin beim National Health Service, als Freunde vom Fernsehen ihr von dem Plan erzählten, die erste Amazonasfahrt flußabwärts zu filmen. Die Filmproduzenten meinten, daß eine Ärztin ihrer Story eine besonders romantische Note verleihen würde, und wählten Kate Durrant aus mehr als 60 Bewerberinnen aus. Obwohl die Produzenten das Projekt aufgaben, betrieb Dr. Durrant die Angelegenheit weiter. Sie hatte sich im vergangenen Jahr mit Höhenkrankheit und allgemeiner Tropenmedizin beschäftigt und einen Medikamentenkoffer zusammengestellt, mit dem sie das Team gegen Malaria, Gelbfieber, Hepatitis, Tollwut, Geschwüre, Darmparasiten, Zahnschmerzen, Schlangenbisse, gebrochene Glieder und eine ganze Reihe weiterer Scheußlichkeiten behandeln konnte. Besonders unangenehm sind die sogenannten *candiru*, winzige parasitäre Fische, die sich in der Harnröhre des Menschen festklammern und nur operativ wieder entfernt werden können.

Dicht an mich gekuschelt und still leidend saß neben mir Sergio Leon. Als bedingungsloser Anhänger der Religionsgemeinschaft *Christian Science* hatte er nur widerwillig zweimal wöchentlich die von Kate Durrant verordneten Tabletten für Malariaprophylaxe eingenommen. Er war klein und dunkelhäutig, die stark ausgeprägten Wangenknochen seiner indianischen Vorfahren und der schüttere, schwarze Bart, den er von seinen spanischen Vorfahren geerbt hatte, bildeten einen reizvollen Kontrast. Leon hatte seinen Posten als Direktor des Corcovado Nationalparks von Costa Rica aufgegeben, um an dieser Expedition teilzunehmen. Der einzige im Team, für den Spanisch Muttersprache war, und gleichzeitig Experte für Tropenbiologie. Obwohl auch er unter der Höhe litt, jämmerlich fror und sich so schlecht wie noch nie fühlte, legte er jenen heiteren Gleichmut an den Tag, mit dem Menschen der Tropen den Unannehmlichkeiten des Daseins begegnen. Er sah aus wie fünfundzwanzig, in Wirklichkeit war er siebenundvierzig.

16

Ich war der einzige Amerikaner des Teams und – wie ich jetzt in der schmerzlichen Klarheit des rückschauenden Beobachters erkenne – bei weitem der naivste Teilnehmer dieser Expedition. In meinem Matchsack schleppte ich eine Taschenbuchausgabe von Joseph Conrads Werken mit mir herum, hatte einen neuen Safarihut aus Filz auf dem Kopf und trug ein Khakihemd mit Schulterklappen – also genau die Art von paramilitärischer Kleidung, derentwegen man in einem so gewalttätigen Land wie Peru auf der Stelle erschossen werden kann.

Mir war hundeelend. Ich fror und litt an der Höhenkrankheit. Außerdem war ich verwirrt über mein neues Selbstverständnis, das eher der Angst als wahrer Einsicht entsprang. Auf dem Weg nach Peru hatte ich mich in einem verklärten Licht gesehen, als einen Mann, der vor etwas weglief. Vor was, wußte ich selbst nicht. Auf diesem die Knochen durchschüttelnden Lastwagen erkannte ich dumpf und mit einigem Schrecken, daß ich auch auf etwas zurannte – nämlich auf das »schwarze Loch« des Amazonas. Zusammen mit neun mir völlig fremden Menschen.

Für mich fing dieses Unternehmen keineswegs mit einer heftigen Liebe für den Amazonas an, obwohl ich ihn später lieben lernte. Es fing vielmehr ganz prosaisch damit an, daß ich von einem wildfremden Menschen angerufen wurde.

Es war an einem jener wunderbaren Junitage in San Francisco, von denen es heißt, das Wetter sei so schön, daß man eigentlich gar nicht mehr von »Wetter« reden könne. Ich saß in meinem Büro und versuchte, meinen Artikel für die Verbraucherberatungsspalte des *Chronicle* fertigzuschreiben. Die süß-salzige Luft der San Francisco Bay strömte durch die geöffneten Fenster ins Zimmer.

Die Stimme klang gutural, mit dem Akzent einer germanischen Sprache; später erfuhr ich, daß es Afrikaans war. Der Anrufer stellte sich als Dr. François Odendaal vor; er arbeite im Auftrag einer amerikanischen Universität über Schmetterlinge, rufe jedoch wegen einer Sache an, die damit nichts zu tun habe. Es gehe um ein Projekt, das er bereits seit mehr als sechs Jahren plane. Er wolle der erste Mensch sein, der den längsten Fluß der Erde, den Amazonas, in voller Länge befahre.

Ich war skeptisch. Hatten nicht schon Menschen auf dem Mond Golf gespielt? Sollte der berühmteste Fluß der Erde tatsächlich noch nicht vom Ursprung bis zur Mündung befahren worden sein? Dennoch hörte ich mir an, was er zu sagen hatte.

Odendaals Expedition sollte mit einem Aufstieg zum Ursprung des Amazonas, einem Schneefeld hoch in den Anden, beginnen. Dort würde das Team dann in Wildwasserkajaks gute 650 km den Apurímac, eines der gefährlichsten Wildwasser der Erde, hinunterpaddeln. Sobald das Team den tropischen Regenwald erreicht haben würde, sollten seine Mitglieder für die rund 6000 km durch das Amazonasbecken bis zum Atlantik auf Seekajaks umsteigen. Odendaal schätzte, daß die Expedition vier Monate dauern würde.

Die Sache hatte jedoch einen Haken. In letzter Minute zog die englische Fernsehgesellschaft, die das Unternehmen hatte sponsern wollen, ihre Unterstützung zurück. Deshalb war derzeit völlig unklar, ob das Team wie geplant in sechs Wochen nach Südamerika aufbrechen konnte. Er sagte, gemeinsame Bekannte hätten vorgeschlagen, ich solle ihm durch gezielte Presseberichte behilflich sein, Geld für das Unternehmen zu beschaffen.

Ich erklärte ihm, daß ich für derartige Aufträge nicht zur Verfügung stehe, er solle sich an eine Public-Relations-Agentur wenden. Ich nannte ihm eine Adresse, wünschte ihm Glück und legte auf.

Am frühen Nachmittag hatte ich den Artikel fertig. Ich kaufte mir einen Sixpack Bier und ging zum Strand. Dort stürzte ich mich zuerst in den kühlen Pazifik, legte mich dann in den Sand, machte ein Bier auf und dämmerte allmählich in jenen Zustand hinüber, der einem Nachmittagsschläfchen vorausgeht. Mein Unterbewußtsein ließ tropische Bilder hinter meinen geschlossenen Lidern vorbeiziehen: Papageien, Palmen, Affen, die auf Zweigen schaukelten …

Wenig später schreckte ich, noch etwas benommen, auf. Ich war unruhig und zählte mir die Gründe auf, warum ein Mann wie ich unmöglich an einer solchen Amazonas-Fahrt teilnehmen konnte. Erst vor kurzem war ich mit einer Frau zusammengezogen, die gerade ihr Jurastudium abgeschlossen hatte. Wir hatten vor, bald zu heiraten. Mein Beruf war zwar nichts Besonderes, aber ich füllte ihn aus, und mein Arbeitsplatz war sicher.

Vor einer festen Bindung jedoch hatte ich Angst, und meine Arbeit langweilte mich zur Zeit. Aus diesen Gründen war ich so unruhig. Zu

Hause angekommen, rief ich den Nachtdienst in Odendaals Universität an.

»Schauen Sie den Hund nicht an!«
Ich sah den Hund an, sah direkt in seine kleinen, funkelnden Augen. Das Tier sprang auf mich zu, aber glücklicherweise verhinderte die Fensterscheibe des Autos und ein rascher Faustschlag von François Odendaal, daß das Biest seine Zähne in meinen Hals graben konnte.
»Entschuldigen Sie, ich hätte Sie früher warnen müssen«, sagte Odendaal. Er beugte sich ins Auto und beruhigte das winselnde Tier. »Es ist ein Dingo. Ich habe ihn aus Australien mitgebracht. Er lief mir halb verhungert und mehr tot als lebendig aus dem Busch zu. Ich habe ihn aufgepäppelt. Seither weicht er nicht mehr von meiner Seite. Er haßt Menschen. Er würde Ihnen die Augen aus dem Kopf reißen.«
Der kleine Hund jagte mir Angst ein. Er war kurzhaarig, drahtig und häßlich. Selbst nach dem Schlag Odendaals funkelte er mich wütend an und knurrte aus tiefer Kehle. Als ich ihn wieder ansah, kläffte er wie wild und wollte sich erneut auf mich stürzen. Daraufhin vermied ich es, ihn anzusehen.
Odendaal war anders, als ich ihn mir vorgestellt hatte. Wir waren ungefähr gleich alt (er hatte gesagt, er sei dreißig), doch er war groß, hatte schütteres rötliches Haar und einen Bauchansatz. Mit seinem komischen hüpfenden Gang wirkte er, als habe er sich den Knöchel verstaucht. Er machte ganz und gar keinen athletischen Eindruck.
Odendaal musterte mich: »Ich habe Sie mir ganz anders vorgestellt.«
Ganz meinerseits, dachte ich.
Ich starrte unhöflich auf seine Füße, aber ich konnte einfach nicht anders. Sie waren ungewöhnlich klein für seine Größe.
»Kinderlähmung«, sagte er lapidar. Er schien von meiner Neugier kein bißchen gekränkt. Wahrscheinlich war er an derartige Reaktionen gewöhnt. Ohne weitere Erklärungen fragte er: »Darf ich Sie zu einem Bier einladen?«

Wir trafen uns in einem Luftkurort in den Colorado Rockies, wo Odendaal jeden Sommer einige Zeit verbrachte und eine Schmetterlings-Forschungsstation leitete. Wir setzten uns in eine Bar. Odendaal breitete eine Karte aus, die so grell coloriert war, daß man den Eindruck hatte, er habe sie aus dem Klassenzimmer einer Grundschule von der Wand geholt. Wie sich später herausstellte, handelte es sich um eine Karte der peruanischen Armee. Die Berge waren in grellem Orange gehalten, der Nebelwald in schaumigem Rosa und schreiendem Gold, der Urwald natürlich in grellem Malkastengrün.

Ich sah zu, wie Odendaal mit dem Finger die blaue Ader entlangfuhr, die seine Reiseroute kennzeichnete. Es war wie eine kultische Handlung, durch die man sich in Ekstase bringt; Landkarten sind verführerische Traumwelten. Die Namen der Flüsse bezauberten mich: *Apacheta, Lloqueta, Hornillos, Apurímac, Ene, Tambo, Ucayali, Marañón, Solimões, Amazonas.* Wenn man diese Namen aussprach, bewegte sich die Zunge sinnlich im Mund. Diese Namen sangen und lockten …

Ebenso erging es mir mit dem Reiseplan, den Odendaal mir vorstellte. Wir würden hohe Berge besteigen, wilde, zum Teil noch niemals befahrene Flüsse mit dem Kajak bezwingen und Gebiete durchqueren, die kartographisch noch nicht erfaßt waren. In einem dieser Gebiete, der sogenannten »Roten Zone«, führte die peruanische Armee mit der Bewegung Sendero Luminoso (»Leuchtender Pfad«) einen Kleinkrieg von außergewöhnlicher Grausamkeit. »Das sind Guerilleros«, meinte Odendaal, »vielleicht haben Sie schon von ihnen gehört. Hin und wieder bringen sie Leute um, auch Journalisten.« Er sah mich an und grinste. Die Rote Zone stand unter Kriegsrecht und war für Ausländer Sperrgebiet. Odendaal würde sich unbemerkt durch diese Gebiete schleichen müssen. Er würde sich über Wochen im Herzen des peruanischen Coca-Anbaugebiets aufhalten und dort vermutlich auf exotische Volksstämme stoßen. Englands angesehene Royal Geographic Society hatte Odendaal jetzt schon zu einem Vortrag über die Reise eingeladen.

Odendaal lehnte sich zurück, steckte sich eine Zigarette an und fragte: »Nun, was halten Sie davon?«

Wir hatten folgendes vereinbart: Ich sollte von einem Verleger Geld für die Expeditionskasse auftreiben, und Odendaal würde mir dafür gestatten, über dieses Unternehmen zu schreiben. Ich sollte dem Team so dicht wie möglich auf den Fersen bleiben. Die ersten vier Wochen könnte ich noch auf einem Nachschublaster verbringen, aber wenn es keine Straßen mehr gab, sollte auch ich auf ein Schlauchboot, ein Kajak und andere verfügbare Wasserfahrzeuge umsteigen.

Man kann nicht sagen, daß ich für diese Reise besonders geeignet war.

Zwar sprach ich Spanisch und war körperlich einigermaßen fit – ich machte jeden Tag einen 8-km-Lauf und 200 Liegestütze –, aber ich hatte keinerlei Erfahrungen mit Wildwasserschlauchbooten und war kein guter Schwimmer. Keineswegs war ich das, was man unter einem »modernen Abenteurer« versteht. Dennoch hatte ich das Gefühl, daß mein Leben ein bißchen zu abgehoben war: steril, geregelt, einstudiert, entwurzelt.

Sechs Wochen nach dem ersten Anruf Odendaals kündigte ich bei der Zeitung und verabschiedete mich von meiner Freundin. Fiebernd und schwitzend von den vielen Impfungen am Abend zuvor traf ich mich mit François Odendaal am Flughafen in San Francisco, wo wir eine Maschine nach Lima in Peru bestiegen.

Während wir Mexiko überflogen, sprachen wir über das Unternehmen. Odendaal machte sich Sorgen. Wegen des Flusses, wegen seiner Gesundheit und wegen des Geldes. Die meisten Sorgen bereitete ihm jedoch Piotr Chmielinski. Dieser Mann verursachte ihm wahre Magenkrämpfe.

Chmielinski war der Mitorganisator der Expedition. Odendaal hatte ihn erst einmal getroffen, hielt den Polen jedoch für brillant, ausdauernd und ehrgeizig. Chmielinskis erste Colca-Befahrung hatte ihn in ganz Peru berühmt gemacht, und er kam mit der byzantinischen Arbeitsweise der peruanischen Bürokratie gut zurecht. Er wußte, wie man Ausrüstungsgegenstände ins Land brachte, ohne daß sie beschlagnahmt wurden, wußte, wie man sich von Regierungsbeamten kleine Gefälligkeiten verschaffte, und konnte mit den Bauern umgehen, die an den Flüssen lebten.

Aber Odendaal fürchtete, daß Chmielinski bei der ersten Gelegenheit versuchen würde, die Führung der Expedition an sich zu reißen – wie schon einmal. Chmielinski hatte damals, als Odendaals Filmprojekt geplatzt war, einen neuen Sponsor für das Unternehmen aufgetan, einen Millionär aus Wyoming, der die Farbe für die Fahrbahnmarkierungen der meisten amerikanischen Highways entwickelt hatte und vertrieb. Odendaal erklärte mir, Chmielinski habe damals versucht, ihn dazu zu zwingen, die Führung des Unternehmens an ihn abzutreten. Aber Odendaal hatte nun seinerseits mit dem Sponsor Verbindung aufgenommen und ihn für sich gewonnen. (»Wollen Sie wissen, wie es im Hintern eines Millionärs riecht? Wunderbar, einfach wunderbar!«) Odendaal sagte, er hätte Chmielinski damals am liebsten davongejagt, aber er sei auf dessen Sachkenntnis angewiesen. Deshalb mache er sich jetzt Sorgen. Peru war für Chmielinski ein Heimspiel. Das Flugzeug machte zwei Hüpfer. Wir waren in Lima gelandet.

# 2. Der Colca-Cañon

Melville schrieb in *Moby Dick,* Lima sei »die seltsamste, trostloseste Stadt, die man sich vorstellen kann … in dem Weiß seiner Trauer liegt ein höheres Grauen«. Die Stadt war in der Nacht, als wir ankamen, wirklich sehr vom Leid geplagt, aber wir konnten es nicht sehen, denn Lima war nicht weiß, sondern schwarz. Guerilleros hatten in den Elektrizitätswerken der Stadt Bomben gelegt, und die Stadt lag abgesehen von gelegentlich aufflammenden Ölfässern im Dunkeln.

Sergio Leon, mit dem Odendaal in Costa Rica zusammengearbeitet hatte, kam mit dem Flugzeug nach uns in Lima an. Wir verbrachten zwei Tage in Lima, aber ich habe mir die Stadt nicht richtig ansehen können. Meine Gedanken waren woanders. Am zweiten Tag wurde ich krank und wand mich in Krämpfen, die, wie ich annahm, von der nervlichen Belastung, der Erschöpfung durch die Reise und von dem Medikament herrührten, das ich gegen die Höhenkrankheit einnahm. Eine der Nebenwirkungen dieses Medikaments war augenscheinlich: Höhenkrankheit.

Am nächsten Morgen wachte ich erschöpft und zerschlagen auf. Mein Schlafanzug war schweißnaß, mein Kopf heiß vom Fieber. Trotzdem machte ich mich gemeinsam mit Leon in Richtung Arequipa auf, während Odendaal in Lima blieb, um auf weitere Expeditionsteilnehmer zu warten. Die Busfahrt nach Arequipa dauerte 18 Stunden und führte an der trostlosen Pazifikküste Perus entlang. Arequipa war als Ausgangspunkt für unseren Aufstieg zur Quelle des Amazonas vorgesehen. Dort hofften wir auch den »berüchtigten« Chmielinski und seinen Partner, Zbigniew Bzdak, zu treffen.

Mitten in der Nacht bog der Bus nach Osten ab und quälte sich die Anden hinauf. Im Morgengrauen kamen wir in Arequipa, der vergessenen Hauptstadt Perus, an, einer hochgelegenen, sonnigen Wüstenstadt mit einem herrlichen Blick auf drei schneebedeckte Vulkane. In Arequipa leben 600 000 kleine, ruhige Menschen. Es gibt dort keine Fliegen und

keine Jogger. Der Name der Stadt leitet sich von einem Quechua-Begriff ab, der soviel bedeutet wie »Du bist eingeladen, zu bleiben«.
Wir gingen in unsere Unterkunft. In dieser Nacht bekam ich einen Anruf.
»*Hola*«, sagte ich auf spanisch.
»Hello«, antwortete eine Stimme auf englisch. »Läuft alles?«

Piotr Chmielinski erwies sich als ein drahtiger, mittelgroßer Mann mit kastanienbraunem Haar, schlank, aber muskulös, mit elegantem Schnurrbart und den kalten, blauen Augen eines Wolfs. Höflich, aber zurückhaltend, lächelte er kein einziges Mal, als wir auf der Plaza de Armas von Arequipa saßen und Eis aßen. Vor uns schlurfte eine Prozession von Quechua-Indianern vorbei, die auf Quena-Flöten *Jesus Christ Superstar* spielte. Diese weichen Klänge waren nach der aufreibenden Busfahrt sehr wohltuend.
Ich war überrascht, als Chmielinski erzählte, er habe ein Haus als Hauptquartier für die Expedition gemietet, denn das schien mir ein bißchen zu extravagant. Ich erklärte ihm, daß Odendaal uns mitgeteilt habe, er werde in wenigen Tagen in Arequipa eintreffen, und wir würden dann am folgenden Tag aufbrechen.
»In zwei Wochen«, antwortete Chmielinski, »frühestens.« Sein Ton zeigte mir, daß er damit jede weitere Diskussion als beendet ansah.
Leon und ich meldeten uns am nächsten Morgen bei Chmielinski. Er wies uns an, Bzdak dabei zu helfen, den Reiseproviant zu beschaffen.
»Nennen Sie mich Zbyszek«, forderte mich der Fotograf auf und bot mir eine polnische Kurzform an, die für mich entfernt wie *fish shack* klang. »Das ist für Sie einfacher auszusprechen«, meinte er, was sich jedoch als Irrtum herausstellte. Aber es schien ihm nichts auszumachen, wenn ich seinen Namen verhunzte. Er war das genaue Gegenteil von Chmielinski: entspannt und unkompliziert. Unsere Devise beim Einkaufen der Lebensmittel brachte er rasch auf die einfache Formel: »Kein Durcheinander!« Alles, was nicht gekocht, aufgelöst oder kalt gegessen werden konnte, kam nicht in Frage.
Ein Teil unseres Proviants war bereits beschafft worden. Chmielinski hatte die kanadische Firma Yurika, die Lebensmittel für Expeditionen und Abenteuerreisen herstellt, dazu überredet, uns einen Vorrat ihrer Produkte zu spenden. Es handelte sich um Vollwertkost, die portionsweise in Aluminiumfolien eingeschweißt war. Man warf die Beutel

einfach fünf Minuten in kochendes Wasser und schüttete den Inhalt danach über Instant-Reis oder Kartoffeln. Unser Speiseplan in einem der ödesten Winkel dieser Erde würde unter anderem Bœuf Bourguignon, Hähnchen Jägerart und – als Gipfel des Luxus – Krabben süßsauer enthalten.

Aber das allein genügte nicht. Die folgende Woche wühlten wir uns durch den labyrinthartigen Marktplatz von Arequipa. Eine alte Frau verkaufte uns Zimt und Hafermehl, eine andere Sardinen in Dosen, eine dritte ein paar Büchsen Schokolade vom Schwarzmarkt. Wir trieben ebenfalls zwei Kilo schwere, eingewachste Käseräder von hiesigen Bauern auf, die sich gut halten würden. Wir kauften alles, was wir uns leisten konnten, auch Teebeutel, Instantkaffee, Milchpulver und einige Säcke Zucker.

Einmal wurde ich von kleinen Bengeln angegriffen. Sie wollten mir die Bündel Geldscheine *(soles)*, die sich unter meinen Kleidern abzeichneten, entreißen. Bzdak vertrieb sie und setzte daraufhin seinen Weg durch die schmalen, gepflasterten Straßen Arequipas fort – aufrechten Ganges, trotz der Last von zwanzig Kilo Schokolade. So ziemlich an jeder Straßenecke blieb er stehen, um sich mit einem alten Freund oder mit jemandem, den er erst kürzlich kennengelernt hatte, auf spanisch, englisch oder polnisch zu unterhalten. Leon und ich stolperten hinterher, schwer atmend in der dünnen Bergluft, und fragten uns, ob das Unternehmen tatsächlich irgendwann einmal beginnen würde.

Als nächster kam Tim Biggs in Arequipa an, in Begleitung eines großen, blonden, neunundzwanzigjährigen Südafrikaners namens Jerome Truran. Odendaal hatte Biggs zum Flußkapitän ernannt, das heißt, er sollte darüber bestimmen, wie der jeweilige Flußabschnitt zu bewältigen war. Truran war sein Assistent und würde uns gemeinsam mit Biggs durch die gefährlichsten Stromschnellen lotsen. Die beiden hatten über ein Jahrzehnt lang der Nationalmannschaft der südafrikanischen Kanuten angehört, bis internationale Sanktionen gegen südafrikanische Sportler sie auseinanderbrachte. Biggs hatte den Sport aufgegeben, und Truran war nach England ausgewandert, wo ihm schließlich auch die englische Staatsbürgerschaft zuerkannt wurde (sein Urgroßvater war britischer Staatsangehöriger gewesen). Truran hatte sich bald einen Platz im britischen Nationalteam erkämpft und sich einen Namen als einer der weltbesten Kajakfahrer gemacht. 1980 gewann er eine Goldmedaille bei den europäischen Meisterschaften im Wildwasserfahren, 1981 eine Silbermedaille bei der Wildwasser-Weltmeisterschaft und 1982 eine Goldmedaille bei den englischen Meisterschaften.

Biggs indessen hatte sich auf Expeditionen verlegt. Er hatte gemeinsam mit Odendaal drei Flußbefahrungen unternommen (den Limpopo in Afrika, den Colville in Alaska und den Urubamba) und dabei eine tiefe Zuneigung zu dem Südafrikaner entwickelt. Biggs kannte das Schicksal der Kinderlähmung aus eigener Erfahrung – sein jüngerer Bruder war durch die Krankheit zum Krüppel geworden –, und er hatte große Achtung vor der Energie, mit der Odendaal gegen seine Behinderung ankämpfte. Für Biggs hatte Odendaal die Seele eines Dichters. Er war ein Visionär, ein Mystiker.

Aber Biggs machte sich Sorgen um ihn. Die Behinderung schürte Odendaals Ehrgeiz, aber er war kein guter Kajakfahrer, und seine Expeditionen verliefen nicht immer reibungslos. Deshalb hatte Biggs ihn gedrängt, Chmielinski und Truran einzuladen. Er bewunderte Chmielinskis Organisationsgeschick und seine Peru-Kenntnis, und Truran vertraute er bedingungslos. Biggs wußte, daß er auf dem Fluß alle Hände voll zu tun haben würde, um Odendaal im Auge zu behalten. Er wollte auch jemanden dabeihaben, der auf Biggs aufpaßte.

Kate Durrant kam einen Tag nach Biggs und Truran allein mit dem Bus in Arequipa an. Sie stellte sofort für jeden von uns einen individuellen Medikamentenkasten zusammen, befragte uns nach unseren Krankengeschichten, brachte unsere Impfungen auf den neuesten Stand und überprüfte immer wieder die Vielzahl an Medikamenten in der großen Aluminiumkiste, die wir mit auf den Amazonas nehmen würden.

In der Zwischenzeit war es Chmielinski gelungen, einen Landrover für uns zu mieten – was in Peru wahrlich nicht einfach ist –, und er, Truran und Biggs machten sich an die nicht einfache Aufgabe, ihn für unsere Bedürfnisse umzurüsten. *El Condorito* (»Der kleine Kondor«) würde während der ersten vier bis sechs Wochen unserer Fahrt unsere Versorgungsbasis sein und sich einmal wöchentlich mit den Kajakfahrern Odendaal, Biggs, Truran und Chmielinski treffen und das Versorgungsteam, Lebensmittel, Medikamente, Ersatzkajaks und Paddel, Campingausrüstung und Filme transportieren.

Das hofften wir zumindest, bis wir den Landrover beluden, um ihn zu testen. Als Chmielinski mit dem armen Condorito durch die holprigen Straßen Arequipas fuhr, schaukelte der Wagen heftig und bekam Schlagseite. Er war zu schwer beladen. Und was noch wichtiger war, es erwies sich jetzt als Tatsache, was die meisten von uns ohnehin schon vermutet hatten: Der Condorito konnte unmöglich die gesamten Hilfstruppen transportieren.

In jener Nacht studierte ich die topographischen Karten, die ich mir in Lima gekauft hatte. Das Quellgebiet und der Oberlauf des Apurímac führten durch hochgelegene, öde Plateaus und steile, kaum bewohnte Cañons, doch es schien Wege zu geben. Ich erklärte Chmielinski, daß ich versuchen würde, bei der ersten Etappe unserer Expedition mitzumarschieren, wenn ich den Aufstieg zur Quelle schaffen sollte.

Wieviel Zeit man für diesen Abschnitt veranschlagen mußte, konnte ich nicht genau bestimmen. Es waren ungefähr 240 Flußkilometer, aber wenn man die vielen Auf- und Abstiege in die Cañons mit einrechnete, konnte man gut und gerne 530 km dafür veranschlagen. (Im Jahre 1970 hatte der Engländer John Ridgway das Tiefland durchquert. Wir würden allein Wochen brauchen, um zu dem Punkt zu gelangen, von dem aus Ridgway aufgebrochen war.)

Mein Plan war eigennützig und pragmatisch, trotz der beschwerlichen Reise. Ich wollte auf jeden Fall der erste sein, der aus dem überfüllten Laster verbannt werden würde, so daß ich nach Cuzco vorausfliegen und dort mindestens einen Monat lang warten müßte, bis der Rest der Mannschaft den Abstieg aus dem Hochgebirge geschafft hätte.

Ich war erleichtert, als Chmielinski sich mit meinem Vorschlag einverstanden erklärte.

Nachdem sich das englische Filmteam aus dem Amazonas-Projekt zurückgezogen hatte (Odendaal erklärte mir, sie hätten mehr Einfluß auf das Projekt verlangt, als er zugestehen wollte), hatte sich Odendaal entschlossen, das Projekt selbst zu dokumentieren. Zu diesem Zweck hatte er zwei südafrikanische Kameramänner engagiert. Zwei Wochen nach Leon und mir kam Odendaal zusammen mit Fanie van der Merwe, der in Pretoria an einer Filmschule lehrte, und Pierre van Heerden in Arequipa an. Van Heerden hatte bei van der Merwe studiert und bereits bei mehreren Bergexpeditionen als Kameramann gearbeitet. Beide waren groß und dunkelhaarig, Kettenraucher und dem Alkohol nicht abgeneigt.

27

Ein paar Tage später setzten wir uns abends bei Kerzenlicht in unserem Hauptquartier in Arequipa zusammen. Odendaal und Chmielinski saßen jeweils an einem Tischende, wir übrigen verteilten uns um den Tisch und ließen eine Flasche *Pisco*, einen peruanischen Weinbrand, kreisen. Odendaal hielt eine lange Rede, in der er betonte, daß er Chmielinski als Ko-Organisator mit ins Team aufgenommen habe, weil er großen Respekt vor dessen Fähigkeiten und dessen Peru-Kenntnis habe, aber daß er, Odendaal, der alleinige und unbestrittene Leiter des Unternehmens sei. Wer dies nicht akzeptieren wolle, dem sei es unbenommen, aus dem Projekt auszusteigen.

Als er fertig war, warf er zuerst einen Blick in die Runde und sah dann zum anderen Tischende. Er forderte Chmielinski auf, Stellung zu nehmen.

»Wo liegt das Problem?« fragte der Pole mit leiser Stimme. »Sie sind der Leiter. Wir alle wissen es.«

Dem findigen Chmielinski war es gelungen, von seinem peruanischen Freund Mauricio de Romaña einen zweiten Laster, einen alten, aber robusten Pritschenwagen von General Motors, zu mieten. Dieser und Condorito würden uns ins 80 km nördlich von Arequipa und 1500 m höher gelegene Colca-Tal transportieren. Vom Colca-Cañon aus wollten Odendaal, Chmielinski, Bzdak, Biggs, van der Merwe, van Heerden und ich versuchen, zu Fuß die Quelle des Amazonas zu erreichen, einen Gletscher auf dem 5597 m hohen Vulkan Mismi. Durrant, Truran und Leon sollten mit Condorito den Berg umfahren und sich 24 km nordöstlich der Quelle, auf der zum Atlantik hin gelegenen Seite der Wasserscheide Südamerikas, mit uns treffen. Von dort aus würden wir dem Flußlauf von der Wasserscheide aus nachgehen, bis das Wasser tief genug war, um die vier Kajaks unseres Teams einzusetzen.

So zumindest war es geplant. Am nächsten Morgen, bei einem blutroten Sonnenaufgang, luden wir auf und machten uns auf den Weg in die Hochanden. Auf einer Staubpiste schnauften die beiden Laster um den Chachani, einen der drei Vulkanberge, die über Arequipa thronen wie meditierende Mönche. Wir ließen Arequipa schon bald hinter uns und fuhren durch die von Staubstürmen gepeitschte Puna-Hochebene. Binnen weniger Stunden befanden wir uns auf 4500 m Höhe, und ich konzentrierte mich voll und ganz darauf, gegen die

Übelkeit der Höhenkrankheit oder *soroche*, wie sie in Peru genannt wird, anzukämpfen.

Angesichts meines Zustands und der öden Mondlandschaft schien es mir einleuchtend, warum die Ureinwohner der Anden* die Puna »wild« nennen und nicht nur physisch, sondern auch geistig als Bereich des Außermenschlichen betrachten. Hierhin geht man, um sexuelle Handlungen wie z. B. Inzest zu begehen, die im Dorf verboten sind. Hier wohnen die mächtigsten Gottheiten der Anden, die Apus und Wamanis, die oft als bärtige weiße Männer beschrieben werden, die europäische Kleidung tragen und in Bergen oder Seen hausen. Wird der Wamani nicht durch Opfergaben besänftigt, dann kann er das Herz eines Mannes verschlingen, bei seiner Frau eine Fehlgeburt auslösen oder das Neugeborene töten.

In eine Staubwolke gehüllt ratterte der Laster durch das einsame Reservat Aguada Blanca. Bisher hatte sich hier auf der graubraunen Puna-Hochebene nichts bewegt, doch dann galoppierten plötzlich fünf langhalsige, glubschäugige Vicuñas über den Bergrücken. Ihr Anblick war beinahe befremdend und atemberaubend. Sie bilden zusammen mit einer Unterart, den Guanacos (beide gehören biologisch zu den Kamelen, obwohl sie keine Hufe haben), die größten wildlebenden Tiere der Puna, erreichen jedoch kaum die Größe kleiner Wildarten. In den 60er Jahren waren die Vicuñas, die ihrer feinen Wolle wegen gejagt wurden, nahezu ausgerottet. Im Schutz des Reservats haben sie sich inzwischen wieder erholt. Obwohl sie schnelle und wendige Tiere sind, die mit Leichtigkeit 50 Stundenkilometer erreichen, schienen sie hier in der endlosen braunen Hochebene auf der Stelle zu treten. Sie rannten und rannten und kamen doch nicht vom Fleck.

Wer zum ersten Mal die Anden bereist, ist von diesen ungeheuren Dimensionen überwältigt. Die Anden sind nach dem Himalaya und dem Pamir das höchsten Gebirge der Erde; sie durchziehen den Westteil des Kontinents von Süden nach Norden wie ein Rückgrat in einer Reihe von Gebirgsketten *(cordilleras)*, unterbrochen von unglaublich tiefen Cañons und der endlosen Punahochebene. Obwohl die Anden an keiner Stelle mehr als 160 km vom Pazifik entfernt sind, wird das

* Sie nennen sich selbst *Runa*, was soviel heißt wie »die Menschen«. Bekannter sind sie jedoch unter dem Namen *Quechua* (der eigentlich die Sprache bezeichnet, die die Inkas ihren unterjochten Nachbarvölkern aufzwangen).

unberechenbare und oft stürmische Wetter von feucht-heißen Luft-
massen bestimmt, die aus dem Amazonasbecken aufsteigen und ihre
Feuchtigkeit auf dem Weg nach Westen ablassen. Daher ist die Ostseite von üppiger Vegetation überzogen, die Pazifikseite hingegen
ausgedörrt und nahezu ohne Leben. Es heißt, daß man in der südwestlich von Arequipa gelegenen Atacama-Wüste gute 200 km fahren
kann, ohne auf ein Lebewesen zu stoßen, das groß genug wäre, um mit
bloßem Auge erkannt zu werden.
Ich nahm die Puna von der Pritsche des holpernden Lastwagens aus
wahr. Meine Mitfahrer wechselten des öfteren, je nachdem, wer gerade vorne im Fahrerhaus saß, aber die Fahrt war so schrecklich, daß ich
bald jeden Versuch, mich mit jemandem zu unterhalten, aufgab. Statt
dessen versuchte ich im stillen und ohne jeglichen Erfolg, irgendeine
Ordnung in das Geplapper fremder Sprachen zu bringen, das der Wind
zu mir herübertrug: Polnisch, Spanisch, Afrikaans und englische Dia-
lekte, die ich hier in Peru zum ersten Mal hörte. Alles in allem neun
Männer und eine Frau; ein »wiedergeborener« Christ, ein europäischer
Katholik, ein Angehöriger der Christian Scientists, Agnostiker und
Heiden verschiedenster Couleur. Zwei Polen, ein Brite, drei Buren,
zwei Südafrikaner englischer Abstammung, ein Costaricaner, ein
Amerikaner. Vier Ehemänner, zwei Väter. Politische Überzeugungen
von linksaußen bis rechtsaußen.
Nur vier von ihnen sollten den Atlantik erreichen.

Am späten Nachmittag ging es abwärts auf eine Höhe von 3600 m.
Vor uns lagen nun entlang der Steilhänge des Colca-Cañons Felder auf
sorgfältig angelegten Terrassen. Der Colca zieht sich in nordwestlicher Richtung durch die Anden, wendet sich in einer Haarnadelkurve
nach Süden und mündet in den Pazifik. Die von Hand bearbeiteten
Terrassen (Traktoren sind in dem steilen Gelände nicht einsetzbar)
verleihen den tiefer gelegenen Abschnitten des ansonsten unfruchtba-
ren Colca-Tals das Aussehen eines grünen Amphitheaters.
Hoch über unseren Köpfen schraubten sich zwei Kondore, die größten
Greifvögel der Erde, mit Hilfe der starken Aufwinde der Talflanken
immer höher. Mit einer Flügelspannweite von 3 m warfen sie noch
Hunderte von Metern unter sich deutlich erkennbare Schatten. Durchs
Fernglas betrachtet, wirkten die Kondore mit ihrer weißen Halskrause
am sonst schwarzen Gefieder wie Henker in Kapuzen. Hinter ihnen

bewachten schneebedeckte Vulkane den Eingang ins Tal. Ein paar Kilometer flußabwärts markierte ein schwarzer Spalt die Stelle, wo der Colca die tiefste Schlucht der Erde – zweimal so tief wie der Grand Canyon in Colorado – ins Gestein gefressen hat. An einer Stelle fällt die Schlucht 4 km tief ab.

Als Inka-Emissäre um 1450 zum ersten Mal ins Colca-Tal vordrangen, fanden sie dort die Collaguas vor, ein Volk, das Vulkane anbetete und sich die Köpfe zu Kegeln formte. (Diese bizarre Schädelform wurde dadurch erreicht, daß sie die weichen, bildsamen Köpfe der Kleinkinder in Spannbretter einzwängten.) Bei Ankunft der Spanier ein Jahrhundert später war das Colca-Tal das zweitertragreichste Anbaugebiet des Inka-Reiches und galt als das ausgeklügeltste Agrarsystem der Neuen Welt. Gonzalo Pizarro gelang es mit Unterstützung von Missionaren des Franziskanerordens, das Colca-Tal unter seine Kontrolle zu bringen. Binnen 30 Jahren waren die Ureinwohner zur Hälfte tot, der Rest in Städten zusammengepfercht, ihre Höfe und Bewässerungsanlagen zerstört.

Diese Tragödie setzte sich während des gesamten 16. Jahrhunderts in Peru fort. Die Sterblichkeitsrate unter den Quechuas war zweieinhalbmal so hoch wie in Europa. Obwohl es heute in Peru ungefähr zehn Millionen Menschen gibt, die Quechua sprechen (nach Schätzungen waren es zur Zeit der Konquistadoren rund sechs Millionen), kann man nicht sagen, daß sich diese Ureinwohner von der spanischen Eroberung jemals wieder erholt hätten. Sie bilden die unterste Schicht in der vielfältigen Gesellschaftsstruktur Perus. Das Land wird von einer Oligarchie von Kreolen beherrscht, Weißen mit vorwiegend spanischen Vorfahren. Zwischen den Kreolen und den Indianern stehen mehrere unscharf definierte Klassen von Mestizen oder Mischlingen. Durch kulturelle Assimilation und Aufgabe ihrer traditionellen Lebensweise haben einige Quechuas in den Städten den Status von Mestizen erreicht. Den auf dem Lande lebenden Quechuas ist dies jedoch nicht gelungen. Diese Menschen am unteren Ende der sozialen Stufenleiter begegnen oft auch jenen, die sich ihrer annehmen wollen, mit steinernen Gesichtern.

In den vier Jahrhunderten seit Pizarros Massakern hat das Colca-Tal wieder zu einem labilen Gleichgewicht gefunden, ohne jedoch seine ehemalige Produktivität auch nur annähernd wieder zu erreichen. Jetzt gibt es eine neue Trumpfkarte, das 900-Millionen-Dollar-Projekt Majes: Wasser aus den Anden soll westwärts über die Berge in die Wüstenregionen an der Küste gepumpt werden, vorausgesetzt, daß nicht vor der Fertigstellung das Geld ausgeht.

Der Majes-Staudamm am Oberlauf des Colca wurde zwei Monate vor unserer Ankunft eingeweiht. Welche Langzeitwirkungen er auf das Tal haben wird, ist noch nicht abzusehen. Nach Meinung von Schwester Antonia, einer aus Brooklyn stammenden Nonne des Maryknoll-Ordens, die seit 14 Jahren hier im Tal lebt, sind die Folgen katastrophal. Das anfällige Wirtschaftssystem der Eingeborenen, das auf Tauschhandel, Subsistenzwirtschaft und Kooperation beruhte, wurde durch das Eindringen moderner Technologien, Geldwirtschaft und einen starren Pragmatismus aus dem Gleichgewicht geworfen. Wertvolles Ackerland wurde aufgekauft und zerstört, Vieh überfahren und das Weltverständnis der Eingeborenen, die den Fluß und viele der Berge für heilig halten, auf brutalste Weise ignoriert. Die wenigen, die während dieser Bauphase klug waren und Geld sparten, haben das Tal inzwischen verlassen. Von den Zurückgebliebenen haben die meisten ihre früheren Lebensgewohnheiten aufgegeben. Dafür haben sie jetzt Sonnenbrillen, Polaroid-Kameras und billigen Zuckerrohrschnaps, und nach Abschluß des Projekts werden sie arbeitslos sein.

Chmielinski hatte für uns eine kostenlose Unterkunft in Achoma ausfindig gemacht, einer jener modernen Wohnstädte, die mitten in das Tal geklatscht und durch einen Kettenzaun, Stacheldraht, Wachen und ein elektronisch überwachtes Tor hermetisch vom Rest Perus abgeschirmt werden. Zeitweise beherbergte diese Siedlung mehr als 140 Majes-Ingenieure aus Kanada, Großbritannien, Spanien, Schweden und Südafrika samt ihren Familien. Vom Zaun wehte einem der Geruch von abgebranntem Dung und nach Moschus riechenden, frisch umgegrabenen Feldern entgegen, die schon seit Generationen von denselben Familien bearbeitet werden. Innerhalb der Umzäunung in Reih und Glied: planierte Straßen, Häuser im Ranchstil mit Gärten und Elektroherden, alles wie vom selben Fließband. Ich hatte das Gefühl, ich könnte eines dieser Häuser betreten, den Fernseher einschalten und mir ein Baseballspiel anschauen.

Die peruanische Regierung hatte die verlassene Anlage als Touristenunterkunft angepriesen. Wir hatten den Ort ganz für uns allein und verbrachten dort zwei Tage. Wir schliefen uns gründlich aus, kurierten Kopfschmerzen, beruhigten überreizte Mägen und versuchten uns an die Höhe von 3300 m zu gewöhnen. An einem eiskalten, glasklaren Morgen beluden wir wieder unsere Lastwagen und fuhren auf dem ungeteerten Weg entlang des Colca zurück. Ein alter Quechua rannte uns schweigend nach, bis er nicht mehr konnte. Wir kamen an einer Haarnadelkurve vorbei, an deren Außenseite zwei Kreuze aufgestellt waren. Das Kreuz war aus Zweigen gemacht und bezeichnete die Stelle, an der jemand ums Leben gekommen war. Auf dem größeren, aus Aluminium gefertigten Kreuz balancierte das Stromkabel für die Siedlung in Achoma.

Wir überquerten den Colca und fuhren knapp 10 km stromaufwärts in nördliche Richtung bis zu dem Dorf Lari. Von dort aus wollten Odendaal, Chmielinski, Bzdak, Biggs, van der Merwe, van Heerden und ich zur Quelle des Amazonas aufsteigen. Der peruanische Fahrer sollte den Laster sofort nach Arequipa zurückbringen. Condorito sollte vorerst hier in Lari bleiben. Nachdem wir Bergsteiger uns Packesel besorgt hatten und abmarschiert waren, sollten Leon, Durrant und Truran mit dem Landrover am Colca entlang um den Berg herumfahren und ungefähr 25 km nördlich der Quelle auf uns warten. Dort befand sich laut Karte eine kleine Wetterstation in der Hochpuna. Wir hatten verabredet, uns in drei bis fünf Tagen an diesem Punkt zu treffen.
In Lari stach die Sonne von einem grausam silbergrauen Himmel. Ihre Strahlen brannten in den Augen, und die Luft – trocken wie Baumwollknäuel – schien einem die Feuchtigkeit aus der Haut zu ziehen. Den menschenleeren Dorfplatz aus gestampfter Erde umgaben zwei Dutzend zerfallende Lehmhütten und eine schmucklose katholische Kirche, die größte des Tals. Das Ganze hing wie eine Schlange, die sich eine Wand entlangwindet, an der kahlen Steilwand des Cañons. Quechua – untersetzte Frauen mit rosigen Gesichtern, Melonenhüten und riesengroßen Röcken; hagere, zähe Männer mit ledernen Gesichtern in Blue jeans und löchrigen Pullovern – lungerten in den Hauseingängen oder schliefen in der Sonne. Niemand bewegte sich.
Odendaal und Chmielinski hatten Schwierigkeiten, Packesel aufzutreiben. »Es ist so, als wollte man sich in East Selsby in Texas von jemandem einen Cadillac leihen«, meinte Odendaal gereizt.
Ich ging zum Ortsrand und schaute hinunter ins Tal. Der Colca fällt gleich nach Lari steil ab. Wie ich so in den Cañon hinunterstarrte, überkam mich ein berauschender Schwindel, meine Knie wurden

weich, und ich hatte das Gefühl, als ob mir jemand mit einem Treib-
hammer von innen gegen die Augäpfel schlüge. Wenn ich schon hier
auf einer Höhe von 3300 m Anzeichen von Höhenkrankheit zeigte,
wie sollte ich dann den vor uns liegenden Aufstieg von 1800 m zur
Quelle schaffen?

In meinem Kopf rief der Mann mit dem Hammer: »MGFLARHA!«
Aber in Wirklichkeit stand Bzdak neben mir und rief mir über den aus
dem Cañon heraufwehenden Wind etwas zu. Er machte den Mund auf,
und ich sah, daß er auf etwas Grünem herumkaute. Er spuckte es aus.

»Kokablätter«, sagte er. »Wollen Sie ein paar?«

»Ich weiß nicht.«

»Fühlen Sie sich beschissen?«

»Ja.«

»Dann wollen Sie Koka.«

In den Anden ist sowohl der Anbau als auch der Genuß von Koka-
blättern erlaubt, und wie uns Kate Durrant erklärt hatte, sind diese
Blätter ein wirksames Gegenmittel gegen die verheerenden Auswirkungen der Höhenkrankheit. Doch solche Erklärungen waren mir eigentlich gleichgültig. Ich litt und war bereit, alles auszuprobieren.

Bzdak zog ein halbes Dutzend der in Zeitungspapier eingewickelten
fingergroßen Blätter heraus und faltete sie zusammen. Ich schob das
Knäuel in meine rechte Backe; es schmeckte wie Teeblätter. Dann gab
er mir einen halben Fingernagel voll Holzkohle *(llipta)*, die ich mit
den Blättern im Gaumen vermengte. Die Asche des Quinua-Busches
ist extrem bitter, bewirkt jedoch die Freisetzung des in den Kokablät-
tern enthaltenen Alkaloids. Ohne diese Asche hat das Kauen der Blätter keinerlei Wirkung.

Anfänglich stellte sich auch mit ihr keine Wirkung ein. Als das durch-
weichte Knäuel in meinem Mund zerfiel, ersetzte ich es durch ein
neues, zusammen mit einem größeren Brocken *llipta*. Mein Zahn-
fleisch brannte fürchterlich. Kurze Zeit später wurde zuerst meine
rechte Mundhälfte, dann meine hintere Rachenpartie taub. Ich verspürte zwar nicht den jähen Kick wie beim Schnupfen von Kokain, aber
der Mann in meinem Kopf legte seinen Hammer weg, Lari sah nicht
mehr so ungnädig, und unser Unternehmen nicht mehr so aussichtslos
aus.

Bzdak und ich gingen zurück zum Dorfplatz. Der Rest des Teams
hatte sich um den Condorito versammelt. Odendaal und Chmielinski

verhandelten mit Pastor und José, zwei Quechua-Männern, die gemeinsam vier Packesel besaßen. Aber es gab anscheinend ein Problem.

Eine Menge Leute waren zusammengeströmt, und eine alte Frau, der grüngefärbter Speichel aus dem Mund troff, schrie:»Dreckige Gringos!« Dann ging sie von einem zum andern und beschimpfte uns. Sie hatte keinen Zahn im Mund, war barfuß, und ihr zerknittertes Baumwollkleid war zerschlissen und völlig verdreckt. Sie stieß mich mit der Hand gegen die Brust, so daß ich rückwärts über eines der Kajaks fiel. Nach dieser Einbuße an persönlicher Würde trat ich den Rückzug vom Dorfplatz an.

Ich fand einen kalten, dunklen und fensterlosen Laden und stieß inmitten von Reistüten, Dosenfisch und Kondensmilch auf eine warme Flasche Sodawasser. Zitternd zahlte ich bei einer ernst dreinschauenden Quechua-Frau und trat dann in den hellen Eingang des Ladens.

Plötzlich sah ich im gleißenden Licht eine wilde Jagd von Tierhufen, Vibramsohlen und Plastikbooten in einer Staubwolke die Dorfstraße hinunterkommen. Laute Zurufe»Chorro! Chorro!« erfüllten die Luft. Inmitten der Staubwolke erblickte ich schließlich Chmielinski und Biggs, die mit Stöcken auf die drei völlig verwirrten, wild die Nüstern blähenden Packesel einschlugen.

»Nehmen Sie einen und hauen Sie damit ab!« rief Biggs mir zu. Ich tat, wie mir geheißen, und stürzte dem letzten der drei tobenden Tiere nach. Jetzt rief auch ich »Chorro! Chorro!«, aber meine Kommandos klangen weder für mich noch für den Esel überzeugend.

Van Heerden und van der Merwe rannten neben Biggs her.

»Sie wollten den Laster in Brand stecken!« rief van der Merwe. »Sie jagten ihn aus der Stadt. Wir haben die Tiere geraubt!«

Hinter uns hielten Odendaal und Bzdak die Indios auf. »Wir müssen aus der Stadt heraus, dann machen wir einen Handel«, rief Chmielinski.

Ich rannte den dreckspritzenden Hufen des Esels hinterher die Straße hinunter und dachte: ›So habe ich mir das nicht vorgestellt.‹ Drei Wochen in Südamerika und schon war ich zum Viehdieb heruntergekommen. Ich malte mir aus, daß ich im düsteren Lari aufgeknüpft wurde wie irgendein lausiger Bandit in einem Italo-Western.

Aber Chmielinski hatte richtig kalkuliert. Als wir an der letzten Hütte vorbei waren, blieben wir stehen. Odendaal und Bzdak schlossen zu uns auf, und nach ihnen kam nicht ein wütender Mob, sondern nur die beiden Besitzer der Tiere, Pastor und José.

»Die Frauen waren schuld«, sagte Pastor. »Sie haben euch nicht getraut.«

»Ja«, pflichtete ihm José bei, »die Frauen. Meine Frau will nicht, daß ich euch begleite.«

»Was wissen schon Frauen?« sagte Pastor mit einer wegwerfenden Handbewegung.

Der Pfad machte eine scharfe Biegung nach Norden und stieg dann steil bergan. Die beiden Quechua-Männer gingen voraus, und wir folgten ihnen, einer hinter dem anderen.

# 3. Am Oberlauf

Ich bildete den Schluß unseres chaotischen Zuges. Nach dem Geschüttel und Gerumpel auf dem Laster fand ich es gar nicht übel, zu Fuß zu gehen. »Man verspürte das glückliche Gefühl, frei zu sein«, schrieb Graham Greene in *Der Weg nach Afrika*. »Man mußte einfach nur irgendeinen Weg einschlagen und konnte einen ganzen Kontinent durchqueren.« *Es geht wirklich los*, dachte ich und hetzte in stürmischer Erwartung vorwärts. *In die Wildnis.*

Wildnis? Eine Prozession von Männern, Frauen und Kindern, Rindern, Schafen, Eseln, Maultieren, Lamas, Alpacas, Ziegen und Hunden kam mir, tipp, tapp, auf dem steilen Pfad entgegen, alle auf dem Weg hinunter nach Lari. Hier ein versteinertes Quechua-Gesicht, dort der urzeitliche Blick eines Ziegenauges, das hinter einem Quinua-Busch hervorlugte, und dann – platsch! Der warme Speichelstrahl eines Lamas traf mich direkt auf die Brust.

»Kommen Sie keinem Lama zu nahe!« rief mir Bzdak von der Seite des Zuges aus zu. Zu spät.

Ich blieb an einer Quelle stehen, um mich zu waschen, und fragte einen Quechua-Mann neben mir: »Was ist da oben?«

»Nichts.«

»Woher kommst du?«

»Von nirgendwo.« Er schulterte ein Bündel knorriges Holz und machte sich auf den Weg talwärts. Die Hornhaut an seinen nackten Füßen war dick und rissig wie alte Stiefel. Die eine Ferse war aufgerissen und mit einem roten Bindfaden zusammengenäht.

Zwei Stunden später stieß ich auf Biggs und Chmielinski. Sie machten auf einem großen Sandsteinbrocken Rast. Chmielinski zeigte auf eine ungefähr 8 km in südwestlicher Richtung liegende Stelle, wo sich der Cañon am tiefsten ins Gestein gegraben hat. In der Nachmittagssonne glänzte er ockerfarben, die nackten Felswände ragten aus dem Boden wie riesige Orgelpfeifen.

Chmielinski erzählte, daß er und Bzdak dieses Gebiet vor einem Monat mit dem Schlauchboot abgefahren waren, um nach der Leiche ihres gemeinsamen peruanischen Freundes Alvaro Ibañez zu suchen. Biggs hatte Ibañez 1983 bei einer gemeinsamen Colca-Fahrt der vier Männer kennengelernt. In dem Frühjahr vor meiner Ankunft in Peru hatte Ibañez zusammen mit vier anderen Peruanern eine weitere Colca-Tour unternommen. Der Fluß hatte damals Hochwasser, und ihr Boot kenterte innerhalb weniger Sekunden. Einer der Männer verschwand spurlos, ein weiterer kletterte am anderen Ufer an Land. Ein dritter wurde gegen einen Felsbrocken gespült und mußte tatenlos mitansehen, wie seine Freundin in die Tiefe gerissen wurde. Alvaro Ibañez hatte ebenfalls den rettenden Felsen erreicht, sprang jedoch in den Colca, um der Ertrinkenden zu Hilfe zu kommen.

»Das war das letzte, was wir von Alvaro sahen«, sagte Chmielinski. »Ein paar Tage später wurde die Leiche des Mädchens von einem Hubschrauber auf einem großen Felsen liegend entdeckt. Jemand hatte eine gelbe Schwimmweste dort festgebunden und die Stelle markiert.«

»Alvaro?« fragte Biggs.

»Er muß es gewesen sein.«

»Und Alvaros Leiche?«

»Wir haben sein Boot gefunden. Keine Leiche, nur eine Schwimmweste. Es war ein schwarzer Tag. Wir konnten weder sprechen noch essen. Unser eigenes Boot kenterte, und Zbyszek mußte um sein Leben schwimmen. Die ganze weitere Reise war durch den Tod unserer Freunde überschattet.«

»Soviel ich weiß, war Alvaro verheiratet?« fragte Biggs. »Ich glaube, ich habe seine Frau einmal gesehen. Sie war sehr hübsch.«

»Sie war im siebten Monat, als Alvaro ertrank«, bemerkte Chmielinski. »Jetzt ist sie mit dem Kind allein.«

In der heißen Nachmittagssonne stiegen wir schweigend den trockenen, staubigen Pfad weiter hinauf. Der Höhenmesser, den uns die Royal Geographic Society zur Verfügung gestellt hatte, zeigte unsere Höhe in Metern an, die ich grob in Fuß umrechnete: 3650 m (12 000), 3960 m (13 000), 4110 m (13 500).

Der Pfad stieg steil an und führte hinauf in die geologisch jungen, stark erodierten Anden. Mein schwerer Rucksack drückte mich, und meine Schultern schmerzten. Aber es erfüllte mich mit Stolz und gab mir auf eine gewisse Art eine Identität, daß ich mein Gepäck selbst nach oben schleppte. Bzdak trug seine Kameras und die Filme, Biggs seine Bibel und seine Zeichenhefte, Chmielinski die Karten, in die er sich nachts vertiefte. Van Heerden und van der Merwe hatten ebenfalls Karten und außerdem Zigaretten bei sich. Ich selbst führte mein Notizbuch mit mir, Privatfotos und die dicken Socken, die ich in kalten Nächten anzog.

Nur Odendaal trug kein Gepäck auf dem Rücken. Er hatte sich einen Packesel für seine Ausrüstung gemietet und erklärte, wenn einer von uns verletzt sei, dann könne er ja dessen Gepäck tragen helfen. Nach ein paar Stunden Aufstieg wirkte er jedoch ohne eine Last auf dem Rücken nackt und eigentümlich einsam. Er ging von einem zum anderen und bot jedem an, ihm den Rucksack eine Weile zu tragen, aber niemand ging auf sein Angebot ein.

Die Packesel plagten sich vor uns den Berg hinauf. Die Kajaks, die wir ihnen auf den Rücken geschnallt hatten, prallten immer wieder gegen ihre Köpfe, stießen gegen ihre Ohren und nahmen ihnen die Sicht. Wir würden uns mit der Besatzung des Condorito treffen, bevor die Kajaks zu Wasser gelassen wurden, aber Odendaal wollte zwei Boote als Requisiten für die Aufnahmen an der Quelle dabeihaben. Plötzlich – als hätten sie begriffen, daß sie für ein unredliches und nutzloses Vorhaben gequält wurden – knieten sich die Packesel mitten auf den Pfad und rüttelten so lange an den Schnüren, bis die Kajaks herunterfielen.

Odendaal und Chmielinski schulterten daraufhin das eine Boot, Pastor und José das andere.

Am Spätnachmittag zogen dunkle Wolken zu beiden Seiten des Cañons auf. Ein kalter Wind kam auf, und binnen weniger Minuten sank die Temperatur unter den Gefrierpunkt. Wir campierten auf einer Felsbank an einer breiteren Stelle des Trampelpfads. Auf der einen Seite unseres Rastplatzes erhob sich eine kahle Felswand, auf der anderen Seite fiel die Schlucht 9 m tief ab.

Meine Euphorie war inzwischen verflogen. Der Wind hatte meine Gesichtshaut aufgerauht, meine schweißnassen Socken waren gefroren und meine Finger steif. Ich fror und war müde, kannte aber keinen meiner Teamkameraden so gut, daß ich ihm ohne Hemmungen mein Leid hätte klagen können. Ich hatte einen dicken Kopf und keine Lust auf belangloses Geschwätz. Es hätte einen schlechten Eindruck gemacht, wenn ich mich einfach aufs Ohr gelegt hätte (»So ein Faulpelz!«); daher entschloß ich mich, Biggs beim Kochen zu helfen. Wir zündeten die kleinen Benzinkocher an und machten im Schein von Flammen, die der Wind immer wieder ausblies, eine Päckchensuppe und ein Fertiggericht warm, das laut Aufschrift auf der Aluminiumverpackung ein »Steak Schweizer Art« war. Das klingt einfach, ist aber in 4200 m Höhe eine unangenehme und schwierige Arbeit. Als wir fertig waren, löste allein schon die Vorstellung, diese Pampe essen zu müssen, bei mir einen Brechreiz aus.

Ich stolperte zu meinem Zelt, das ich am Rand des Cañons aufgeschlagen hatte, und wäre am liebsten mitsamt meinen Kleidern in den Schlafsack gekrochen. Doch zwang ich mich, die dreckige Wanderkleidung auszuziehen, und stand für einen eisigen Augenblick nackt im Nachtwind. Dann legte ich wie ein Ritter seine Rüstung lange Unterhosen, einen Rollkragenpullover und Daunensocken an.

Wir hatten fast Vollmond, und heller Lichtschein fiel auf meine linke Schulter. Der Gletscher des 5900 m hohen Hualca reflektierte das Mondlicht so stark, daß er trotz seiner 24 km Entfernung zum Greifen nah schien. Über dem glitzernden Gipfel strahlte das Kreuz des Südens durch die dünne, trockene Luft wie ein Filmzelt. Ich hatte es noch nie zuvor gesehen, aber statt Ehrfurcht oder Freude verspürte ich nur grenzenlose Einsamkeit.

Die Sonne stach vom Himmel, als wir am späten Vormittag des nächsten Tages einen Bergkamm auf 4400 m Höhe erreichten. Die dünne Luft machte mich so euphorisch, daß mir die zunehmende Anstrengung, einen Fuß vor den anderen zu setzen, zum Vergnügen wurde. Die Welt ist wundervoll! dachte ich. Aber das waren nur die letzten Zuckungen vor der Gehirnerweichung. Meine roten Blutkörperchen schrien nach Sauerstoff. Die Höhenkrankheit ist auf perverse Art ein idealer Gleichmacher. Ein alter, fetter, kettenrauchender Trunkenbold leidet nicht mehr unter ihren Symptomen Kopfweh, Brechreiz, geistige Verwirrung, Durchfall, Austrocknung, Übelkeit und Gedächtnisstörungen als ein Weltklasse-Athlet. Unterschiede sind größtenteils erblich bedingt. Am besten wappnet man sich für einen Höhenaufenthalt, indem man so viel Wasser trinkt, bis, so die Faustregel, der Urin »klar und reichlich« fließt. Außerdem sollte man stets langsam aufsteigen, um dem Körper Zeit zu lassen, sich an die Höhe zu gewöhnen.

Wer nicht richtig akklimatisiert ist, geht schon ab einer Höhe von rund 4000 m das Risiko ein, Lungen- und Gehirnödeme davonzutragen. Sie können sich sehr rasch bilden und zu dauernden, schmerzhaften Schädigungen der Lungen und des Gehirns oder sogar zum Tod führen. An eine Höhe von mehr als 5500 m, von erfahrenen Bergsteigern die »Todeszone« genannt, kann sich der menschliche Körper nicht mehr vollständig anpassen.

Zwei Wochen hätten wir gebraucht, um uns richtig zu akklimatisieren, aber da wir mit unserem Zeitplan sowieso schon im Verzug waren, wollten wir versuchen, die Wasserscheide binnen weniger Tage zu erreichen. Wir bewegten uns in einer langgezogenen Serpentine den Berg hinauf. Vorsichtig setzten wir einen Fuß vor den anderen, hielten dann inne, als müßten wir uns vergewissern, daß wir auch festen Halt hatten, erst dann ging es weiter. Auf diese Weise kamen wir selbstverständlich nur sehr langsam voran, und doch hatte der erste, van der Merwe, einen Vorsprung von mehr als anderthalb Kilometern vor Odendaal, der das Schlußlicht bildete. Wir übrigen verteilten uns dazwischen auf dem schmalen Pfad, rechts die Felswand, links der Abgrund.

Ich kam als zweiter. Bei 4500 m war meine Euphorie in sich zusammengefallen. Bei 4570 m hatte ich das Gefühl, meine Blase müsse zerspringen, aber sosehr ich mich auch bemühte, ich konnte nicht pinkeln. Knapp über 4800 m mußte ich mich übergeben. Pastor kam mit den beiden Packeseln zu mir und bot mir Kokablätter an, die ich dankbar annahm.

Der Himmel verfärbte sich zuerst grau, dann schwarz, ein starker Wind kam auf, dann schneite es. Ich packte mich sicher in meinen Windschutz ein, band mir meinen lächerlichen Safarihut mit einem bunten Halstuch auf den Kopf und stemmte mich gegen den Wind. Ein Schritt, zwei Schritte. Vom Schnee geblendet, sah ich meinen Vordermann nicht mehr, und um mich nach meinem Hintermann umzuschauen, war ich zu müde.

Ich überwand einen Bergkamm, lief auf der anderen Seite hinunter, dann wieder dasselbe von vorne. Bei jedem Schritt hatte ich das Gefühl bleierner Schwere, und meine Lunge war wie leergepumpt. Der Pfad führte in mehreren Kurven durch einen Cañon zu einer Gletschermoräne. Kleine Bäche und sumpfiges Ichu-Gras säumten braun den Fuß des Quehuisha, einer glitzernden Zinne aus Schnee und Eis, die den tiefhängenden Sturmwolken der Wasserscheide trotzte.

Van der Merwe wartete an der Kehre. Einer nach dem anderen stießen unsere Kameraden zu uns und betrachteten den prächtigen Berg mit einer Mischung aus Ehrfurcht und Staunen. Der sonst so überschwengliche Biggs war still und in sich gekehrt. Bzdaks Gesicht war angeschwollen und grau. Der Kettenraucher van Heerden hustete ununterbrochen. Chmielinski trottete neben den Packeseln her. Die undankbare Aufgabe, sowohl auf die eigensinnigen Tiere als auch auf deren Besitzer aufzupassen, hatte ihn reizbar und aufbrausend gemacht. Odendaal, nach wie vor Schlußlicht, wirkte müde und verwirrt, seine Augen waren blutunterlaufen und trüb. Auf der Suche nach der Quelle des Urubamba im Jahre 1981 hatte er auf 4800 m zwei ödemartige Anfälle erlitten, an denen er beinahe gestorben wäre.

Pastor und José, deren große, an die Berge angepaßte Herzen gut und gern 20 Prozent mehr Blut durch ihre Blutbahnen pumpten als die unsrigen, zogen schnurstracks an uns vorbei. Chmielinski rief Pastor etwas zu und erklärte nach kurzer Beratung: »Er sagt *media hora*. Noch eine halbe Stunde bis zur Quelle.«

Wir stapften weiter. Der Sturm wurde stärker, die Sicht betrug zeitweise nur noch 3 m. Zwei Stunden später schienen wir der Quelle kaum näher gekommen zu sein. Wir wurden langsamer und brauchten für eine Strecke von 400 m eine halbe Stunde. Der Weg führte in Serpentinen einen äußerst steilen Hang hinauf.

Es war nicht zu schaffen, aber Pastor und José weigerten sich, hier ein Lager aufzuschlagen. Es gebe hier kein Futter für die Tiere, und außerdem sei es bis zur Quelle nur noch *media hora*. Sie gingen weiter. Chmielinski trieb uns an, wie er es den ganzen Tag über getan hatte, und hetzte dann wieder hinter den Packeseln her. Niemand hatte noch die Kraft, sich mit ihm zu streiten.

Der Wind frischte noch mehr auf und erreichte nach meiner Schätzung 30 Knoten. Er war so stark, daß er mich aufrichtete, ganz gleich, wie weit ich mich vorbeugte. In meinem Gesicht hatte ich kein Gefühl mehr.

Ich wickelte mir den Windschutz enger um den Körper, steckte mir ein golfballgroßes Stück des hier gebräuchlichen Kaugummis in die linke Backe und vertiefte mich in eine Höhenwanderungsmeditation: linker Fuß, rechter Fuß, jeden Schritt zählen, eins, zwei, drei, vier ...

Als ich bei 731 angekommen war, senkte sich die Schneewolke in den Cañon, die Sonne brach durch, und der Quehuisha tauchte weiß und golden glänzend vor uns auf. Der Pfad flachte ab. Vor mir zog Chmielinski eine Linie in den Schnee. Ich sah mich nach den anderen um, konnte sie aber nicht erkennen. Mühsam stapfte ich auf den Polen zu.

»Zehn *soles*, bitte«, keuchte er, »wir überqueren jetzt die Wasserscheide.«

Es dauerte eine Weile, bis ich erfaßt hatte, was die Linie bedeutete. Auf die eine Seite hatte er »Pazifik«, auf die andere »Atlantik« geschrieben.

Ich überschritt die Linie, ließ meinen Rucksack fallen und atmete in der dünnen Luft tief durch; es gelang mir aber nicht, die Lunge so zu füllen, wie ich es mir sehnlichst wünschte. Schwarze Wolken hingen in südwestlicher Richtung hinter und unter uns. Sie schlossen den Cañon ab, als wollten sie uns zeigen, daß es kein Zurück gab. In erhabener Gleichgültigkeit ragten die Flanken des Quehuisha auf, unmittelbar zu unserer Rechten, also im Osten; wir befanden uns nunmehr weniger als 200 m unter seiner kegelförmigen Spitze. 800 m entfernt lag der Mismi, und dazwischen ein Kamm mit einem blaßblauen Fleck: der Wasserfall, den wir für die Quelle des Amazonas hielten.

In der Mitte der Wasserscheide lag ein etwa 2 m hoher Steinhaufen mit einem Kreuz darauf aus zwei zusammengebundenen Stöcken. Wanderer hatten Stein für Stein diesen *Apachita* als eine Opfergabe an den *Wamani* errichtet, der im Berg wohnte. Wie es der Brauch wollte, legte auch ich als Gabe für den Schutzgeist und als Erinnerung an die Strapazen einen Stein und meinen Kokapriem auf den Haufen. Dann drehte ich mich zu Chmielinski um.

»Von jetzt an geht es nur noch bergab«, sagte ich. *Ho-ho!*

»Ja«, erwiderte er, »die nächsten 6800 km.«

Nacheinander kämpften sich jetzt auch die anderen mit lila verfärbten Gesichtern zu uns hoch. In stiller Erschöpfung ließ einer nach dem anderen sein Bündel fallen. Nach einer Weile brach dann einer nach dem anderen in ein Freudengeheul aus, das jedoch bei allen durch Hustenanfälle abgewürgt wurde. Langsam tauchten dann Kameras aus den Rucksäcken auf, und die Überquerung der Wasserscheide wurde noch einmal gestellt.

Von den schwarzen Wolken, die aus dem Tal aufstiegen, wehte weißer Schnee herüber. Wir hatten den höchsten Punkt des Amazonas erreicht, aber von einer Tropenexpedition konnte man wahrlich nicht mehr sprechen. Minuten später stolperten wir den Ostabhang hinunter, um noch vor Einbruch der bitterkalten Andennacht unser Lager aufzuschlagen.

Unterhalb der Wasserscheide war durch Schmelzwasser ein Netzwerk aus Bächen und tundraartigen Inseln entstanden. Eine davon war groß genug, um als Lagerplatz für fast alle zu dienen. Nur Bzdak und ich mußten woanders campieren.

Nie, nicht einmal beim allerersten Versuch, hatte ich mehr als eine Viertelstunde dazu gebraucht, ein Zelt aufzuschlagen. Aber auf einer Höhe von 5200 m war es mindestens so schwer, wie sich total betrunken die Schnürsenkel zu binden. Ich konnte nicht mehr unterscheiden, wo oben und unten war. Ich breitete die Bodenwanne aus, umkreiste das Zelt mehrmals und versuchte mich zu orientieren. Das bestätigende Klicken beim Zusammenstecken der Zeltstangen erfüllte mich mit dem Mut des Narren, und ich stocherte, zog und fummelte die nächste Dreiviertelstunde an den Reißverschlüssen herum.

Als ich fertig war, stellte ich zu meiner Überraschung fest, daß ich eine Zeltstange übrig hatte. Eine Extrastange! Großartig! Mein Zelt erschien mir auch ohne diese Stange völlig in Ordnung. Vor mich hin kichernd, steckte ich sie in meinen Schlafsack, in der Erwartung, darüber nach dem Essen ein weiteres Mal herzlich lachen zu können.

»Joe«, fragte Bzdak, »wie fühlst du dich?«

»Wie eine Million *soles!*« antwortete ich. Unerhört geistreich!

»Das sind 50 Dollar. Also nicht so gut, oder?«

Ich folgte Bzdak, der im Zickzack zu der größeren Insel turnte. Biggs teilte sich mit Odendaal ein großes Zweimannzelt, das er als Kombüse zur Verfügung gestellt hatte. Wir zwängten uns hinein, setzten uns auf Taschen und Bündel und zogen unsere Schuhe aus.

Biggs lag in seinem Schlafsack. Es ging ihm nicht gut. Irgendwo, vielleicht bei der Colca-Expedition im Jahre 1983, hatte er sich das Pfeiffersche Drüsenfieber geholt (eine der Mononukleose verwandte Krankheit), das wiederum einen Anfall von Maltafieber ausgelöst hatte. Er hatte drei Monate im Bett gelegen und war noch nicht endgültig wiederhergestellt.

»Guten Abend, Kameraden«, sagte Biggs. Er lächelte, mußte aber husten.

»Wie geht's dir, Zulu?« fragte Bzdak.

»Zbyszek«, antwortete er langsam, »du wirst so fett, daß dich die Zulus zu ihrem König ernennen würden.«

»Was gibt's zum Essen?« fragte Bzdak.

Ohne aus seinem Schlafsack herauszukriechen, kramte Biggs in den Vorräten: »Chili, Schweinefleisch süß-sauer, Bœuf Bourguignon. Ich glaube ... Zbyszek, ich glaube, ich muß mich übergeben.«

»Wieso?«

»Deine Füße stinken.«

Das war kein geringer Vorwurf. In großer Höhe läßt der Geruchssinn stark nach. Die Geruchsstoffe sind zu schwer, um sich in der dünnen Luft ausbreiten zu können. Daher ist der vorherrschende Geruch im Hochgebirge die Geruchlosigkeit. Wenn man nicht gerade in einem Zelt eingesperrt ist mit ...

»Entschuldige, Zulu. Was soll ich machen?«

»Schon in Ordnung, Zbyszek.«

»Ich möchte nicht, daß dir schlecht wird, Zulu. Ich gehe.«

»Nein! Bloß nicht. Ich mache doch nur Spaß. Ich kann mir nichts Schöneres vorstellen, als hier zusammen mit meinem Freund Zbyszek zu sein. Ehrlich.«

»Auch nicht mit deiner Frau?«

»Darüber sprechen wir lieber nicht.«

Bald war im Zelt ein Wirrwarr von Armen und Beinen, Töpfen und Löffeln entstanden. Hier wurde Druck in den Tank eines Benzinkochers gepumpt, dort in Lebensmitteltaschen gewühlt, während ein dritter Eßnäpfe verteilte. Eine Hand hielt den großen Topf, während eine andere Druck in den Kocher pumpte. Teebeutel und Kaffeetassen machten die Runde, und später ein dampfender Topf Suppe.

Ein Kopf mit dampfenden Nasenlöchern tauchte in der Zeltöffnung auf.

»Essen fertig?« fragte Odendaal.

»Bald, bald.«

Wir kochten und füllten Teller, und Odendaal, der sich inzwischen vom Aufstieg erholt hatte, brachte den Männern in den Zelten ihre Suppe und uns die neuesten Nachrichten: »Pierre hustet fürchterlich, Piotr kann kein Essen bei sich behalten, Pastor und José gefällt das

Zelt, das wir ihnen geliehen haben.« Er nahm zwei Näpfe mit Chili und Reis und ging dann wieder.

Biggs konnte nichts essen. Ich schaffte gerade eine Schale Chili. Bzdak verschlang sein Essen in Sekunden.

Nach einiger Zeit hatte ich das Gefühl, als werde von innen gegen meinen Kopf geboxt; Bzdak führte mich zurück in unser Zelt. Die ganze Nacht über zitterte ich vor Kälte.

Als ich am nächsten Morgen aufwachte, zwang ich mich, einen Blick aus dem Zelt zu werfen. Eine dicke, graue Wolke schien alle Geräusche zu ersticken und das Tageslicht in eine Hülle zu verwandeln, die sich schattenlos über alles legte. Es konnte früh am Morgen, aber auch um die Mittagszeit sein. Unterhalb der grauen Hülle lag eine weiße Decke aus Neuschnee. Ich holte meine gefrorenen Stiefel ins Zelt.

»Zbyszek«, rief ich.

Eine belegte Stimme antwortete mir über den weißen Hügel neben meinem Zelt. »Was willst du?«

»Frühstück.«

»Wie Sie wünschen, mein Herr. Frühstück ans Bett für Señor Amazonas. Hinterher darfst du dann kotzen.«

Er hatte recht. Ich konnte so wenig das Essen bei mir behalten, wie ich auf dem Kopf stehen konnte. Um genau zu sein, ich konnte mich nicht einmal richtig auf den Beinen halten. Ich stand auf, schwankte, setzte mich wieder und zog meine schweren Kleider an. Pastor, José und ich sollten heute aus dem Lager aufbrechen und alles, was wir auf die Esel packen konnten, mitnehmen und zu der Wetterstation transportieren, wo die restliche Mannschaft mit dem Landrover auf uns wartete. Laut Karte befand sich diese Station auf einer Hochebene rund 24 km nördlich der Quelle. Das restliche Team würde zuerst den gefrorenen Wasserfall filmen und dann noch in dieser Nacht mit dem leichten Gepäck zu uns stoßen.

Bevor wir aufbrachen, wollte ich mir jedoch auch selbst die Quelle ansehen.

Ich brach also mit dem Kompaß in der Hand auf, quälte mich wieder den Berg hinauf zurück zur Wasserscheide, nickte dem *apachita* zu, was mir Glück bringen sollte. Dann wandte ich mich nach links, in östlicher Richtung und tastete mich durch Schnee und Geröll bergauf. Eine Stunde später befand ich mich auf dem Dach Perus. Der Nebel breitete sich unter mir aus wie ein grauer See; ich war allein mit den erhabenen, baumlosen Gipfeln, die an der Wiege des Amazonas stehen wie Wärter: Quehuisha, Chayco, Mismi, Huillcayo.

Und dort, keine 50 m von mir entfernt, hing plötzlich der blaue Schleier des gefrorenen Wasserfalls. Ich machte ein paar Schritte auf ihn zu, blieb jedoch wieder stehen. Ich weiß bis heute nicht genau, warum. Ich mußte zurück ins Lager und auf den Pfad, ich war durchgeschwitzt vom Aufstieg, aber das war nicht alles. Es schien mir frevelhaft – ja ich glaube, das war es, was ich empfand –, daß ich drauf und dran war, die Quelle des Amazonas zu *berühren.*

Zudem war es irgendwie lächerlich, denn die Quelle des Amazonas zu bestimmen ist etwa so, als spleiße man einen dicken Wollfaden auf und versuche zu bestimmen, welches Fädchen denn nun wirklich das Ende sei. Nach der allgemein anerkannten Definition ist derjenige der Quellfluß, der am weitesten von der Mündung entfernt liegt (im Unterschied beispielsweise zu dem mit der größten Wassermenge). Jahre-, ja jahrhundertelang galt der Marañón als Quellfluß des Amazonas. Luftaufnahmen der Andenterritorien aus dem Jahr 1955 (die auch als Grundlage für ausgezeichnete, im Auftrag des peruanischen Instituto Geographico Militar angefertigte topographische Karten dienten) beweisen jedoch, daß durch den Apurímac, einen der Zuflüsse des Ucayali, das Ucayali-System um 100 bis 150 Kilometer länger war als der Rio Marañón.

Jetzt mußte nur noch vermessen werden, welcher Zufluß des Apurímac der längste war.

Im Jahr 1971 machte der Amerikaner Loren McIntyre anhand der damals zur Verfügung stehenden peruanischen Karten eine Expedition zu drei Quellflüssen des Apurímac (zum Rio Hornillos, Challamayo, und Lloqueta). Er verfolgte ihren Lauf bis zu einem sumpfigen Kar und von dort bis zur Wasserscheide. Hierüber berichtete er in der Zeitschrift *National Geographic:*

Am 15. Oktober 1971 erreichten wir einen vereisten Kamm oberhalb des Carhuasanta, dem längsten der fünf Bäche am Oberlauf. Die Indios nennen diesen 5550 m hohen Gipfel Choquecorao … 300 m unterhalb des Kammes entdeckten wir einen See, dessen Eiskruste in der Mittagssonne auftaute. Wir stiegen hinunter, um unseren Durst mit dem glasklaren Schmelzwasser zu stillen. Hier, auf 5250 m Höhe, befand sich die am weitesten zurückzuverfolgende Quelle des Amazonas – mehr ein Teich als ein See. Er maß kaum 30 m im Durchmesser.

[Meine Partner] benannten den See nach mir, mehr oder weniger im Spaß, denn sie wußten, daß dieser See möglicherweise nicht lange als der am weitesten entfernte Ursprung des Amazonas gelten würde. Er konnte schon im nächsten Jahr verschwunden sein, denn die Anden sind ein junges Gebirge, in dem es oft zu Verschiebungen, Verwerfungen und Abbrüchen kommen kann …

McIntyre hatte recht mit seiner Feststellung über die Erdkrustenverschiebungen in diesem Gebiet, aber seine Behauptung, der Carhuasanta sei der längste Quellfluß des Amazonas, ist falsch. Unsere Karten zeigen eindeutig, daß der Apacheta, der übernächste Fluß in westlicher Richtung, länger ist. Ein dritter Fluß, der Ccaccansa, ist wiederum länger als der Apacheta, und ein weiteres System, das in der Nähe des Minaspata entspringt, ist mindestens ebenso lang, falls es ganzjährig Wasser führt. Der in England geborene Journalist Nicholas Asheshov, der in Peru lebt, bestieg 1970 den Minaspata und behauptete, dort sei die Quelle. Dem Schriftsteller Alex Shoumatoff (in dessen Buch *The Rivers Amazon*) sagte Asheshov, McIntyres Teich sei »ein morastiger See einen Kilometer oberhalb einer Mine, wo jeder zum Pinkeln hingeht«.

Sind diese Unterschiede von Bedeutung?

Ich glaube nicht. Eine Strecke von höchstens 1,5 km – um mehr geht es nämlich bei diesem Streit nicht – ist doch wohl angesichts eines Flusses von 6800 km Länge kaum der Rede wert. Der Mensch muß alles mit einem Namen bezeichnen, selbst wenn seine Definitionen dem Gegenstand seine natürliche Poesie rauben. Aber die Quelle des Amazonas ist nicht ein bestimmter Teich oder ein einzelner Eisbrokken. Als Quelle des Amazonas muß man das Ganze betrachten, die Gesamtheit dieses kalten, grauen Netzes. Den gefrorenen Wasserfall, ja, und den McIntyre-See, aber ebenso den Nebel, den Wind, die Berggipfel, oder das zarte Band aus Schlamm und schwammigen Grassoden, das sich um den Fuß des Bergs zieht.

Es fing an zu schneien. Waren diese Flocken nicht die ersten Tropfen des Amazonas? Kann man den Schnee vom Bach trennen, das Eis von der Luft, den Wind von der Sonne?

Der Wind heulte auf, es schneite stärker, und allmählich hüllte der Nebel den gefrorenen Wasserfall ein. Keuchend und verwirrt wegen der dünnen Luft, stolperte ich den Berg hinunter.

Unser Lager war in dem Schneetreiben fast nicht mehr zu sehen. Nachdem wir die Esel bepackt und uns noch kurz mit den anderen abgesprochen hatten, machten sich Pastor, José und ich auf den Weg Richtung Norden durch die tundraartige Fläche und hinunter in das enge, nur einige hundert Meter breite Tal. Der Sturm ließ nach, frischte auf und ließ wieder nach. Manchmal ragten die dunklen Gipfel zwischen dem alles einhüllenden Weiß drohend auf. Auch in den weißen Mänteln aus Neuschnee wirkten sie kaum weniger bedrohlich. Keinerlei Spuren von Menschen, keine Bäume, keine Felsen, nichts, nur stellenweise Ichu-Gras, das aus dem Schnee herausragte. Hier herrschte wahrhaft vollkommene Abgeschiedenheit. Bäche plätscherten alle hundert Meter aus den Bergen herab und suchten sich ihren Weg zum Grund des Tals. Ungefähr 800 m unterhalb unseres Lagers bildeten sie den Apacheta, das erste größere Fließgewässer auf der Ostseite der Wasserscheide, und 1,5 km weiter kamen wir an einem *Quebrada*, einem tiefen, schmalen Einschnitt in der Westwand des Tales vorbei. *Quebrada* ist das spanische Wort für »gebrochen«, und kein anderes Wort bezeichnet die am häufigsten anzutreffenden geologischen Strukturen der Hochanden besser als dieses Wort. *Quebradas* sind im Vergleich zu den kleinen Wildbächen, die sie gegraben haben, erstaunlich tiefe, stark erodierte Spalten. Sie sehen aus, als hätte sie ein *wamani* mit einer Riesenaxt aus dem Gestein gehauen.
Vor uns lag das Quebrada Calomoroco, und dort – die wahre Quelle? – der Ccaccansa, zu beiden Seiten von steilen Felswänden flankiert. Ein Auf- oder Abstieg erschien mir außerordentlich schwierig, und ich war froh, daß wir beschlossen hatten, den einfacheren Weg entlang des Apacheta zu nehmen.
Ich drehte mich um und stellte fest, daß uns eine Quechua-Familie folgte. Woher sie gekommen war, konnte ich mir aber beim besten Willen nicht vorstellen. Die dunklen, geduckten Gestalten folgten uns still. Eine halbe Stunde später drehte ich mich wieder nach ihnen um, aber da waren sie verschwunden.
Plötzlich brach die Sonne mit einer derartigen Gewalt durch die Wolken, daß mir binnen weniger Minuten die Augen brannten. Bald geriet

ich ins Schwitzen, so daß ich mich bis aufs Unterhemd auszog; Pastor und José überholten mich. Die nächste halbe Stunde marschierten wir zusammen.

»Woher kommen Sie?« fragte Pastor auf spanisch.

»Amerika.«

»Miami?«

»Kalifornien. San Francisco.«

»Liegt das bei Chicago?«

»Nein.« Die Frage überraschte mich. Die peruanischen Bauern, die ich bisher getroffen hatte, kannten Miami, New York, Los Angeles und Las Vegas. Das war Amerika. Aber Chicago? »Nein, eigentlich nicht«, antwortete ich. »Aber wenn man aus Peru stammt, ist die Frage gar nicht so abwegig.«

»Da komme ich her«, antwortete Pastor. José nickte heftig mit dem Kopf. »Aber Alkapohnay ist aus Chicago.«

»Alkapohnay?«

»Der mit der Pistole«, sagte er und machte eine Schießbewegung.

»Al Capone ist aber schon lange tot«, erwiderte ich.

»Er war ein großer Mann.«

Wir gingen weiter, bis wir auf etwas stießen, das aussah wie der Hinterlauf eines Lamas. Das Fleisch war bis auf die Knochen abgenagt, die Hufe waren unversehrt. Während unseres Marsches waren wir auf eine Herde dieser mit den Vicuñas verwandten Tiere gestoßen. Sie und die mysteriöse Quechua-Familie (ich hatte plötzlich das dumpfe Gefühl, daß sie irgendwie zusammengehörten) waren die einzigen Lebewesen, denen wir begegnet waren. Pastor meinte, ein Raubtier hätte das Lama gerissen, wobei ich mir nicht vorstellen konnte, wie ein wildes jagendes Tier in dieser unwirtlichen Gegend überlebt.

Pastor meinte, wir sollten das kleine Tal durchqueren. Er und José führten die beiden Esel durch einen kleinen Bach namens Lloqueta. Das Wasser reichte einem gerade bis zur Wade. Ich warf mein Bündel auf die andere Seite und sprang mit einem Satz ans andere Ufer. Nach dem Sprung war ich außer Atem, aber meine Gefährten zollten mir klatschend Beifall. Ich spürte, wie mir diese kleine Aufmerksamkeit nach den Entbehrungen der letzten Zeit unheimlich gut tat.

Befragt, wie weit es noch sei, meinte Pastor: »*Media hora.*«

»Wunderbar«, sagte ich und stellte mich auf weitere vier Stunden Marsch ein.

Wir blieben den ganzen Nachmittag über zusammen. Die beiden unterhielten sich in Quechua, oder, wenn ich den Wunsch nach Unterhaltung äußerte, auch auf spanisch. Das war jedoch nicht oft der Fall. Wir befanden uns immer noch auf einer Höhe von 4500 m, und der Marsch ermüdete mich. Schwarze Wolken zogen sich hinter und über uns zusammen und hüllten die dräuenden Gipfel ein. Wenn sich unsere Kameraden an der Quelle nicht beeilten, würden sie in ernste Schwierigkeiten geraten. Die Sonne brach für einen Augenblick durch, und die Temperatur stieg sofort um 20° C an. Dann verschwand die Sonne wieder. Ich mußte so fürchterlich husten, daß mir fast der Schädel zerbarst. »Schau!« rief Pastor.

Er zeigte nach links auf einen stahlgrau reflektierenden See in der Größe eines Fußballfelds. Am gegenüberliegenden Ufer des Sees stand eine niedrige Mauer in leuchtendem Rosa. Pastor stieß einen Schrei aus, und die Mauer erhob sich vom Boden: rote Flamingos. Ihre unerwartete Schönheit wirkte vor der kahlen, grauen Landschaft hypnotisierend.

Ein blau-weißer Blitz zuckte hinter den Flamingos auf, gefolgt von Donner und einem plötzlichen, aufgeregten Piepsen. Eine Rotte Nagetiere huschte in wilder Panik um einen Steinhaufen herum. Mit ihren langen, buschigen Schwänzen sahen sie aus wie eine Mischung aus Hase und Eichhörnchen. Pastor identifizierte sie als *Viscachas* (mit den Chinchillas verwandte Tiere). Er rieb sich den Bauch und meinte, sie würden sehr gut schmecken.

Hinter dem See wurde das Tal breiter. Vor uns breitete sich eine schneebedeckte Hügellandschaft aus. Ich fragte Pastor, wie weit es noch sei. Er überlegte eine Weile, und dann sagten wir gleichzeitig: »*Media hora.*«

Er hatte sich verirrt. *Wir* hatten uns verirrt.

In einer Stunde würde es dunkel werden. Wir stiegen schnaufend einen Hügel um den anderen hinauf und wieder hinunter. Auf einem der Hügel blieb ich kurz stehen, um wieder zu Atem zu kommen. Wie immer war auch dieses Kraftschöpfen nur von kurzer Dauer. In ungefähr 1,5 km Entfernung sah ich einen Baum. Er war kahl und wirkte auf mich völlig fremd. Ich hatte seit zwei Tagen keinen Baum mehr gesehen.

Der Baum entpuppte sich schon bald als Wetterfahne, und jetzt entdeckte ich auch die Wetterstation – eine trübselige Hütte mit zwei

Räumen, in der ein Soldat namens Roberto seinen Dienst versah. Seine Festung war bestückt mit einem kleinen Holztisch und einer Steinbank. An den Wänden hingen Landschaftsbilder, die aus einem drei Jahre alten Kalender herausgerissen worden waren, sowie ein Bild der peruanischen Fußball-Nationalmannschaft. An der längsten Wand prangte wie in einem Heiligenschrein ein Poster von Miss Inka Cola. Ihr blondes Haar und der dünne Bikini ließen die Hütte noch kälter erscheinen, als sie es ohnehin war.

Roberto erklärte mir, daß kein Fahrzeug aufgetaucht sei. Ich trat hinaus vor die Hütte, um im letzten Tageslicht die Gegend abzusuchen. Die Hütte stand auf einem Hügel direkt oberhalb der Stelle, wo der Challamayo in den Hornillos mündet. Am Flußufer entlang führte eine Staubpiste, auf der ich ein bis zwei Kilometer flußabwärts schemenhaft einen winzigen beigefarbenen Punkt ausmachte. Ich konnte dieses Objekt nur deshalb erkennen, weil es sich in diesem Moment gegen den grünen Hornillos abzeichnete, der einzigen Kontrastfarbe inmitten des endlosen Graus, das jetzt unter dem Schnee zu Weiß verblaßte.

Es war der Condorito.

Ich winkte und schrie, aber der Wind zerfetzte meine Freudenrufe zu sinnlosen Bruchstücken. Condorito wandte sich flußabwärts und fuhr davon. Mein Atem stockte. Ich kannte Leon, Durrant und Truran zwar erst drei Wochen, aber in diesem Moment spürte ich, daß sie meine Freunde waren.

Ich saß mit Pastor, José und dem freundlichen Roberto zusammen. Er brühte mir eine Tasse Tee auf und erklärte, ich könne so lange bleiben, wie es nötig sei. Im Vergleich zu Robertos Einsamkeit war meine ein Nichts. Er tat seit fast drei Monaten Dienst in der kleinen Hütte. Sein Dorf lag sechs Tagesmärsche entfernt.

Wie der Notarzt zum Rettungseinsatz brauste Condorito eine Stunde später über den Hügelrücken. Eine verkniffen dreinschauende Kate Durrant saß am Steuer, Leon und Truran auf den Beifahrersitzen. »Diese Karten sind absolut wertlos!« schäumte sie. Wir zwängten uns in die Hütte, stellten unsere Kocher auf und kochten Wasser ab.

Wenige Minuten später drückten sich zwei weiße Gestalten durch die Tür: Chmielinski und Odendaal, schneebedeckt.

»Am Fuß des Hügels«, keuchte Chmielinski, »die anderen sind noch da unten.«

Kate Durrant schnappte sich ihren Arztkoffer und eine Taschenlampe und ging ihm nach. Odendaal blieb in der Hütte.

»Wir haben uns verirrt«, sagte er und wärmte sich über einem der Kocher die Hände. Seine Zähne klapperten, und sein Gesicht war violett. »Zbyszek und Pierre haben sich vom Rest der Mannschaft entfernt, entgegen meinen Anordnungen. Ich wollte, daß wir unter allen Umständen zusammenbleiben.« Trotz seiner Erschöpfung war er sehr wütend. Bei Einbruch der Nacht hatten Bzdak und van Heerden abseits ihrer Route den Lichtschein einer kleinen Ansiedlung entdeckt. Da sich das Team offensichtlich verirrt hatte, entschlossen sich die beiden, zu der kleinen Ansiedlung zu gehen, um Hilfe zu holen. Ein Mann hatte sich bereit erklärt, die Gruppe zur Wetterstation zu führen. Frierend, hungrig und durstig taumelte jetzt die restliche Mannschaft in die Hütte. Wir schmolzen Schnee und kochten Suppe. Trotz aller Bemühungen wollte einfach kein Kameradschaftsgefühl aufkommen, denn jeder von uns war so müde, daß seine Gedanken nur um die eigene Person kreisten.

Draußen im Schnee schlugen wir unser Lager auf. In dieser Nacht konnte ich nicht schlafen. Ich atmete stoßweise, mein Zelt und mein Schlafsack schienen mich einzuengen und zu erdrücken. Schließlich kroch ich aus dem Schlafsack und ging hinaus in die eiskalte Nacht. Der Mond – Mutter der Inkas, Frau und Schwester des Sonnengottes Inti – stand leuchtend und rund am blauschwarzen Himmel. Immer wenn der Winter dem Frühling weicht, ist es der Mond, der das Leben der Quechuas lenkt. Ich konnte das sehr gut nachvollziehen. Der Schnee, der die Hügellandschaft der Puna wie eine glänzende Haut überzog, reflektierte das Mondlicht so hell, daß ich das Gefühl hatte, mitten in der Nacht weiter zu sehen als am Tag.

*Apu* bedeutet auf Quechua »Herr«. Apu Rimac war der Herr des Orakels oder der Große Wahrsager. Er galt als das bedeutendste Inka-Orakel und verkündete seine Prophezeiungen durch die gewaltigen Stromschnellen des Flusses. Es heißt, daß der Wanderer in der Regenzeit die Stromschnellen des Flusses schon zwei Tage vor dem Erreichen des Cañons hört.

Es war derselbe Apu Rimac, der das Erscheinen der bärtigen, weißen Götter, der *Viracochas*, vorhersagte, die das Inkareich erobern sollten. Daher entbehrte es nicht der Ironie, daß Tom Biggs uns, neun bärtige

Männer und eine Frau, an dem Tag, als wir uns auf die Suche nach dem Fluß des Orakels machen wollten, zusammenrief. Er bat uns, ob er an diesem Tag und an allen folgenden Sonntagen ein Gruppengebet sprechen dürfe. Die Südafrikaner und Leon stimmten zu, und obwohl wir übrigen uns nicht festlegten, senkte Biggs den Kopf und schloß uns mit leicht zitternder Stimme in sein Gebet mit ein.

An einem klaren, kalten Morgen verabschiedeten wir uns von Pastor und José, die mit ihren Packeseln wieder nach Hause zurückkehrten. Das Zusammensein mit uns schien ihnen gefallen zu haben, und von dem Groll, der unseren Abschied in Lari vergiftet hatte, schien nichts geblieben zu sein. Ich bedauerte, die beiden nicht näher kennengelernt zu haben. Bzdak und der Kameramann verabschiedeten sich ebenfalls. Sie würden mit Condorito die Berge umfahren und sich flußabwärts wieder mit uns treffen.

Wir durchwateten den Hornillos, hier kaum mehr als ein kleines Rinnsal, und erstiegen auf der anderen Seite einen Bergkamm. Hier kam es zu einer Kontroverse über den einzuschlagenden Weg. Odendaal und Biggs vertraten die Ansicht, daß man nur dann den gesamten Fluß »abgewandert« haben würde, wenn man sich immer dicht am Ufer hielt und ihn nie aus den Augen verlor. Sie wollten daher den ufernahen Weg einschlagen. Diese Argumentation war zwar bewundernswert puristisch, aber zugleich auch außerordentlich engstirnig und formalistisch. Denn das hieß nichts anderes, als den Fluß von seinem Einzugsgebiet, das heißt, dem Land, den Menschen und den Tieren, aus dem er kam, zu trennen.

Wir teilten die Gruppe auf. Odendaal, Biggs und Truran wanderten am Fluß entlang. Chmielinski, Durrant, Leon und ich nahmen den höher gelegenen Weg. Die Absurdität unseres Streits wurde schon binnen einer Stunde offenkundig, als die beiden Wege wieder zusammenliefen. Aber wir hatten zu diesem Zeitpunkt schon einen Vorsprung und trafen die anderen erst wieder in den späten Abendstunden.

Wir begegneten fast keiner Menschenseele. Einmal hörten wir Schreie hinter einem Felsen. Schnell rannten wir um den Felsen herum und stießen auf zwei Quechua-Frauen, die stoisch wie der Fels selbst auf dem Boden hockten. Erst viel später erfuhren wir, daß es sich bei dem aufgeregten Geheul der Frauen um ein Quechua-Lied gehandelt hatte.

Wir kämpften uns flußabwärts den Hornillos entlang. Einmal peitschte uns der Wind Schnee ins Gesicht, kurz darauf brannte die Sonne wieder heiß vom Himmel. Allmählich nahmen die tristen Brauntöne der Puna eine Grünfärbung an. Winzige Kaktusblumen zierten die sonst kärgliche Landschaft. Ihr Rot und Gelb stach schreiend von den baumlosen braunen Hügeln ab. Grünes Moos wuchs am Flußufer. Ein Schwarm Andengänse flog dicht über dem Wasser flußaufwärts. Später sahen wir drei Kormorane, einen Schwarm kreischender Seeschwalben, ein paar Bläßhühner und zwei große, staksende Wasservögel mit schwarzweißem Gefieder …

»Die bringen hier die kleinen Kinder«, meinte Chmielinski.

Ein Reiter kam über die Punaebene galoppiert, blieb vor uns stehen und versperrte uns den Weg. Das Pferd war so groß, daß mein Kopf kaum bis zur Schulter reichte. Das Zaumzeug war reichlich mit Gold- und Silbereinlegearbeiten versehen. Der Reiter trug einen roten Poncho aus Lamawolle, einen breitkrempigen Sombrero und eine gestrickte Mütze, die er sich tief ins Gesicht gezogen hatte. Die Haut des Quechua-Mannes war so rot wie die Vulkanböden seiner Heimat. Seine Backen waren prall gefüllt, wobei der Wind ihm einen vom Saft der Kokablätter grüngefärbten Speichelfaden über die Backe geweht hatte.

Das Beeindruckendste an dem Mann war zweifellos sein Gesicht. Spanische Augen, deren kühles Blau mich an das Blau des gefrorenen Wasserfalls an der Quelle erinnerte.

Der geisterhafte Reiter starrte uns an, sagte aber kein Wort. Plötzlich brach er in ein schrilles, überspanntes Gelächter aus, als ob wir so ziemlich der verrückteste Haufen wären, der ihm je begegnet war (was vielleicht sogar zutraf). Ungestüm riß er sein wieherndes Pferd herum und stob in Windeseile über die leere Puna davon.

Zwei Tagesmärsche von der Wetterstation trafen wir in La Angostura (»Die Enge«) wieder mit dem Condorito und seiner Besatzung zusammen. An dieser Stelle mündet der Hornillos in den Apurímac, hier wird der Fluß erstmals tief genug, um ihn mit Kajaks befahren zu können. Die letzten 8 km unseres Wegs führten uns durch ein breites Schwemmlandgebiet, das wie fast überall auf der Hochebene von bedrohlichen Vulkanbergen gesäumt wird. In meinen Aufzeichnungen nannte ich diese Berggipfel inzwischen »Die Vollstrecker«.

Bzdak und ich kletterten an der schmalen Stelle des Zusammenflusses auf die Spitze eines Lavaberges und entdeckten an der gegenüberliegenden Felswand Kreidezeichnungen und Eisenwaren. Dieses Material war zum Bau eines Staudamms bestimmt, der zu dem weitläufigen Majes-Projekt gehören sollte. Sollte der Staudamm wie geplant gebaut werden, dann wird ein Großteil des Gebiets, das wir in den vergangenen beiden Tagen durchwandert hatten, vom ersten und einzigen Staudamm des 6800 km langen Flusses überschwemmt werden, den wir bis zu seiner Mündung verfolgen wollten.

»Wie lange husten Sie schon Blut?« fragte Kate Durrant Pierre van Heerden an jenem Abend in meinem Zelt in La Angostura.
»Zwei Tage«, antwortete er und nahm einen langen Zug von seiner Zigarette. »Es kommt krampfartig. Wenn ich einmal huste, kann ich nicht mehr aufhören.«
*Tap-tap, tap-tap, tap-tap.* Neben ihrem sondierenden Knöchel führte sie das Stethoskop über seinen Rücken.
»Es ist die Höhe«, meinte sie, »und die trockene Luft. Rauchen ist auch nicht gerade förderlich.«
»Ich weiß.« Er inhalierte, stieß den Rauch aus, machte Ringe und mußte wieder husten. Van Heerden ließ seinen Kopf in meinen Schoß sinken, als Kate Durrant seine Brust mit dem Stethoskop abhörte.
»Einseitige Kratzgeräusche. Wir werden es mit Antibiotika versuchen.«
Van Heerden wurde von einem entsetzlichen Hustenanfall geschüttelt, der schnell in krampfartiges Würgen überging. Ihn hatte es anscheinend am schlimmsten erwischt, doch hatten wir alle mit ähnlichen Problemen zu kämpfen: Einmal die dünne, kalte, trockene Luft oder eine Staubwolke eingeatmet, und eine unsichtbare Hand warf einen um, die Lunge brannte und die Kehle drückte durch die Hustenanfälle unerträglich im Hals. Jede Nacht ertönten aus dem Camp schlimme Husten-, Pfeif- und Rasselgeräusche – man glaubte sich in ein Sanatorium für Lungenkranke versetzt.
Aus dem großen Zelt der Südafrikaner ertönte lautes Stimmengewirr und Gelächter. Der Rest der Mannschaft hatte sich bereits dort versammelt, um sich an dem *Pisco* gütlich zu tun, den der Kameramann aus der kleinen Bergarbeiterstadt Cailloma mitgebracht hatte. Cailloma liegt einige Kilometer oberhalb des Zusammenflusses des Hornillos in den Apurímac. Kate Durrant packte ihre Arzttasche zusammen

und ging mit van Heerden ebenfalls hinüber zu den anderen. Ich blieb im Zelt, um meine Notizen aufzuarbeiten.

Das versuchte ich mir zumindest einzureden. In Wirklichkeit fühlte ich mich nach einem Monat immer noch als Außenseiter. Das entsprach in gewisser Weise auch meiner Rolle. Das Team war die Expedition, es agierte, ich war nur der Beobachter. Aber diese Rolle war mir in einer anderen Welt zugewiesen worden, in einer Welt, von der ich mich jetzt völlig losgelöst fühlte. In der einsamen Puna erschien mir diese Trennlinie zwischen uns grausam, künstlich.

Der Wind rüttelte an meinem Zelt. Das Thermometer zeigte −15 °C. Ich hauchte meine Finger an und brachte noch ein paar Zeilen zu Papier.

Ich hörte ein Scharren, und dann stolperten Bzdak und Durrant mit den Worten »Wir möchten dem Château-Joe einen Besuch abstatten« ins Zelt. Ich zündete eine zweite Kerze an und rückte das Fußende meines Schlafsacks zu einer Sitzgelegenheit zurecht. Bzdak spendierte eine Flasche Anisschnaps.

Die Zeltöffnung ging erneut auf, und Chmielinski kam herein. Wir saßen dichtgedrängt. Geschichten aus Polen, den Anden und London wurden ausgetauscht. Wieder ging die Zeltöffnung auf. Mit dem Ruf: »Hallo, Kumpels!« kletterte Tim Biggs über die dichtgedrängt Sitzenden. Schließlich erschien noch Leon und fragte »Hay fiesta?«, um sich noch zwischen uns hineinzuquetschen.

Rasch wechselte das Thema zu Geschichten aus den Tropen.

Wir redeten, tranken und lachten. Stunden später, als die »Fiesta« schließlich zu Ende ging, zeigte mein Thermometer angenehme 7 °C, und ich fühlte mich wieder sehr wohl.

# 4. Der Oberlauf des Apurímac

Der Apurímac, der wilde junge Sproß eines rauhen jungen Gebirges, durchfließt in nordwestlicher Richtung die Anden. Der Apurímac ist noch ein wilder Fluß, er ist weitgehend unberührt. Seine Ufer werden nur von wenigen Dörfern gesäumt, nur wenige Brücken überspannen ihn. Auf einer Gesamtlänge von ungefähr 650 km führen nur acht Straßen über den Fluß. Die ersten 80 km im Quellgebiet schlängelt er sich sanft in einem schmalen, seichten Bett aus rotem Vulkangestein durch die Hochpuna. An seinen Ufern wächst goldfarbenes Ichu-Gras. Auf den folgenden 480 km läßt der Fluß jedoch einen gewaltigen Höhenunterschied von etwa 3900 m hinter sich und hat auf dieser Strecke das vierfache Gefälle des Colorado River im Grand Canyon. Bevor sich der Apurímac schließlich ins Amazonasbecken ergießt, gräbt er eine der tiefsten Flußschluchten der Erde ins Gestein. Auf dem mit Felsbrocken übersäten Grund des Cañons gibt es aufgrund der häufigen Hochwasser, des chaotischen Flußbetts und der hohen Fließgeschwindigkeit keinerlei Leben. Seit Anfang der 50er Jahre wurden verschiedentlich Versuche unternommen, den Fluß per Kajak zu befahren – bislang sind noch alle gescheitert. Mindestens zwei Menschen ließen dabei ihr Leben.

Daher ist es nur zu verständlich, daß der Apurímac-Cañon seit langem als geheimnisumwitterter Ort gilt (einige Abschnitte gehören auch heute noch zu den am wenigsten erforschten Gebieten Südamerikas). Für die Quechuas ist der Cañon sowohl historisch als auch religiös von außerordentlicher Bedeutung. Eine Version des Inka-Mythos ist heute in weiten Teilen Südamerikas weit verbreitet. Danach krochen vier Brüder und ihre mit ihnen verschwisterten Frauen auf Bitten ihres Vaters, dem Sonnengott Inti, in der Nähe des Dorfes Paccaritambo aus ihren Höhlen und gründeten im benachbarten Cuzco-Tal das Inkareich. Der tiefe Apurímac schützte den sich entwickelnden Inkastaat bis zur Mitte des 15. Jahrhunderts vor den mächtigen Chancas im Westen.

Erst dann kam es zu einer kriegerischen Auseinandersetzung zwischen den beiden Machtbereichen, aus der die Inkas siegreich hervorgingen. Eine entscheidende Rolle für die auf den Sieg folgende, in fieberhaftem Tempo durchgeführte Westexpansion des Inkareiches spielte der Bau von vier Brücken über den Apurímac. Diese Brücken der Inkas bestanden ausschließlich aus geflochtenem Gras. (Als die spanischen Konquistadoren ein Jahrhundert später das Land eroberten, erschienen ihnen diese Brücken mit ihren 60 m langen, mannsdicken Schnüren, über die ganze Armeen mit ihrer Ausrüstung ziehen konnten, als eine besonders eindrucksvolle Sehenswürdigkeit der Neuen Welt.)

Im Jahre 1533 ordnete der Inka-Herrscher an, die Grasbrücken zu verbrennen, um dem Vormarsch der Vicarocha-Invasion Einhalt zu gebieten. Der Fluß hatte jedoch in diesem Jahr einen außergewöhnlich niedrigen Wasserstand, so daß die weißen Götter ihn durchwaten konnten. Die Eroberer nahmen Cuzco ein; eine Besiedlung des unzugänglichen Apurímac-Cañons gelang ihnen jedoch nicht. Der Cañon bildete im Jahre 1536 die strategische Flanke des letzten Inkastaates Vilcabamba. Zwei Jahrhunderte nach dem Fall von Vilcabamba wurde in dem am Apurímac gelegenen Dorf Surimana José Gabriel Tupac Amaru II. geboren. Dieser Mann führte im Jahre 1780 den zweiten Inka-Aufstand an, der allerdings nur regionale Bedeutung hatte und schließlich an mangelnder Unterstützung durch die eingeborene Bevölkerung scheiterte.

Im Apurímac-Cañon entstand genau 200 Jahre später die Bewegung »Leuchtender Pfad«, in Lateinamerika bekannt als »Sendero Luminoso«. Diese Guerillero-Organisation des modernen Südamerika entwickelte sich zu einer der grausamsten und gefürchtetsten Terrorgruppen des Kontinents.

Ich wachte durch das leise Rauschen des Flusses auf und trat vors Zelt. Gefrorener Esel- und Lamadung glitzerte im fahlen Schimmer des Morgengrauens. Da wir am Abend zuvor keinen besseren Platz für unser Zelt fanden, hatten Bzdak, Leon und ich das Zelt einfach direkt auf dem Weg aufgestellt. Dort stand es jetzt auf einem kleinen Absatz der Schluchtwand, nur wenige Meter über dem Fluß. Wir drei waren inzwischen ein Team geworden. Chmielinski, Truran, Biggs und Odendaal hatten am Vortag in La Angostura ihre Kajaks zu Wasser gelassen. Die beiden Kameramänner van der Merwe und van Heerden hatten Kate Durrant als Fahrerin des Condorito engagiert und waren gemeinsam losgefahren. Bzdak und Leon hatten sich erboten, mit mir zusammen zu Fuß zu gehen. Wir waren durch diese einsame und gottverlassene Gegend gewandert, in einer Art schwindelerregendem Rausch des Alleinseins, und in dem Bewußtsein des Unbeobachtetseins.

Aber selbstverständlich waren wir nicht wirklich allein. Daß wir an jenem ersten Tag nach Verlassen von La Angostura niemand begegneten, lag wahrscheinlich an unserem martialischen Aufzug: vollbepackte Aluminium- und Nylontaschen, Goretex-Jacken, Sonnenbrillen und Lederstiefel. Ich stellte mir vor, daß sich irgendwo in den Bergen die Quechuas versteckt hielten und über uns den Kopf schüttelten.

Vielleicht waren wir aber auch einfach zu müde, um jemanden zu bemerken. An jenem Tag hatten wir uns 24 km weit steil bergauf und wieder bergab vorwärtsgekämpft. Beim Abendessen schwankte Bzdak den Pfad hinunter. Leon und ich hörten, wie er sich übergab, und fanden ihn zusammengekrümmt auf einem Büschel Ichu-Gras. Wir halfen ihm, sein Zelt zu erreichen, und Leon brühte ihm aus der Minze, die er unterwegs gesammelt hatte, einen magenberuhigenden Tee.

Am nächsten Morgen war Bzdak schon wieder bester Laune und meinte:»Wenn ich kein Bier habe, werde ich krank.« Der Weg war eben und leicht begehbar, 30 cm breit und jahrhundertealt. Er führte zuerst an der Felswand und dann hinter sanften Lehmhügeln entlang. Enten und Gänse flogen über den Fluß, Fische sprangen nach Mücken an der Wasseroberfläche. Das Wetter wurde mild und freundlich. Wir kamen an den verkohlten Resten eines Lagerfeuers vorbei, das vermutlich ein Lama-Hirte entzündet hatte, dann an einer Steinhütte und schmalen Feldern, die bis direkt an den Weg gepflügt worden waren. Ich stellte mir unsere Gruppe als Ehrendelegation der Quechua für die Pflege der Verkehrswege in den Anden vor. Mit jedem unserer Schritte trugen wir das Unsere dazu bei, den Weg freizuhalten und die Ordnung zu wahren. Hier zertrat ich ein vorwitziges Büschel Ichu-Gras, dort stieß ich einen Lehmklumpen vom Pfad zurück ins Feld.

Eine rotgesichtige Quechua-Frau stand vor ihrer Lehmhütte und musterte uns. Die Hütte, auf einen Felsbrocken zwischen Pfad und Fluß gezwängt, wirkte wie eine Illustration aus einem Märchenbuch.

»Ihr Haus gefällt mir!« rief Bzdak auf spanisch. Die Frau errötete noch mehr und lief ins Haus.

Am späten Nachmittag stießen wir genau an der Stelle, wo der Rio Totorani in den Apurímac mündet, auf die Ruinen einer Inka-Festung. Sie war sehr geschickt zwischen die schroffen Felsen eingepaßt und bildete einen sichtbaren Beweis der Fähigkeit der Inkas, sich die Eigenart dieser zerklüfteten Landschaft zunutze zu machen und sich darin zu verstecken. Im Unterschied zu den berühmten Rätseln, die die religiösen und kultischen Zentren der Inkas aufgeben, waren diese Bauwerke einfach und praktisch konzipiert. Sie sind zwar längst geplündert, aber ihre steinernen Türstürze bezeichnen immer noch Türen und Eingänge; junges Getreide sproß zwischen den Mauern. Getreide und Stein, Landwirtschaft und Architektur, das waren die materiellen Errungenschaften des Inkastaates. Die Präsenz der Inkas in diesem kargen Hochland deutet auf die zähe Beharrlichkeit dieser Bergkultur hin.

Am Abend trafen wir die Kajakfahrer und das Kamerateam 6 km flußabwärts bei der Ruinenanlage Mauccallata. Im Hochland besteht eine alte und verflochtene Tradition des wechselseitigen Nehmens und Gebens. Eine dieser Formen, die sogenannte *mita*, entwickelten die Inkas zu einer Art sozialem Wohlfahrtssystem weiter. Zum Ausgleich für die Privilegien der Staatsdiener errichteten die Inkas dem arbeitenden Volk, den Bauern und Händlern großzügig angelegte öffentliche Bauten wie zum Beispiel Straßen und Bewässerungsanlagen. Damit sollten die Kommunen vor Mißernten und Hungersnöten bewahrt werden. Die runden, verfallenden Steintürme von Mauccallata ragten im Schein des Halbmondes schemenhaft wie überdimensionale Menhire empor. Diese Türme dienten wahrscheinlich als Lagersilos einiger Siedlungen, die mit dem Mita-System versorgt wurden.

An diesem Abend stellten Frau Durrant und ich in meinem Zelt die Antimalaria-Päckchen für das Team zusammen. Wir sollten sechs Wochen vor unserem Eintreffen im Dschungel mit der Einnahme der Medikamente beginnen.

»Können Sie eben mal kommen, Frau Doktor?« rief Fanie van der Merwe durch die kalte Nacht. »Ich habe hier etwas, um das Sie sich kümmern sollten.« Sogleich erscholl aus dem Zelt der Südafrikaner lautes Gelächter.

»Ihr könnt mich mal!« zischte Kate Durrant. Es hatte ihr nicht beson-

61

ders gepaßt, den Landrover für die beiden »Cowboys«, wie sie die südafrikanischen Kameramänner nannte, zu kutschieren. Sie hatten eine Nacht bei einem südafrikanischen Ingenieur übernachtet, der am Bau des Majes-Staudamms beschäftigt war. Während sie das Essen gemacht und abgespült hatte, sahen sich die Männer die peruanischen Pornohefte des Ingenieurs an.

»Das machte mir eigentlich nichts aus«, meinte Kate. »Dadurch waren sie wenigstens abgelenkt. Aber dann im Auto, mein Gott! Da haben sie mich ständig aufgezogen.«

»Kommen Sie schnell, Frau Doktor!« schrie van der Merwe. »Jetzt habe ich aber wirklich ein *großes* Problem.« Im Zelt brach wieherndes Gelächter aus, und kurz darauf erlitt van Heerden einen Hustenanfall.

»Sie wollen, daß ich explodiere«, meinte sie. »Aber ich werde sie einfach ignorieren, das ist das Beste, was ich tun kann.«

Ich fragte sie, ob sie lieber mit Leon, Bzdak und mir zu Fuß gehen wolle.

»Wie weit?« fragte sie.

»15 bis 30 km am Tag«, antwortete ich und fügte vorsorglich hinzu, daß diese Märsche beschwerlicher werden würden als unsere Zwei-Tages-Tour zum Hornillos. Der Cañon würde flußabwärts immer steiler werden, und wir würden das Condorito-Team nur einmal pro Woche zum Proviantfassen treffen. Wir mußten deshalb schwerbepackt marschieren.

»Ich würde es sehr gern versuchen«, meinte sie. »Aber tun Sie mir einen Gefallen. Sagen Sie es François. Ich habe das Gefühl, daß unser Verhältnis ein bißchen gespannt ist. Ich habe keine Ahnung, woran es liegt, möchte dem aber im Moment auch nicht auf den Grund gehen.«

Ich ging zum Rastplatz der Südafrikaner. Eine Kanne Kaffee brodelte auf dem Feuer, und Odendaal schenkte zwei Tassen ein. Dann liefen wir in Kälte und Wind hinaus und suchten in einem der verfallenen Türme Unterschlupf.

Odendaal begrüßte den Vorschlag, daß Frau Durrant mit uns gemeinsam zu Fuß gehen sollte. Wenn sie den Marsch nach Yauri schaffte, hätte er nichts dagegen, daß sie auch danach bei uns blieb. Wir sprachen nicht über ihre Gründe, warum sie nicht mehr im Landrover mitfahren wollte. Odendaal hatte ohnehin andere Probleme im Kopf. Er machte sich Sorgen um seinen Film, vor allem wegen des Kameramanns van der Merwe. Odendaal befürchtete, daß er versuchen könnte, die Rolle des Regisseurs an sich zu reißen. Wenn nicht jetzt sofort, dann spätestens in Südafrika bei der Vorstellung des Films. Odendaals Sorgen waren nicht unbegründet. Van der Merwe war zehn Jahre älter als Odendaal und ein professioneller Filmemacher. Er hatte sich ganz klar als Anführer des südafrikanischen Triumvirats etabliert.

Ich fragte Odendaal, wie die Kajakfahrt verlaufen sei. Er meinte, die ersten beiden Tage, die ersten 50 km, seien sehr einfach gewesen, ausnahmslos flache, ruhige Streckenabschnitte. Insgesamt zeigte er sich enttäuscht. Die Expedition sei bisher ohne große Abenteuer verlaufen.

»Ich bin der Ansicht, daß dieses Unternehmen insgesamt schon ein Abenteuer ist«, entgegnete ich. »Ausdauer zeigen zu müssen finde ich abenteuerlich.«

»Wir sind zu perfekt organisiert«, erwiderte er. »Sehen Sie sich Piotr an. Er macht über *alles* Aufzeichnungen. Über alles und jedes. Er weiß genau, wieviel Kaffee verbraucht wird. Er möchte später Touristen hierher führen.«

»Seine organisatorische Arbeit macht Ihnen und uns doch auch vieles leichter, oder nicht?«

»Vielleicht. Ich weiß es nicht. Wir sind einfach zu viele. Wenn nur ich und zwei weitere Leute die Expedition durchführen würden, hätten wir mittlerweile sicher schon die Hälfte des Flusses hinter uns gebracht.« Er beendete unser Gespräch mit der Warnung, daß der Apurímac nach dem Einsetzen der Regenzeit sehr schnell ansteigen werde. Wir mußten uns beeilen.

Auf dieses Stichwort hin verabschiedeten wir uns. Ich ging zurück in mein Zelt, Odendaal setzte sich ans Feuer. Dem Geglucke und Geschrei aus dem Zelt der Kameraleute nach zu urteilen, waren die Späße inzwischen noch derber geworden.

Yauri, die Hauptstadt und einzige Siedlung der Bergarbeiterprovinz Espinar, die den Namen Stadt verdient, ist ausgedörrt und staubig. Sie schwebt über der braunen Puna wie ein blasses Trugbild. Gut hundert sonnenverbrannte, aus Lehm und Blech zusammengebaute Häuser überragen auf einem flachen Hügel die abstumpfende Flachheit der ihn umgebenden Ebene. Lange vor Erreichen der Stadt sahen wir schon den Kirchturm. Wie in den meisten armen Dörfern Lateinamerikas war auch dieser Kirchturm trotz der knappen Ressourcen der

Gemeinde reichlich überdimensioniert. Wackelige Hütten drängten sich um die Kirche wie Waisen um die Röcke einer Matrone. Vor der Kirche stand ein Mann in einem tiefen, sandigen Erdloch und hob alte Gräber aus. Hinter sich hatte er ein Dutzend Menschenschädel und zahlreiche Gebeine aufgereiht.

Die Spanier eroberten Peru vorwiegend wegen der reichen Erzvorkommen der Anden. Um diese Bodenschätze auszubeuten, gestalteten sie das Mita-System zu einer brutalen Organisation der Zwangsarbeit um. Es existieren keine genauen Zahlenangaben darüber, wie viele Quechuas in den 200 Jahren der spanischen Gewaltherrschaft starben, aber Schätzungen sprechen von Millionen. (Angeblich ist die Zahl der Eingeborenen in den ersten 50 Jahren nach der spanischen Eroberung von 60 auf unter 2 Millionen gesunken.) Viele Menschen flüchteten aus ihrer Heimat, und bis zum heutigen Tag sind noch viele Täler des Hochlandes entvölkert.

Dieses bittere Erbe lastet auch heute noch auf Bergarbeiterstädten wie Yauri. Wir campierten nahe dem Stadtzentrum bei einer Webereikooperative, die von kanadischen Nonnen und einem irischen Priester ins Leben gerufen wurde. Als der Ire auch noch anfing, die ortsansässigen Quechuas politisch zu organisieren und ihnen Lesen und Schreiben beizubringen, veranlaßten die Mächtigen der Stadt seine Versetzung; er wurde durch einen einheimischen Priester aus Lima ersetzt. Die römisch-katholische Kirche Perus ist strikt konservativ (und die einzige Institution Perus, die nach wie vor das Mita-System anwendet). Einer der Quechua-Männer, der in der Ladenfront der Kooperative arbeitet, sagte mir über den neuen Priester: »Um die Armen kümmert er sich überhaupt nicht.« Die Nonnen setzten jedoch die Arbeit im Sinne des irischen Priesters fort. An den Wänden des gewölbeartigen Webraums der Kooperative hingen handgemalte Poster, die um Unterstützung für die Sandinisten warben, das Stimmrecht für die Armen forderten oder für das Stillen von Babys plädierten. Dort wies man uns unsere Schlafplätze zu.

Bzdak und Durrant gingen in die Stadt, um Lebensmittel zu beschaffen. Wieder zurück, berichteten sie von Bier und *pollo dorado*, dem »Goldenen Hühnchen«. Nach acht Tagen Fußmarsch war das Musik in meinen Ohren. Die beiden verschwanden augenblicklich wieder. Truran und ich setzten ihnen nach und fanden uns einen Augenblick später inmitten dunkler Gassen, die nur vom Schein der Dungfeuer aus den Kochstellen etwas Licht abbekamen. Beim Gehen unterhielten wir uns nur, damit wir es nicht mit der Angst zu tun bekamen.

Obwohl die Gruppe sich jetzt schon fast einen Monat in Peru aufhielt, war ich heute zum ersten Mal mit Truran allein. Dies lag keinesfalls an Trurans Zurückhaltung, sondern an der Zahl der Expeditionsteilnehmer. Truran war von allen zehn Mitgliedern des Teams der Sorgloseste und anscheinend mit seinem Leben rundum zufrieden. Er sah gut aus, 1,85 m, blond, hatte ein ausgeprägtes Kinn und die mühelose Körperbeherrschung eines Spitzenathleten. In Arequipa hatten die Frauen und Mädchen in den Straßen auf ihn gezeigt, schüchtern hinter vorgehaltener Hand gekichert und ihn nach einem berühmten peruanischen Fußballstar »Geronimo« genannt. Seine Hauptsorge während der zurückliegenden Expeditionsetappe hatte neben seiner Tauchrettungsweste seinem wasserdichten Walkman gegolten. Dieser war ihm außerordentlich wichtig, da er bei vielen Gelegenheiten seine geliebte schwarzafrikanische Popmusik hören wollte.

Truran sagte, daß der Apurímac nach Yauri steil abfallen würde. Ab hier würde es so richtig losgehen. Im Jahre 1983 war Biggs und Chmielinski die erste Befahrung des rund 32 km langen Flußabschnitts gelungen, den Biggs »Schwarzer Cañon« getauft hatte. Volle zehn Tage hatten sie für diese Strecke gebraucht. Sie hatten zu wenig Lebensmittel mitgenommen, waren krank geworden und hatten mehrere schwere Unfälle gehabt. Truran bezeichnete den Cañon als »die harte Nuß« des Oberlaufs, als den schwierigsten Abschnitt, den man jedoch unbedingt befahren mußte, wenn man mit dem Anspruch antritt, den *ganzen* Amazonas mit dem Kajak zu meistern.

Truran hatte Zweifel, ob das Team dieser schwierigen Aufgabe gewachsen war. Er hielt Chmielinski für physisch stark und geistig diszipliniert und meinte, er werde unter Belastung das Richtige tun. Aber technisch sei er schwächer, als er, Truran, erwartet habe. Auch Biggs schien irgend etwas zu beunruhigen – er wirkte auf dem Wasser ängstlich –, und Odendaal war überhaupt nicht vorbereitet. »Er hat seine Hausaufgaben nicht gemacht«, meinte Truran. »Er hätte im letzten Jahr jedes Wochenende mit dem Kajak üben müssen. Man sieht sofort, daß ihm die Routine fehlt. Ich glaube, daß Tim ihn letztendlich durch die schwierigen Passagen schleusen muß.«

»Beunruhigt Sie das?«

»Nein, eigentlich nicht. Das ist Tims Problem, oder?«

Seine coole Art überraschte mich, aber bevor ich etwas erwidern konnte, durchbrach Bzdaks lautes Lachen die Nacht. Es kam aus einer Cantina mit einem gestampften Lehmboden. Eine nackte Glühbirne hing von der kahlen Decke. Jetzt trudelte auch der Rest des Teams mit dem Condorito ein. Der Landrover wurde vor der Bude abgestellt und zog sofort eine Schar junger Burschen an.

Während wir unser *pollo dorado* serviert bekamen, postierten sich ein kleiner Bettlerjunge und ein lethargischer Betrunkener in der Tür. Wir füllten einen Teller mit Essen und reichten ihn dem Jungen. Er hockte sich auf die Erde und widmete sich voll und ganz dem Essen. Der Lichtschein der Glühlampe fiel auf seinen Kopf und ließ die Krätze auf seinem rasierten Schädel deutlich hervortreten. Der Betrunkene ergatterte sich von van der Merwe eine Zigarette. Einer der jungen, finster dreinblickenden Burschen kam herein, trat hinter mich und versuchte, mir den Teller vom Tisch zu klauen.

»Verschwinde!« schrie van Heerden und ging auf ihn zu. Er wich stumm zurück, bis er außer Reichweite war.

»Hier gibt es viele Bettler«, meinte Chmielinski. »Wenn man nicht aufpaßt, stehlen sie einem noch das Hemd. Die sollten sich lieber eine Arbeit suchen.«

»Jeder ist seines Glückes Schmied, oder etwa nicht?« meinte van Heerden. »Man muß eben was dafür tun.«

»Das klingt verdammt nach der Nationalpartei Südafrikas«, entgegnete Odendaal.

»Das klingt nach Weißem Mann«, sagte Kate Durrant.

Draußen tat sich etwas, und weil ich der Tür am nächsten stand, eilte ich hinaus, um nach dem Landrover zu sehen. Die jungen Männer wichen in den Halbschatten zurück, aber nicht weiter.

Zwei Frauen kamen auf mich zu. Sie trugen enge Jeans und trotz der kalten Nacht dünne Seidenblusen, hochhackige Schuhe, hatten dick Make-up aufgelegt und sich massenhaft billigen Schmuck umgehängt. Eine der beiden stellte sich als Nancy, die andere als Mary vor.

»Hätten Sie Lust, mit in die Disco zu gehen?« fragte Mary auf spanisch.

Ich versuchte mir vorzustellen, wie in dieser finsteren, armen Stadt wohl eine Disco aussehen würde, und lehnte das Angebot ab. Van der Merwe und van Heerden tauchten im Türrahmen auf.

»Wer sind denn die beiden Hübschen?« fragte van der Merwe.

»Mary und Nancy. Sie suchen Begleitung für die Disco.«
»Ich glaube, das läßt sich machen«, meinte van der Merwe. Die Südafrikaner sprachen zwar kein Spanisch, aber das war für sie kein Hindernis. Grinsend hakten sie sich bei den Mädchen ein und schlenderten in die Nacht hinein.

Biggs fühlte sich nicht wohl, und bald darauf verabschiedeten sich die vier Kajakfahrer zusammen mit Leon und fuhren mit dem Condorito zurück in die Kooperative.

Zwei Männer und ein Junge mit einer Gitarre und Flöten kamen in die Cantina. Bzdak, Durrant und ich bestellten noch drei Flaschen Cuzqueña. Das Bier war warm, Fliegen krochen über unseren Tisch, und der Betrunkene lallte Kate Durrant an. Bzdak erzählte uns von seiner Zeit in Lima, als er beinahe an der Malaria gestorben wäre. Er hatte in einer mit Eis gefüllten Badewanne geschlafen.

»Warum bleiben Sie hier?« fragte Kate Durrant. »Warum gehen Sie nicht nach Hause?«

»Das kann ich nicht. Genausowenig wie Piotr.« Sie waren 1979 mit einem polnischen Visum für sechs Monate nach Peru gekommen. Die Hälfte des Teams war nach Ablauf des Visums nach Polen zurückgekehrt, die restlichen fünf blieben für weitere zwei Jahre im Westen. Sie hatten für den 23. Dezember 1981 den Rückflug nach Krakau vorgesehen. Am 13. Dezember verbot die polnische Regierung die polnische unabhängige Gewerkschaft »Solidarität«. Die Polen organisierten sofort nach Eintreffen der Nachricht in Lima einen Protestmarsch, der von dem Schriftsteller Mario Vargas Llosa angeführt wurde. 5000 Menschen zogen zur polnischen Botschaft, wo Vargas Llosa das Protestschreiben »dem einzigen Menschen, der Manns genug war, seinen verdammten Kopf aus dem Tor zu strecken«, übergab. Danach zog der Demonstrationszug weiter in einen nahegelegenen Park, wo die Protestierenden mit Wasserwerfern empfangen wurden.

Peru unterhält enge Beziehungen zum Ostblock. Die folgenden drei Monate wurden die Polen vom peruanischen Geheimdienst streng überwacht. Völlig zermürbt, Chmielinski zudem von einer schweren Hepatitis geschwächt, ergatterten sie sich schließlich amerikanische Visa und flohen nach Casper, Wyoming, wo sie sich schon 1979 kurze Zeit aufgehalten hatten. Sie ließen sich in Casper nieder, bekamen die Aufenthaltserlaubnis für die USA und kehrten schließlich nach Peru zurück. Nachdem sie dort den Colca bezwungen hatten, wurden sie vom damaligen Präsidenten Fernando Belaúnde-Terry empfangen und als Helden gefeiert.

»Leiden Sie darunter, Zbyszek?« fragte Kate. Sie konnte seinen Namen inzwischen perfekt aussprechen. »Ich meine, daß Sie nicht mehr nach Polen zurück können?«

»Wenn ich nach Polen zurückgehe, nehmen sie mir meinen Paß ab, werden mich vernehmen und ins Gefängnis stecken. Ich darf auf keinen Fall wieder aus Polen ausreisen. In Anbetracht dieser Konsequenzen ist es nicht so schlimm. Ich habe zwar keine Heimat, aber ich sitze auch nicht im Gefängnis.«

»Und was ist mit Ihrer Familie?«

»Meine Eltern und meine kleine Schwester bekamen keine Schwierigkeiten. Es ist immerhin schon fünf Jahre her. Sie wurden … ein paarmal vernommen, aber weiter nichts.« Er zögerte kurz, trank sein Bier aus und sagte dann: »Zumindest haben sie mir nichts von irgendwelchen Schwierigkeiten geschrieben.«

Der Mann mit der Gitarre stimmte ein sanftes, stimmungsvolles Volkslied der Anden an, ein sogenanntes *Huayno* – der Junge begleitete ihn auf seiner Flöte. Sie klang melancholisch und tröstlich zugleich.

»Ich verstehe nicht, wie Sie das aushalten«, meinte Kate. »Ich bin zwar erst einen Monat in Peru, aber ich frage mich, warum ich überhaupt hierhergekommen bin.« Ihre Füße waren vom Laufen geschwollen und hatten Blasen, aber sie wollte trotzdem nicht wieder mit dem Landrover fahren. »Außerdem glaube ich, daß ich alles, was ich hier zu sehen bekomme, zu Hause sofort wieder vergessen werde. Ich habe das Gefühl – wie soll ich das ausdrücken –, daß mich das alles nicht beeinflussen wird.«

»Sie werden während dieser Expedition mehr lernen als in fünf Jahren zu Hause«, antwortete Bzdak. »Es wird Sie ganz bestimmt beeinflussen.«

»Meinen Sie wirklich?«

»Ja.«

Mit vier Glas Bier im Bauch verschwand Kate Durrant hinter dem schmuddligen Vorhang in einer Ecke der Cantina. Der Betrunkene wollte ihr schon schlurfend hinterhersetzen, aber Bzdak stieß auf spanisch einen Fluch aus und warf ihm einen wütenden Blick zu. Der Mann starrte nur stumpfsinnig zurück und taumelte gegen die Wand.

68

Kate kam zurück, und sie und Bzdak tanzten zu der Gitarren- und Flötenmusik. Ihre Füße schienen auf wundersame Weise geheilt, wenn auch nur für kurze Zeit.

Ich ging zur Kooperative zurück. Kurz darauf kamen van der Merwe und van Heerden trotz der Kälte schwitzend und schnaufend durch die Tür. Die beiden Mädchen, so erzählten sie, hatten sie eine Straße entlanggeführt. Dann bekamen sie eine kurze, geflüsterte Unterhaltung zwischen den beiden mit, in deren Verlauf die beiden Mädchen wohl plötzlich ihre Meinung geändert hatten, denn sie gestikulierten wie wild und riefen: »*Rennt weg, oder sie werden euch die Kehle durchschneiden.*«

Am nächsten Morgen teilte sich die Expedition wieder in drei Gruppen auf. Die Kajakfahrer stiegen in ihre Boote, und wir, die Fußtruppen, machten uns am linken Ufer des Apurímac auf den Weg. Der Condorito sollte von Yauri aus zunächst nach Osten fahren, dann eine Straße in nordwestliche Richtung nehmen, die durch ein parallel zum Apurímac gelegenes Tal führte, und über die einzige noch existierende Grashängebrücke Perus, knapp 50 km flußabwärts, wieder zum Apurímac zurückkehren. Wir vereinbarten, uns in vier Tagen dort zu treffen.

Wie Truran es vorausgesehen hatte, forderte der Fluß unterhalb von Yauri von den Kajakfahrern hohes technisches Können und körperliche Ausdauer. Als Folge, wie sich der Apurímac tiefer ins Gestein grub, bildete er hinter riesigen Felsbrocken tiefe Walzen mit Rücksog und zwischen unterspülten Felsen gefährliche Unterwasserströmungen, die einen in Sekundenschnelle in die Tiefe ziehen und festhalten konnten. Zwischendurch war der Fluß über Hunderte von Metern völlig von Geröll verschüttet. Die Kanuten mußten dann ihre schwerbeladenen Boote über die Geröllhalden tragen und waren des öfteren zu »fliegenden Starts« gezwungen, bei denen sie sich im Kajak sitzend von Felsen aus mehreren Metern Höhe in die Strömung stürzten wie Seehunde von einer Klippe. Das Tragen der Boote war sehr mühsam; deshalb trieben sie das Risiko des öfteren in die Höhe und befuhren auch nicht einsehbare Gefällestücke, ohne sie vorher gründlich vom Ufer aus inspiziert zu haben.

Alle vier Kajakfahrer kämpften und litten, aber Odendaal litt am meisten. Obwohl er am wenigsten Kraft in den Beinen hatte und ihm daher das Tragen seines Bootes am meisten Schwierigkeiten bereitete, trug er sein Boot doppelt so oft wie die anderen über eine Portage. Dadurch hielt er das Team beträchtlich auf. Chmielinski fuhr als Stärkster häufig mit seinem Kajak voraus, kam dann zurück und schleppte auch noch Odendaals Boot über die Portage. Trotz oder wegen aller Hilfsbereitschaft wurde Odendaal immer mißmutiger. Er war oft schon den einfachsten Anforderungen, beispielsweise das Lager aufzuschlagen, nicht gewachsen. Auch Biggs machte sich Sorgen um seinen Freund, denn der Fluß würde nicht leichter, sondern noch schwieriger werden.

Am zweiten Abend nach dem Aufbruch von Yauri saß Biggs still vor dem Lagerfeuer und spielte Mundharmonika. Er wünschte sich, die orangeroten Flammen könnten die in und um ihn aufkeimenden Konflikte verzehren. Das Lagerfeuer wärmte zwar, aber sonst war die Luft hier im Cañon eiskalt und ließ Schlimmes ahnen. Er konnte durch den schmalen Schlitz zwischen den sich auftürmenden Felswänden des Cañons kaum das dünne Band der funkelnden Sterne erkennen. Er dachte an seine junge Frau Margie. Sie hatten erst vor ein paar Monaten geheiratet, und er hatte ein ungutes Gefühl dabei, sie jetzt schon so lange allein zu lassen. Das mindeste, was er in der jetzigen Situation machen konnte, war, lebend zurückzukehren.

Er nahm sich fest vor, künftig vorsichtiger zu sein. Er hatte jede schwierige Stelle, jede Stromschnelle genommen, die er für befahrbar hielt. Oft genug war er gekentert und hatte sich mit der Eskimorolle retten müssen. Es war an der Zeit, seine Einstellung zum Risiko zu ändern. Er wollte nur noch Stromschnellen befahren, bei denen er absolut sicher war, daß er ihnen gewachsen war. Über die anderen würde er sein Kajak eben tragen. Zum ersten Mal in seinem Leben gestand er sich ein, daß auch seine Fähigkeiten als Kajakfahrer Grenzen hatten.

Biggs steckte seine Harmonika in die Tasche und stand vom Lagerfeuer auf. Die kalte Nachtluft brannte auf seinem Gesicht, und er stellte erste Anzeichen einer Krankheit fest, wozu er insbesondere diese apathische Lethargie zählte. Er ging schnell in sein Zelt, zündete eine Kerze an und kroch in seinen Schlafsack. Er las das Johannesevangelium zu Ende, blies die Kerze aus und wollte sich richtig ausschlafen. Er wußte, daß der Fluß seine physische und psychische Kraft voll in Anspruch nehmen würde. Allein seiner Frau zuliebe mußte er wohlbehalten durchkommen, und außerdem mußte er auch seinen Freund François den Fluß heil hinunterbringen.

Als ich am dritten Morgen nach unserer Abreise aus Yauri aufwachte, hing Nebel über dem Cañon. Mir tat alles weh, und ich war vor Kälte ganz steif. Außerdem stank ich. Ich fand inmitten der strudelnden Stromschnellen eine durch Sandsteinfelsen geschützte Stelle und tauchte nichtsahnend bis zum Hals in das eiskalte Wasser. Ich erhob mich fröstelnd, fühlte mich überlistet und mußte lauthals husten.
»Bitte, stell den Hustenalarm ab«, meinte Leon und kuschelte sich tiefer in seinen Schlafsack. Ein Stückchen den schmalen Strand abwärts lagen Kate Durrant und Bzdak. Sie hatten ihre Schlafsäcke mit den Reißverschlüssen zu einem Doppelsack verbunden.
Zur Strafe für meine Unhöflichkeit machte ich Kaffee und Haferbrei und brachte den anderen das Frühstück ans Bett, oder genauer gesagt, an den Schlafsack. Dann packten wir unsere Rucksäcke und marschierten los. Wir stiegen 300 m die Felswand des Cañons hinauf und wieder hinunter, und dann begann das Spiel von vorne – von Tagesanbruch bis zur Dämmerung. Die tapfere, aber erschöpfte Kate Durrant beschrieb unser Tun mit drastischen, aber verständlichen Worten: »Fucking up and fucking down.«
Außer Felsen, Gras und dem grauen Apurímac tief im Abgrund sahen wir nichts. Ich stellte mir Maultiere vor. Maultiere, Fahrräder, Autos, riesige Baumaschinen, die Berge einebneten, mit furchterregenden Triebwerken, Radiorecordern und Kühlfächern mit kaltem Bier.
Von der Kammlinie, auf ungefähr 3950 m Höhe, fielen zu beiden Seiten Runsen und Erosionsrinnen ab. Sie sahen aus wie die gespreizten Finger einer Skeletthand. Die Gegend war unermeßlich einsam. Wir konnten stundenlang wandern, ohne auf irgendwelche Spuren menschlichen Lebens zu stoßen, und die wenigen Anzeichen, die wir dennoch fanden, tauchten völlig zusammenhanglos auf: ein streunendes Lama mit von den Ohren herunterhängenden Wollbüscheln; eine Rauchwolke, die hinter einem Bergkamm aufstieg; eine plötzlich vor uns stehende, entgeisterte Quechua-Frau mit einer Melone auf dem Kopf und in einer handgewebten Bluse, die so strahlend blau gefärbt war, daß die Frau vor dem graubraunen Hintergrund zu tanzen schien. Wir wanderten die ganzen drei Wochen unseres Marsches stets in derselben Reihenfolge. Leon und ich bildeten die Vorhut, Leon vor-

aus. Er hatte sich in den Vulkanbergen Costa Ricas eine gleichmäßige, wiegende Gangart zugelegt, die er sich auch hier bewahrt hatte. Er bestimmte Gräser, Kräuter und Blumen am Wegesrand, sang, pfiff und übte mit mir Spanisch. Letzteres insbesondere, nachdem ich einem Mann peinlicherweise nicht die Eier, die er bei sich trug, abkaufen wollte, sondern seine Hoden.

Kate Durrant und Bzdak liefen langsamer, und wir beide warteten jede Stunde, bis sie uns wieder eingeholt hatten. Bzdak hielt es für seine Pflicht, Kate alles über das Land zu erklären, seine Geschichte, Kultur und Geologie. Er war ein sehr begeisterungsfähiger Mensch; wenn er einmal zu erzählen angefangen hatte, konnte man ihn kaum mehr bremsen. Aber leider wurden die beiden um so langsamer, je schneller sich seine Lippen bewegten. Leon und ich mußten mehrmals am Tag zu den »gurrenden Täubchen« zurückgehen und sie vorwärtstreiben.

An diesem Morgen dachte ich während des Marsches über die sich entspinnende Romanze zwischen der Ärztin und dem Photographen nach. Ich wußte, daß sich Kate geschworen hatte, genau das zu vermeiden. Das Paar wirkte sehr ungleich. Bzdak war ein anarchistischer Künstlertyp, Dr. Kate Durrant hingegen blieb selbst hier in der Wildnis ganz die urbane Ärztin. Aber anscheinend zogen sich in diesem Fall die Gegensätze an, und Bzdak bot Kate nach den harten Zeiten mit den Südafrikanern im Condorito auch eine Art Zuflucht.

Am späten Nachmittag des dritten Tages nach unserem Aufbruch aus Yauri erreichten wir die erste menschliche Ansiedlung. Hueco (was in der spanischen Umgangssprache soviel bedeutet wie »Loch«) bestand aus einem Dutzend Lehmhütten, die sich um einen Ring buckliger, kahler Berggipfel gruppierten, die *Cerros* genannt werden. Sie prägen zusammen mit den Felswänden des Cañons und den Quebradas das Bild der Mondlandschaft des Apurímac. Jeder dieser Cerros beherbergt in der Vorstellung der Quechuas einen guten Geist, der die Patenschaft für ein Neugeborenes übernehmen kann. Diese Vorstellung gefiel mir. Mußte es doch für einen Menschen spirituell sehr erhebend sein, über seinen »persönlichen Götterhügel« zu wandern und mit der Erde unter seinen Füßen alles besprechen zu können.

Neben der ersten Hütte drückte ein junger Mann Lehm in Formen und legte die Ziegel dann zum Trocknen in die Sonne. Er wollte sich in Kürze vermählen. Das Häuschen, das er direkt neben dem Haus seiner

Eltern erbaute, würde kaum größer als ein kleiner Stall werden und dem jungen Paar gerade Platz genug zum Schlafen bieten. Aber wie so vieles in diesem armen Land (wo ein Drittel der Ernte mißrät und noch vielfach die Tauschwirtschaft vorherrscht) ist eine Heirat ein gesellschaftlicher Akt, der der Gemeinschaft als Ganzer dienen soll. Die Neuvermählten gehen eine einjährige Ehe auf Probe ein, in deren Verlauf sich herausstellen muß, ob sie mit ihren neuen Verwandten auskommen. Wenn das Zusammenleben nicht funktioniert, wird die Ehe in allen Ehren wieder gelöst. Weder Staat noch Kirche werden hinzugezogen.

Mit gefletschten Zähnen rannte uns ein kleiner, bellender Hirtenhund durch ganz Hueco hinterher, bis schließlich ein untersetzter, bartloser Mann von einem der Cerros heruntergerannt kam und dem Köter einen kräftigen Fußtritt verpaßte.

»Ich bin der Bürgermeister von Hueco«, stellte er sich vor. »Wohin wollt ihr?«

»Nach Cuzco.«

»Zu Fuß?«

»Ja.«

Er wog Bzdaks Bündel und meinte ungläubig: »Ihr seid verrückt.« Daraufhin machte er kehrt und rannte wieder den Hügel hinauf.

Wir marschierten weiter und schafften es noch rechtzeitig, am nächsten Abend unseren verabredeten Treffpunkt, die Hängebrücke, zu erreichen.

Wie einst von den Inkas angeordnet, wird die einzige noch vorhandene Hängebrücke über den Apurímac jedes Jahr in Gemeinschaftsarbeit von den Anwohnern westlich sowie östlich des Cañons komplett erneuert. Sie besteht ausschließlich aus geflochtenen Pflanzenfasern. Da 200 m flußabwärts eine moderne Holzbrücke steht, dient die alte Hängebrücke nur noch zeremoniellen Zwecken. Gleichwohl bleibt sie eine sehr imposante Konstruktion. Die Bewohner des nahegelegenen Dorfes Huinchiri berichteten uns, daß vor Jahren ein Kamerateam aus *Disneylandia* die Brücke filmen wollte. (Nebenbei bemerkt ist nach dem Papst und Fidel Castro *El Ratón Mickey* die in Peru am häufigsten anzutreffende Symbolfigur.) Die Dorfbewohner verlangten von dem Kamerateam Geld für die Erlaubnis zu den Dreharbeiten an der Brücke. Als ihnen dies verweigert wurde, verbrannten sie die Brücke kurzerhand.

Als nun Jahre später unser Condorito, vollbepackt mit geheimnisvollem Handwerkszeug des Kinematographen, im Dorf gesichtet wurde, griffen die Dorfbewohner kurzerhand den Landrover an. Kurze Zeit später erreichten die Kajakfahrer die Brücke. Die ganze Mannschaft wurde unverzüglich festgenommen und vor das Dorfgericht gestellt. Sie mußten sich wie Kriegsgefangene auf eine Steinbank inmitten des Dorfplatzes setzen, umringt von einem guten Hundert aufgebrachter Dorfbewohner. Chmielinski stritt sich fast eine Stunde lang mit dem Bürgermeister und argumentierte dabei, wie Biggs später feststellte, wie ein preußischer Staatsmann. In seiner Verzweiflung bot Chmielinski ihm schließlich an, daß Kate Durrant alle Dorfbewohner kostenlos untersuchen würde. Daraufhin wurden sie endlich freigelassen.

Als wir, die Marschierer, an diesem Abend zum Lagerplatz des Teams gehumpelt kamen, war die Stimmung gereizt. Odendaal verlangte, daß wir am nächsten Tag die Filmausrüstung flußaufwärts transportieren müßten, damit das Filmteam die Kajakfahrer beim Durchfahren von Stromschnellen aufnehmen konnte. Ich machte den Fehler, zu protestieren. (Odendaal hatte mich zum »Leiter des Wanderteams« ernannt.) Ich brachte die Begründung vor, daß wir während der vergangenen vier Tage zwölf Stunden täglich mit vollem Gepäck marschiert seien, Bzdak habe Herzbeschwerden, Kates Füße seien stark geschwollen, Leon sei erschöpft und meine Knie täten mir weh. Kurzum, wir hätten dringend eine Ruhepause nötig.

»Ich bin für jedes einzelne Expeditionsmitglied verantwortlich«, schrie Odendaal mich an. »Ich weiß genau, wie es euch geht!«

Seine Aggression kam für mich völlig überraschend, denn bisher war unser Verhältnis eher herzlich gewesen. Ich nahm nicht an, daß er mit einem von uns gesprochen hatte – Bzdak schlief, und mich hatte Odendaal in seine Pläne nicht vorher eingeweiht – und fragte ihn daher, woher er denn wissen wolle, wie es uns gehe. Er antwortete nicht. Wir hatten uns in eine Sackgasse manövriert und verließen gemeinsam das Lagerfeuer, um die Angelegenheit in Ruhe zu besprechen.

Odendaal ging in die Offensive. Er drohte, mich von der Expedition auszuschließen. »Piotr möchte Sie auch draußen haben«, meinte er.

»Es tut mir leid«, setzte ich an.

»Kate möchte er auch loswerden. Was nützt uns schon eine Ärztin, die nicht Kajakfahren kann? Sergio ist seiner Meinung nach ebenfalls überflüssig.«

Angesichts dieser dramatischen Eskalation wegen einer Angelegenheit, die ich als Bagatelle betrachtet hatte, war ich wie erstarrt. Ich sagte nichts, fragte mich jedoch, wie weit ich wohl laufen müßte, um eine Mitfahrgelegenheit nach Lima zu bekommen.

»Ich verstehe das alles nicht«, meinte Odendaal, als wir uns beide nach einer Weile etwas beruhigt hatten. »Wir beide sind doch in den Staaten gut miteinander ausgekommen.«

»Wir sind im Moment alle ziemlich übermüdet.«

»Ich habe an sehr vielen Expeditionen teilgenommen. Das hier ist gar nichts. Rein gar nichts. Das werden Sie schon noch merken.«

»Es tut mir leid«, wiederholte ich.

»Tja. Vielleicht wird doch noch alles gut.«

Ich sagte ihm, daß mein Urteilsvermögen möglicherweise dadurch gelitten habe, daß ich allein mit völlig fremden Menschen an dieser Expedition teilnahm.

»Allein?« fragte er. »Sie?«

»Ja, ich …«

»Und was ist mit *mir?*«

Das überraschte mich. Ich erklärte ihm, daß ich davon ausgegangen sei, daß die meisten Männer, die er engagiert hatte, seine Freunde seien.

»Oh, nein«, meinte er und schüttelte traurig den Kopf. »Nein, das stimmt nicht. Sie merken wohl rein gar nichts.«

Ich gab zu, daß er recht hatte.

»Ich bin doch der Einsamste hier«, meinte er. »Fanie treibt mich von der einen Seite und Tim von der anderen. Ich mache mir Sorgen, wie es mit Pierres Familie weitergeht, denn es ist jetzt schon abzusehen, daß wir nicht zum geplanten Zeitpunkt ankommen werden. Piotr wartet nur darauf, daß ich einen Fehler mache. Und dann der Fluß …« Er schüttelte wieder den Kopf. »Nein, Sie haben keine Ahnung: Wenn hier einer einsam ist, dann bin *ich* das!«

Er drückte mir wortlos die Hand und zog sich zurück. Ich blieb unten am Fluß sitzen und dachte darüber nach, was Odendaal zu mir gesagt hatte. Einerseits hielt ich es für meine Pflicht, mich für meine Weggenossen einzusetzen. Andererseits tat es mir leid, daß ich dem sowieso schon schwergeprüften Mann noch mehr Probleme aufgeladen hatte.

Langsam dämmerte mir, daß ich bisher keine Ahnung davon gehabt hatte, wie furchterregend ein Fluß sein kann.

Am nächsten Morgen marschierte der Rest des Teams flußaufwärts. (Leon war dazu verdonnert worden, den Packesel für das Filmteam zu machen, Bzdak trug nur seine eigenen Kameras.) Ich selbst, das eiernde Rad am Wagen, war zur Sprechstundenhilfe für Frau Dr. Durrant auserkoren worden. Bereits im Morgengrauen tauchten die ersten Patienten auf, und als sie ihre Praxis in dem großen Zelt eröffnet hatte, hatten sich bereits zwei Dutzend Quechuas rund um den Condorito versammelt. Niemand sprach ein Wort. Ständig kamen weitere hinzu. Die meisten der Patienten waren Frauen, die unter recht obskuren, undefinierbaren Krankheiten litten. Daß keine von ihnen spanisch und ich kein Quechua sprach, machte die Diagnose nicht gerade einfacher. Einige von ihnen hatten ihre Ehemänner oder Söhne mitgebracht, die für sie übersetzten; das erleichterte die Verständigung, doch mußte ich mich mit ungewohnten spanischen Ausdrücken herumschlagen. So hatte ich zum Beispiel keine Ahnung, was auf spanisch heißt: »Ist ihre Menstruation ausgeblieben?« Daher radebrechte ich sinngemäß: »Strömt ihr immer noch von Zeit zu Zeit ein Blutfluß die Beine herunter?« Mann und Frau beratschlagten sich zögernd; dann kam die Antwort: »Nein, kein Fluß.«

Eine junge Frau hatte Rücken- und Bauchschmerzen. In den vergangenen sieben Jahren hatte sie vier Kinder zur Welt gebracht und drei Fehlgeburten erlitten. Eine andere Frau hatte zehn Kinder geboren, von denen fünf am Leben geblieben waren. Bei einer dritten hatten nur drei von acht Kindern überlebt. Kaum eine dieser Frauen war über dreißig.

Wir untersuchten ungefähr drei Dutzend Patienten. Einige von ihnen hatten bis zu 8 km zurückgelegt. Alle diese Menschen hatten nie zuvor einen Arzt gesehen. Manche von ihnen litten infolge des Koka-Genusses und mangelhafter Ernährung an Zahnfleischschwund und Zahnausfall. Aber sonst machten die meisten laut Kate Durrant einen gesunden Eindruck. Alle wiesen einen erstaunlich niedrigen Blutdruck auf, was die Ärztin so kommentierte: »Wenn es im ganzen Land kein Fett gibt, setzen auch die Menschen kein Fett an.«

Was die Bauern sich am meisten wünschten, war ein offenes Ohr und Zauberei. An die Beharrlicheren verteilte Kate Durrant Aspirin, das man erst in dem eine Tagesreise entfernten Cuzco kaufen konnte. Das Medikament war für peruanische Verhältnisse ziemlich teuer. Aber sie tat es nur sehr widerstrebend: »Das hat zu sehr den Ruch des Handauflegens – der weiße Zauberdoktor, der weiße Zauberpillen verteilt.« Unsere letzte Patientin war eine junge Frau mit Fischaugen, die mit einem sehr alten Mann verheiratet war. Vor drei Jahren hatte ihr jemand einen Stein auf den Kopf geschlagen. Sie hatte immer noch Schmerzen. Ihre Augen fixierten ganz unterschiedliche Punkte, ähnlich wie die Scheinwerfer eines alten Autos. Nach einer kurzen Untersuchung stellte Kate fest, daß sie wahrscheinlich eine Brille brauchte, die aber weit schwieriger aufzutreiben wäre als Aspirin. Außerdem wollte das der alte Mann ganz und gar nicht hören. Die beiden weigerten sich anfänglich zu gehen, zogen dann aber nach ein paar gespannten Minuten doch ab.

»Anscheinend hat es keine größeren Probleme gegeben«, meinte ich. »Diese Menschen sind wie alle anderen auch. Sie gehen nicht vorwiegend wegen medizinischer Probleme zum Arzt. Wenn sie mit ihren Nachbarn zusammensitzen, möchten sie sagen können: ›Ich war beim besten Spezialisten der Stadt.‹«

Zwei Stunden später kam der alte Mann allein mit einem Topf ins Lager zurückgeschlurft. In dem Topf brachte er eine Mahlzeit aus kleinen, süßen Kartoffeln und eingelegtem Lammfleisch. Er beobachtete uns beim Essen und sagte kein Wort. Es schmeckte köstlich. Als wir fertig waren, spülten wir den Topf. Der Mann sagte nur »Danke« und ging.


Bei der Hängebrücke teilten wir uns wieder in drei Gruppen auf und verabredeten uns für fünf Tage später in einem Dorf namens Surimana, das in dem berüchtigten Schwarzen Cañon liegt.

Zwei Tage nachdem das Kajakteam von der Hängebrücke aufgebrochen war, traf Biggs eine Entscheidung, die ihm selbst äußerst unangenehm war: Odendaal durfte den Apurímac nicht weiter befahren, sondern mußte sein Kajak um den gesamten Schwarzen Cañon herumtragen. Biggs glaubte, oder wollte sich einreden, daß sein Freund körperlich durchaus in der Lage sei, den Fluß mit dem Kajak zu befahren. Aber nervlich war Odendaal der Aufgabe nicht gewachsen. Bei jeder Stromschnelle war er unsicher, ob er nun fahren oder umtragen sollte. Meistens entschied er sich für letzteres und brauchte daher für jede Stromschnelle doppelt so lange wie der Rest des Teams. Die wenigen Male, die er sich im Kajak traute, verlor er schnell die Nerven und brachte sich dadurch in Gefahr. Seine Kameraden hatten inzwischen entnervt sein gesamtes Gepäck in ihre Boote geladen, wodurch Portagen für sie um so beschwerlicher wurden.

Biggs versuchte Odendaal dazu zu überreden, sich öfter an den einfacheren Stromschnellen zu versuchen, um wieder selbstsicherer zu werden, aber Odendaal weigerte sich. Biggs überlegte kurz, ob er Odendaal zwingen sollte, fürchtete jedoch, daß er damit genau das Gegenteil erreichen und Odendaal völlig blockieren würde. Aber es mußte etwas geschehen. Odendaals Angst übertrug sich auf den Rest der Mannschaft, insbesondere auf Biggs selbst, der den Fluß bereits durch Odendaals furchtsame Augen betrachtete.

Beim Essen teilte Biggs Odendaal seine Entscheidung mit. Zuerst war Odendaal sehr niedergeschlagen, denn seine Fahrt wäre unterbrochen, selbst wenn ihm Biggs gestattete, später wieder zum Team zu stoßen. Er konnte dann genaugenommen nicht mehr von sich behaupten, er habe den ganzen Amazonas mit dem Kajak befahren. Nachdem sich Biggs gesetzt und mit ihm geredet hatte, meinte jedoch auch Odendaal, daß Biggs' Vorschlag wohl die beste Lösung sei. Das Team sollte noch an diesem Tag weiterfahren und in der Nähe der Chala-Brücke campieren. In Chala wollten sie Träger mieten, die Odendaals Gepäck dann ins knapp 10 km flußabwärts gelegene Surimana schaffen würden.

Doch dann traten neue Schwierigkeiten auf.

Der Cañon wurde breiter und der Fluß flacher. Die Stromschnellen waren leichter zu befahren. Sie waren jetzt gut einsehbar, die Wellen waren niedriger. In diesem offeneren Flußabschnitt paddelte Odendaal gut und gewann in den folgenden Stunden sein Selbstvertrauen zurück. Vor einer unerwarteten Rechtskehre verlor er jedoch wieder die Nerven. Chmielinski fuhr direkt hinter ihm und kenterte bei dem Versuch, Odendaal auszuweichen. Biggs und Truran sondierten weiter unten das Gelände und bückten sich nach ihren Rettungsleinen. Biggs sah unterdessen hoch und bemerkte, daß Odendaal die Stromschnelle gemeistert hatte und im ruhigen Wasser unterhalb des Schwalls in ein Freudengeheul ausbrach. Er wußte genau, was Odendaal jetzt dachte: Wenn Chmielinski in dieser Passage kenterte, dann müßte man ihm ebenfalls verbieten, den ganzen Fluß mit dem Kajak zu befahren.

Truran und Biggs zogen den keuchenden Chmielinski ans Ufer und bargen sein Boot; zu Odendaals großer Enttäuschung blieb Biggs bei seiner Entscheidung. An diesem Abend übernachteten sie bei der Chala-Brücke. Am nächsten Morgen wurde Odendaal wie beschlossen zu Fuß losgeschickt. Zwei Quechua-Männer trugen sein Kajak.

# 5. Der Schwarze Cañon

Unterhalb der Brücke von Chala zeigte sich der Apurímac von seiner wildesten Seite. Hier stürzte der Fluß in die Tiefe, fraß sich durch türkis- bis stahlblaues Gestein und toste und schäumte auf mehreren Kilometern über die aufgetürmten Felsbrocken des Cañons hinweg. »Wir kamen an einen Abschnitt, wo riesige Felsblöcke den Talgrund bedeckten. Das Wasser kämpfte mit gewaltiger Wucht gegen diese steinernen Ungeheuer an. Es kochte auf seinem Weg zum fernen Meer zwischen und unter diesen Blöcken hindurch.« So beschrieb J. Calvin Giddings, Professor für Chemie an der Universität von Utah, den oberen Eingang zum Schwarzen Cañon des Apurímac. Er und sein Partner hatten im Jahre 1974 den ersten bekannt gewordenen Versuch unternommen, den Cañon mit Kajaks zu befahren. Sie hatten jedoch rasch wieder aufgegeben. »Diese Klamm zu durchfahren«, meinte Giddings, »wäre selbstmörderisch.«

Als Biggs, Chmielinski und Truran am Schwarzen Cañon ankamen, waren sie durch die Strapazen und die unzureichende Ernährung der zurückliegenden Etappe stark geschwächt und ausgelaugt. Biggs stieß nach kurzer Zeit auf jenes »Loch«, das ihm schon 1983 eine Heidenangst eingejagt hatte. Es war ein Siphon, ein mächtiger tückischer Saugschlund hinter einem überhängenden Felsblock. Truran und Chmielinski kundschafteten vorsichtig die Stelle aus und winkten Biggs durch. Es sah nicht besonders schwierig aus. Biggs mußte nur um den Rand des Felsblocks herumfahren. Aber als er die erste Senkung oberhalb des Felsens zu langsam nahm, zog der Fluß das Heck seines Bootes schlagartig in die Tiefe. Der Bug ragte sofort steil in die Luft, und bevor Biggs korrigieren konnte, schoß er rückwärts auf das Zentrum des Siphons zu.

Biggs wurde für einen schrecklichen Augenblick bewußt, daß er sich in derselben prekären Situation befand wie vor zwei Jahren. Wie in einem wiederkehrenden Alptraum zog ihn der Helfer des Großen

Sprechers Apu Rimac langsam in den sicheren Tod. Er war wie gelähmt und starrte nur den Felsen an, unter den ihn der Sog ziehen würde. Der Felsen war – in der Sprache der Kajakfahrer – ein »Teesieb« unter Wasser. Das Wasser unterspülte ihn in einer großen Welle, drang auf der anderen Seite jedoch durch eine Vielzahl von Spalten wieder heraus, durch die kein menschlicher Körper hindurchpaßte. Wer in diesen Sog geriet, würde unter Wasser hilflos gegen dieses »Teesieb« gepreßt.

Nach dieser Schrecksekunde versuchte er aus Leibeskräften von dem Siphon wegzukommen, indem er sich mit dem Paddel von dem überhängenden Felsen abstieß – aber es glückte ihm nicht. Sein Boot kippte um. Er schnappte tief nach Luft. Das Paddel wurde ihm aus der Hand gerissen. Beim Aussteigen aus der Luke spürte er, wie er nach unten gezogen wurde, wie der Siphon ihn an einen Ort ohne Licht und Geräusche saugte.

Seine Lungen platzten beinahe, umsonst kämpfte er gegen die übermächtige Kraft an, die seine Beine und seinen Rumpf unter den Felsen zog.

Das war's. Das Ende.

»Gott im Himmel«, betete Biggs, »laß mich nicht so sterben.«

Er streckte eine Hand aus dem wirbelnden Grün des Flusses. Seine letzte Hoffnung war sein Boot. Er griff mit einer Hand nach dem Kajak und mit der anderen nach dem Felsüberhang aus Granit – und zog.

Luft!

Der Siphon zog ihn wieder in die Tiefe, schleuderte ihn über den Felsen gegen einen anderen Felsbrocken. Plötzlich fühlte er einen Hoffnungsschimmer: winzige Einkerbungen in dem bemoosten Granitblock. Dann ein Schlag von hinten – er geriet zwischen den Felsen und das Boot! – und wurde gegen den Felsblock gedrückt.

Der Fluß schlug über ihm zusammen, riß an ihm, aber er fand an einem Felsvorsprung Halt. Zuerst tauchte sein Kopf, dann seine Schultern und sein Rücken aus dem Siphon auf.

Biggs hörte Rufe: Truran und Chmielinski. Ein gelber Wurfsack tanzte nur wenige Zentimeter von ihm entfernt auf dem Wasser, die weiße Schwimmleine – Leben! – Truran stand am Ufer und hielt die Leine in den Händen.

Die Leine trieb genau hinter seinem Kopf im Wasser.

Sollte er den sicheren Halt aufgeben und nach der Leine greifen? Unmöglich! Er konnte den sicheren Felsen nicht aufgeben.

Tonnen von Wasser tosten über ihn hinweg. Der Fluß zerrte und zog an ihm und wollte ihn wieder in die Tiefe ziehen. Die Wassermassen rissen ihm die Beine vom Felsen weg, sein Körper wurde wieder unter den Felsen gezogen.

Er betete um Kraft in seinen Fingerspitzen. Er fand winzige Ritzen und Griffe, wehrte sich verzweifelt gegen den Sog und arbeitete sich Zentimeter für Zentimeter zurück an die Oberfläche, zurück aus der Ewigkeit. Er war schon bis zur Hüfte aus dem Wasser, als der Sog des Siphons schlagartig nachließ und Biggs total erschöpft auf die Felsplatte sank.

Dort blieb er regungslos mit dem Gesicht nach unten liegen.

Es lag noch eine unendlich lange Strecke Fluß vor ihm.

Wir Marschierer waren nach der gemeinsamen Rast an der Hängebrücke erleichtert, daß wir wieder unter uns waren. Nach zwei Wochen Fußmarsch hatte unser abgerissenes Quartett eine mobile Häuslichkeit, eine ihr eigene Routine entwickelt, die sich mit dem Rest der Gruppe nicht vertrug. Die größten Schwierigkeiten hatte vermutlich Kate Durrant. Zum einen wollten sie und Bzdak ihre Beziehung nicht den anderen Mitgliedern des Teams offenbaren. Deshalb schliefen sie auch getrennt, wenn das Filmteam und die Kajakfahrer dabei waren. Außerdem, so notierte sie in ihrem Tagebuch, kümmere sie sich angesichts von neun Männern im Team viel mehr darum, »wie ich aussehe, als die Mehrzahl der Männer. Die meisten von ihnen sind, vorsichtig ausgedrückt, nicht gerade Typen vom Schlage Paul Newmans ... dennoch verspüre ich eine gewisse Enttäuschung darüber, daß ich dem Bild der strahlenden Expeditionsteilnehmerin so gar nicht entspreche – vielleicht ist das der Preis dafür, daß man gerade deshalb mitgenommen wird, weil man eine Frau ist.«

Die beste Zeit zum Marschieren war bei Sonnenuntergang. Die letzten zwei Stunden hatte niemand gesprochen, es sei denn, die zerrissene Karte mußte widerwillig zu Rate gezogen und beschimpft werden.

»Wohin sollen wir nach dieser Karte marschieren?« sagte Kate wütend. »Das kann doch nur ein Witz sein!«

Erschöpft und überdreht quälten wir uns den letzten aufreibenden Abhang hinunter und blieben mit heißen Fußsohlen am sandigen Ufer

liegen. Wir packten unsere Rucksäcke aus, hängten die durchge-
schwitzten Kleider zum Trocknen auf, machten ein Feuer gegen die
rasch aufziehende Kälte, kochten Wasser ab und stellten die Zelte auf.
Am ersten Abend hatte ich Küchendienst und erledigte verdrossen
meine Aufgaben. Nach meiner Auseinandersetzung mit Odendaal hatte ich mir geschworen, er sollte uns auf keinen Fall wegen schwacher
Marschleistung aus dem Team ausschließen können. Deshalb hatte ich
schon am ersten Tag Tempo gemacht und die anderen angetrieben, so
daß ich einige wütende Blicke erntete.

Am Lagerfeuer schmolzen die Reste dieser Mißklänge dahin, die lo-
dernden Flammen bildeten einen warmen Mittelpunkt in der kalten
Bergnacht. Bzdak regte ein Ritual vor dem Essen an, das wir so oft
wie möglich wiederholten: Wir mixten uns einen Drink namens »Que-
chua-Mondrakete«, bestehend aus Cañazo, Zuckerrohrschnaps, den
Bzdak aus Huinchiri mitgebracht hatte, und einem Fruchtsaftgetränk
in Pulverform, das als das Lieblingsgetränk von *los astronautos* angepriesen wurde. Leon half mir bei der Zubereitung von Chili con Carne,
das wir mit wildem Knoblauch und Zwiebeln würzten, die wir unterwegs gesammelt hatten. Kate Durrant foppte mich so lange, bis ich
meinen Hochmut und mit ihm meine Hosen ablegte.

Ich sollte eine Spritze bekommen. Es war Zeit für die Tollwutprophy-
laxe, die wir zum Schutz vor den blutsaugenden Fledermäusen bekommen sollten – falls wir jemals den Urwald erreichten.

»Runter mit den Hosen, Kane. Anordnung von Frau Doktor.«

»Es ist kalt.«

»Runter damit!«

»Ich mache ein großes Feuer«, sagte Bzdak.

Er legte Treibholz nach, und ich kapitulierte. Ich meinte, den letzten
Rest an Selbstsicherheit zu verlieren, als Kate mir die Nadel in den
Hintern stach, und heulte unwillkürlich auf. Lauter Applaus erscholl.

Nach dem Essen saßen die drei, die noch sitzen konnten, unten am
Fluß und starrten hinein. Ich kramte in meinen Sachen und holte drei
Tafeln Schokolade heraus. Ich bot meine Vorräte meinen Gefährten an
und wünschte, ich hätte ihnen mehr anbieten können.

Am nächsten Tag standen wir im Morgengrauen auf und marschierten
den ganzen Vormittag, bis wir auf 4100 m Höhe angelangt waren. Um
die Mittagszeit hatten wir den Rand des Cañons erreicht. Es war, wie

wenn man aus einer Höhle heraustreten würde. Fünfzig Meter vor uns segelte ein einsamer grauer Adler in den Aufwinden des Cañons. Rund 60 km in nordöstlicher Richtung thronte der 6400 m hohe Auzangate wie ein Eisberg über den hellbraunen Gipfeln der Kordilleren von Vilcanota. Wo man auch hinsah, überall nur Berggipfel. Der Wind fegte über den nackten Bergkamm, im Hintergrund zuckten Blitze am grauschwarzen Himmel auf.

Die schwarz-roten Wände des Apurímac fielen 600 m unter uns fast senkrecht ab; bisher hatte das Gefälle noch 45 ° betragen. Selbst aus dieser Höhe war das von Felsbrocken übersäte Chaos des Schwarzen Cañons noch deutlich zu erkennen. Die Schaumkronen der gewaltigen Stromschnellen verwandelten den in ruhigem Flußbett grünen Fluß in eine brodelnde weiße Masse.

Wir suchten das Dorf Chocayhua. Von dort aus führte der Weg wieder hinunter zum Fluß und in der Nähe von Surimana über die Brücke, wo wir uns mit den Kajakfahrern treffen wollten.

Der Weg gabelte sich. Wir fragten einen Quechua-Mann, ob er uns sagen könne, wie wir nach Chocayhua kämen. »Diesen Ort gibt es nicht«, antwortete er und schlug den nach links abzweigenden Weg ein. Wir bogen nach rechts ab. Eine Viertelstunde später waren wir in Chocayhua. Quechuas schlugen aus Eukalyptus-Stämmen Balken für die örtliche Schule, die von der Dorfgemeinschaft unter einer weiteren Form von Gemeinschaftsarbeit, der sogenannten *Faena*, erstellt wurde. Die Regierung stellte den an diesem Projekt Arbeitenden Koka, Cañazo und Zigaretten und, wenn die Schule fertig war, vielleicht auch einen Lehrer zur Verfügung.

Wir marschierten weiter. Als wir den kleinen Flecken beinahe hinter uns gelassen hatten, rief uns jemand aus einem Hof zu: »Chicha!« Bier oder der staubige Weg? Da fiel die Wahl nicht schwer.

Wir betraten den Hof. Dort saßen sechs barfüßige Quechua-Männer in sauberen, weißen Alpaca-Kleidern vor drei uralten Singer-Nähmaschinen. Sie tranken reichlich Cañazo und nähten Fahnen für das Fest, das am folgenden Tag beginnen sollte. Ein Stierkampf war angesagt, und da gerade Aussaatzeit war, galt jeder Tropfen menschlichen Bluts als Fruchtbarkeitsopfer für die Erde.

Zwei dicke Frauen mit mehr Zahnlücken als Zähnen bedienten die Männer. Sie füllten ihre Flaschen und die zeremoniellen Koka-Beutel nach, die sie um den Hals hängen hatten, und schenkten von dem

selbstgebrauten Chicha ein, einem dickflüssigen, leicht süßen Maisbier. Wir saßen in der Sonne, tranken Bier und sahen den Männern
beim Nähen zu. Sie fragten uns alle paar Minuten, wie es uns gehe,
während es uns von Minute zu Minute besser ging.

Ein alter, betrunkener Mann mit einem dicken Bauch kam in den Hof.
Er ließ sich mit »Papa« anreden und behauptete, er sei der Vater von
mehreren der versammelten Männer, obwohl er sich nicht mehr daran
erinnern könne, wer die Mütter seiner Söhne gewesen seien. Eine der
Frauen stieß daraufhin einen hohen, spitzen Schrei aus. Der Alte ignorierte sie. Papa wollte sich einen Cañazo genehmigen, verfehlte aber
seinen Mund und schüttete sich das Zeug über die untere Gesichtshälf-
te und über seine Brust. Die jungen Männer standen auf, salbten ihre
Banner mit Cañazo und prosteten sich daraufhin zu. Kurze Zeit später
fiel einer von ihnen zu Boden und blieb liegen.

Als wir uns dem Hoftor näherten, packte mich jemand derb am Arm.
Ich versuchte die lederne Hand abzuschütteln, aber sie hatte mich fest
und unnachgiebig im Griff. Zwei Männer packten Bzdak. Sie zerrten
uns auf einen anderen Hof. Die Ehre gebot es, daß die beiden Familien, die das diesjährige Fest ausrichteten, sich gegenseitig überboten.
Wenn die »Mondmenschen« im ersten Haus bewirtet worden waren,
mußten sie auch dem zweiten die Ehre erweisen.

Sie forderten Bzdak auf, Fotos zu machen. Bzdak kam der Aufforde-
rung eifrig nach, wenn auch ohne einen Film in der Kamera zu haben.
Sie drängten uns, Chicha zu trinken. Ich trank so schnell ich konnte.
Bald krampfte sich mein Magen zusammen und war zum Bersten voll.
Leon und Kate Durrant ging es genauso.

Als ein Aufruhr an der Hofeinfahrt unsere Gastgeber ablenkte, ergriffen wir die Flucht. Am Tor wurden wir aufgehalten. Ein Pferd bäumte
sich vor uns auf, sein Reiter schwang einen golfballgroßen Stein mit
einer Art Lasso durch die Luft. Ein geübter Lassowerfer kann einen
solchen Stein auf eine Entfernung von 50 m sehr präzise plazieren.
Aber bei diesem *mal hombre* war das nicht zu befürchten: Er befahl
uns lallend, ihn zu fotografieren, daraufhin kippte er in seinem Voll-
rausch vornüber und fiel mit dem Kopf voraus wie ein Sack zu Boden.
Sein Kopf machte beim Aufschlag das Geräusch einer zu Boden fal-
lenden Melone.

Ein anderer Mann schwang sich auf das Pferd, und der Mob – inzwischen war anscheinend ganz Chocayhua auf der Straße versammelt –

trampelte auf dem armen Melonenkopf herum. Der Auflauf artete in eine Prügelei aus, und wir nutzten das Durcheinander und die einbrechende Dunkelheit und flüchteten den Weg hinunter in die Sicherheit des tiefen, dunklen Cañons.

Zwei Nächte später trafen wir unsere Kajakfahrer an der Brücke von Surimana. Odendaal war bereits nach Surimana vorausgegangen. Von dort aus führte eine Straße aus dem Cañon hinaus nach Cuzco. Der Condorito und die Kameramänner sollten in Surimana auf ihn warten, von wo aus sie dann gemeinsam nach Cuzco fahren wollten. Fanie van der Merwe hatte sich entschlossen, von Cuzco aus nach Südafrika zurückzufliegen und wieder an der Filmschule zu unterrichten. Pierre van Heerden blieb weiterhin als Kameramann bei uns, und Odendaal wollte nach Surimana zurückkehren, sich Packesel besorgen und die Kanuten unterhalb des Schwarzen Cañons wieder treffen.

Truran schien abgekämpft, war aber wie immer guter Laune. Er trug nur eine lange graue Polypropylen-Unterhose mit waagrechten schwarzen Streifen und sah aus wie ein entsprungener Sträfling. »Habt ihr noch Brot?« fragte er. »Wir haben nichts mehr zu essen. Ein Täßchen Tee gefällig?«

Chmielinski hatte eine klaffende Wunde über der Nase, sein Knie war geschwollen – es sah aus wie eine Pampelmuse. »Wir hatten es alle schwer«, klagte er. »Einmal geriet ich in ein Loch, das war irgendwie gar nicht schlecht. Ich fühlte mich schwerelos. Und dann starb ich.« Er hatte sich aus seinem Boot befreit und wurde ein paar hundert Meter weit durch drei üble Schwälle mit Walzen gerissen.

»Wie die Kugel in einem Flipperkasten«, meinte Truran.

»Tim war am schlimmsten dran«, berichtete Chmielinski. »Ihn trennte nur ein halber Meter vom Jenseits.«

Aber nicht genug, daß schlechtes Wetter eingesetzt hatte, sie hatten auch noch von einem Goldwäscher eine sehr beunruhigende Nachricht erhalten: Zwei Kajakfahrer aus Europa waren ebenfalls von La Angostura aus in Richtung Atlantik aufgebrochen. Sie hatten schon zwei Wochen Vorsprung. Damit nahm unsere Expedition den Charakter eines Rennens an.

Truran brühte Tee auf, als wir in einem jäh herniederprasselnden Regenguß die Zelte aufstellen mußten. Tim Biggs hatte es sich ungefähr 10 m flußaufwärts in einer kleinen Höhle gemütlich gemacht. Er hatte zwei Kerzen angezündet und zeichnete in seinem Skizzenbuch, als ob er mit der schwarzen Tusche auf dem weißen Papier Ordnung in das Chaos des Großen Sprechers bringen könnte.

Es regnete die ganze Nacht durch. Am nächsten Morgen war die Luft feuchtkalt, und wir marschierten fröstelnd die 3 km nach Surimana.

Eine große Rotte mürrischer Kinder verfolgte uns durch das Dorf. Angeführt wurden sie von einem großen, dünnen Mädchen, das uns in Andenspanisch beschimpfte. Aber man merkte, daß ihr die Begriffe für *Scheiße*, *Nutte* und *Dreckskerl* nicht leicht über die Lippen gingen. Sie stieß sie ohne besonderen Groll aus, so als experimentiere sie mit ihnen.

Auf dem Dorfplatz stand in der Nähe einer Kirche, deren Türen verschlossen waren und von der man den Eindruck hatte, daß sie nur einmal im Jahr geöffnet wurde, eine Büste von José Gabriel Tupac Amaru II. Die Gedenkstätte am Ende der Straße von Cuzco nach Surimana wirkte vernachlässigt, der Sockel war bröckelig und hatte dringend Farbe nötig. Die Straße war in den 70er Jahren von der peruanischen Regierung gebaut worden in der Hoffnung, daß der Geburtsort eines der größten Revolutionäre der westlichen Hemisphäre Touristen anlocken würde. Aber die Touristen blieben aus. Es gibt kein Restaurant und kein Hotel in Surimana.

Die Straße, die in den Schwarzen Cañon führt, hat dem Ort anscheinend nicht viel geholfen. Der einzige Laden am Ort hatte außer einem Korb Mehl, drei Kerzen und einer Dose Cañazo keine Waren anzubieten. Das einzige Fahrzeug, das wir sahen, war ein Jeep mit dem Schriftzug einer Hilfsorganisation der peruanischen Regierung. Der Aufmachung der Bewohner Surimanas nach zu urteilen, diente die Straße vor allem dazu, daß die Einwohner von Surimana leichter in Cuzco Polyesterhemden und Fliegersonnenbrillen kaufen konnten.

Eigentlich ist es die Straße und nicht die Gedenkstätte, die den Geist Tupac Amarus II. verkörpert. Seine Lebensgeschichte scheint all die Verzweiflung und wilde Hoffnung widerzuspiegeln, die der Apurímac-Cañon heraufbeschwört. Er wurde als José Gabriel Condorcanqui geboren und war ein Ur-Ur-Ur-Enkel jenes Felipe Tupac Amaru Inca, dessen grausame Hinrichtung im Jahre 1572 das Ende der Inka-Dynastie und die endgültige Unterwerfung unter die spanische Herrschaft besiegelte. Die sadistischen Spanier zwangen die beiden Töchter Felipes, Magdalena und Juana, der Hinrichtung beizuwohnen. Magdalena starb binnen einen Jahres, die mittellose Juana aber heiratete Felipe Condorcanqui aus Surimana und lebte fortan in diesem vergessenen Cañon.

Unter der Herrschaft der Spanier, die traditionelle Institutionen des Inka-Staates für ihre Zwecke umgestalteten, waren die Condorcanquis, wie auch die anderen der Inka-Kaste angehörenden Quechuas sogenannte *Curacas* (Territorialfürsten indianischen Adels). Sie verwalteten den Apurímac-Cañon und das umliegende Hochland im Auftrag ihrer abwesenden spanischen Oberherren, waren für die Zwangsverpflichtung von Arbeitskräften für das Mita-System zuständig und setzten die *Encomienda* durch, ein feudales Wirtschaftssystem, mit dem die Quechua gezwungen wurden, riesige Tribute in Form von Naturalien und wertvollen Metallen zu leisten. Um 1743, als José Gabriel Condorcanqui geboren wurde, war die Familie eine der reichsten in ganz Peru. Er wurde zum Edelmann erzogen, war gebildet und wohlhabend, hatte ein heiteres Wesen und die geschliffenen Umgangsformen eines europäischen Aristokraten.

Als José Gabriel *Curaca* des Bezirks Surimana wurde, war Spaniens Macht bereits im Schwinden begriffen, derzufolge die Quechua immer rücksichtsloser ausgebeutet wurden. Allein in der ersten Hälfte des Jahrhunderts starben Millionen in den Bergwerken. José Gabriel konnte die Augen nicht länger vor den Leiden seines Volkes verschließen, nahm den Titel seiner Vorgänger an und zog vor die Gerichte in Lima. Er glaubte, die spanischen Gesetze seien gerecht, aber habgierige Steuereintreiber, korrupte Geistliche und sadistische Militärs pervertierten die Gesetze in schändlicher Weise. Seine Bitten wurden ignoriert. 1780 lehnte sich Tupac Amaru II., der sich als treuer Untertan des Königs von Spanien verstand, gegen die Kolonialverwaltung auf.

Die von ihm angezettelte Revolution war von kurzer Dauer und wurde 1783 niedergeschlagen. Auf ihrem Höhepunkt aber erstreckte sie sich bis Kolumbien im Norden, Ecuador, Peru und Bolivien und sogar bis in den Nordwesten Argentiniens und erfaßte damit ein größeres Gebiet als der amerikanische Sezessionskrieg und die meisten europäischen Kriege vor dem 1. Weltkrieg. Tupac Amaru selbst wurde jedoch im Jahre 1781 gefangengenommen und nach Cuzco verschleppt. Er, seine Frau, sein Sohn, sein Onkel und fünf seiner Mitstreiter wurden gefesselt, in Säcke gesteckt und mit Pferden durch die Straßen geschleift. Der Inka-Nachkomme und seine Frau mußten mitansehen, wie seinem 80jährigen Onkel und seinem 21jährigen Sohn die Zungen herausgeschnitten und sie anschließend mit der Garrotte erwürgt wurden. Dann wurde der Inka gezwungen, auch der Hinrichtung seiner Frau beizuwohnen. Der Hals seiner Frau war jedoch zu schlank für das Würgeeisen. Deshalb schlang ihr der Henker ein Seil um den Hals, schlug unablässig auf sie ein und zog so lange zu, bis sie schließlich starb. Dann wurde auch dem Inka die Zunge herausgeschnitten, seine Gliedmaßen an vier Pferde gebunden, und die Pferde in verschiedene Richtungen davongejagt. Die Vierteilung mißlang jedoch. Daraufhin schlitzte der entnervte Henker dem Inka zuerst den Bauch auf und riß die Eingeweide heraus, bevor er ihm den Kopf abschlug.

Die Nachricht der barbarischen Hinrichtungen lenkte in Spanien den Blick auf weitere Greueltaten in Peru und führte zur Einsetzung einer neuen Regierung. Ein halbes Jahrhundert später jedoch führten Quechua und Kreolen gemeinsam den Sturz der Spanier herbei. Ob dies jedoch dazu geführt hat, daß die Quechua seither von Menschen mit hellerer Hautfarbe weniger grausam behandelt werden, ist sehr die Frage. Sie wird zum Teil dadurch beantwortet, daß weite Teile des Apurímac-Cañons 200 Jahre nach dem Tod des Inka unter Kriegsrecht stehen und die kreolische Oberschicht Perus einen brutalen Krieg gegen eine Guerilla führt, deren Soldaten dickes Quechua-Blut in den Adern haben.

Geologie, Landschaft, Flora, Wetter und Menschen, einfach alles in den Anden ist von einem abrupten Wechsel der Gegensätze gekennzeichnet. Man wandert nur wenige Kilometer weit und schon hat man das Gefühl, sich in einer völlig anderen Region oder Jahreszeit zu befinden. Zwei Tagesmärsche nach Surimana verwandelte sich der staubige Pfad in einen Moosteppich. Das allgegenwärtige Ichu-Gras ertrank in einer Flut weißer Gänseblümchen und rosafarbener Bromelienblüten, weißen und lilafarbenen Kaktusblüten, faustgroßen wilden Rosen, blutroten Geranien, gelbem Ginster und überall verstreuten, winzigen gelben Blümchen, die wie goldfarbene Ameisen aussahen. Es roch nach Minze, Pfefferminze und Kamille, und als wir uns dem Dorf San Juan näherten, duftete die Luft nach Eukalyptus, frisch umgepflügter Erde und den ersten Knospen der Birnen-, Apfel- und Maracuyabäume. Kleine Vögel zwitscherten in den Obstbäumen, sanfte Panflötenklänge wehten uns den Hügel herunter entgegen.

Der Weg führte bergauf und war von einer Hecke gesäumt. Plötzlich tauchte ein alter Strohhut hinter der Hecke auf, gefolgt von einem der wohlvertrauten erdbraunen Gesichter, einer schwieligen Hand mit Plastikbecher ...

»Chicha?«

Trotz unserer überhasteten Flucht aus Chocayhua konnten wir nicht widerstehen. Wir hatten den Winter hinter uns gelassen und waren mitten in den Frühling hineingewandert. Die Quechua-Familien bearbeiteten ihre Felder, die Männer mühten sich mit steinzeitlichen Pflügen, die Frauen trugen Schalen mit gekochtem Mais und Chicha-Krüge auf den Köpfen. In diesem straßen- und radlosen Land ist es Brauch, den Fremden wie ein Familienmitglied zu behandeln. Wir setzten uns auf den Boden und kosteten das angebotene Maisbier.

Die Felder San Juans werden von den Familien seit mindestens 12 Generationen bearbeitet. (Teile des peruanischen Hochlands werden erwiesenermaßen seit vier Jahrtausenden landwirtschaftlich genutzt.) Daß diese Felder immer noch fruchtbar sind, muß laut Wendell Berry, einem amerikanischen Schriftsteller und Farmer, als Beweis für »das außerordentliche landwirtschaftliche Können und das ökologische Bewußtsein« der Andenbauern gewertet werden.

Nehmen wir nur einmal die Kartoffel. Niemand kann genau sagen, wie viele Kartoffelarten in den Anden wachsen. Die Schätzungen schwanken zwischen 400 und 2000 Arten. Zusätzlich zu den wildwachsenden Kartoffeln werden eine Vielzahl einheimischer Speisekartoffeln angebaut. Allein auf einem Feld von wenig mehr als einem Hektar Fläche wurden 46 Kartoffelsorten gezählt. (Meine Lieblingskartoffel ist eine außergewöhnlich schwere Sorte von Speisekartoffeln und hat den blumigen Namen *lumchipamundana*, »Kartoffel, die die junge Braut zum Weinen bringt«.) Bei den sogenannten Chuños handelt es sich um gefriergetrocknete Kartoffeln. Die Quechua pressen einen Monat lang jeden Tag von Hand das Wasser aus den Kartoffeln und legen sie über Nacht ins Freie, wo sie gefrieren. Das Endprodukt kann monatelang aufbewahrt werden und schmeckt genauso scheußlich wie alle anderen gefriergetrockneten Produkte.

Mit einem siebenjährigen Brachezyklus halten die Quechua einen räuberischen Fadenwurm mit einer Lebensdauer von sechs Jahren unter

Kontrolle. Die Anlage der Felder richtet sich peinlich genau nach den natürlichen Gegebenheiten der Landschaft, um so der vordringlichsten Gefahr vor Ort, der Bodenerosion, entgegenzuwirken. Die Bauern singen Fruchtbarkeitslieder; sie bringen den Geistern, die ihrem Glauben nach in Felsen, Bäumen und Höhlen hausen, Chicha als Opfergabe dar; sie bemessen ihre Feldstreifen nicht nach Quadratmetern, sondern nach dem Ertrag; die Felder werden nach der Pflanze benannt, die am besten auf einem bestimmten Streifen gedeiht. So ungewöhnlich das alles für uns ist – es funktioniert! In dieser Region, wo die Landschaft so steil ist, daß die Felder von den Berghängen zu kippen scheinen (wenn man auf einem dieser Felder steht, ist man mit dem Kopf näher an den Sprößlingen als an den eigenen Füßen), haben die Quechua eine Form der Subsistenzlandwirtschaft entwickelt, die in scharfem Gegensatz zu unserer, den Mutterboden zerstörenden Form einer für den Markt produzierenden, intensiven Landwirtschaft steht. Kaum zu glauben, aber die Farmer im brettebenen US-Bundesstaat Iowa verlieren pro Jahr ungefähr einen halben Meter Mutterboden. Ein Quechua-Bauer hingegen kann es sich nicht leisten, auch nur einen Zentimeter zu verlieren.

Eine Schar barfüßiger Schulkinder in weißen Blusen und schwarzen Hosen geleitete uns zum schlammbedeckten Dorfplatz. Hinter uns schlängelten sich zwischen windschiefen Lehmhütten Morastwege den Cañon entlang. Vor uns stiegen diese Wege steil direkt zum Cañon hinauf und endeten dann abrupt über dem Abgrund des Apurímac. Wenn man in die gähnende Tiefe des Cañons schaute, leuchtete einem die Entscheidung der Quechua, ohne das Rad zu leben, schnell ein.

Fünfzig dunkle, indianisch wirkende Gesichter waren auf uns gerichtet. Der kleinste Junge hatte es auf mich abgesehen. Sein Haar war kurz geschoren, und beim näheren Hinsehen sah ich, daß er, wie so viele Kinder hier, die Krätze hatte.

»Wie heißt du?« fragte ich. Zuerst antwortete der Junge nicht, aber nach einer Weile brummte er: »Solitario.« Das heißt »allein« oder »einsam«. Seine Stimme war viel zu tief für seine Statur und sein Alter.

Plötzlich tauchten inmitten der Kinderschar zu unseren Füßen hier eine Flasche Bier, dort eine Flasche Rum, eine Zwiebel, ein Kohlkopf, drei Eier, ein Bund Kamille und ein Bund Minze auf. Ein Mann, mit seinen 1,80 m für hiesige Verhältnisse ein Riese, drängte sich durch die Kinderschar. Seine weißen Haare und blauen Augen leuchteten inmitten der schwarzhaarigen, braunäugigen Elfen grell wie Neon. Er kämpfte sich bis zu uns vor und blieb dann genauso schüchtern und stumm wie die Kinder selbst stehen. Er hieß Adán. »Auf eure Gesundheit«, sagte er und schenkte eine Runde Chicha ein.

Er führte uns in sein Haus, eine primitive Hütte mit zwei Zimmern, einem Garten und einem großen Steinofen, in dem er gerade mehrere Laibe Vollkornbrot buk. »Für die Kinder«, meinte er. »Wenn sie nicht gut essen, können sie in der Schule nicht aufpassen.«

Er schenkte uns fünf Laibe frischgebackenes Brot. Seine eigenen Kinder waren nach Lima gegangen, zwei von ihnen waren dort auf der Universität. »Ich hoffe, daß sie bald nach Hause kommen«, sagte er. »Lima ist eine schreckliche Stadt.«

Die Kinderschar geleitete uns aus dem Dorf hinaus. Der Weg führte an der Felswand des Cañons entlang und schlängelte sich dann durch eine Quebrada. Hinter dem Einschnitt bot sich uns eine atemberaubende Aussicht auf den Schwarzen Cañon. Im rotgoldenen Abendlicht hatte er viel Ähnlichkeit mit dem Grand Canyon in Colorado, nur war er viel steiler, schmaler, tiefer und einsamer.

Ein letzter Blick auf das abgelegene San Juan, das sich bis an die Wand des Cañons vorgewagt hatte. Keine Straßen, Telefone oder Stromleitungen, die den Ort mit der modernen Welt in Verbindung brachten. *Solitario.*

Tief unten kämpften sich die Kajakfahrer durch den von Felsblöcken übersäten Apurímac. Von Odendaals Gepäck befreit, konnten sie erstmals genügend Proviant in die Boote nehmen. Ohne Odendaal kamen sie jetzt doppelt so schnell vorwärts wie zuvor. Natürlich traten auch jetzt zuweilen Stellen auf, wo sie kaum 50 m fahren konnten, ohne wieder umtragen zu müssen. Gleichwohl war der Fluß selbst in den befahrbaren Abschnitten durch unzählige Strudel, Walzen, Unterspülungen und Siphons schwieriger denn je. An manchen Tagen konnten sie von Glück reden, wenn sie zwei Kilometer hinter sich brachten.

Trotz oder wegen der hohen Anforderungen, die der Fluß an die Fahrer stellte, gewann Biggs allmählich sein Selbstvertrauen zurück. Dies war nicht zuletzt auf Jerome Truran zurückzuführen. Er hatte einen ruhigen und unerschrockenen Fahrstil. Vor jeder Abfahrt taxierte er sorgfältig jede Stromschnelle; wenn er sich dann entschieden hatte, wie er sie zu nehmen gedachte, ging er ohne zu zögern ans Werk. Er war bisher als einziger noch nicht geschwommen.

An Land war Truran lustig, freundlich und ließ sich nicht aus der Ruhe bringen. Genau wie Biggs liebte auch er das Leben am Fluß. 1978 nahm er in den Staaten an Wettkämpfen teil und lernte bei dieser Gelegenheit die großen Wildwasserflüsse der Rocky Mountains und der Sierra Nevada kennen. Südafrika und Europa hatten in der Tat nichts Vergleichbares zu bieten. Biggs und Truran schlüpften des öfteren abends nach der Rast nochmals in ihre Neopren-Anzüge, amüsierten sich in den mörderischen Stromschnellen und freuten sich an der ungezügelten Kraft des Flusses.

Biggs war glücklich, ja sogar stolz, daß der jüngere Truran Spaß an dem etwas anderen Rhythmus des Expeditions-Kajakfahrens gewann. Das war möglicherweise das einzige, was er seinem Freund, dem Weltklasse-Kajakfahrer, noch beibringen konnte. Hier konnte man nicht damit rechnen, daß ein Wagen bereitstand, um Verletzte abzutransportieren. Hier wurde nach einem harten Paddelwochenende keine einwöchige Ruhepause eingelegt. Man schleppte soviel Proviant wie möglich in seinem Boot mit, und wenn die Vorräte aufgebraucht waren, hungerte man. Man mußte sich auf einen langen Zeitraum einstellen, sich an die wechselnden Gegebenheiten des Flusses immer aufs neue anpassen und kam nur so schnell vorwärts, wie es der Fluß zuließ. Das Flußleben bestand nicht aus aufregenden Fahrten und Strandparties. Für Biggs war klar, daß Truran erst jetzt das Leben an und auf dem Fluß kennenlernte.

Die Tage wurden wärmer, Kakteen und kleine Nadelbäume säumten zunehmend den Cañon zu beiden Seiten mit einem erfrischenden Grün. Der Fluß selbst wurde jedoch keineswegs einfacher. Tag für Tag rangen die Kajakfahrer dem Fluß mühsam ein paar hundert Meter ab. Um ihre Boote leichter zu machen, verzehrten sie bei jeder Mahlzeit große Portionen und hofften dadurch schneller zu werden. Es ging ihnen auf die Nerven, soviel Zeit darauf zu verwenden, die Stromschnellen vorher zu inspizieren und sich Block für Block genau anzusehen. Sie wurden unvorsichtig, fuhren blindlings durch manche Katarakte und büßten dafür. Biggs mußte ein weiteres Mal um sein Leben schwimmen, Chmielinski brach sich das Nasenbein.

Am sechsten Tag nach der Einfahrt in den Schwarzen Cañon hatten sie ihn bezwungen. Der Cañon lag hinter ihnen, sie hatten fast schon die Einmündung des Livitaca in den Apurímac erreicht. Als sie sich ihr näherten, hörten sie bereits freudige Rufe von der rechten Uferseite. Sie sahen hinauf: Träger ließen den zerkratzten, dreckigen, aber dennoch recht glücklich wirkenden Odendaal und seine Ausrüstung an Seilen die Cañonwand herunter. Das Seil war zu kurz, und so gingen die drei Kajakfahrer an Land und halfen Odendaal herunter. Er packte seine Sachen ins Boot und brachte es zu Wasser. Das Kajakteam war wieder komplett.

Nach der Einmündung des Livitaca in den Apurímac veränderte sich das Bild des Cañons. Die hohen, engen Steilwände legten sich leicht zurück. Die aufragenden Granitwände wurden immer wieder von weicheren Schichten aus Sedimentgestein unterbrochen, die der Fluß stark abgetragen hatte, so daß er stellenweise breit und flach in seinem Bett dahinplätscherte. Wo jedoch der Granit wieder vorherrschte, verengte sich die Schlucht zu einer schmalen Kerbe, und der Fluß bildete imposante, in Kaskaden hinabtosende Stromschnellen. Einer dieser Schwälle warf Odendaal aus dem Boot und drückte ihn so fest gegen einen Felsblock, daß er sich nur unter großer Anstrengung wieder befreien konnte.

An diesem Abend redete sich Odendaal am Lagerfeuer seinen Kummer in einem langen Monolog von der Seele. Er vertrat die Ansicht, daß man sich bezüglich der Portagen moralisch in einer Grauzone befinde, daß sich seine Reisevarianten mit Trägern und Packeseln nicht grundsätzlich vom Umtragen der anderen Kajakfahrer unterschieden und daß er daher mit Fug und Recht behaupten könne, den gesamten Fluß befahren zu haben. Die anderen hörten ihm stumm zu. Keine Frage, Odendaal war besessen. Nur Biggs machte den Versuch, seinen Freund zu beruhigen. Er erklärte Odendaal, er habe den Fluß nach besten Kräften befahren, und mehr könne man schließlich nicht von einem Menschen verlangen.

Der folgende Tag war hart. Alle vier Kajakfahrer hatten schwer zu kämpfen. Odendaal kenterte wieder, an einer anderen Stelle war der Fluß total blockiert. Sie mußten ihre Boote wieder eine lange Strecke langsam und kräftezehrend umtragen. Am nächsten Morgen berief Chmielinski eine Krisensitzung ein.

Es sei an der Zeit, begann er, sich mit der Frage der bedrohlichen

Konkurrenz durch das zweite Team von Kajakfahrern auseinanderzusetzen und die eigenen Pläne daraufhin abzustimmen. Sie müßten schlicht schneller werden. Er sei nicht nach Südamerika gekommen, um als zweiter die Amazonasmündung zu erreichen. Wenn sie nicht alles daransetzten, die ersten zu werden, dann wollte er sukzessive aus dem Unternehmen aussteigen und nach Hause zurückkehren.

Der Moment, den Biggs so sehr gefürchtet hatte, war gekommen. Er wollte nicht, daß aus der Flußbefahrung ein Rennen wurde. Für ihn standen die Forschungsreise und eine mit Freunden unternommene Abenteuerfahrt im Vordergrund. Der Gedanke, die Expedition könnte zu einem Rennen ausarten, war ihm ein Graus.

Andererseits, wenn es das Ziel der Expedition war, als erste den Amazonas von der Quelle bis zur Mündung zu befahren, dann war es auch seine Pflicht als Leader, dafür zu sorgen, daß dieses Ziel auch erreicht wurde.

Dann spitzte sich die Situation noch mehr zu.

Jerome Truran wollte ebenfalls ein Wörtchen zu diesem sogenannten Rennen sagen. Wenn Odendaal nicht nur das Umtragen des gesamten Schwarzen Cañons, sondern auch weite Strecken des Oberlaufs als gleichbedeutend mit dem Befahren des Flusses erachtete, wenn er meinte, es sei legitim, die kritischen Stellen mit Packeseln zu umgehen, warum sollten dann die übrigen Kajakfahrer auf dem Fluß ihr Leben riskieren? Warum paddelten sie dann überhaupt noch? Warum mieteten sie sich nicht gleich Packesel und Träger und machten das Rennen zur Mündung auf dem Landweg? Warum zum Teufel stiegen sie nicht einfach in ein Wasserflugzeug?

Wenn sie sich wirklich auf das Rennen einlassen wollten, argumentierte Truran, dann müsse Odendaal aus dem Kajakteam zwangsläufig aussteigen. Er war einfach nicht in der Lage, den Fluß mit dem Kajak zu befahren. Er war nicht besser als jene Anfänger, die er in Südafrika auf kommerziellen Flußfahrten dabeigehabt hatte. Truran, Biggs und Chmielinski »servierten ihm ohnehin den Fluß auf einem silbernen Tablett«, sie trugen seine Ausrüstung und halfen ihm auch noch durch die wenigen Stromschnellen, die er überhaupt nahm. Daß sie drei sich den Apurímac hinunterkämpften, die ganze Arbeit taten und das volle Risiko trugen, während Odendaal die Lorbeeren dafür einstrich, den Fluß befahren zu haben, hielt er für eine Schande.

Nach Trurans Meinung gehörte Odendaal überhaupt nicht auf einen

Fluß. Er hasse das Kajakfahren, und sein Gesicht sei auf dem Fluß angstverzerrt.

Truran meinte, er könne nur hoffen, daß noch ein anderer als der François Odendaal, den er bisher kennengelernt habe, zum Vorschein komme. Bisher spreche jedoch nicht allzuviel dafür. Wenn Odendaal wolle, daß er den Babysitter für ihn spiele, dann solle ihm das recht sein. Aber Odendaal könne für sein Geld zwar Trurans Können mit dem Kajak in Anspruch nehmen, aber für eine Lüge sei er nicht zu haben.

Odendaal war am Boden zerstört und wandte sich hilfesuchend an Biggs. Aber obwohl Biggs nicht gerade glücklich über Trurans Ausbruch war, ärgerte er sich genauso über Odendaal. Seit sechs Jahren redete er auf Odendaal ein, sich zumindest die Grundfertigkeiten des Kajakfahrens anzueignen. Odendaal hatte gewußt, wie gefährlich der Apurímac war, aber er hatte es versäumt, sich entsprechend vorzubereiten. Jetzt gefährdete seine Unfähigkeit das gesamte Team.

Biggs ließ Odendaal den Tag über schmoren, aber schon am Abend setzten sich die beiden zusammen, um die entstandenen Meinungsverschiedenheiten beizulegen. In der Zwischenzeit hatte Odendaal versucht, Chmielinski für einen Ausschluß Trurans zu gewinnen.

Unter anderen Umständen wäre Chmielinski vielleicht sogar auf diesen Vorschlag eingegangen. Bei einer Expedition, in der Chmielinski der alleinige Expeditionsleiter war, hätte er Trurans Unbotmäßigkeit nicht hingenommen. In diesem Falle jedoch war er unsicher.

Zum einen war ihm bisher kein zweiter Kajakfahrer mit Trurans Fähigkeiten begegnet. Mit zunehmender Größe wurde der Fluß schwieriger, aber genau das war Trurans Stärke. Ein Wildwasserfluß ist ein dynamisches System. Wer gut genug ist – selbstsicher, geschickt und stark –, wird ein Teil von ihm und nimmt allmählich seinen Rhythmus in sich auf. Truran hatte all diese Eigenschaften und noch bessere. Es war kein Zufall, daß Truran der einzige der vier Kajakfahrer war, der bisher nicht gekentert war und um sein Leben hatte schwimmen müssen, auf Gedeih und Verderb dem Großen Sprecher ausgeliefert.

Unter Trurans Anleitung machte Chmielinski technisch rasche Fortschritte. Wenn Truran sie auch weiterhin anführte, würde das Team in Zukunft schnell vorwärtskommen. Und Tempo war für den Polen im Moment das Ausschlaggebende. Durch die Nachricht von einem zweiten Kajakteam auf dem Amazonas war für ihn eine Situation gegeben wie bei dem Wettlauf zum Südpol zwischen Amundsen und Scott. Geschwindigkeit war für Chmielinski jedoch noch aus einem anderen Grund wichtig. Er hatte vor einem Jahr in Wyoming einen Telefonanruf erhalten, auf den er schon seit Monaten gewartet hatte. Als er Polen im Jahre 1979 verlassen hatte, ließ er eine Frau namens Joanna zurück. Sie liebten sich und hatten bereits über Heirat gesprochen, sich jedoch darauf geeinigt, zu warten, bis Chmielinski von seiner Expedition zurück war. Ein Jahr später gelang es ihnen noch, sich in New York zu treffen, aber wenig später wurde in Polen das Kriegsrecht verhängt, und Joanna konnte das Land nicht mehr verlassen. 1984 bekam Joanna die Möglichkeit, mit einer Touristengruppe außer Landes zu reisen. Sie schrieb Chmielinski, der sich daraufhin mit einem alten Freund aus Krakau in Verbindung setzte. Dieser Freund war ein Monsignore, die rechte Hand des Papstes, und bereitete alles für eine Heirat im Vatikan vor.

Zwei Monate später rief Joanna aus Italien in Wyoming an. Chmielinski landete 24 Stunden später in Rom, und wenige Tage danach waren die beiden verheiratet. (Der Papst persönlich segnete die beiden.) Dann bemühten sich die beiden um eine Ausreisebewilligung und eine Aufenthaltsgenehmigung in den Vereinigten Staaten für Joanna. Sie reichten Anträge beim Vatikan und bei der amerikanischen und der polnischen Botschaft ein. Joanna kehrte nach Polen zurück, und Chmielinski nach Wyoming. Joannas Ausreise verzögerte sich immer wieder. Er hatte sie seither nicht mehr gesehen und auch schon seit Monaten nicht mehr mit ihr telefoniert.

Joanna sollte kurz nach Beendigung der Amazonas-Expedition in den Staaten eintreffen. Er mußte auf jeden Fall auch dort sein, um sie abzuholen, was aber durch die äußerst knappen Zeitreserven in Gefahr war. Daß Odendaal das Team auf dem Fluß aufhielt, war schon schlimm genug, wenn er aber auf dem Fluß von den anderen getrennt und zum Beispiel einen schweren Unfall erleiden würde, bedeutete das den Stopp des gesamten Unternehmens.

Chmielinski hielt es für das beste, Odendaal endgültig aus dem Kajakteam auszuschließen. Auf der anderen Seite brauchte er Odendaal. Wenn Chmielinski bei dieser Reise genügend übers Filmemachen mitbekam, dann konnte er künftig seine eigenen Abenteuerreisen gewinnbringend verwerten und vermarkten.

Chmielinski hatte mit Odendaal eine geschäftsmäßige Vereinbarung, und er wollte sich daran halten. Durch eine Herausnahme des fähigen und mutigen Truran, wie von Odendaal gefordert, sah er andererseits das Unternehmen ernstlich gefährdet. Deshalb entschied er sich dagegen.

Das Team setzte die Fahrt mit der gleichen Mannschaft fort. Am Nachmittag erreichten sie Pillpinto, den vereinbarten Treffpunkt mit der Fußtruppe.

# 6. Das Ende des Weges

Laut Karte erwartete uns am Ende des Cañons ein langer, steiler Anstieg. Ab San Juan wollten wir die Cañonwand mit ihren 600 Höhenmetern ersteigen und dann einen aller Wahrscheinlichkeit nach mit Schnee bedeckten Paß in 4250 m Höhe überqueren. Koka-Blätter-Zeit. Wir gewöhnten uns allmählich an die Höhe, aber bei derart steilen Anstiegen rangen wir immer noch nach Luft und bekamen Kopfweh. In solchen Situationen ist das Koka-Kauen, wie die Quechua schon seit Jahrhunderten wissen, ein hervorragendes Stärkungsmittel. Ich hatte viele Zeitungsartikel gelesen, in denen der Koka-Genuß der Einheimischen verurteilt wurde, aber jetzt drängte sich mir der Verdacht auf, daß diese Artikel von Autofahrern geschrieben worden waren.

Eine Frau, der wir auf dem Weg begegneten, bot uns eine Handvoll Koka-Blätter und einen Brocken *Llipta* an (Quinoa-Asche, die man zum Koka-Kauen braucht). Als Leon sie nach dem Weg nach Toccorani fragte, zeigte sie in den Himmel und lachte dabei das schrille Lachen, das man zuweilen bei den Quechua hört. Dieses Lachen war um so beunruhigender, als es nur äußerst selten zu hören war.

Die Anden sind voller atemberaubender Kontraste – Temperaturunterschiede von 5 °C innerhalb weniger Minuten; monolithische geologische Strukturen, die urplötzlich vor flachen, erodierten Pfaden aufragen; Flüsse, die nicht ruhig dahinfließen, sondern mit elementarer Wucht aus dem Felsen brechen und durch wilde Schluchten tosen. Die beeindruckendsten Kontraste sind jedoch dort anzutreffen, wo der Mensch mit im Spiel ist: in den Dörfern der Anden. Jedes Dorf im Schwarzen Cañon hatte seinen eigenen unverwechselbaren Charakter. Hueco war archaisch und abgeschieden; Surimana düster, unsicher und wegen seiner Straßenverbindung bereits von der Zivilisation verdorben; San Juan hingegen wirkte wohlhabend und einladend. Auf dem Weg zum Toccorani-Paß sahen wir einen Fußballplatz mit

sorgfältigst gepflegtem Rasen, und vor fast jeder Hütte stand ein statt-
liches Pferd mit glänzendem Fell – ähnlich wie in einer amerikanischen Vorstadtsiedlung fast vor jedem Haus ein Mercedes steht. Das
Fußballfeld sprach für ein Übermaß dessen, was wir in den Staaten
Freizeit nennen. Aber Freizeit in den Anden bedeutet stets auch Zeit
dafür, die Gringos zu foppen. Wir machten daher einen Bogen um
Toccorani, überquerten den Paß, spuckten zerkaute Koka-Blätter auf
die kultischen Apachita-Steinhaufen, stapften durch Schnee und hinunter in das verlassene und einsame Santa Lucia. Der Ort bestand aus
50 dichtgedrängten Hütten, die einer Kanzel gleich 600 m über dem
Apurímac thronten. Wo mochten die Dorfbewohner wohl sein? Auf
den Feldern, beim Säen?
Auf der anderen Seite des Cañons glänzten die Blechdächer Omachas
in der Sonne. Omacha war nur ein paar Kilometer Luftlinie entfernt,
aber der Blick in die Weite dieser Landschaft täuschte. Sie verhinderte
jegliche Ausdehnung und Verbindung der Dörfer untereinander, drängte sie vielmehr in winzige, voneinander isolierte Einheiten zusammen.
Um nach Omacha zu kommen, hätten wir nach Surimana zurückwan-
dern, die Brücke überqueren und auf der anderen Seite des Cañons
entlanglaufen müssen. Wir hätten eine Woche dazu gebraucht.
Schwarze Wolken zogen sich am Rand des Cañons zusammen und
verstärkten den ohnehin trostlosen und isolierten Eindruck, den Santa
Lucia machte. Wir hetzten den Weg hinauf. Es fing an zu regnen,
hörte aber bald wieder auf. Unter uns verdeckte ein watteartiges Wol-
kenmeer die Sicht auf den Fluß. Eine schwarze Wand erhob sich aus
diesem weißen Meer, stieg auf, wurde heller. Schnee fiel auf die
Berggipfel rund um den Cañon. Über den Gipfeln leuchtete der Himmel in unzähligen Lila-Schattierungen. Die Farben vermischten sich
so unwirklich, daß ich den Himmel nur noch verschwommen wahr-
nahm und das Gefühl hatte, das Gleichgewicht zu verlieren und in die
Tiefe zu stürzen.
Die Sonne kam hinter dieser lilafarbenen Decke zum Vorschein und
wanderte alsbald zwischen zwei Berggipfel. Wir setzten uns auf einen
Felsen und aßen Schokolade. Der Sturm erhob sich wieder aus dem
Cañon, es regnete, dann legte sich der Sturm wieder. Die Sonne, die
schon untergegangen schien, brannte plötzlich wieder durch die Wolken auf uns herab, während kalte Nebel in langen Säulen aus dem
Grund des Cañons heraufstiegen.

Dieser verwirrende und unheimliche meteorologische Spuk verlieh den Bergen etwas Mysteriöses. Wie die meisten Reisenden, die an einen unheimlichen Ort kommen, meinten auch wir, hier die ersten menschlichen Wesen zu sein. Aber dort, 1200 m unterhalb von uns, klebte eine winzige Hütte an der Felswand. Die Stelle war auf unserer Karte mit einem kleinen Punkt markiert. Die Hütte mußte also mindestens schon 30 Jahre, vielleicht sogar schon Jahrhunderte, an dieser Stelle stehen.

Wir würden es an diesem Nachmittag nicht mehr bis Huayque schaffen. Daher schlugen wir unser Lager an der einzigen flachen Stelle weit und breit auf: direkt auf dem Weg. Wie hatte mir ein Freund einmal geschrieben: Reisen verengt den Horizont. Das Wandern von einem Ort zum anderen, die Beschaffung von Proviant und die Suche nach einer Unterkunft nahmen einen voll in Anspruch. In den drei Wochen, seit ich in Lari aus dem Laster gestiegen und in der Trekking-Gruppe war, hatten die Anden aus mir einen wahren Spartaner gemacht. Ich schlief mitten auf dem Weg, stibitzte Nahrungsmittel und bewegte mich auf die älteste und einfachste Fortbewegungart des Menschen fort.

Um Gewicht zu sparen, hatten wir jetzt statt Zelten Biwaksäcke für je zwei Mann dabei. Wir beeilten uns mit dem Aufstellen, bevor das Unwetter über uns hereinbrach, quetschten uns in die Röhren aus Nylon und hofften, daß unsere vier Körper genügend Wärme abstrahlen würden, damit keiner erfror. Wir hatten uns unnötig Sorgen gemacht. Obwohl es die ganze Nacht über schneite, wurde es durch unsere Körperausdünstungen unter dem Nylon unerträglich stickig. Mitten in der Nacht stürzte Leon mitsamt Schlafsack kopfüber in das Unwetter hinaus. Fünf Minuten später kam er wieder zurück, splitternackt, durchnäßt, zitternd. Bzdak trocknete ihn ab und zog ihm warme Unterwäsche an. Dann legten Kate Durrant und ich ihn zwischen uns und wärmten ihn. Eine halbe Stunde später hörte er auf zu zittern und atmete tief und gleichmäßig. Am nächsten Morgen erklärte er uns, er habe geträumt, er sei Superman.

Es war Ende September, aber in den Anden hängen die Jahreszeiten mindestens genauso stark von der Höhe ab wie von der Jahreszeit. Am nächsten Tag kamen wir wieder einmal vom Winter in den Frühling und wanderten durch ein Meer gelber Gänseblümchen, greller, rosafarbener Bromelien, blauer Medaillons von blühenden wilden Kartoffeln und duftenden Eukalyptuswäldchen, die in der Nähe bewohnter Gebiete zur Wiederaufforstung gepflanzt werden.

Huayque war ebenfalls eine Überraschung. In dem Dorf gab es Straßen mit Kopfsteinpflaster und einen offenen Kanal. In dieser Kloake floß Wasser und, wie es den Anschein hatte, auch alles andere, was schwimmt. Aber die größte Überraschung waren die Häuser selbst. Sie waren zweistöckig, was uns bisher noch nie begegnet war, dennoch der Körpergröße der Quechua angepaßt. Auf dem Weg durch das Dorf hatte ich das Gefühl, mich in einem Vergnügungspark für Kinder oder in einem Bühnenaufbau für einen Hollywood-Film zu befinden, wo auch alles kleiner ist als im wirklichen Leben. Ich blieb vor einem der Lehm-und-Stroh-Häuser stehen, streckte die Arme aus und konnte mit den Fingerspitzen die Fensterläden im zweiten Stock erreichen.

Eine steinalte Frau watschelte auf uns zu. Sie ging vornübergebeugt und trug schmutzige Fetzen auf dem Leib, ihr graues Haar war zu einem zottigen Zopf geflochten, der ihr bis unter die Hüften reichte. Sie hatte einen einzigen Zahn im Oberkiefer. Sie schrie und hielt uns einen Krug braunen Maisbiers vor die Nase. Die Flüssigkeit in dem Krug sah so übel aus wie die Brühe, die durch den Lehmkanal floß. Bzdak, Durrant und ich lehnten ab, aber der stets höfliche Leon leerte den Krug.

»Ihr müßt heute nacht hierbleiben«, meinte die Frau.

Leon zeigte auf mich und sagte: »Er wird hierbleiben, wenn er mit jeder Frau, die ihm gefällt, schlafen darf.«

Bzdak fragte: »Gibt es im Dorf überhaupt Mädchen, die gerne Gringo-Babys hätten?«

»Ja«, meinte sie und nickte dabei ernst mit dem Kopf, »einige von den jungen Frauen schon.«

Das erschreckte mich. Die jungen Quechua-Frauen hatten eine stille Schönheit und konnten einem mit einem Blick das Herz erwärmen. Aber eine sexuelle Begegnung auf dem Lehmboden einer von Flöhen nur so wimmelnden Hütte, während Mutter über dem offenen Feuer Mais kochte und Vater seine Machete wetzte, entsprach nicht unbedingt meiner Vorstellung von Romantik. Noch dazu bei der launischen und mitunter gewalttätigen Veranlagung, die wir bei den Einheimischen bereits des öfteren beobachtet hatten.

Ich machte mich schnell aus dem Staub und überließ es den anderen, mich wieder einzuholen.

Auf dem Weg aus dem Dorf begegneten wir Männern und Frauen, die von den Feldern zurückkamen. Sie trugen hölzerne Hakenpflüge und tranken Aguardiente und Cañazo. Zwei Stunden später strömten immer noch Bauern die Hügel herunter wie Regenwasser. Eineinhalb Kilometer unter- und oberhalb von uns lagen steile, terrassenartige Felder. Sie konturierten die Berge wie die Höhenlinien einer topographischen Karte. Ich konnte weit und breit kein Fleckchen unbearbeitetes Land ausmachen.

Die Männer brummelten, nur wenige grüßten. Ihre Frauen liefen still hinter ihnen her. Sie hatten noch einen weiten Weg vor sich und mußten bereits vor dem Morgengrauen des nächsten Tages wieder auf dem Weg zu ihren Feldern sein.

Wir übernachteten auf einer Kuhweide neben einem Fluß. Ich hörte einen lauten Knall, schaute den Hügel hinauf und sah einen Mann mit einem Gewehr. Als er die Waffe ein zweites Mal gegen den Baum schlug, erkannte ich, daß es sich in Wirklichkeit um einen Hakenpflug handelte. Ich ging wieder zu unserem Lagerplatz zurück. Sechs Quechua-Männer standen mir in einer Reihe gegenüber und ließen eine Flasche Cañazo kreisen. Einige schwankten bereits.

Einer der Männer trat vor und zeigte auf einen anderen Mann, anscheinend der Älteste, obwohl ich das Alter der Quechua nur schwer schätzen konnte.

»Das ist der *Teniente* von Huayque«, sagte der Jüngere. »Er würde gerne eure Erlaubnis sehen.«

»Erlaubnis?«

»Eure Genehmigung.«

»Genehmigung?«

Zum Glück kannte Bzdak das Ritual, bei dem jeder einzelne Schritt vorgeschrieben war wie bei einem Gesellschaftstanz. Er erklärte, wir seien Vertreter der peruanischen Regierung, wir besuchten Huayque, um Schauplätze für ein großes Filmprojekt auszuwählen, und wollten der Welt von der Schönheit Perus berichten. Und so weiter. Währenddessen kramte ich in meinem Bündel und fand die Kopie eines Briefes der peruanischen Touristikbehörde. Der *Teniente* (wörtl. Leutnant; hier in der Bedeutung von Ortsvorsteher) studierte den Brief eingehend, wobei ihn der Umstand, daß er den Brief verkehrt herum in den Händen hielt, anscheinend nicht im geringsten störte.

»Wir werden nur eine Nacht bleiben«, erklärte Bzdak.

Der Mann grummelte in seinen Bart und gab den Brief zurück. »Betrachtet euch als unsere Gäste«, meinte er daraufhin. »Wir wollten euch nicht beleidigen, aber wir hatten Angst, ihr könntet unser Vieh stehlen.«

Er wünschte uns alles Gute, verbeugte sich tief und führte die Männer hintereinander wieder auf den Weg zurück. Ein paar von ihnen stolperten beim Gehen, aber alles in allem, so fand ich, wahrten sie eine unbeholfene, bäuerliche Würde.

Von Huayque ging es so steil bergab, daß unsere Zehennägel immer an den Stiefeln anstießen und schmerzten. Am Spätnachmittag des folgenden Tages langten wir wieder auf der Talsohle des Cañons an, und zwar an der Einmündung des schlammroten Chacco in den türkisfarbenen Apurímac. In Acos, ungefähr 1,5 km unterhalb der Einmündung, marschierten wir eine Staubpiste entlang, auf der Busse nach Cuzco fuhren. Wir gingen jedoch in die andere Richtung, nach Pillpinto, wo wir uns mit dem Kajakteam treffen wollten.

Der Apurímac war in Pillpinto breit und flach, und die Kraft und Wildheit, mit der er uns flußaufwärts so beeindruckt hatte, war verschwunden. Die Stadt selbst wirkte so abweisend und mürrisch wie Yauri, die Hängebrücke oder Surimana. Daß die Leute zusammenliefen, uns anstarrten und uns nicht mehr aus den Augen ließen, hatten wir überall erlebt, aber diese Menschen hatten nichts von der Fröhlichkeit der Bewohner von Yauri oder selbst der von Huayque. Es war unmöglich, sich zu unterhalten. Wir saßen bis lange nach Einbruch der Dunkelheit auf der Erde, umringt von Menschen. Als wir schließlich schlafen gingen, starrten sie selbst noch in unsere Zelte. Als wir am nächsten Morgen aufwachten, standen sie immer noch davor.

Da ich keine Erklärung für diese passive, dumpfe Feindseligkeit der Bewohner fand, kam ich zu dem Schluß, die Straße müsse daran schuld sein. Sie versprach so viel – Handel, Kultur, neue Sichtweisen, die Flucht in eine angeblich bessere Welt –, hielt aber, dem heruntergekommenen Bild der Stadt und dem Äußeren ihrer Bewohner nach zu urteilen, sehr wenig.

Das Kajakteam war am selben Nachmittag in Pillpinto eingetroffen. Alle außer Truran machten einen angeschlagenen Eindruck. Odendaals Gesicht war blutig und geschwollen, Chmielinski hatte sich erneut an der Nase verletzt. Biggs wirkte abgespannt, seine Überschwenglichkeit gekünstelt. Die Spannungen zwischen Chmielinski und Odendaal waren unübersehbar. Einmal hörte ich, wie der Pole sagte: »Auf dem Fluß ist er ein Baby.« Auch wenn Chmielinski die Expedition nicht leitete, akzeptierte er doch definitiv Odendaal nicht als Führer. Das war angesichts meines ohnehin unsicheren Platzes im Team kein gutes Vorzeichen. Ich war sicher, daß Chmielinski mich als Sympathisanten Odendaals betrachtete, und vermutete, daß ich (genauso wie Durrant oder Leon) nur deshalb weiterhin geduldet wurde, weil Bzdak ein gutes Wort für mich eingelegt hatte.

Ich hielt es deshalb für das beste, darüber mit Chmielinski ins Gespräch zu kommen. Aber sosehr ich mich auch bemühte, es gelang mir nicht. Er war im Gespräch höflich, aber reserviert. Überdies war er einer der fleißigsten Männer, die mir je begegnet sind. In den Nächten, in denen wir gemeinsam mit dem Kajakteam campierten, hatte ich beobachtet, daß er stets bis spät in die Nacht arbeitete. Er saß über seinen Hauptbüchern, seinen Karten und Notizheften und arbeitete. Auf dem Fluß bewahrte er seine Utensilien in einem wasserdichten Plastikfaß im Bug seines Kajaks auf. Abends schrieb oder plante er dann an einem geschickt aus Treibholz zusammengebastelten Tisch oder auf dem Zeltboden.

Soweit mir Truran berichtete, war Chmielinski auf dem Fluß ebenso eifrig. Er war es, der die Südafrikaner dazu antrieb, vor Morgengrauen aufzustehen, sie auf den Fluß jagte und es nicht zuließ, daß sie vor dem späten Abend wieder Rast machten. Truran erzählte mir, daß Chmielinski den Fluß attackierte wie ein Soldat. Er war mutig, und obwohl er sich das Kajakfahren selbst beigebracht hatte, hatte er ein hervorragendes Gespür für Wildwasser. Er ließ sich von der Kraft des Flusses nicht einschüchtern. Er zeigte Gespür für den Fluß und respektierte ihn, wie ein General einen würdigen Gegner respektiert: Für ihn galt es, den Fluß zu besiegen.

Chmielinski bereitete sich jeden Morgen wie für eine Schlacht vor. Er war der erste, der aufstand, hatte als erster gepackt, war als erster mit seinem Boot auf dem Fluß. Seine Uniform – lange Neoprenhosen und knackige Paddelshorts – war täglich dieselbe und wirkte dennoch, verglichen mit den Lumpen, die die anderen zwischenzeitlich auf dem Leib trugen, so neu, daß Truran den Verdacht hegte, daß der Pole in seinem Boot Reservekleider hortete.

Der letzte Akt in Chmielinskis Morgenritual war der bedeutsamste: Er nahm einen Taschenspiegel zur Hand, kämmte sich zuerst sorgfältig die Haare, schließlich schmierte er sich eine Kombination diverser Lotionen und Sonnenschutzmittel ins Gesicht, was Truran kategorisch als Kriegsbemalung bezeichnete. Dann schleifte Chmielinski sein Boot hinunter zum Apurímac und stürzte sich in den Kampf.

Am Morgen nach unserer Ankunft in Pillpinto skizzierten Chmielinski und Odendaal die nächste und vorläufig längste Etappe unseres Unternehmens. Wir wollten uns erneut in verschiedene Gruppen aufteilen und uns in zehn Tagen bei der für militärische Zwecke gebauten Brücke in der Nähe der Stadt Chinchaypujio treffen. Von dort aus wollten wir über eine Staubpiste nach Cuzco fahren, wo van Heerden mit dem Condorito uns bereits erwarten würde. In Cuzco würden wir kurz Rast einlegen und dann zum Apurímac zurückkehren. Von dort wollten wir unsere Reise ausschließlich mit Kajaks und Wildwasser-Schlauchbooten fortsetzen, denn der Cañon war von da ab zu steil fürs Trekking. Bzdak und ich würden in Cuzco bleiben und Vorräte für die nächsten zwei Monate einkaufen. Dann sollten wir mit dem Condorito zurück zum Apurímac fahren und 40 km unterhalb des letzten Treffpunkts an der Brücke von Cunyac wieder zum restlichen Team stoßen. Der Besitzer des Condorito wollte sich in Cuzco mit uns treffen, uns nach Cunyac fahren und anschließend den Landrover wieder mit nach Arequipa nehmen. Die Straße nach Cunyac war die letzte, auf der wir den Apurímac erreichen konnten, bevor wir in den Urwald eintauchten und von der Zivilisation abgeschnitten wurden.
Ich war von diesem Plan aus ganz egoistischen Gründen enttäuscht. Obwohl unser langer Marsch am Fluß entlang ursprünglich nicht vorgesehen gewesen war, war mir die Vorstellung, den gesamten Fluß zu befahren bzw. zu begehen, lieb geworden. Im Regenwald konnten wir möglicherweise mit einem Bananen-Boot reisen, während der Unterlauf des Apurímac-Cañons nur mit einem Wildwasser-Schlauchboot passierbar war. Daher konnte ich mir gut vorstellen, daß ich von den 6800 km des Amazonas nur die 40 km zwischen der Militärbrücke und der Proviantnachschubstelle Cunyac verpassen würde. Für mich jedoch war diese Entfernung – genauer gesagt, der Unterschied, den sie unter verschiedenen Gesichtspunkten einnahm – sowohl belanglos als auch gewaltig.
Der Plan war dennoch durchaus fair. Mir war ja nie versprochen

worden, daß ich bei der gesamten Flußfahrt dabeisein dürfe. Zumindest würde ich nach wie vor zur Expedition gehören. Außerdem war mir der Gedanke, eine Woche lang in Cuzco frisches Essen, kaltes Bier und heiße Duschen genießen zu können, nicht unangenehm. Aber zuerst mußte unser abgehalftertes »B«-Team nach Chinchaypujio kommen.

Bei unserem Aufbruch aus Pillpinto hatten wir Proviant für sieben Tage eingepackt, aber wenigstens versprach der Marsch nicht allzu schwierig zu werden. Laut Karte verlief der Weg direkt neben dem Fluß. Er war relativ eben, was ein schnelles Vorankommen versprach. Der auf den Feldern um Pillpinto wachsende einheimische Tabak sprach für die Fruchtbarkeit des Bodens. Wir konnten voraussichtlich unsere Vorräte unterwegs ergänzen, so daß wir für insgesamt zehn Tage versorgt waren.

Wir hatten jedoch nicht mit der neuen Straße zwischen Pillpinto und der Provinzhauptstadt Paruro gerechnet. Sie führte durch das nächste Tal jenseits des Westrandes des Apurímac-Cañons, infolgedessen war der alte Weg am Apurímac zugunsten der neuen Straße aufgelassen worden. Schon wenige Kilometer unterhalb von Pillpinto hörte der Weg auf.

An jenem ersten Tag lachten wir noch über den Quechua-Mann, der uns drängte, ihn als Führer mitzunehmen. Aber am Abend des zweiten Tages, nachdem wir 750 Höhenmeter fast senkrecht die Cañonwand hinaufgeklettert waren, wobei wir uns streckenweise der Hand-über-Hand-Technik bedienen mußten, lachten wir nicht mehr. Außer Kate Durrant waren wir alle übel gestürzt (in den zwei Wochen, die sie jetzt mit uns marschierte, hatte sich die Ärztin zu einer kräftigen und flinken Bergsteigerin entwickelt). Wir taumelten in ein Dorf namens Colcha und zeigten bewunderungheischend unsere Wunden vor. Aber Colcha zeigte sich auf Quechua-Art freundlich, das heißt unnachgiebig, ruhig, unbeeindruckt. Eine hilfsbereite Familie führte uns in ihren Hof und half Kate dabei, unsere Wunden auszuwaschen. Sie bewirteten uns mit Chicha, gekochtem Mais, Eiern und Kohl und erklärten uns für Idioten, weil wir am Fluß entlanggegangen waren. Und wenn wir etwa meinten, das letzte Stück sei schwierig gewesen, dann sollten wir erst mal abwarten, was flußabwärts noch alles bevorstand.

Angesichts dieser Warnungen zogen wir es vor, am oberen Rand des Cañons entlangzulaufen. Der Cañon fraß sich mit jedem Kilometer tiefer und tiefer ins Gestein. Ein paar Tage später wanderten wir nur ungefähr 800 m vom Cañon entfernt, dafür aber rund 1900 m höher. (Zum Vergleich: Der Grand Canyon in Colorado erreicht eine maximale Tiefe von 1620 m, ist aber an seiner schmalsten Stelle 6,5 km breit.)

Diese neue Landschaft erschien uns wilder und sanfter zugleich als alles bisher Erlebte. Die Städte, die ans Straßennetz angeschlossen waren – Paruro, Paccaritambo, Huanoquite –, schienen uns im Vergleich zu den primitiven Städten im oberen Teil des Cañons geradezu modern. In Paruro gab es sogar Straßenbeleuchtung, und Bzdak kaufte eine Banane – das erste frische Obst seit einem Monat. In Paccaritambo konnte uns niemand sagen, wo die heiligen Höhlen zu finden seien, aus denen die mythischen Gründer des Inka-Reichs ans Licht gekrochen waren. In Avarito stießen wir auf eine Kolonie von Quechua jüdischen Glaubens. Es war Samstagmorgen, und wir hörten die melancholischen Gesänge schon kilometerweit. Señor Apasas, ein freundlicher, wohlhabend aussehender Quechua (er hatte eine volle Zahnreihe und trug Lederstiefel), erklärte uns, daß ein Rabbi acht Jahre lang in Avarito gelebt und viele Dorfbewohner zum jüdischen Glauben bekehrt habe. Bzdak erschien dieser extreme Glaubenswechsel unfaßbar. Señor Apasas antwortete ohne den geringsten Anflug von Zynismus: »Für unser Vergnügen tun wir alles.«

Die gähnenden Abgründe zwischen den Dörfern aber waren so wild wie alles in den peruanischen Anden. Falken und Adler wichen nicht von der Stelle, wenn wir auf den hochgelegenen Pässen an ihnen vorbeizogen. Oft existierten die Wege auf unseren Karten längst nicht mehr. Die Dorfbewohner nannten die wenigen Leute, die dort wohnten, *Bravos*, was wörtlich übersetzt »Mutige« bedeutet, in der Umgangssprache jedoch die Anerkennung anderer außergewöhnlicher Eigenschaften einschließt. Die Bravos wurden uns als eine Art Monster beschrieben. Sie seien verrückt, sie hätten Gewehre, und sie würden uns auffressen.

Wie so oft war genau das Gegenteil der Fall. Die »Mutigen« waren größtenteils bescheidene, ruhige Quechua, die ganz offensichtlich nichts anderes als ihre Ruhe wollten. Nur wenige sprachen spanisch, da wir uns aber so oft verliefen (es gab keine Straßen- oder Hinweisschilder), fühlten sie sich verpflichtet, uns zu führen. Da sie sich uns nicht verständlich machen konnten, redeten sie besonders schnell, als ob sie dadurch das gegenseitige Unverständnis beseitigen könnten. Mehr als einmal ließen wir einen verzweifelt in alle Himmelsrichtungen gestikulierenden und frustriert schnatternden Quechua am Berghang zurück.

Eine Szene blieb mir besonders im Gedächtnis. Zwei dicke Quechua-Frauen sehen uns zu, wie wir einen kahlen Berg herunterklettern. Mindestens eine Stunde blieben sie regungslos stehen und sahen zu, wie wir uns allmählich der winzigen, trockenen Senke nähern, in der ihre Lehmhütte stand. Zitternd standen sie da und fixierten uns, bis sie das Weiße in unseren Augen sahen; dann drehten sie sich um und blieben still und wie versteinert stehen. Wir gingen weiter, nur wenige Zentimeter von ihnen entfernt, und stiegen an der anderen Seite des Berges wieder hinauf. Erst jetzt rief eine der Frauen: *»Hola, viracochas!«* Viracocha ist der Schöpfergott der Inkas und wird mit dem Meer und der Farbe Weiß in Verbindung gebracht. Daher wurden die brutalen Konquistadoren von den Ureinwohnern anfänglich für Emissäre Viracochas gehalten.

Obwohl das Wort »Viracocha« heutzutage sehr gebräuchlich ist und soviel wie »Herr« bedeutet, erschauerte ich unwillkürlich.

Der Apurímac schwoll an und wurde schneller. Die drei Anführer des Kajakteams kamen gut zurecht, während Odendaal den Fluß praktisch überhaupt nicht mehr befuhr. Selbst vor kleinen Stromschnellen zögerte er und entschied sich meist dafür, lieber zu portagieren. Manchmal gelang es ihm, Einheimische oder Lasttiere zu mieten, die ihm seine Ausrüstung trugen, so daß er schnell vorankam. Aber am Tag, bevor das Team zu der Militärbrücke gelangte, entschied Biggs, daß etwas geschehen müsse. Unterhalb der Brücke wurde die Schlucht steiler und schmaler, der Fluß würde dadurch tiefer, schneller und um ein Vielfaches reißender werden, so daß ein Umtragen des Bootes noch schwieriger, wenn nicht gar unmöglich würde.

Während Chmielinski und Truran weiterfuhren, blieb Biggs mit Odendaal zurück und übte mit ihm die Eskimorolle, eine Technik zum Wiederaufrichten des Bootes nach einem Kentern, ohne dabei das Boot zu verlassen. Die Beherrschung der Eskimorolle ist für das Befahren von schwierigen Wildwasserflüssen so wichtig wie das Abseilen für einen Alpinisten. Biggs ließ Odendaal die Eskimorolle immer wieder üben. Außerdem übte er mit ihm die Seilfähre vorwärts und rückwärts, Techniken, mit deren Hilfe Stromschnellen sicher umfahren werden können.

Biggs glaubte an seinen Freund, und wenn die Aufmerksamkeit, die er ihm schenkte, auch sonst wenig brachte, so wurde doch wenigstens Odendaals Selbstbewußtsein wieder aufgebaut. Am Morgen des Tages, an dem sie die Militärbrücke erreichen sollten, wirkte Odendaal selbstsicherer und stärker als je zuvor während des Unternehmens. Biggs Bemühungen hatten sich anscheinend gelohnt.

Ein paar Kilometer oberhalb der Brücke hielten sie an und übten nochmals die Seilfähre. Odendaal verpaßte seinen Wirbel, sein Boot kenterte, die Eskimorolle mißlang ihm, und er wurde mitten in einen Strudel gezogen. Als er wieder auftauchte, floß Blut seinen Hals hinunter.

»Hilf mir!« rief er. »Ich bin verletzt!«

Es gelang ihm, ans Ufer zu klettern. Er hatte eine klaffende Wunde am Kinn. Biggs rasierte Odendaals struppigen blonden Bart rund um die Wunde, reinigte sie und verband ihn für die Fahrt auf dem Laster nach Cuzco.

Biggs litt mit seinem Freund und befürchtete, dieser Unfall habe Odendaal den letzten Rest an Selbstvertrauen gekostet. Nach der Rast in Cuzco würden sie den am wenigsten erforschten und unwirtlichsten Teil des Flusses erreichen. Wie sollte Odendaal dort durchkommen?

Cuzco ist angeblich die älteste bewohnte Stadt der westlichen Hemisphäre. In einem fruchtbaren, grünen Tal gelegen, wirkt die Stadt mit ihren Kopfsteinpflasterstraßen, ihren puzzleartigen Mauern und den herrlichen Bergen ringsum wie eine überdimensionale Puppenstube. Die Geschichte der Stadt ist überall gegenwärtig: Mit Schaudern steht man auf der Plaza, auf der die Spanier Tupac Amaru und seine Familie abschlachteten; man kann in denselben Kirchen zur Messe gehen, in denen die Spanier mit ihrem Gott kommunizierten. Aber Cuzco ist eine richtige Stadt, und »Cuzco« bezeichnet mehr als bei jeder anderen Stadt der Welt zugleich auch das umliegende Gebiet. Man bekommt überall problemlos kaltes Bier, amerikanischen Bourbon, Hotelzimmer mit warmer Dusche und frischbezogenen Betten, Kopiergeräte, Telefone, Platten von Michael Jackson und eine internationale Auswahl an Zeitschriften. Am Ende eines Oktobertages erfährt man hier mehr über den Stand der amerikanischen Baseballmeisterschaft als über die Kartoffelernte in den Anden.

Ich muß gestehen, daß Cuzco für uns nur ein Ort war, wo wir essen und schlafen und sorgenvoll an den Unterlauf des Apurímac denken konnten. Chmielinski holte sich bei Edwin Goycochea Rat. Die beiden hatten schon zusammen Wildwassertouren unternommen. Goycochea besaß eine Rafting-Firma namens Rio Bravo mit Hauptsitz in Cuzco und führte kommerzielle Schlauchbootfahrten durch. Goycochea hatte die 40 km unterhalb der Militärbrücke bereits dreimal befahren, beim letzten Mal jedoch eine unerfreuliche Begegnung mit Guerilleros des *Sendero Luminoso* gehabt und sich seither nicht mehr auf den Apurímac gewagt. Diese Tour lag zwei Jahre zurück. In der Zwischenzeit hatten die Guerilleros ihre Aktivitäten verstärkt. Der Großteil des Unterlaufes stand seither unter Kriegsrecht und war für Ausländer gesperrt. Kein Mensch in Cuzco konnte uns sagen, was uns zwischen der zweiten Brücke in Cunyac und der rund 320 km unterhalb von Cunyac gelegenen Ansiedlung namens Luisiana erwartete. Die Nachbarsiedlung Villa Virgen war zuerst von Guerilleros und anschließend vom Militär von der Landkarte gebombt worden.

Außerdem gab es vage Berichte von mehreren früheren Expeditionen. Im Jahre 1953 ließen der Franzose Michel Perrin und seine aus Lima stammende Freundin Teresa Gutierrez unterhalb der Brücke von Cunyac ihre Faltboote zu Wasser. Sie hatten gehofft, eine neue Route in den Dschungel zu finden und einen Beitrag zur Besiedlung des Unterlaufs des Apurímac zu leisten. Riesige Stromschnellen zwangen sie jedoch bereits nach zwei Tagen, wieder an Land zu gehen. Sie verließen den Cañon, reisten über Land und ließen 130 km flußabwärts ihre Boote wieder zu Wasser. Sie kenterten binnen weniger Minuten. Teresa Gutierrez ertrank, und Michel Perrin kehrte dem Apurímac mit gebrochenem Herzen den Rücken und kam nie wieder zurück.

Ungefähr 20 Jahre nach diesem Drama unternahm J. Calvin Giddings einen erfolglosen Versuch, den Schwarzen Cañon zu befahren. Trotz seines Scheiterns beim ersten Mal kehrte er im folgenden Jahr zum Apurímac zurück. Mit einem fünfköpfigen Team startete er in Pillpinto und gelangte wohlbehalten bis nach Luisiana, wo er von einer furchterregenden Schlucht berichtete, die er Acobamba-Schlucht nannte. Sie hatten nachts mit ihren Helmen geschlafen, um sich vor herabstürzenden Steinen zu schützen. Sie waren keiner Menschenseele begegnet und hatten ihre Boote über weite Strecken hinweg tragen müssen. Einmal sogar fünf Tage lang, ohne eine Stelle zu finden, wo sie hätten paddeln können.

Ende der 70er Jahre führte der amerikanische Bootsführer John Tichenor drei Expeditionen durch kurze Teilabschnitte des Cañons. Wie Giddings berichtete auch er von einer mörderischen Schlucht, aus der es vermutlich ab einem bestimmten Punkt kein Zurück und keinen anderen Ausgang als den Fluß selbst gab. Der einzige noch bekannte Versuch, den Apurímac zu befahren, wurde 1976 von einem vorzüglich ausgerüsteten deutschen Team unternommen. Der Expeditionsleiter ertrank, drei Minuten nachdem er sein Boot zu Wasser gelassen hatte.

Zu ergänzen ist, daß Giddings bei seinem Unternehmen genau die entgegengesetzte Zielsetzung verfolgte wie Perrin. Er schreibt: »Schon bald wird ein Damm im Hochland das Wasser des Apurímac ableiten und über die Wasserscheide in die trockenen Hochebenen der Pazifik-Seite führen. Der Großteil des Apurímac hingegen ist immer noch von jeglicher Zivilisation unberührt, und sein Cañon ist immer noch einer der wildesten auf der ganzen Erde. Ein Ziel meines Unternehmens war es, solange dies noch möglich ist, zu zeigen, daß dieser Fluß, abgesehen von seiner Wasserkraft und der landwirtschaftlichen Nutzung seines Wassers, übergeordnete Werte besitzt.«

Die Serie ausgezeichneter topographischer Karten der peruanischen Regierung im Maßstab 1:100 000, die wir von der Quelle bis nach Cuzco benutzt hatten, reichte nur bis zur Brücke in Cunyac. Unterhalb von Cunyac war das Kajakteam auf die unzuverlässige, in Comic-Manier aufgemachte Karte angewiesen, die mir Odendaal in den Staaten gezeigt hatte. Chmielinski schätzte, daß das Team bis Luisiana ungefähr drei bis vier Wochen brauchen würde. Aber das war nur eine grobe Schätzung. Er mußte davon ausgehen, daß das Team in der Schlucht völlig auf sich selbst gestellt sein würde. Goycochea hingegen meinte, daß unter Umständen Proviant von dem hoch auf dem Cañon-Rand gelegenen Dorf Cachora zu dem Kajakteam geschafft werden könnte. Er bot uns hierzu die Dienste seiner Firma an.

Auf der Karte war eine weitere Ansiedlung namens Triunfo verzeichnet, aber niemand in Cuzco wußte etwas über sie.

In Cuzco stieß ein neues Gesicht zum Kajakteam: Jack Jourgensen, der 51jährige Self-made-Millionär aus Wyoming und Hauptsponsor des Projekts. Jourgensen hatte Chmielinski und Bzdak in Casper getroffen und gemeinsam mit ihnen den Colca-Cañon mit dem Schlauchboot befahren. Da Chmielinski wußte, daß Jourgensen Ambitionen als Dokumentarfilmer hatte, setzte er sich mit ihm in Verbindung, nachdem Odendaals Abmachung mit dem englischen Fernsehen ohnehin geplatzt war. Jourgensen und sein Geschäftspartner Bryce Anderson hatten zugestimmt, Odendaals Amazonas-Filmprojekt und bis zu einem gewissen Grad auch das Gesamtunternehmen finanziell zu unterstützen. Odendaal würde im Gegenzug Jourgensen für einen kurzen Flußabschnitt als Mitglied in sein Filmteam aufnehmen. Als Geste des Dankes benannte Odendaal die Expedition nach Jourgensen.

In Anbetracht der Finanzlage des Unternehmens nach zwei Monaten Peru waren Chmielinski und Odendaal vom Eintreffen Jourgensens und seiner wohlgefüllten Brieftasche entzückt. Die Expedition stand kurz vor der Pleite. Das Geld, das ich aufgetrieben hatte, war längst verbraucht, genauso wie die Mittel, die Jourgensen Odendaal noch in den Staaten hatte zukommen lassen. Odendaal hatte uns sogar am Tag vor der Abreise aus Arequipa zusammengerufen und uns aufgefordert, unser »privates Geld« in die Expeditionsschatulle zu legen. Für mich wie für die meisten anderen bedeutete das, Reserven aus der Hand zu geben, die wir für Notfälle beiseite gelegt hatten.

Die Geldfrage war zu einem heiklen Punkt zwischen Chmielinski und Odendaal geworden. Odendaal hatte für Buchführung nicht viel übrig und übergab diese Aufgabe schon kurz nach Arequipa an den peinlich genau rechnenden Chmielinski. Als dieser dann versuchte, Ordnung in die Bücher zu bringen, verlor er endgültig die Geduld. Seiner Ansicht nach hatte Odendaal eine allzu saloppe Einstellung zu Geldfragen und Buchführung. Ausrüstungsgegenstände, die für die Expedition gekauft worden waren, waren niemals in Peru eingetroffen. Geld, das für die eigentliche Expedition vorgesehen gewesen war, war für den Film ausgegeben worden. Daß Odendaal selbst keine »privaten Reserven« in die Expeditionskasse eingebracht hatte, befremdete Chmielinski zusätzlich. Kurz gesagt, in Cuzco schliefen sie nicht mehr im selben Hotel. Chmielinski teilte ein Zimmer mit Biggs und Truran, Odendaal blieb für sich allein.

Unterdessen hatte sich Chmielinski mit Edwin Goycochea beraten und unterbreitete einen neuen Plan. Sie wollten den Fluß mit zwei Wildwasser-Schlauchbooten befahren. Er selbst hatte ein Boot in Cuzco liegen, und Goycochea wollte ihm ein zweites Boot und einen Führer für diese ersten 40 km leihen. Zwei Schlauchboote konnten den gesamten Proviant, die Ausrüstung und den Rest des Teams befördern. Nur Truran und Biggs sollten weiterhin ihre Kajaks benutzen, während Bzdak und ich mit dem Condorito weiterfahren sollten, womit unser Todesurteil noch einmal aufgeschoben war.

Goycochea bot uns außerdem einen Lastwagen samt Fahrer an, der uns an den Apurímac zurückbefördern würde. Anschließend sollten wir uns auf dem Landweg keiner motorisierten Beförderungsmittel mehr bedienen. Also wurde der Condorito in Cuzco nach fünf Wochen treu geleisteter Dienste mit einem Satz funkelnagelneuer Reifen versehen und mit von Herzen kommendem Dank seinem Besitzer, Chmielinskis peruanischem Freund Antonio Vellutino, übergeben. Wir reduzierten unsere Ausrüstung auf ein Minimum (jedes Expeditionsmitglied durfte nur eine kleine Tasche mit persönlichen Habseligkeiten mitnehmen), luden alles im Morgengrauen auf Goycocheas Laster und warteten auf unseren Flußführer.

Aus dem Morgen wurde Nachmittag, die Läden schlossen, die Stadt machte Siesta, und bei Sonnenuntergang öffneten die Läden wieder. Dann erreichten uns teils erfreuliche, teils niederschmetternde Nachrichten. Das schweizerische Team hatte aufgegeben. Ein Mann war schwer verletzt worden. Gerüchten zufolge war sein Bein von einem aus der Wand herabstürzenden Felsbrocken zerschmettert worden. Wir sprachen nicht darüber. Es wurde Nacht. Unser Führer tauchte nicht auf. Dann erreichte uns eine zweite Nachricht: Der Führer hatte Cuzco fluchtartig verlassen. Er wollte den Apurímac nicht befahren, nicht einmal einen kleinen Abschnitt.

Wir hatten keine Zeit mehr, unsere Pläne zu ändern. Am nächsten Morgen brachen wir ohne Führer auf.

# II

## Wildwasser

# 7. Begegnung mit dem Großen Sprecher

Im Morgengrauen verließen wir Cuzco in westlicher Richtung, fuhren langsam aus dem grünen Tal, in dem Cuzco liegt, überquerten einen Paß in 4100 m Höhe und fuhren dann ebenso langsam hinunter in den mit braunem Eichengestrüpp bewachsenen Apurímac-Cañon. In Chinchaypujio, der letzten Stadt vor der Talsenke, deckten wir uns mit all den Dingen ein, die wir auf dem Fluß sonst bald schmerzlich vermißt hätten: Schokolade, Taschenspiegel, Halstücher, Toilettenpapier, Seife, Insektenabwehrmittel und Pisco-Schnaps. Dann fuhren wir weiter und kamen am Spätnachmittag am Apurímac an. Die Sonne war bereits untergegangen.

Hätten wir uns die Zeit genommen, in Ruhe darüber nachzudenken, was wir uns vorgenommen hatten – einige von uns haben es getan –, dann wäre uns sicher der Wahnwitz unseres Vorhabens klargeworden. Nüchtern betrachtet hatten wir nichts Geringeres vor, als den gefährlichsten Abschnitt eines der heimtückischsten Wildwasserflüsse der Erde mit einem Team von blutigen Anfängern zu befahren. Chmielinski und Bzdak waren erfahrene Schlauchbootfahrer, Truran und Biggs Top-Kajakfahrer. Aber Odendaal und Jourgensen hatten kaum Erfahrungen mit Wildwasserflüssen, und der Rest, Leon, Kate Durrant, van Heerden und ich, waren völlige Laien.

Das bequeme Verdrängen dieser Fakten hatte vielleicht etwas mit den Pisco-Flaschen zu tun, die Bzdak auspackte, nachdem wir unser kühles Lager zwischen Nesseln und Kakteen aufgeschlagen hatten. Wir tranken auf den Fluß. Wir tranken auf die Sterne. Wir tranken auf die kalte Andennacht. Und dann tranken wir auf den bevorstehenden Aufbruch, nach dem wir, wenn alles nach Plan verlief, den Fluß erst wieder verlassen würden, wenn der Amazonas das Festland verließ.

Das Erlernen des Wildwasserfahrens hat etwas Demütigendes und Grausames. Bei den meisten sogenannten »Adrenalin«-Sportarten, wie etwa Skifahren, Surfen und Sportklettern, braucht man lange, um es zur Meisterschaft oder zumindest zur Illusion derselben zu bringen. Man muß lange üben, unzählige Stürze und Rückschläge hinnehmen, sich durch das Trainieren vorher nicht strapazierter Muskeln völlig erschöpfen, sich disziplinieren, um neue und anfangs ungewohnte Fertigkeiten zu entwickeln.

Beim Wildwasserfahren ist das ganz anders. Mit ein bißchen Glück ist man rasch in der Lage, große Strecken zu befahren, oft sogar in erstaunlichem Tempo. Dazu bedarf es nur rudimentärer Kenntnisse der elementaren Fertigkeiten dieses Sports und ungefähr so viel körperliche Anstrengung, wie man zum Fahrradfahren bergab braucht. Zumindest am Anfang bekommt man im Wildwasser seine Adrenalinschocks sehr billig.

Natürlich besorgt der Fluß viel von der Arbeit, aber genauso wie ein junger Spund, der einen schnellen Wagen fährt, vergißt man beim Wildwasserfahren, wo die wahre Kraftquelle sitzt. Man wird leichtsinnig. Der Fluß erscheint einem als Papiertiger – viel Gebrüll (man hört ihn unter sich tosen und Felsbrocken zermalmen), aber nichts dahinter. Und man denkt sich: *Na los, auf geht's! Diesen verdammten Fluß schaffe ich allemal!*

Und dann stößt man mit seinem Schlauchboot plötzlich auf eine kleine Überraschung, beispielsweise ein Gefällestück mit einem kleinen, versteckten Wasserfall. Oder eine Welle wirft das Boot mit derselben Leichtigkeit, mit der ein Pferd mit dem Schweif Fliegen verscheucht, auf die Seite. Vielleicht wird man auch plötzlich in die Mitte des Bootes geworfen und durch die Wucht des Aufpralls aus dem Boot geschleudert. Vielleicht kippt man auch nur plötzlich in einem Kehrwasser oder Strudel seitlich aus dem Boot, ohne zu wissen, warum.

Ganz gleich, was passiert, die Resultate sind dieselben.

Die Welt wird unscharf. Der Fluß – dieses Wort wird dem schäumenden Chaos, das einen umgibt, kaum gerecht – der Fluß wirbelt einen herum wie Wäsche im Hauptwaschgang einer Waschmaschine. Er preßt einem die Luft aus den Lungen. Man ist absolut hilflos. An Schwimmen ist nicht zu denken. Ertrinken wird zur schrecklichen Ahnung. Zum ersten Mal versteht man jetzt die Kraft dieses gleichmütig brüllenden Monsters, das einen verschluckt hat.

Manchmal wird man 30 m weit mitgerissen, bevor man wieder auftaucht (so schnell ist die Strömung). Weitere 30 m – nach dieser

Tauchstrecke ist ein Mensch dem Tod durch Ertrinken schon sehr nahe –, bis man die Rettungsleine sieht. Man wird mit einem blöden Grinsen auf dem Gesicht an Land gezogen, und das Gesicht spiegelt eine Mischung von Verstörtheit, Respekt und nackter Angst wider. Das war die erste Lektion. Jeder macht das durch. Und jedesmal, wenn man auch nur ein bißchen übermütig wird, jedesmal, wenn man meint, man sei nun endlich in der Lage, den Fluß zu beherrschen, erteilt er einem diese Lektion aufs neue.

Im Vergleich zu anderen Wildwasserflüssen liegt die Gefährlichkeit des Apurímac nicht in der Wassermenge (bis auf Meereshöhe ist die Durchflußmenge nur durchschnittlich), sondern in seiner extremen Verblockung und seinem Gefälle. Beim Apurímac besteht die Gefahr weniger darin, nichtsahnend von großen Wellen gepackt zu werden, sondern darin, unter einen unterspülten Felsen gedrückt oder von einem Strudel in ein unter Wasser liegendes »Teesieb« gezogen zu werden, aus dem es kein Entrinnen mehr gibt. Der Apurímac erfordert vom Kajakfahrer technisches Können, nicht Kraft. Folglich kann der Apurímac leichter mit einem kleinen, gut manövrierbaren Vier-Mann-Schlauchboot mit Paddeln befahren werden, mit dem man kurz hintereinander eine Reihe von engen Kurven nehmen kann. Boote, wie sie beispielsweise im wasserreichen Colorado in riesigen Wellen benutzt werden – lange, breite Schlauchboote, mit denen man rücksichtslos durchs hohe Wasser pflügen kann und die gewöhnlich nur von einem Bootsführer mit zwei Rudern gesteuert werden –, sind für eine Befahrung des Apurímac nicht geeignet.
Obwohl wir zwei Schlauchboote mit Paddeln benutzten, stießen wir sofort auf Schwierigkeiten. Goycochea hatte uns ein schwerfälliges, 4,9 m langes Boot der Marke Avon geliehen, das zwar stabil war – es stampfte durch Wellen, in denen Chmielinskis 4,3 m langes Riken schwer gebeutelt wurde. Aber es hatte den Nachteil, daß es schwer zu manövrieren war. Da die Mannschaft des Avon aus den absoluten Anfängern Bzdak, Odendaal, van Heerden und Jourgensen bestand, herrschte auf dem Schlauchboot die reinste Anarchie. Wann immer das Avon in eine schwierige Stromschnelle geriet, fuchtelte jeder mit seinem Paddel herum, wie es ihm gerade einfiel, und kümmerte sich vorwiegend um sich selbst.
Auf dem schmaleren, kürzeren Riken ging es etwas geordneter zu,

wenn auch nur deshalb, weil Kate Durrant, Leon und ich derart ahnungslos waren, daß wir auf jeden Befehl Chmielinskis reagierten, als ob unser Leben davon abhinge. Für Chmielinski, den Soldaten, kam Disziplinlosigkeit oder Mißerfolg der Schande gleich. Am Ende des zweiten Tages auf dem Fluß hatte er uns so weit gedrillt, daß wir ein durchaus passables Team abgaben. Wir waren zwar nicht stark, arbeiteten jedoch gut abgestimmt zusammen und paddelten mit vereinten Kräften auf Chmielinskis Kommando.

Außerdem hatten wir noch einen weiteren Vorteil. Mit dem hochmodernen Riken-Schlauchboot gelang den Konstrukteuren ein grundlegender Durchbruch in der Technologie dieses Bootstyps: Es lenzte selbsttätig. Das Boot hatte einen aufblasbaren Boden, der nicht mit den Seitenwulsten verbunden war. Die Seitenteile waren ebenfalls aufblasbar und mit einem Netzwerk von Seilen am Boden befestigt. Wenn Wasser ins Boot schwappte, drückte es den Boden nach unten, die Seile dehnten sich, und es entstand eine Öffnung zwischen den Seitenteilen und dem Boden. Der Luftdruck im Bootsboden drückte nach oben und preßte das Wasser aus dem Boot. Die Herstellerfirma behauptet, daß auf diese Weise ein bis zum Rand mit Wasser gefülltes Riken-Boot sich selbst binnen fünf Sekunden leerpumpen kann.

Die Hauptaufgabe der vorne links sitzenden Kate Durrant und des vorne rechts sitzenden Leon war es, das Boot geradeaus zu halten. Chmielinski und ich saßen hinten und sorgten für zusätzliche Kraft und Steuerung.

Als »Steuermann« gehörte es auch zu meinen Aufgaben, jede Stromschnelle vor dem Befahren zu erkunden. In Wahrheit war es jedoch Chmielinski, der diese Arbeit machte. Ich stolperte hinter ihm her und rutschte dabei so oft auf glitschigem Fels aus, daß meine Schienbeine nach zwei Tagen grün und blau und Gesicht und Hände voller Schrammen waren.

Dennoch machte es sich Chmielinski zur keineswegs beneidenswerten Aufgabe, mir beizubringen, wie man sich eine sichere Fahrrinne durch das Chaos des Apurímac sucht. Er war der festen Überzeugung, uns die nötigen Paddeltechniken rasch beizubringen – wenn wir nur an uns glaubten. Er war der Kopf unseres Teams, und wir brauchten nur mit Leib und Seele bei der Sache sein. Als Steuermann mußte ich jedoch schnellstens lernen, welche Folgen selbst die geringste Paddelbewegung bewirkte. Das wiederum setzte voraus, daß ich das komplexe

Zusammenwirken der flußhydraulischen Kräfte verstand. Wenn mich Chmielinski vom sicheren Ufer aus aufforderte, eine Route vorzuschlagen, wählte ich regelmäßig eine, auf der wir in den sicheren Tod gefahren wären – unter einen unterspülten Felsen gedrückt, wo wir mit blutigen Schädeln ersoffen wären.

Chmielinski sah mich jedesmal ganz erschrocken an und zeigte mir dann geduldig die bessere Route. Das nochmalige Durchgehen der Kehren, Halte- und Startpunkte vor dem Abfahren hörte sich ungefähr so an:

»Okay, Joe. Spitzer Felsen.«

»Spitzer Felsen.«

»Das ist ein echter Killer, dieser Felsen. Ich bin mit meinem Paddel im Wasser, du draußen, wir drehen nach links, dann geht's los. Wir paddeln, wir paddeln um unser Leben. Ein Killer. Aber kein Problem.«

»Spitzer Felsen. Killer. Kein Problem.«

Nach diesen »Konferenzen« verspürte ich jedesmal, ich betone *jedesmal*, einen unbändigen Druck auf der Blase. Ich lernte die wahre Gefahr einer Stromschnelle nach der Menge des von mir ausgeschiedenen Urins zu beurteilen. Anscheinend war nur mein Unterbewußtsein in der Lage, die Gefahr objektiv einzuschätzen.

Aber ungeachtet unseres Engagements verpuffte die so sorgfältig einstudierte Choreographie konzentrierten Paddelns in dem Moment, wo wir tatsächlich in die Stromschnelle einfuhren. Dann lag es an Chmielinski, uns durch präzise Kommandos, die er mehr bellte als rief, wieder zu kontrolliertem Paddeln zu bringen.

Gott mochte dem Besatzungsmitglied beistehen, das seine Position im Schlauchboot verlor, was unglücklicherweise nur zu leicht passierte. Die Position, die man beim Paddeln einnehmen muß, ist dem Überlebensinstinkt des Menschen diametral entgegengesetzt. Ich als Steuermann mußte mich beispielsweise direkt auf das Verbindungsstück zwischen der linken Seitenwand und dem hinteren Teil setzen, die Zehen meines linken Fußes unter den Querschlauch vor mir klemmen, meine Beine spreizen und meinen rechten Fußballen so kräftig wie möglich gegen das hintere Schlauchteil drücken. Als Widerlager zu dem enormen Paddeldruck hatte ich nur die Zehen meines linken Fußes, den rechten Fußballen und meinen Hintern. So sollte ich meinen Oberkörper nach links über den Bootsrand hinausstrecken, um das Paddel senkrecht ins Wasser tauchen zu können.

Das erschien mir anfangs unzumutbar und halsbrecherisch. Chmielinski wollte, daß ich die Hälfte meines Körpers diesem schrecklichen Fluß preisgab, der es nur darauf abgesehen hatte, mich in die Tiefe zu reißen. Mit der Zeit jedoch, nachdem der Apurímac mich oft genug durch die Mangel gedreht hatte, lernte ich, daß es sicherer war, aus dem Boot herauszuhängen und mein Paddel ins Wasser zu tauchen, als im Bootsinneren herumgeschleudert zu werden. Unsere Vorräte bewahrten wir in der Mitte des Bootes unter einem Netz auf. Nur zu oft hätten wir uns am liebsten auf den Bootsboden geworfen, uns schamlos an ihn geklammert und geheult. Aber durch das Gewicht des mitgeführten Proviants reagierte der Bootsboden mit kurzer Verzögerung auf die Bewegungen des Flusses. Viel mehr noch, der Bootsboden vollführte genau die entgegengesetzten Bewegungen. Die leichteren, vom Bootsboden unabhängigen Seitenwände hingegen bewegten sich völlig synchron mit dem Fluß. Auf dem Bootsboden zu sitzen war ungefähr so, wie wenn man auf einem Trampolin sitzt, während ein anderer hüpft. Man konnte schnell in den alles verschlingenden Rachen des Großen Sprechers geschleudert werden.

Der Apurímac stellte Chmielinskis Fähigkeiten als Kapitän und Lehrer am vierten und letzten Tag unserer turbulenten Fahrt seit der Militärbrücke von Cunyac auf eine sehr harte Probe. Wir stießen hier auf die schwierigste Stromschnelle, vielmehr eine Serie von Stromschnellen, alle vom Schwierigkeitsgrad 5, was soviel bedeutet wie »technisch äußerst schwierig, ein Fehler kann tödlich sein«. Mit Chmielinskis Worten »ein Killer, aber kein Problem«. (Stromschnellen vom Schwierigkeitsgrad 5 liegen an der Grenze der Befahrbarkeit.)

Wir sondierten diese Serie von Stromschnellen, die sich über ungefähr 800 m erstreckte, zwei Stunden lang, bevor Chmielinski schließlich eine Fahrtroute auswählte. Am Anfang der Stromschnellen bildeten zwei Felsblöcke einen Engpaß. Der Fluß wurde an dieser Stelle von 15 m auf 4,5 m verengt und schoß dann aus dem Engpaß heraus wie aus einer Düse, tobte über einen kleinen Wasserfall, und bildete schließlich am Ende eine sogenannte stehende Walze*, in der das Wasser schäumend zurückströmt.

---

* Walzen entstehen, wenn der Fluß über einen großen Felsen oder ein Loch am Grund strömt. Das Wasser bildet einen zylindrischen Wirbel in der Strömung, der an der Oberfläche in Gegenrichtung fließt. Diese Gegenströmung kann ein Boot mühelos in der Walze festhalten. Über Bord gegangene Kanuten haben geringe Chancen, ohne Hilfe vom Ufer aus einer Walze herauszukommen. Anm d. Übers.

»Ein Killer«, meinte Chmielinski, nachdem wir die Stelle vom Ufer aus untersucht hatten.

Ich wußte, welches Stichwort jetzt fällig war, und antwortete: »Kein Problem.«

Dann urinierte ich weit mehr, als ich an diesem Tag Flüssigkeit zu mir genommen hatte. Ich hatte das Gefühl, mein Gesicht müsse wegen Dehydrierung Falten werfen.

Als wir zum Schlauchboot zurückkamen, fragte Kate Durrant, wie schwierig die Stromschnelle sei.

»Kinderleicht«, antwortete Chmielinski.

Wir paddelten in dem Kehrwasser rückwärts und fuhren stromaufwärts. Dann schoben wir den Bug langsam stromauf in die Strömung. Das Kehrwasser schob das Heck stromauf, die Strömung riß den Bug stromab. Jetzt mußten wir unser Gewicht stromab verlagern, damit die Strömung unter das Boot kam, während wir uns mit Hilfe der Kraft des Flusses in Fahrtrichtung drehten. Das Manöver funktioniert mit dem Schlauchboot genauso wie mit dem Kajak. Dann paddelten wir in das immer schneller fließende Wasser.

Ich erinnere mich noch daran, wie sich mir beim Einfahren in den Engpaß der Magen umdrehte, an das beklemmende Gefühl, durch die Luft geschleudert zu werden. Ich erinnere mich an weiße Gischtmassen, die sich um uns auftürmten, daran, daß wir gegen mehrere Felsblöcke geschleudert wurden und daß die dabei entstehenden Geräusche lauter waren als das Tosen des Flusses. Einmal schnappte mein Kopf derart ruckartig zurück, daß ich fürchtete, mir den Hals zu brechen. Ich erinnere mich, daß unser Boot an einer Stelle schräg auf einem Felsblock hing und zu kentern drohte. Wir kletterten alle auf die in der Luft hängende Hälfte des Bootes, während unter uns der Fluß tobte. Ich erinnere mich an einen messerscharfen Felsen, an dem wir dann irgendwie doch noch vorbeischossen. Ich erinnere mich an Chmielinskis eindringliche Schreie, die dieses Mal lauter und verzweifelter klangen als je zuvor.

Und dann erinnere ich mich an friedliches, ruhiges Wasser. Wir trieben in flaches Gewässer unterhalb der Stromschnelle. Ich weiß noch, daß wir alle heftig atmeten, sonst aber völlig ruhig waren. Hier schien es plötzlich, als seien wir eins mit dem Fluß, bewegungslos, während die Berge und der Himmel auf ihrem Weg flußaufwärts zur Quelle des Amazonas an uns vorbeizogen. »Gut gemacht, Kinder«, sagte Chmielinski nach einer Weile. »Ausgezeichnet. Beinahe hätten wir uns überschlagen, aber wir haben es noch mal geschafft.« Er schüttelte uns allen die Hand, und Leon, Frau Durrant und ich, noch völlig in der Nachfreude, grinsten adrenalingeschwängert wie übermütige Flußratten.

»Es geht nicht darum, den Fluß zu besiegen«, meinte Chmielinski. »Der Fluß siegt immer. Er schert sich nicht darum. Wir fordern den Fluß nur heraus, weil wir es versuchen müssen. Wildwasser ist, wie sagt man das … wie wenn man blutet …«

»Es geht einem in Fleisch und Blut über.«

»Genau. Man hat es im Blut. Es ist etwas, was man nie vergißt.«

Chmielinski führte zuerst unser Boot durch die Stromschnellen, kletterte dann bei den schwierigsten Stellen wieder flußaufwärts und half auch dem zweiten Schlauchboot. Auf diese Weise erreichten wir die Cunyac-Brücke zum geplanten Zeitpunkt: vier Tage nach Einsetzen der Boote. Die Holzbrücke ist der anfälligste Teil der Straße zwischen Lima und Cuzco. Wir feierten unsere Ankunft bei Spiegeleiern und Reis in einer verrauchten Cantina mit Lehmboden hinter einem militärischen Kontrollpunkt. Nach dem Essen bat mich Odendaal, mit ihm nach draußen zu kommen. Wir unterhielten uns auf der hinteren Veranda neben einem schlafenden Schwein.

»Piotr möchte ab hier nur noch das Riken benutzen«, setzte er an. »Mit Zbyszek, Pierre, Jack und Ihnen.«

»Wer soll paddeln?«

»Sie, Pierre, Zbyszek, außer natürlich, wenn Pierre filmt. Dann werden wir Jack ein Paddel in die Hand drücken. Ich werde mit dem Kajak fahren.«

»Was halten Sie davon?«

»Der Fluß führt von jetzt ab mehr Wasser. Wir werden auf schwierige Stromschnellen stoßen, und das Schlauchboot über weite Strecken tragen müssen. Die Wahrscheinlichkeit, daß Sie kentern, ist hoch. Möglicherweise werden Sie ertrinken.«

»Piotr ist ein guter Kapitän.«

»Piotr ist sehr ehrgeizig. Wenn er diesen Flußabschnitt mit einem Schlauchboot befährt, wird er der erste Mensch sein, dem das gelungen ist. Er wird in Peru wieder als Held gefeiert werden. Tim und Jerome sind dagegen, das Schlauchboot zu benutzen. Sie halten es für zu gefährlich.«

Er erklärte mir, daß Sergio Leon nach Lima müßte, um unsere Visa verlängern zu lassen, da die meisten in Kürze ablaufen würden. Leon gefiel das Schlauchbootfahren nicht – er konnte kaum schwimmen – und hatte um eine andere Aufgabe gebeten. Kate Durrant sollte ihn nach Lima begleiten.

»Sie wird sich nicht gern von Zbyszek trennen«, antwortete ich.

»Das sind Überlegungen, die mit der Expedition rein gar nichts zu tun haben«, erwiderte Odendaal spitz. »Wenn es Probleme deswegen gibt, schließe ich beide aus der Expedition aus.« Das Verhältnis zwischen Kate Durrant und Odendaal war seit längerem gespannt, was die Ärztin auf ihre Beziehung mit Bzdak zurückführte. Je enger ihre Beziehung zu Bzdak wurde, desto abweisender verhielt sich Odendaal ihr gegenüber. Die Zudringlichkeiten des südafrikanischen Filmteams hatten auch nicht gerade zur Entspannung des Verhältnisses beigetragen.

Es fing an zu nieseln. Aus der Cantina war lautes Gebrüll zu hören – wahrscheinlich machte gerade eine Flasche die Runde.

»Lassen Sie es sich durch den Kopf gehen«, meinte Odendaal. »Und sagen Sie mir bald, wie Sie sich entschieden haben.« Er steckte sich seine südafrikanische Pfeife an, die er seit neuestem rauchte. Auf dem Rückweg in die Cantina meinte er: »So langsam bekommt die Sache wieder etwas Abenteuerliches. Schluß mit dieser Touristen-Scheiße.«

Ich ging in mein Zelt, zündete eine Kerze an und versuchte in Joseph Conrads *Der Nigger von der Narzissus* zu lesen: »... das Zusammengehörigkeitsgefühl angesichts eines ungewissen Schicksals, das alle Menschen zusammenführt ...« Ich legte das Buch bald beiseite. Die Sache ließ mir keine Ruhe. Bevor ich einen Vorgeschmack auf das Schlauchbootfahren bekommen hatte, war ich versessen darauf gewesen, den ganzen Wildwasserfluß mit dem Boot zu befahren. Jetzt aber, wo sich mir die Gelegenheit bot, war ich mir plötzlich gar nicht mehr so sicher, ob ich das Angebot annehmen sollte. Der Fluß jagte mir wirklich Angst ein.

Ich zog mich aus, lief nackt zum Apurímac hinunter und schwamm. Der Fluß war unterhalb der Brücke von Cunyac breit und ruhig. Die Strömung war zwar stark, aber gleichmäßig. Es gab keine Stromschnellen – die nächsten waren hinter der Kehre versteckt, als wolle der Fluß nicht, daß seine ungestüme Seite von der Brücke aus zu sehen war. Das Wasser war angenehm kühl.

In der Nacht schwamm ich schräg flußaufwärts durch den Fluß (Kajakfahrer nennen das »Seilfähren«). Ich schwamm so, daß ich gegen die Strömung ankam und nicht flußabwärts getrieben wurde. Ich glaube, ich versuchte den Apurímac zu spüren, zu testen, vorsichtig herauszufinden, ob ich ihm trauen konnte. Nach dem Staub und Schweiß unseres Marsches durch das Hochland genoß ich das Leben am Fluß. Endlich kein Dreck mehr unter den Fingernägeln, sondern nach einem Tag am Paddel eine wunderbare »saubere« Müdigkeit an Armen, Brust und Schultern. Ich hatte in den letzten Tagen sehr gut geschlafen, abgesehen von den Alpträumen, in denen ich endlos lange am Ertrinken war, ohne zu sterben.

Als ich zurückkam, wartete Chmielinski mit der ihm eigenen ernsten Miene vor meinem Zelt.

»Was halten Sie davon, das Schlauchboot zu benutzen?« fragte er.

»Ich weiß nicht.«

»Tim ist dagegen. Ich glaube, es ist wegen mir, er möchte François in Schutz nehmen. Ich finde es wichtig, das Boot zu benutzen. Das ist eine Chance, Geschichte zu machen: Pierre mit seinen Fotos, Zbyszek mit seiner Kamera, und Sie mit Ihrem Buch.«

»Für wie sicher halten Sie die Sache?«

»Kein Problem. Ich werde Sie bitten, wieder hinten zu paddeln, neben mir.«

Er sagte mir, daß ich Leons Aufgabe als Quartiermeister übernehmen solle, wenn ich mich der Schlauchboot-Crew anschlösse. Der niederste Job des gesamten Teams, unangenehm, ständig von Fliegen geplagt, eine undankbare Sache: morgens der erste, der aufstand, um dem Tageskoch das Nötige zuzuteilen, abends der letzte, der ins Bett kam, nachdem man den Proviant nachgezählt und verpackt hatte. Jede freie Minute mußte man schauen, ob etwas verrottete oder Insekten an den Vorräten waren.

Welche Alternative hatte ich? Mit Leon und Kate Durrant nach Lima zurückzugehen und damit im Endeffekt aus der Expedition ausgeschlossen zu werden. Oder aber mit dem Schlauchboot durch eine großartige Landschaft zu fahren, die bisher nur wenige Menschen, wenn überhaupt, in ihrer Gesamtheit gesehen hatten.

In der Mittagshitze brachen wir von unserem Lager an der Cunyac-Brücke auf. Die drei Kajaks fuhren 10 m vor dem Schlauchboot. Eine

Stunde lang schaukelten wir auf dem langsam fließenden, flachen Fluß dahin, dann tauchten Chmielinski, Bzdak, van Heerden und ich unsere Paddel ins Wasser und beugten unsere Rücken in dem von Chmielinski vorgegebenen Takt »Zieht … zieht … «

Schon nach wenigen Kilometern kamen wir an der größten Inka-Hängebrücke des Hochlands vorbei. Sie war die Hauptverbindung zwischen den Bergen und der Küste. 1533 brannten die Inkas diese Brücke nieder, um den Vormarsch der Spanier auf Cuzco zu stoppen, jedoch ohne Erfolg. Die Spanier erbauten später an dieser Stelle eine Brücke aus Holz und Stein (sie ist die Vorlage zu Thornton Wilders *Brücke von San Luis Rey*). Angeblich ist diese Brücke die älteste auf dem amerikanischen Kontinent. Sie ist die einzige bedeutende Hinterlassenschaft der Konquistadoren im Apurímac-Cañon. Heute aber ragen die Streben, von denen der Mörtel abbröckelt, drohend wie geisterhafte Portale in einem dunklen, gefährlichen Einschnitt in der Cordillera Vilcabamba auf. Die nähere Umgebung ist, abgesehen von vereinzelten schneebedeckten, schroffen Gipfeln, heiß und kahl.

Gegen Nachmittag frischte der Gegenwind auf, wehte heftig flußaufwärts und trieb die Hitze aus dem tieferliegenden Cañon herauf. Der Wind war so stark, daß wir auch mit den kräftigsten Paddelschlägen nicht verhindern konnten, flußaufwärts gegen die Strömung getrieben zu werden. Wir gerieten in einen schlimmen Strudel, aus dem wir uns erst befreien konnten, nachdem Chmielinski uns den Takt in wüstem Ton zubrüllte. Wir flüchteten uns in den Windschatten einer Klippe. Biggs und Truran fuhren mit dem Kajak ans Ufer und nahmen unsere Bugleine mit an Land. Sie zogen an der Leine, während wir paddelten. Um den Luftwiderstand so gering wie möglich zu halten, knieten wir uns auf den Boden und kämpften in gebückter Haltung wie demütig betende Mönche.

Erschöpft schlugen wir unser Lager an einer dornigen Lichtung in der Nähe einer heißen Quelle auf, die von einer dicken Mestizin, deren gebrechlichem zahnlosem Ehemann und ihrer heranwachsenden Tochter, einer barfüßigen Schönheit in einem kurzen, zerlumpten Baumwollkleidchen, bewacht wurde. Das Quellwasser wurde in einem Betonbecken aufgefangen, und die ebenfalls aus Beton gebauten Gebäude, in denen die Familie wohnte, ließen darauf schließen, daß der Ort früher einmal eine Art Badeort gewesen war.

»Wenn Sie nackt in diesem Becken baden, zeugen Sie Zwillinge«, erklärte die Matrone. Aber sie wollte anscheinend nicht, daß wir ihre Theorie überprüften, denn sie scheuchte ihre Tochter fort.

Biggs war heute zum Kochen eingeteilt. Während ich ihm half, alles herzurichten, tappte die Alte im Lager herum, wirbelte Staub auf und gab uns gute Ratschläge: »Ihr müßt mehr Holz aufs Feuer legen. Euer Topf ist zu klein.« Biggs gab ihr ein Stück Käse. Sie nahm es und ging ein Stück beiseite, um es zu essen. Als sie zurückkam, fragte sie: »Wohin wollt ihr?«

»Ans Ende des Flusses«, antwortete Biggs.

Sie überlegte kurz und sagte dann: »Das ist in Europa.«

»Nein«, erwiderte Biggs. »Europa liegt jenseits des Atlantischen Ozeans.«

»Was ist der Atlantische Ozean?«

Als der Rest des Teams vom Baden zurückkam, ging sie. Wir machten ein Feuer und aßen schweigend. Hinterher meinte Odendaal: »Ohne Frau fühle ich mich wie im Land der Toten.« Er zündete sich seine Pfeife an und meinte: »Jetzt ist Zbyszek auch einer von uns. Er gehört jetzt auch zu den Toten.«

Diese Bemerkung war reichlich taktlos, wenn nicht gar bewußt verletzend. Odendaal hatte Kate Durrant aus dem Schlauchboot-Team in einer Art und Weise ausgeschlossen, die sie selbst nicht als besonders fein empfunden hatte. Und zu Bzdak hatte er in gönnerhaftem Ton gesagt: »Es tut mir leid, euch beide auseinanderbringen zu müssen. Ihr seid wirklich ein nettes Pärchen, und eine solche Beziehung schafft im Team eine gute Atmosphäre.«

»Es geht doch gar nicht um unsere Beziehung«, hatte Bzdak ärgerlich entgegnet. »Es geht darum, daß Kate zu dieser Expedition gehört. Sie hat ein Recht darauf, mit uns im Schlauchboot zu fahren.«

Daraufhin ignorierte Bzdak Odendaal, der sich, enttäuscht darüber, daß er Bzdak keine Antwort hatte entlocken können, an den Rest der Mannschaft wandte. Seine Lieblingsbeschäftigung auf dem Fluß war anscheinend, den pfeifenbewehrten Geschichtenerzähler und Weisen zu spielen. »Wie fängt man ein Krokodil?« fragte er. Niemand antwortete. »Man nimmt eine Pinzette, einen Feldstecher, ein langweiliges Buch...«

»Ein Skorpion!« schrie Bzdak. Einen halben Meter von seinem rechten Bein saß auf einem Stein ein etwa 8 cm langes Spinnentier. Es glänzte golden im Schein des Feuers.

»Zbyszek«, setzte Odendaal erneut an, dieses Mal in einem härteren Tonfall, »wie fängt man einen…«

Bzdak hüpfte auf einen Felsbrocken über uns, lachte sein hohes, quietschendes Lachen und schubste den Skorpion mit einem Stöckchen. Der Feuerschein fiel auf die Unterseite seines langen roten Bartes und auf die Vorderseite seines breiten Schädels. Der Rest seines Körpers blieb im Dunkeln. Er sah aus und hörte sich an wie ein wilder polnischer Schamane.

Müde von unserem nachmittäglichen Kampf gegen den Wind, beobachteten wir Bzdaks Angriffe und die zaghaften Parierversuche des Skorpions. Er machte einen Schritt vor, zwei zurück, mit aufgerichtetem Stachel…

»Zbyszek«, meinte Odendaal, »das beeindruckt mich überhaupt nicht!« Als Bzdak ihn weiterhin ignorierte, meinte Odendaal: »Die Tochter ist sehr hübsch. Vielleicht frage ich sie, ob sie mit mir schwimmen geht.« Daraufhin stand er auf und ging weg.

Nachdem Odendaal gegangen war, zertrat Bzdak den Skorpion und warf ihn mit einer Geste ins Feuer, als ob er eine rituelle Handlung gegen den Fluch des Hexenmeisters begehe.

Da wir fürchteten, daß der Wind am Nachmittag wieder auffrischen und das Weiterfahren unmöglich machen könnte, brachen wir beim ersten Morgengrauen auf. Wir legten schnell die ersten 7 km zurück. Wieder bildeten die Kajakfahrer die Vorhut. Dann verbreitete sich der Fluß auf ungefähr 50 m, und in den Stromschnellen gab es nicht mehr nur Engpässe und Kehren, sondern Wellen und Wannen. Manche dieser Wellen waren über 2 m hoch und ragten über dem Bug des Schlauchboots wie grüne Wälle auf, so daß wir die Kajakfahrer aus den Augen verloren. Einmal fuhren wir direkt über Biggs hinweg, er steckte mit seinem Kajak unter dem Schlauchboot im Wasser und wurde über die am Grund liegenden Felsen mitgeschleift, bis es Bzdak gelang, unter das Boot zu greifen und das Kajak loszumachen.

Biggs war ziemlich wütend und behauptete, er habe gehört, wie Chmielinski, kurz bevor wir ihn überfuhren, gerufen habe: »Vorwärts! Vorwärts!« Chmielinski stritt das entschieden ab, und auch ich, der ich neben ihm gesessen hatte, hatte nichts Derartiges gehört. Wir beschlossen daraufhin, daß Biggs und Truran künftig mindestens 50 m vor dem Schlauchboot fahren, den Fluß auskundschaften und uns dann mit ihren Paddeln Zeichen geben sollten, ob wir weiterfahren konnten oder anlegen sollten. Odendaal sollte versuchen, mit ihnen gleichzuziehen.

Diese Regelung klappte so lange wunderbar, bis Odendaal zweimal böse kenterte, worauf Biggs und Truran ihre Kundschaftertätigkeit einstellen mußten, um ihn im Auge zu behalten und gegebenenfalls zu retten. »Er ist am Boden zerstört«, erklärte uns Truran, nachdem er uns eingeholt hatte. »Völlig durcheinander. Er wird alles vergessen, was er gelernt hat. Tim macht sich Sorgen.«

Die nächsten paar Stunden war der Fluß zwar schwierig, aber kalkulierbar. Wir paddelten nach Kräften, bis Gegenwind aufkam. Zu beiden Seiten ragten dunkle Felswände senkrecht auf, aber wir konnten nicht einschätzen, wie hoch sie waren, weil wir nicht weit genug hinaufsahen. Die Wände waren bröckelig, vegetationslos, nur Granitplatten und -blöcke, locker mit weichem Lehm, Geröll und Schiefer vermischt. Die im Fluß verstreut liegenden Felsen waren frisch und noch nicht vom Fluß ausgewaschen wie sonst. Sie hatten scharfe Kanten, die von dem herabfallenden Geröll immer wieder neu geschlagen wurden.

Flußabwärts sahen wir eine Rauchwolke aufsteigen. Als wir Stunden später an der Stelle anlangten, war die Wolke immer noch zu sehen. Aber es war kein Rauch, sondern Staub. Eine mehrere Meter hohe Felswand war einfach abgebrochen und in den Fluß gestürzt.

Dann wurde der Apurímac so schmal, daß wir alle wie versteinert dasaßen. Der Fluß wurde auf ein Viertel zusammengedrängt und zwängte sich in eine Schlucht von schätzungsweise 12 m Breite. Wir konnten paddeln, wie wir wollten, der Gegenwind war hier so stark, daß wir nicht mehr von der Stelle kamen. Wir mußten bald unser Lager aufbauen, aber es war keine Kiesbank und keine flache Stelle zu sehen, nur die kahlen, drohenden Steilwände der Schlucht.

Schließlich fanden wir am linken Flußufer eine Stelle, an der sich zwischen den Felsbrocken kleine Sandflächen ausbreiteten, gerade groß genug, um ein Zelt aufzustellen und einen Schlafsack auszurollen. Am anderen Flußufer fiel ein Wasserfall in vier langen Kaskaden über einen 500 m hohen bemoosten Felsen. Chmielinski nannte diesen Wasserfall scherzhaft, jedoch in weiser Voraussicht, den »Wasserfall der letzten Hoffnung«.

Wir waren nervös, aßen hastig; kaum hatten wir uns gesetzt, prasselte ein Regen nieder. Wir krochen in unsere Zelte. Ich schlief kurz darauf ein, wachte jedoch durch ein schrecklich lautes, donnerartiges Krachen auf. Es blitzte. Ich lief vors Zelt, um nachzusehen, was los war und stellte fest, daß das Krachen von herunterstürzenden Felsbrocken herrührte, die sich durch den Regen gelöst hatten.

Ich kroch nackt zu den Provianttaschen und verstaute sie unter überhängenden Felsen. Wieder blitzte es, und manchmal hörte ich zwischen dem Krachen den schweren Aufschlag der Felsbrocken auf dem Sand. Jourgensen, Odendaal und van Heerden hatten in kleinen Höhlen Unterschlupf gefunden. Chmielinski hatte sein Zelt dicht am Ufer aufgestellt und an das Schlauchboot gebunden. Wenn in dieser schmalen Schlucht auch nur ein wenig Regen fiel, würde der Fluß sofort ansteigen und das Boot mit sich reißen.

Bzdak war immer noch in seinem Zelt.

»Ich bleibe hier. Vielleicht werde ich hier drin von einem Felsen erschlagen«, rief er durch die Zelthaut. »Vielleicht trifft mich auch draußen ein Fels, aber auf jeden Fall werde ich draußen naß. Deshalb bleibe ich lieber hier.«

Truran hatte sich ebenfalls dazu entschlossen, in seinem Zelt zu bleiben. Er schlief jedoch auf der Seite, weil er sich ausgerechnet hatte, so sei die Gefahr geringer, daß innere Organe zerquetscht oder das Rückgrat gebrochen würden.

Ich beschloß, ihrem Beispiel zu folgen, schlief aber vorsichtshalber mit Helm. Ich konnte kein Auge zutun, weil ich das Gepolter der Felsen bis zum nächsten Morgengrauen hörte.

Mit verquollenen Augen und mürrisch nach der zermürbenden Nacht setzten wir am nächsten Morgen eine Lagebesprechung an. Chmielinski schätzte, daß wir in zwei Tagen 13 bis 16 km geschafft und noch 50 bis 60 km vor uns hatten bis zu dem Punkt, wo Kate Durrant und Leon mit frischem Proviant auf uns warteten. »Kann sein, wir brauchen einen Tag dafür, kann sein, eine Woche«, meinte er.

Zu unserer Überraschung kamen wir an diesem Morgen gut voran, brachten drei schwierige Stromschnellen ohne Fahrfehler hinter uns und gewannen so wieder ein wenig von dem in der vergangenen Nacht unter dem Felsbombardement geschwundenen Selbstvertrauen zurück. Aber die Erinnerung an diese Nacht blieb auf dem Fluß ständig lebendig. Viele Felsbrocken im Flußbett waren offensichtlich erst vor kurzem in die Tiefe gestürzt, denn sie waren mit Staub und Dreck bedeckt. Einen sicheren Lagerplatz zu finden war jetzt wichtiger als Kilometer zu machen.

Der Fluß machte eine scharfe Linkskehre und führte uns in eine Schlucht, die so steil und eng war, daß wir das Gefühl hatten, die Wände seien nach oben geschlossen. Obwohl es um die Mittagszeit war, drang die Sonne nicht bis zu uns herab. Der Fluß selbst war eine brodelnde Masse – schnell, dreckbraun, aufgewühlt vom Regen und nach wie vor steigend, verblockt mit Felsen, die sich um unsere kleine Flotte auftürmten.

Wir hatten die Acobamba-Schlucht erreicht.

# 8. Die Acobamba-Schlucht

Vor uns lagen drei gefährliche Stromschnellen, ein kurzes ruhiges Stück, doch dann verengte sich die Schlucht plötzlich, und der aufgestaute Apurímac schoß durch eine einzige, 6 m breite Engstelle in die Tiefe. Der Fluß war so aufgewühlt, daß er über die nächsten 800 m aussah wie ein Schneefeld. Aus den zu Tal tosenden Wassermassen stieg ein dichter Nebel auf, der Cañon war kalt und feucht. Ich bekam von dem ohrenbetäubenden Rauschen Kopfweh.

»Wer hier über Bord geht«, schrie mir Bzdak ins Ohr, »kommt nie wieder heraus.«

Die Wände der Schlucht ragten senkrecht empor. Wir konnten also weder umtragen noch aus der Schlucht herausklettern. Wir konnten auch kein Lager aufschlagen, denn selbst wenn wir eine relativ flache Stelle gefunden hätten, war das Risiko zu groß, daß sich durch den Temperaturwechsel von Tag zu Nacht Felsbrocken aus der Wand lösten und auf uns niedersausten. So ein Steinhagel hätte das Ende bedeutet.

Wir hatten keine andere Wahl, als das Schlauchboot zu »treideln«, ein anstrengendes, nervenaufreibendes Verfahren. Wir ließen das Boot ohne Besatzung an Chmielinskis 45 m langen Kletterseil flußabwärts.

Ich stand auf einem Felsen am linken Ufer und hielt das Riken-Boot an einer kurzen dünnen, am Heck des Schlauchboots befestigten Leine. Die beiden Polen befestigten unterdessen das schwere Kletterseil am Bug und ließen das Schlauchboot dann so weit wie möglich den Fluß hinunter. Auf Chmielinskis Zeichen hin ließ ich mein Seil los und stieß das Boot in die erste Stromschnelle. Innerhalb von Sekunden raste das Schlauchboot mit schätzungsweise 35 km/h durch die Stromschnelle. Das Boot wurde dabei durch die Luft geschleudert. Ich erschauderte bei dem Gedanken, in diesem Moment im Boot zu sitzen.

In der Mitte der zweiten Stromschnelle flippte das Boot.*

Als es auf Höhe der beiden Polen war, verhakte sich die Hälfte der Bugleine unter Wasser, zog stramm und riß, als bestünde sie aus Nähgarn. Dabei hatte das Seil eine »lineare Reißfestigkeit« von mehr als einer Tonne.

Frei von der Leine schoß das Schlauchboot flußabwärts.

Truran hatte die erste Stromschnelle mit dem Kajak befahren und wartete auf einem Felsblock im ruhigen Wasser oberhalb des schrecklichen Engpasses. Als er sah, daß die Leine gerissen war, sprang er ins Wasser und schwamm auf das Boot zu, das auf den Engpaß zuraste. Es gelang Truran kurzzeitig, das Boot von seinem Kurs abzubringen. Er kletterte hinein und fing den Wurfsack auf, den Chmielinski ihm wie einen Fußball zugeworfen hatte. Der Pole konnte das Boot gerade noch vor dem Engpaß aufhalten und Truran langsam zum Ufer ziehen und so vor der drohenden Gefahr bewahren. (Chmielinski sagte später, Truran habe die mutigste Tat gewagt, die er jemals gesehen habe.)

Obwohl dies allein schon sehr anstrengend gewesen war, mußten wir das Boot durch den Engpaß bringen, es dann ans Ufer ziehen, einsteigen und weiterfahren. Da es unmöglich war, die untere Stromschnelle vorher zu sondieren, konnten wir nur hoffen, daß dort keine neuen Überraschungen auf uns warteten – keine Wasserfälle und keine tödlichen Strudel.

Jourgensen und van Heerden kletterten von Felsen zu Felsen an der linken Schluchtwand entlang und arbeiteten sich langsam zum Eingang der Klamm vor. Als sie dort angekommen waren, sagte Chmielinski, sie sollten sich ausruhen. Dann sicherten er und Truran das Schlauchboot mit der Heckleine, während Bzdak mit der nunmehr um rund 12 m kürzeren Bugleine Hand über Hand auf den zweischichtigen Felsen kletterte, der das linke Einfahrtstor der Klamm bildete. Danach kletterte Bzdak auf ein 30 cm breites Felsband, das an der linken Wand der Schlucht entlanglief.

Auf Chmielinskis Kommando hin folgte ich Bzdak. Ich erklomm den Felsen ohne Schwierigkeiten, die feuchte, glitschige Wand hingegen bereitete mir Probleme. Sie war so glatt, daß ich keinen festen Halt

---

* Es wurde von zwei gegeneinanderlaufenden Strudeln zusammengepreßt und in die Luft geschleudert. Im Jargon deutscher Wildwasserfahrer nennt man das den »Zwetschgenkern-Effekt«, so wie man durch Druck mit Daumen und Zeigefinger aus einer Zwetschge den Kern herausschießen kann. Anm. d. Übers.

fand und rasch jenes Zittern in den Beinen bekam, das Freikletterer
»Nähmaschine« nennen. Die Beine zittern und zucken dabei unkon-
trolliert vor Angst. Ich fühlte mich abgeschnitten und allein. Ein fal-
scher Schritt, und ich stürzte in den Fluß, der 5 m unter mir vorbei-
donnerte.

Bzdak blieb knapp einen Meter vor mir stehen und sah zu mir zurück.
Er schrie mir etwas zu, aber das Rauschen des Flusses war so laut, daß
ich ihn nicht verstand. Er kam vorsichtig auf mich zu und schrie mir
ins Ohr: »NICHT HINUNTERSCHAUEN!«

Wir zwängten uns auf dem Felsband weiter, bis wir uns auf einem 30
Quadratzentimeter großen Stein unter dem Felsband niederlassen
konnten. Von diesem Stein aus waren es nur noch wenige Zentimeter
bis zum linken Felsen des Klammeingangs. Wir zwängten uns auf den
kleinen Stein, jeder mit einem Fuß, während der andere in der Luft
baumelte, und versuchten mühsam das Gleichgewicht zu behalten und
den tosenden Fluß neben uns zu ignorieren.

Bzdak löste das Kletterseil vom Felsen, zog es ein und signalisierte
Chmielinski, er solle das Schlauchboot loslassen. Ich faßte Bzdak mit
beiden Armen um die Hüfte und lehnte mich als Gegengewicht zurück. Das Schlauchboot raste auf die Verengung zu. Bzdak zog so
schnell er konnte Hand über Hand an der lockeren Leine. Ich ver-
krampfte mich in Erwartung des Rucks beim Spannen der Leine. Das
Boot kam auf uns zu, schoß an uns vorbei, die Leine zog straff, das
Boot schoß die Stromschnelle hinunter, ich versuchte mich dagegen-
zustemmen …

»HALT MICH FEST, JOSE!«

Der Fluß war stärker, und wir stürzten ins Wasser.

Dennoch gelang es Bzdak, das Boot zentimeterweise zu uns heranzu-
ziehen. Dann hatte ich plötzlich die Leine in der Hand, und Bzdak saß
im Schlauchboot und zerrte ein Paddel unter dem Netz hervor. Das
Schlauchboot wurde gegen die linke Wand des Engpasses geschleudert und schoß hindurch. Ein Brecher stürzte ins Boot, warf Bzdak um
und begrub ihn unter sich.

Ich versuchte das Boot festzuhalten. Es war, wie wenn man gegen
einen Traktor ankämpfte – vollkommen aussichtslos. Aber das Boot
leerte sich rasch, Bzdak stand auf und paddelte auf den Felsen zu. Als
er nur noch eineinhalb Meter entfernt war, sprang er. Wie er es schaffte, auf dem winzigen Fleck zu landen, weiß ich nicht. Auf jeden Fall

postierten wir uns hier und hielten das wild stampfende Boot mit einem Paddel auf Distanz zu dem spitzen Felsen.

Wir beobachteten, wie van Heerden den kreidebleichen Jourgensen über den Felsen und die Felswand entlang führte, dann hinunter und hinein ins Boot. Sie setzten sich vorne ins Boot und nahmen ihre Position ein. Ich sah wie in einem Stummfilm, daß Bzdak »Scheiße!« murmelte. Dann kletterte Chmielinski mit Odendaals Kajak über den Felsen an der linken Seite des Engpasses.

Hinter Chmielinski tauchte Odendaal auf und starrte uns an. Chmielinski zielte und ließ das Kajak entlang des Felsens genau in die Mitte des schaukelnden Schlauchboots gleiten. Dann bedeutete er mir, einzusteigen – aber das Seil hatte meine Hände blutig gescheuert und ich konnte sie nicht aufmachen. Bzdak zerrte das Seil los. Ich sprang die eineinhalb Meter von der Felswand ins Boot und kletterte nach hinten. Chmielinski arbeitete sich zu Bzdak vor und nahm dessen Stellung ein. Bzdak selbst hüpfte ins Boot und setzte sich nach vorne zu van Heerden. Sie hatten ihre Paddel bereit, Jourgensen saß zwischen ihnen. Ich holte unter dem Netz in der Mitte des Bootes je ein Paddel für mich und Chmielinski hervor.

»Was machen wir jetzt?« rief ich Chmielinski zu.

Er schrie zurück: »Wenn François runterfährt, ist er so gut wie tot.«

Biggs und Truran war es gelungen, oberhalb des Engpasses zur anderen Seite des Flusses zu gelangen und von dort aus die Stromschnelle zu befahren. Aber für Odendaal war das zu riskant. Wenn er beim Überqueren des Flusses auch nur einen einzigen Fehler machte, würde er durch den Engpaß rasen und dann in das tödliche Loch stürzen, das sich kurz unterhalb der Verengung befand. Statt dessen hatte Chmielinski vor, den Engpaß mitsamt Odendaal und seinem Kajak zu befahren.

Chmielinski hatte diese Art von Huckepack-Fahrt schon einmal am Colca versucht. Wie Odendaals Kajak war auch jenes fast genauso lang gewesen wie das Schlauchboot selbst. Sie hatten das Kajak über dem Netz in der Mitte des Schlauchboots festgemacht, das aber danach zu kopflastig und deshalb schon wenige Sekunden nach Eintritt in die Stromschnelle gekentert war. Sie hatten alle um ihr Leben schwimmen müssen, für Bzdak war es der schlimmste Sturz seines Lebens gewesen. Wenn uns hier dasselbe passierte, würden wir alle in dem Loch ertrinken. Aber Chmielinski argumentierte, es sei besser, wenn sechs Männer gemeinsam ihr Leben riskierten, als daß man einen einzelnen dem nahezu sicheren Tod preisgab.

Ich sah zu Odendaal hinauf, der immer noch auf dem Felsen stand. Seine Augen waren wie tot. Er wirkte wie gelähmt. Ich kannte dieses Gefühl.

Chmielinski rief Odendaal etwas zu. Der arbeitete sich auf das Schlauchboot zu, kletterte hinein und legte sich mit Blick flußaufwärts auf sein Kajak.

»Halten Sie sich an Ihrem Kajak fest, als gelte es Ihr Leben!« rief ihm Chmielinski zu.

Chmielinski konnte wegen Odendaals zusätzlichem Gewicht das Boot nicht mehr halten. Er ließ los und landete gerade noch rechtzeitig im Boot. Sekunden später, noch bevor ich ihm ein Paddel in die Hand drücken konnte, wurden wir mitten in die Strömung getrieben. Chmielinski schrie aus vollem Hals: »LINKS, LINKS, LINKS!« Es gelang uns, das Boot zu drehen, so daß die Nase jetzt flußabwärts zeigte. Wir schafften es, an dem schrecklichen Loch vorbeizufahren, wurden aber seitlich abgedrängt und schossen auf einen überströmten Block zu, hinter dem sich ein Loch mit einem gewaltigen Rücksog befand: ein sogenannter »Stopper«! An diesem Stopper würde sich das Boot überschlagen, wenn wir auf den Block auffuhren oder in den Rücksog gerieten.

Chmielinski schrie: »RECHTS! RECHTS! RECHTS!«, und blitzschnell stellten wir das Boot quer. Dann rief er: »INNEN! INNEN! INNEN!« Das galt mir. Ich lehnte mich links aus dem Boot und zog mein Paddel im Wasser zu mir her, so daß das Heck des Bootes nach links und der Bug nach rechts schwenkte. Dann schwappte eine Welle über mich, und ich sah nur noch weiße Gischt.

Irgendwie schlitterten wir links an dem Block vorbei, aber unser Boot stand immer noch quer zur Strömung. Chmielinski trieb uns an, so kräftig wie möglich zu paddeln, wir bekamen das Schlauchboot aber nicht gerade. Der Fluß warf uns gegen die abgeschrägte Seite eines weiteren Felsens. Die rechte Seite des Bootes, an der Chmielinski saß, schob sich auf den Felsen, auf meiner Seite wurde der Wulst unter Wasser gedrückt. Der Fluß schlug gegen das untere Ende des Bootes und schob es noch weiter auf den Felsen. Das Boot hing schwankend auf einer Seite. Chmielinski rief: »HOCH! HOCH! HOCH!« Ich versuchte, mich zu Chmielinski vorzuarbeiten, um das Boot mit meinem

Gewicht wieder nach unten zu drücken. Aber Odendaal und sein Kajak versperrten mir den Weg. Ich sah, daß es Bzdak am Bug des Schlauchbootes genauso ging. Das hereinstürzende Wasser warf mich um, das Boot fing an zu kippen. Wieder schrie Chmielinski: »PADDELN! PADDELN!« Ich tauchte mein Paddel blindlings ins Wasser und versuchte, uns von dem Felsen abzustoßen. Plötzlich waren wir frei, wurden von der linken Wand der Schlucht katapultiert und steuerten direkt auf das sanfte Ende des Katarakts und das dahinterliegende flache Ruhigwasser zu.

Knapp oberhalb der letzten 100 m der Stromschnelle kamen wir an ein Kehrwasser und ließen Odendaal aussteigen. Von hier aus konnte er auf einer Sandbank bis fast ans Ende der Stromschnelle gehen. Wir befuhren das restliche Stück und passierten zwei kleine Engstellen. In dem sanft plätschernden Wasser unterhalb der Stromschnelle wartete Truran auf uns. Er zeigte nach oben, wo zwischen dem schmalen Schlitz ein kleines Stück Himmel zu sehen war. Dunkle Sturmwolken hatten sich am Himmel zusammengebraut. Wir mußten so rasch wie möglich einen Lagerplatz finden, bevor der Regen wieder Felsbrocken aus der Wand herauslöste, die dann donnernd niederkrachten.
Odendaal war am Ende der Sandbank angekommen und blieb regungslos wie eine Statue stehen. Biggs hockte in seinem Kajak in einem Kehrwasser in der Nähe von Odendaal und schrie ihm zu, er solle ins Wasser springen und die Stromschnelle hinunterschwimmen. Odendaal weigerte sich. Die beiden stritten sich zehn, fünfzehn Minuten. Da der Himmel sich weiter verdunkelte, schrien wir gemeinsam auf den Südafrikaner ein. Er schaute nach oben, rutschte aus und war im Wasser. Er kam unverletzt am Ende der Stromschnelle an, wo ihn Biggs aus dem Wasser fischte. Nachdem wir sein Kajak zu Wasser gelassen hatten, eskortierte Biggs Odendaal flußabwärts.
Wir hatten Glück. Die Schlucht wurde breiter, und wir fanden ein relativ großes Stück Sandstrand zum Lagern. Nachdem wir unsere Ausrüstung ausgeladen hatten, schnauzte Odendaal Biggs wegen der Szene an der letzten Stromschnelle an. Als Expeditionsleiter sei es sein gutes Recht, sogar zwei Stunden auf demselben Fleck stehen zu bleiben, wenn er das für richtig halte. Biggs war empört, ließ ihn stehen und setzte sich zum Rest der Mannschaft ans Feuer. Als Chmielinski das Essen fertig hatte, setzte sich Odendaal zwar zu uns,

sprach aber mit keinem. Statt dessen spielte er sich auf Biggs' Mundharmonika etwas vor.

Chmielinski schätzte, daß wir an diesem Tag kaum eineinhalb Kilometer zurückgelegt hatten. Das war zwar enttäuschend, aber im Moment kümmerte uns das wenig. Die Sturmwolken hatten sich aufgelöst, und wir saßen an diesem wunderbaren Strand um das Feuer und beobachteten den Sternenhimmel in der schmalen Öffnung über unseren Köpfen. Der Fluß, der vor ein paar Stunden noch ein ohrenbetäubend lautes Monster war, plätscherte nunmehr sanft an uns vorbei.

Am Morgen des zweiten Tages verengte sich die Schlucht wieder auf schätzungsweise 9 m. Anfangs jagte uns das erneut einen Schreck ein, aber der Fluß floß gleichmäßig und schnell dahin, und wir faßten uns wieder. Truran, Biggs und Odendaal paddelten mit ihren Kajaks voraus und verschwanden hinter einer Biegung.

Eine Viertelstunde später ergriff uns fünf auf dem Schlauchboot eine quälende Angst. 120 m vor uns schien der Fluß plötzlich aufzuhören. Die Schlucht machte einen Bogen nach links, und die vor uns aufragende Wand schien den Fluß zu verschlucken. Wir suchten eine weiße Linie zwischen dem Fluß und der Felswand, sogenannte »Schwälle«, die weißen Spitzen der Wellen auf dem Mittelkamm von Stromschnellen. Wenn das Wasser an einer engen Stelle immer langsamer und ruhiger wird, dann ist das ein sicheres Anzeichen für ein Wehr oder einen Wasserfall.

Wir trieben nervös und unsicher dahin. Vorne im Boot setzten Bzdak und van Heerden ihre Paddel ein. Ich benutzte mein Paddel als Steuer und hielt den Bug genau flußabwärts, während Chmielinski im Stehen den Fluß vor uns studierte. Nach ein paar Minuten sagte er: »Alles klar, ich sehe eine weiße Linie« (den Kamm eines Schwalls). Dann sahen auch wir diese Linie, aber sie sah komisch aus – zu exakt und unbeweglich für einen Schwall.

Jourgensen saß zwischen mir und Chmielinski und fragte: »Was ist, wenn diese Linie ein Teil der Felswand ist?«

Wir trieben weiter im Wasser, niemand sagte etwas. Nach ungefähr einer Minute sagte Chmielinski: »Scheiße!« Es war das erste Mal, daß er dieses Wort benutzte. »Es ist ein Felsen! Zum Ufer! Schnell!«

Wir paddelten zum linken Ufer. Dort angekommen, versuchten Bzdak und ich uns an dem glitschigen Felsen festzuhalten. Während wir so das Boot mühsam festhielten, stand Chmielinski auf dem Proviant und versuchte zu erkunden, was unterhalb des vermeintlichen natürlichen Damms lag.

»Genau das scheue ich am meisten«, meinte Chmielinski. »Man kann nicht zurück, man kann nicht umtragen, man kann nicht herausklettern und der Fluß hört vor einem einfach auf. Selbst wenn da vorne ein Wasserfall ist, bleibt uns nichts anderes übrig, als ihn hinunterzufahren.«

Wir stießen uns mit einem unbehaglichen Gefühl im Bauch vom Felsen ab. Niemand sprach ein Wort. Alle starrten auf die Wasserkante. Wo waren die Kajakfahrer? Wir näherten uns der Stelle, 15 m, 12 m vor uns hörte der Fluß auf. Wir steuerten wieder die Felswand an und hielten uns an einer Felsspalte fest. Chmielinski kletterte auf die Felsspalte, aber als er 5 m über uns hing, rutschte er aus und fiel in den Fluß. Kurz darauf sahen wir an seinem roten Helm, daß er auf den Wasserfall zutrieb.

Bzdak und ich paddelten schnell hinter ihm her. Van Heerden machte eine Rettungsleine los und warf sie flußabwärts. Kurz vor dem Wasserfall gelang es uns, unseren Flußkapitän ins Schlauchboot zu zerren. Aber es war gar kein Wasserfall, wie sich jetzt herausstellte. Nur eine lange, sanfte Rampe, allerdings sehr steil, und deshalb waren auch keine Schwälle zu sehen gewesen. Aber sie war problemlos zu befahren und auf der ganzen Strecke nicht verblockt. Nur sanfte, harmlose Wellen, zu unserem Glück.

Kurz darauf war es mit unserem Glück vorbei. Der Fluß war wieder total verblockt. Wir mußten das Boot durch einen Abschnitt voller riesiger Felsblöcke treideln. Das hieß stundenlange Arbeit mit dem Seil, blutige Hände und aufgeschlagene Schienbeine. Am Ende des Tages kamen wir an eine tückische Stromschnelle. Wir brauchten eine Stunde zum Auskundschaften und 30 Sekunden, um sie zu befahren. In diesen 30 Sekunden passierte etwas mit mir. Die Stromschnelle war schwierig. Sie wies drei kleinere Engpässe und ein Dutzend Kehren auf, wobei die letzte um ein breites Loch herumführte. Die ersten zwei Engpässe waren kein Problem, aber der letzte fiel 3 m ab, bildete also einen kleinen Wasserfall. Vor der letzten Schnelle rief Chmielinski: »RAUS!« Das war ein Signal für mich, die Position des Bootes zu korrigieren und den Bug nach vorne zu bringen. Ich schaffte gerade noch zwei Paddelschläge, bevor wir gegen die linke Wand der Verengung prallten.

Im nächsten Augenblick raste das Boot durch den Engpaß, eine Welle brach über das Boot, ich sah nur noch Wasser und hörte Chmielinski schreien »RAUS! RAUS! RAUS!« Ich setzte mein Paddel ins Wasser und schaffte drei Paddelschläge, dann waren wir am Rand des großen Lochs angelangt. Der konzentrische Strudel um das Loch warf das Boot herum und schleuderte mich in das Netz in der Mitte des Bootes. Oder war ich in das Netz gesprungen?

Ich kann nicht mit Bestimmtheit sagen, was genau passierte. Die Stromschnelle war schwierig gewesen, soviel war klar. Als wir sie hinter uns gebracht hatten, beglückwünschten uns Biggs und Truran schon von weitem. Chmielinski triumphierte, strahlte, genoß das Adrenalin in seinen Adern.»Perfekt«, meinte er und schüttelte mir die Hand.

Ich war mir dessen nicht so sicher. Ich hatte das Gefühl, daß etwas in mir einen Knacks weghatte.

Aber diese Stromschnelle gab uns wieder Auftrieb. Vielleicht brachten wir schon am nächsten Tag die Schlucht hinter uns. Abgesehen von meinen Selbstzweifeln und einem Schlagabtausch zwischen Odendaal und Biggs, der Odendaal anschnauzte, weil er seinen Anweisungen in einer schwierigen Stromschnelle nicht nachgekommen war, herrschte im Lager an diesem Abend eine gute Stimmung.

»Tim ist in einer schrecklichen Lage«, meinte Truran, als wir zusammen vor dem Essen Tee tranken.»Er kommt mir vor wie ein Tierarzt, der seinem eigenen Hund eine Spritze geben muß. Wenn Frans ertrinkt, dann wird man Tim dafür die Schuld geben. Die Leute werden zu ihm sagen: Du warst doch der Flußkapitän, warum hast du Frans auf den Fluß gelassen? Aber Tim hat Frans wirklich gern. Er möchte, daß diese Expedition ein Erfolg für ihn wird, und deshalb zögert er auch immer noch, Odendaal wegzuschicken. Vielleicht lautet die Lektion, die man aus dieser Sache lernen sollte: ›Wenn man nicht selbst die Leitung übernehmen kann, dann sollte man sie niemals einem Freund, sondern lieber einem Fremden übertragen.‹«

An diesem Abend kam Odendaal in mein Zelt. Er hatte seine Pfeife im Mund und wirkte nachdenklich und unterwürfig.

»Bereitet mein Verhalten auf dem Fluß euch Schlauchbootfahrern

Kopfzerbrechen?« fragte er. Ich antwortete ihm, daß ich für meinen Teil viel zu sehr damit beschäftigt sei, jede einzelne Stromschnelle zu nehmen und das Ende der Schlucht lebend zu erreichen. Wie er zurechtkomme, sei zweitrangig, außer wenn wir ihn mit aufs Schlauchboot nehmen müßten.

»Dann ist es ja gut«, meinte er. »Ich hatte befürchtet … nun ja, Tim ist zu emotional. Ich befahre den Fluß, so gut ich kann, aber Biggs ist übervorsichtig. Er meint es selbstverständlich nur gut. Ich weiß, daß er nur deshalb so vorsichtig ist, weil er mich gern hat.«

Ich sagte ihm, ich hätte diesen Eindruck auch. Daraufhin verabschiedete er sich.

Als ich später über dieses Gespräch mit Odendaal nachdachte, fiel mir auf, daß er gesagt hatte, »er befahre den Fluß, so gut er könne«. Soweit ich wußte, hatte er fast jede Stromschnelle umtragen. Aber deshalb sank er keineswegs in meiner Wertschätzung. Ich bewunderte vor allem seine Besonnenheit und beneidete ihn zuweilen darum, daß er sein Kajak um viele Stromschnellen herumtragen konnte, wo uns mit dem viel größeren Schlauchboot nichts anderes übrig blieb, als sie zu befahren.

Ich arbeitete an meinen Aufzeichnungen, aber das hinderte mich nicht daran, über mein eigenes Verhalten auf dem Fluß, insbesondere in der letzten Stromschnelle, nachzudenken. Ich hatte immer angenommen (ohne diese Annahme je wirklich auf die Probe zu stellen), daß meine Stärke darin lag, daß ich nicht so leicht die Nerven verlor und unter Anspannung handlungsfähig blieb. Jetzt fragte ich mich, ob ich mir das vielleicht nur eingeredet hatte.

Am ersten Tag in der Schlucht hatten wir eineinhalb Kilometer zurückgelegt. Am zweiten drei Kilometer. Für den dritten Tag konnten wir kaum auf mehr hoffen. Es hatte in der Nacht stark geregnet, so daß der Fluß am Morgen um 15 cm gestiegen war. Biggs schätzte, daß die Schüttung um 25 % zugenommen hatte, von 113 auf 140 Kubikmeter pro Sekunde. Wir standen im Morgengrauen auf und waren um 8 Uhr auf dem Wasser. Drei Stunden später treidelten wir das Schlauchboot durch drei unbefahrbare Stromschnellen. Wir hatten an diesem Morgen insgesamt etwa 400 m zurückgelegt.

Dann stießen wir auf eine Stelle, die beinahe identisch war mit der am Anfang der Schlucht. Der Apurímac verengte sich auf ungefähr

6 m, die Wände der Schlucht ragten in Überhängen in die Höhe, traten also oben enger zusammen. Der mächtige Fluß hatte sich seine Schlucht schneller gegraben, als Witterung und Schwerkraft die oberen Wände abbrechen konnten. Die Kajakfahrer fanden an der rechten Wand der Klamm einen Ausschlupf, wie sie es nannten. Es war eine kleine Enge neben der Hauptengstelle. Für die Kajakfahrer war diese Enge problemlos zu befahren, aber wir mit dem Schlauchboot kamen dort nicht durch. Wir befanden uns in einer kniffligen Lage, denn wir konnten diese Stromschnelle weder auskundschaften noch befahren.

Wieder kletterten Bzdak und ich auf die seitlich vorspringenden Felsen, zwängten uns an einer schmalen Felsnische der linken Felswand entlang und zogen das Schlauchboot zu uns her, nachdem Chmielinski es durch die Enge geschubst hatte. Wieder kletterten van Heerden und Jourgensen die Felsen ins Boot hinunter. Und wieder lag ein monströses Strudelloch vor uns. Es war das größte Loch, das ich je gesehen hatte, eine riesige, kreisende Turbine von etwa 10 m Durchmesser. Sein Zentrum lag vielleicht 2 m tiefer als der Rand. Chmielinski schrie uns die Befehle zu, und so gelang es uns, das Loch zu umfahren. Ich hatte dabei jedoch ein Gefühl, als ob mir ein Dämon über die linke Schulter schaute.

Wir schossen an dem Strudel vorbei, prallten von beiden Felswänden ab und drehten uns im Kreis. Der schwergewichtige Jourgensen saß neben mir, wodurch das Boote auf unserer Seite tiefer im Wasser lag und Wellen über das Heck spritzten. Jourgensen verlor durch die Kreisbewegung des Bootes das Gleichgewicht, gleichzeitig klatschte von hinten eine Welle Wasser gegen meinen Rücken, so daß ich aus dem Boot kippte. Aber Chmielinski hatte aufgepaßt, fing mich noch rechtzeitig auf und zog mich zurück an Bord.

Ich saß gerade wieder auf meinem Platz, als ich sah, daß wir direkt auf Biggs zusteuerten. Er war mit seinem Kajak in ein leichtes Kehrwasser in der Mitte der Stromschnelle gefahren und hielt sich bereit, im Notfall einen über Bord gegangenen Schlauchbootfahrer zu retten. Bzdak wollte ihn noch warnen, aber Biggs hatte in der schmalen Schlucht keine Möglichkeit zum Ausweichen. Wir überfuhren ihn und schleiften ihn unter Wasser 15 m weit mit, bevor sein leeres Kajak wieder auftauchte. Biggs mußte noch unter dem Schlauchboot hängen, sofort griff Chmielinski ins Wasser und zerrte Biggs an seiner

Schwimmweste nach oben. Er war bei Bewußtsein, war aber ziemlich am Ende.

Erschöpft und demoralisiert legten wir eine Pause ein. Nach fünf Stunden Knochenarbeit hatten wir schätzungsweise 750 m zurückgelegt. Wir bekamen kaum einen Bissen hinunter, denn allen lagen die Erschöpfung und die Angst wie ein Stein im Magen. Der Ausblick auf den schneebedeckten Gipfel des 6400 m hohen Auzangate zu unserer Rechten munterte uns auch nicht auf, denn er erinnerte uns daran, daß wir uns immer noch schwierige 1800 Höhenmeter über dem Meeresspiegel befanden.

Nach dem Essen gingen Chmielinski, Truran und ich ein Stück flußabwärts und entdeckten, daß die schwierigsten Stromschnellen erst noch vor uns lagen. Vier donnernde Katarakte, jeder mindestens 180 m lang, die so viel Gischt aufschäumten, daß wir die schwierigsten Stellen zuerst gar nicht einzeln wahrnahmen.

Truran teilte die Stromschnellen in einzelne Abfahrten ein: »Ballsaal, Milk Shake, Killer, Toter Mann.« Dann sagte er zu mir: »Was immer geschieht, weiterpaddeln. Das Schlauchboot muß unter Kontrolle gehalten werden. Bloß nicht schwimmen.«

Bzdak trat hinzu und besah sich den Fluß.

»Was meinst du?« fragte ich ihn.

Er schüttelte langsam den Kopf. »Nicht kentern. Bloß nicht kentern.«

Wir beide gingen zum Schlauchboot zurück, setzten uns und warteten auf Chmielinski. Ich mußte schlagartig eingeschlafen sein, denn ich wachte erst wieder auf, als Chmielinski mir Wasser ins Gesicht schüttete. Er sagte zu van Heerden, er solle Biggs, Truran und Odendaal begleiten, die einen Weg gefunden hatten, auf dem sie die Stromschnelle mit ihren Kajaks umtragen konnten. Das breitere Schlauchboot paßte jedoch nicht durch. Chmielinski gab vor, van Heerden könne während des Portagierens die Stromschnelle filmen. In Wirklichkeit wollte er van Heerden loswerden, weil er dem Südafrikaner nicht mehr traute. Van Heerden mißachtete seine Befehle, rauchte auf dem Schlauchboot und warf die leeren Zigarettenschachteln über Bord, was bereits zu heftigen Auseinandersetzungen zwischen den beiden geführt hatte.

Nachdem die Kajakfahrer und van Heerden gegangen waren, sagte Chmielinski zu Bzdak, Jourgensen und mir: »Jungs, es sieht gar nicht so schlecht aus. Wir müssen im oberen Engpaß nur strikt geradeaus halten.« Nach einer Weile fügte er hinzu:»Wenn ihr kentert, versucht, nach rechts zu schwimmen.« Bisher hatte er noch nie auch nur angedeutet, daß wir unter Umständen eine Stromschnelle durchschwimmen müßten.

Wir paddelten flußaufwärts, drehten in die Strömung, manövrierten oberhalb des Engpasses und verlangsamten unsere Geschwindigkeit vor der Einfahrt in die Enge. Das Schlauchboot wurde in die Luft geschleudert. Ich hatte dabei dasselbe Gefühl wie damals als Teenager, als ich mit einem Motorrad über eine kleine Klippe gefahren war.

Das Schlauchboot klatschte aufs Wasser, klappte wie ein Taschenmesser zusammen und drehte sich um 180 Grad. Wir rasten rückwärts auf die erste Stromschnelle, den Ballsaal, zu. Chmielinski und ich krachten zusammen, und ich wurde aus dem Boot katapultiert. Ich bekam im Flug gerade noch das Netz zu fassen.

»Jack!« schrie jemand, und für den Bruchteil einer Sekunde sah ich Jourgensen in der Mitte der Stromschnelle. Er ging unter, tauchte auf, ging wieder unter. Er war völig hilflos, seine Schwimmweste seine einzige Hoffnung, denn er konnte kaum schwimmen. Sein Gesicht war blutleer und wie versteinert, seine Augen ausdruckslos. Aber er kämpfte nicht. Es schien, als habe er sich in sein Schicksal ergeben.

Das Schlauchboot hob mich hoch und warf mich in die Luft. Chmielinski lag flach über dem Netz. Zuerst meinte ich, er sei nach unserem Zusammenprall bewußtlos geworden. Das Boot wurde in die Luft geschleudert, krachte wieder aufs Wasser. Bzdak stand aufrecht in dem sich aufbäumenden Boot wie ein Wikinger und entriß Jourgensen mit einer Hand der Ewigkeit. Er warf den kräftigen Mann auf den Boden des Schlauchbootes, als sei er nicht schwerer als eine Forelle.

Zwei Sekunden später rasten wir in die zweite Stromschnelle, den Milk Shake.

»VORWÄRTS! VORWÄRTS! VORWÄRTS!« schrie Chmielinski und setzte sich in Paddelposition. Wir legten uns kräftig ins Zeug, um das Boot wieder unter Kontrolle zu bekommen, aber es war zu spät. Die vordere rechte Seite hob sich und begann zu flattern. Jourgensen stand mühsam auf, stieg auf Bzdaks Rücken und warf ihn beinahe aus dem Boot. Bzdak zerrte ihn von sich weg und warf sich mit Chmielinski auf die in der Luft hängende Seite des Bootes. Einen Augenblick lang stabilisierte sich das Boot, dann drehte es sich von rechts nach links.

»TAUSCHEN!« schrie Chmielinski. Das war ein neues Kommando. Chmielinski und ich tauschten blitzschnell den Platz mit Bzdak. Wir saßen jetzt vorne, und Bzdak steuerte allein.

Die dritte Stromschnelle, den Killer, schafften wir problemlos, verloren jedoch in einem kleinen Wasserfall die Kontrolle über das Boot. Gleich nach dem Wasserfall rasten wir in die vierte Stromschnelle, den Toten Mann. Wir wurden von der linken Felswand weggeschleudert, prallten gegen einen Felsen, drehten uns im Kreis, wurden gegen die rechte Wand geschleudert – und schossen irgendwie geradewegs über das Loch. Einen schrecklichen Moment lang sah ich das wirbelnde Auge des Lochs, dann aber schossen wir auf das ruhigere Wasser flußabwärts zu.

Wir steuerten eine Felsbank am rechten Ufer an, kletterten aus dem Boot und blieben schweigend sitzen. Die ungeheure Nervenanspannung war uns allen auf die Gesichter geschrieben. Nach einer Weile meinte Bzdak: »Derart große Löcher habe ich noch nie befahren.«

Chmielinski nickte nur schweigend, was sehr ungewöhnlich für ihn war. Jourgensen schwieg und versuchte mit zittrigen Händen seine Pfeife anzuzünden. Nach einer Weile meinte Bzdak: »Jackie, was meinst du, sollen wir das Ding nicht ›die Stromschnelle der nassen Pfeife‹ taufen?«

Jetzt löste sich unsere Anspannung in einem befreienden Lachen. Anfänglich nur nervöses Gekicher, dann unterdrückte Lacher, und schließlich kreischten und brüllten wir alle im Chor.

Nachdem wir auch an diesem Tag wieder nur 1,5 km geschafft hatten, begriffen wir allmählich, wie lange 65 km auf einem Wildwasser sein können. Auf flachem Gelände war diese Strecke zu Fuß in zwei Tagen zu schaffen. Hier konnten wir gut und gerne zwei Wochen dazu brauchen und stellten uns wohl oder übel auf eine langwierige Fahrt ein.

An diesem Abend wies mich Chmielinski an, unsere sowieso schon knappen Rationen nochmals um die Hälfte zu kürzen. Wir mußten die Kochtöpfe mit Wasser auffüllen, denn Wasser war im Überfluß vorhanden. Darüber war zwar keiner von uns froh, aber es beklagte sich auch niemand.

Fledermäuse kreisten über unseren Köpfen, während wir ein dünnes

Süppchen, bestehend aus drei Päckchen peruanischem »Weltraum-Chili«, einem Päckchen Suppe und viel Wasser, löffelten. Danach setzten wir uns auf eine Granitplatte am Ufer und betrachteten die Sterne, die durch den schmalen Schlitz der Schlucht zu sehen waren. Wir ließen unseren Blick flußabwärts die Schluchtwände entlangwandern, wo Glühwürmchen aufleuchteten. Es schien, als ob die Sterne direkt in den Fluß fielen.

»Ich glaube, das ist der herrlichste Cañon, den ich je gesehen habe«, meinte Tim Biggs. Der Rest der Mannschaft brummte zustimmend. Wir hatten Angst und waren müde, aber diese Gefühle lenkten unseren Blick auf das Wesentliche. Sie zeigten uns, daß wir an einem heiligen Ort waren, einem unberührten Ort, den vielleicht noch kein Mensch gesehen hatte.

»Flüsse haben eine eigene Sprache«, sagte Truran. »Eine eigene Kultur. Wir sind nicht in Peru. Wir sind an einem Ort, der in Strudeln und Strömungen, in Stufen, Wasserfällen und Becken spricht. Wir haben heute zwar nur eineinhalb Kilometer geschafft, aber könnt ihr euch herrlichere eineinhalb Kilometer vorstellen?«

Ich ging in mein Zelt, um mich meinen Aufzeichnungen zu widmen. Als ich eine Stunde später in meinen Schlafsack kroch, hörte ich den gleichmäßigen Atem Jourgensens, der sein Zelt neben meinem aufgestellt hatte. Mir fiel sofort wieder sein Gesichtsausdruck ein, als er heute nachmittag aus dem Boot gestürzt war. Es war ein passiver, resignierter Ausdruck.

Jourgensen war mit seinen 52 Jahren an einem Scheideweg. Er hatte Leo Buscaglias Buch *Ganz Mensch sein* gelesen und fragte sich seither, wie er es mir gegenüber formulierte: »Was heißt es, mit der Welt und sich selbst in Berührung zu kommen?« Er wollte mehr sein als ein Mann, der durch den Verkauf von Autobahnfarbe reich geworden war. Seine Teilnahme an einer Expedition am Apurímac bewies, daß er ein Filmemacher, ein Entdecker, ein Abenteurer war – »Wikinger« nannte er solche Männer gern in dem Tagebuch, das er für seine sieben Kinder führte. Sein jüngstes Kind, Leif, war erst fünf Monate alt.

Ich glaube, wir waren alle beeindruckt davon, daß Jourgensen an einer Flußbefahrung teilnahm, die selbst 20 Jahre jüngeren und durchtrainierten Männern Angst einjagte. Aber ich für meinen Teil hatte ihm gegenüber Schuldgefühle. In Wahrheit gehörte er nämlich nicht auf einen Fluß, schon gar nicht auf den hier. Er hatte Übergewicht, einen

Gelenkschaden im Knie, Arthritis in der Hüfte und seit längerem Gichtprobleme. Daher machte ihm das Schwimmen und Klettern mehr als allen anderen zu schaffen. Er hatte eine große Familie zu versorgen. Dennoch hatte sich damals in Cuzco niemand dazu geäußert, als Kate Durrant darauf gedrängt hatte, ihn ja nicht mit aufs Schlauchboot zu nehmen. »Was wollt ihr machen, wenn er sich das Bein bricht oder einen Herzanfall bekommt?« hatte sie gefragt. Keiner hatte den Mund aufgemacht, denn wir alle wollten unseren »Goldesel« nicht verlieren.

In dieser Nacht schlief ich schlecht, denn ich hatte am ganzen Körper Prellungen und Zerrungen. Im ersten Morgengrauen stand ich auf und untersuchte unsere Lebensmitteltaschen auf Schimmel. Bzdak war auch schon auf, er hatte Frühstücksdienst. Er brühte eine Kanne Instantkaffee auf und schenkte mir eine Tasse ein. Aber mein Magen hatte sich aus Angst vor der neuerlichen Konfrontation mit dem Apurímac bereits verkrampft. Wir schütteten den restlichen Kaffee in Tassen und servierten ihn den anderen am Zelt.

»Zbyszek«, fragte ich, als wir mit dem Austeilen fertig waren, »wenn wir heute wieder auf eine so schwierige Stromschnelle wie gestern treffen, wirst du sie dann befahren?«

»Wenn ich keine andere Wahl habe, dann schon. Ansonsten nicht. Stell dir vor, einer bricht sich ein Bein. Was sollen wir dann tun? Wir können ihn nur aufs Schlauchboot packen. Aber das ist keine besonders gute Lösung.«

Nach der Abfahrt stellten wir fest, daß auf den folgenden Kilometern das Gefälle weiter zunahm. Außerdem war der Fluß durch die Regenfälle der letzten drei Tage um weitere 15 cm gestiegen. Die Wellen wurden immer höher, und die Stromschnellen lagen jetzt ausnahmslos jenseits des befahrbaren Bereichs – auf der Skala Schwierigkeitsgrad 6+. Die Kajakfahrer brauchten fünf Stunden, um ihre Kajaks um diese Stromschnellen zu tragen, und wir anderen treidelten das Schlauchboot an Chmielinskis Bergsteigerseil flußabwärts.

Chmielinski hatte sich etwas Neues einfallen lassen. Bzdak sollte im Schlauchboot sitzen bleiben und paddeln, während wir ihn vom Ufer aus mit dem Seil sicherten. Chmielinski setzte für das Gelingen dieser Operation Umsicht und Muskelkraft ein, Bzdak jedoch trug das Hauptrisiko. Der Fluß konnte einem hilflosen Schwimmer mit seiner hohen Strömungsgeschwindigkeit und engen Verblockung den Kopf wie eine Eierschale zerbrechen. Und dennoch brauchte Chmielinski nur zu sagen: »Dorthin, Zbyszek!« und mit dem Finger auf einen Felsblock in der Mitte des Flusses oder auf eine weit flußabwärts gelegene Enge deuten, und schon sprang Bzdak ins Boot und war weg. Er erwiderte nichts, fragte nur mit einer Handbewegung: »An welchem Engpaß soll ich anhalten?«

Diese beiden grundverschiedenen Männer hatten im Laufe von sechs Jahren, die sie in den wildesten und unwegsamsten Gebieten der westlichen Hemisphäre zugebracht hatten, gelernt, daß sie sich bedingungslos aufeinander verlassen konnten. Trotz der hohen Risiken, die sie eingingen, trotz der ernsten Situationen, in die wir kamen, war es faszinierend zu sehen, wie die beiden das für uns nahezu lebenswichtige Boot diesen tückischen Fluß sicher hinunterbrachten. Nur gelegentlich machte sich ihre enorme psychische Anspannung in einem auf polnisch geführten heftigen Wortwechsel Luft.

Am Nachmittag des vierten Tages in der Schlucht (am sechsten Tag nach unserem Aufbruch von der Cunyac-Brücke) war Bzdak erschöpft. Seine Augen waren rot und geschwollen, und er hatte nicht mehr genügend Kraft zum Paddeln. Ich bot an, ihn auf dem Schlauchboot abzulösen, aber Chmielinski wollte nichts davon hören. »Zwischen Zbyszek und mir ist das etwas anderes. Wir kennen uns seit Jahren. Von ihm kann ich verlangen, das Schlauchboot zu dirigieren, aber von dir nicht.«

Ich war erleichtert über diese Antwort. Ich war mehr als ausgelastet, hinter Chmielinski über die Felsen zu klettern, die lose durchhängende Leine einzuziehen, Leine zu geben, wenn das Boot den Fluß hinunterschoß, und ihn festzuhalten, damit das Boot ihn nicht ins Wasser zog. Das Wildwasser spannte mich nervlich so an, daß mich jeden Nachmittag, wenn das Zeichen zum Lageraufschlagen gegeben wurde, ein Gefühl der Dankbarkeit und des Stolzes überkam, daß ich einen weiteren Tag überlebt hatte. Ich meinte dann jedesmal, mein Körper, der den ganzen Tag vor Angst zum Zerreißen angespannt war, würde sich plötzlich von allen Fesseln befreien. Allein schon meine allabendliche Tasse Kaffee zu trinken bereitete mir eine unbeschreibliche Wonne.

Zum Teil rührte meine Angst daher, daß ich im Schlauchboot keine bequeme Position einnehmen konnte. Das Boot war so vollbepackt, daß das fünfte Besatzungsmitglied, das nicht paddelte, also entweder Jourgensen oder van Heerden, links hinter mich gequetscht war. Wenn

Jourgensen neben mir saß und mit seinem Gewicht unsere Bootsseite nach unten drückte, hatte ich ständig Angst, ins Wasser zu fallen. Van Heerden setzte sich zum Filmen nach hinten und hüpfte dann ständig im Boot herum. Einmal traf mich van Heerden beim Befahren einer Stromschnelle mit seiner Kamera an der rechten Schläfe und warf mich über Bord. Das winzige Boot, mein »Strohhalm« auf diesem furchterregenden Fluß, schien mir von da ab in gefährlicher Weise überladen.

In beklemmender Weise befürchtete ich immer mehr, daß wir nie aus dieser Schlucht herauskommen würden, daß sie nie enden würde. Es gab keine ruhigen Stellen. Stromschnelle folgte auf Stromschnelle, Kilometer auf Kilometer, angetrieben von jener »unheimlichen Gewalttätigkeit des Vorsatzes – jenem undefinierbaren Etwas, … in unvorhergesehener Grausamkeit, die es sich zum Ziel gesetzt hat, [dem Menschen] alles zu entreißen, was er gesehen, gekannt, geliebt, genossen oder gehaßt hat … die sich zum Ziel setzt, ihm die ganze kostbare Welt für immer durch den simplen und entsetzlichen Akt des Tötens zu entreißen«. Mit diesen Worten beschreibt Joseph Conrad die Natur. »Wie steht's, Tim?« fragte ich Biggs ein paar Stunden später. »Ich weiß auch nicht, Kumpel«, antwortete er. »Auf jeden Fall würde ich lügen, wenn ich behaupte, daß mir der Fluß nicht auch Angst einjagt.«

In den Hochanden hatte die Regenzeit eingesetzt. Der Fluß wechselte durch den Zufluß von Nebenflüssen mit jedem Tag seine Farbe. An einem Tag schien der Apurímac kaffeebraun, dann wieder smaragdgrün und am nächsten blaugrau. Am frühen Abend floß er meist ruhig und harmlos an unserem Lagerplatz vorbei, doch über Nacht stieg er um 30 cm und donnerte am Morgen wieder mit voller Kraft dahin. An manchen Stellen lagen die Felsen in drei bis vier Lagen übereinander, wieder an anderen war das Ufer mit Geröll übersät. Bei diesen verschiedenen Zuständen und dem unterschiedlichen Erscheinungsbild des Flusses war es nicht abwegig, ihn als etwas Lebendiges zu betrachten, als ein Wesen mit eigenem Willen und eigenen Zielen. Was den Apurímac vollends zu einem lebenden Wesen machte, war das Geräusch, mit dem er durch den Cañon donnerte. Der Fluß hatte eine gewaltige Stimme: Er brüllte. Der Fluß war nicht nur ein handelndes Subjekt, sondern ein Dämon, der es ganz klar darauf abgesehen hatte, uns zu ersäufen. Wir konnten den Fluß anbrüllen, ihn verfluchen oder ihn anflehen, aber all das nützte nichts. Der Fluß donnerte gleichgültig und unnachgiebig weiter.

Deshalb richteten wir unsere Frustrationen nach innen und gegeneinander. Auf dem Fluß konnte eine laute Anweisung in Geschrei und unterdrückte Flüche ausarten. In besseren Zeiten hatte man sich die guten Zeltplätze noch geteilt oder sogar dem Kameraden überlassen. Jetzt aber war jeder nur darauf bedacht, für sich den besten Zeltplatz zu ergattern. Jeder beäugte futterneidisch die Portionen, die in strengen Rationen ausgeteilt wurden.

Aus der Rivalität zwischen Chmielinski und Odendaal wurde in der Schlucht offene Feindschaft. Die Unsicherheit Odendaals in seiner Rolle als Expeditionsführer äußerte sich darin, daß er sich über jede Schwierigkeit von Chmielinskis Schlauchbootteam hämisch freute. Diese Geisteshaltung war zwar nicht gerade achtbar, der Grund für sie aber nur allzu verständlich. Mehrmals am Tag befuhren Truran, Biggs und das Schlauchbootteam Stromschnellen, die Odendaal mit seinem Kajak umtrug. Diese einsamen Portagen sonderten ihn vom Rest der Mannschaft ab.

Chmielinski seinerseits hatte vor Odendaal als Kajakfahrer keinerlei Respekt und machte aus seiner Verachtung für ihn auch keinen Hehl. »Er hat Angst vor dem Fluß«, sagte er einmal, als Odendaal wieder eine Stromschnelle umtrug, die Chmielinski für einfach zu befahren hielt. Er betrachtete Odendaal in keiner Weise als ebenbürtig, geschweige denn als Autorität.

Am Ende des vierten Tages in der Schlucht war abzusehen, daß sowohl Odendaal als auch das Schlauchbootteam über eine lange Strecke portagieren mußten. Odendaal strahlte vor Genugtuung. »Ich werde zwei Stunden vor euch im Lager sein«, meinte er süffisant. Dann kletterte er auf den nächsten Felsen, schulterte sein Kajak und machte sich auf den Weg.

Chmielinski war angesichts dieser Stichelei stocksauer, denn immerhin wurde im Schlauchboot neben Odendaals Lebensmitteln auch seine gesamte Ausrüstung transportiert. Nachdem der Pole die Strecke ausgekundschaftet hatte, schleppten wir die Lebensmittel und die Ausrüstung zu Fuß über Felsblöcke und tiefe Spalten flußabwärts. Wir mußten die knochenaufreibende Strecke dreimal machen, bis wir alles unten hatten. Dann fuhren wir mit dem vom Ballast befreiten

Schlauchboot flußabwärts. Da Odendaal uns nicht sehen konnte, hatte er die ganze Operation nicht mitbekommen.

Biggs war mit seinem Kajak vorausgefahren und hatte eine winzige Höhle mit einem weichen, sandigen Untergrund als Lagerplatz ausfindig gemacht. Wir waren lange vor Odendaal an diesem Lagerplatz. Als er schließlich dort eintraf, war er bestürzt, daß wir bereits da waren. Ohne ein Wort zu sagen, schlug er sein Zelt auf.

Am nächsten Morgen erwachte ich durch eine Unterhaltung, die Odendaal und Biggs dicht neben mir führten. Er verlangte von Biggs, er solle in seiner Eigenschaft als Flußkapitän Chmielinski befehlen, das Schlauchboot zusammenzupacken und die nächsten Kilometer flußabwärts zu portagieren. Das Tragen des Boots gehe schneller als das Treideln, argumentierte er. Biggs ließ sich jedoch vorerst nicht festlegen.

Odendaals Logik war mir offen gestanden nicht ganz einleuchtend. Das Treideln des Schlauchboots ging viel schneller als das Portagieren und außerdem hatten wir ja am Vortag bewiesen, daß wir mit dem Tragen der Ausrüstung und dem Treideln des Bootes immer noch schneller waren als Odendaal mit dem Portagieren seines Kajaks.

Wenn wir hingegen die Luft aus dem Boot ließen und damit auf das Treideln verzichteten, war Odendaal sicherlich schneller als wir. Und für Chmielinski bedeutete es etwas ganz anderes, ob man ein zusammengefaltetes Schlauchboot über Land trug oder ob man ein aufgeblasenes den Fluß hinuntermanövrierte. Das Zusammenfalten des Schlauchboots war demütigend – das Eingeständnis der eigenen Niederlage.

Biggs holte Chmielinski, und das Gespräch artete rasch in allgemeines Gebrüll aus. Chmielinski schrie Odendaal an, er habe keine Ahnung von Wildwasser. Odendaal drohte, Chmielinski in Cachora hinauszuwerfen.

Ich machte mich daraufhin aus dem Staub und ging in die Höhle, wo Truran gerade Kaffee machte.

»Wenn in Cachora jemand aus dem Team aussteigt, dann sollte das Chmielinski sein«, meinte er. Er schenkte mir Kaffee ein und sagte dann: »Die beiden kämpfen ständig um die Führung der Expedition. Sie müssen damit aufhören, denn sonst gefährdet dieser Konflikt noch das ganze Team.«

Chmielinski faltete das Schlauchboot natürlich nicht zusammen, aber an diesem Morgen geschah etwas Folgenschweres. Wir treidelten das Boot durch eine Stromschnelle, es raste über einen Felsblock, die Leine zog straff, und das Boot hing mit dem Bug nach unten. Mit Hilfe einer Rettungsleine ließen Bzdak, Truran und ich Chmielinski 10 m die steile Felswand hinunter. Er durchtrennte das verhakte Kletterseil und befreite so das Schlauchboot. Das Seil sauste natürlich in die Tiefe und war verloren. Somit konnten wir jetzt nur noch unsere dünnen Rettungsseile zum Treideln benutzen, die sowieso schon alt und verschlissen waren. Schon bald würden wir nicht mehr treideln können und daher gezwungen sein, zu portagieren. Uns stand eine gefährliche, unangenehme und langwierige Arbeit bevor.

Bis Mittag hatten wir kaum 450 m hinter uns gebracht. Chmielinski saß abseits und sprach mit niemandem.

Am Nachmittag wurden die Stromschnellen noch schwieriger. Wir kämpften uns durch einige hundert Meter schweres Gelände, treidelten das Boot durch viele Stromschnellen, befuhren andere und hofften jedesmal, daß wir hinter der nächsten Biegung auf einen ruhigeren, unverblockten Abschnitt stoßen würden. Sobald wir aber um die Biegung spähten, bekamen wir jedesmal lange Gesichter, denn die Stromschnellen wurden eher noch größer, länger und tückischer.

Am Spätnachmittag stießen wir auf eine besonders gefährliche Stromschnelle, die wir mit dem Riken nicht umtragen konnten. Chmielinski wählte eine günstige Route aus und beriet sich dann in einer Geste der Versöhnlichkeit mit Biggs und Odendaal. Die beiden ermunterten uns. »Ich bin überzeugt, daß ihr es schaffen werdet«, meinte Odendaal und schickte sich an, sein Kajak über eine schmale Felsbank am linken Ufer um die Stromschnelle herumzutragen. Biggs pflichtete ihm bei: »Ihr habt doch schon viel schlimmere Walzen gepackt.« Biggs und Truran schulterten ihre Kajaks und folgten Odendaal. Chmielinski hieß Jourgensen ebenfalls zu Fuß gehen. (Wenn Jourgensen noch einmal über Bord ging, konnte es das letzte Mal sein, fürchtete Chmielinski.) Bzdak, van Heerden und ich warteten, bis Truran am Ende der Stromschnelle angelangt war und dort in einem Kehrwasser sicherte. Dann paddelten wir los.

Keiner von uns hatte die starke Strömung erkannt, die kurz nach dem Anfang der Stromschnelle von links nach rechts verlief. Ich kann nicht mehr genau sagen, was passierte, als wir in die Stromschnelle einfuhren. Einen Moment zuvor war ich noch im Boot, im nächsten war alles dunkel und still. Ich wollte mich am Boot festhalten und griff ins Leere. Das Wasser wurde kalt, kälter, eiskalt. Ich versuchte zu schwimmen, aber ich wußte nicht, ob ich mich nach oben oder nach unten bewegte. Auf jeden Fall waren meine schwachen Schwimmzüge angesichts der gewaltigen Strömung sowieso zwecklos. Eine riesige Faust schien die Luft aus mir herauszupressen. Ich versuchte erneut zu schwimmen, dem Licht entgegen, wurde jedoch wieder nach unten gezogen und herumgewirbelt.

Ich hatte zuvor schon einige Male um mein Leben schwimmen müssen, aber dieses Mal war meine Lage erheblich kritischer. Überraschenderweise gewann ich einen Moment innerer Ruhe und Klarheit, und ich wurde gewahr, daß ich ertrinken würde. Zuerst machte mich das wütend. Dann resignierte ich. Ich wußte, daß meine Todesstunde gekommen war.

Plötzlich entließ mich der Fluß aus seiner Umklammerung – vielleicht verschmähte er solche Jammerlappen wie mich.

Ich sah Licht. Ich kämpfte mich zu dem Licht vor. Meine Lungen füllten sich mit Wasser. Ich arbeitete mich weiter vor.

LUFT!

LICHT!

Ich tauchte auf, schoß dicht an der Cañonwand vorbei, wurde gegen einen Felsen geschleudert, blieb einen Moment daran hängen, so daß es mir gelang, meinen Kopf aus dem Wasser zu strecken. Truran wartete in seinem Kajak in einem Kehrwasser am Ende der Stromschnelle.

»Schwimm!« schrie er mir zu.

Eine Welle von hinten, und ich war wieder im Wasser. Wieder wurde alles schwarz. Wasser drang durch meine Nase in meine Lungen. Ich prallte von etwas Hartem ab und tauchte neben Truran auf.

»Halt dich an mir fest!« rief er. Ich hievte mich mühsam auf den Bug des Kajaks und umklammerte Truran. Er setzte mich in der Nähe einer Sandbank am linken Ufer ab und befahl mir, hier auf ihn zu warten.

Ich kniete mich in den Sand und übergab mich. Als Truran zurückkam, watete ich ins Wasser, blieb stehen und machte wieder kehrt.

»Rein ins Wasser!« schrie er mir zu. »Sofort!«

Dann befuhren wir die Stromschnelle, und ich hielt mich mit aller Kraft an ihm fest. Der Fluß schlug über mir zusammen, als bereue er plötzlich, daß er mich verschmäht hatte. Nach Minuten, die mir endlos erschienen, stand ich am rechten Ufer am Fuß der Cañonwand.

Van Heerden zog hastig an einer Zigarette und zitterte. Chmielinski sah mich an, als sei ich ein Geist. Als das Schlauchboot gekentert war, hatten sich die wachsamen Polen sofort daran festgehalten und waren mit einem Ruck aus dem Loch herausgezogen worden. Van Heerden wurde aus dem Boot geschleudert und auf eine Felsplatte zugetrieben, die der Fluß unterspülte. Van Heerden wäre fast unter dem Felsen festgeklemmt worden und ertrunken. Aber kurz vor dem Felsen warnte ihn der aufmerksame Truran. Van Heerden drehte sich um und versuchte das Schlauchboot zu fassen, das dicht hinter ihm fuhr. Das Schlauchboot donnerte gegen die Wand und nagelte van Heerden dort fest. Er wurde in die Tiefe gezogen, aber Chmielinski und Truran packten ihn gerade noch an der Hand und am Kopf. Als das Schlauchboot von der Felswand zurückfederte, zogen sie ihn aus dem Wasser. Sie hatten vermutet, daß ich vor ihm untergegangen war.

Chmielinski sagte: »Auf geht's, Jungs, ins Boot!« Er meinte, wenn wir jetzt nicht gleich wieder ins Boot stiegen, fänden wir vielleicht nie wieder den Mut dazu.

Es war bereits dunkel, als wir unser Lager auf einigen winzigen Sandflecken inmitten von Felsen aufschlugen. Wir hatten kaum die Hälfte unseres Abendessens gegessen, als Truran versehentlich den Kochtopf umstieß. Niemand sagte ein Wort. Nur Chmielinski stellte fest, daß wir an diesem Tag ganze eineinhalb Kilometer geschafft hatten.

Frierend, hungrig und verängstigt, wie ich war, zweifelte ich daran, daß ich oder meine Kameraden lebend aus dieser Schlucht herauskommen würden. Und obwohl ich wußte, daß das nur Selbstmitleid war, ärgerte ich mich darüber, weil ich der einzige war, der im Team keinen Kameraden hatte. Ich hatte als einziger keinen Freund, der meiner Familie und meinen Freunden sagen würde: ›So ist er gestorben.‹

Plötzlich regnete es in Strömen. Wir flüchteten in unsere Zelte. Ich zündete eine Kerze an und starrte sie an, bis sie fast heruntergebrannt war. Ich blies sie aus, bekam aber im Dunkeln panische Angst – diese Dunkelheit erinnerte mich an die Finsternis im Fluß. Ich suchte wie ein Wahnsinniger nach Streichhölzern und zündete nacheinander zwei weitere Kerzen an. Schließlich zündete ich auch noch meine letzte und vierte Kerze an. Als auch sie heruntergebrannt war, blieb ich mit offenen Augen im Dunkeln liegen. Mein Körper stürzte in die Tiefe, immer weiter, immer weiter.

Ich hatte mein Zelt genau neben dem großen Zelt Odendaals und van Heerdens aufgestellt. Als ich aufwachte, hörte ich, wie sie sich auf Afrikaans unterhielten. Als Biggs hinzu kam, schwenkten sie auf Englisch um. Odendaal schlug vor, ganz auf das Schlauchboot zu verzichten, sobald der Fluß flacher werden würde. Van Heerden hatte genug Film im Kasten und genug Wasser geschluckt – er wollte abreisen. Truran hatte ein nicht rückvergütbares Flugticket und mußte deshalb auch bald abreisen. Jourgensen wollte auch zurück nach Hause. Von Cachora aus würden Bzdak und ich mit Leon und Kate Durrant nach Lima reisen und möglicherweise erst viel später, im Regenwald, wieder zu der Expedition stoßen. Chmielinski sollte gemeinsam mit Odendaal und Biggs per Kajak weiterfahren.

»Sprich mit niemandem darüber«, sagte Odendaal zu Biggs. »Ich habe keine Lust auf lange Diskussionen. Das ist wieder so etwas, wo jeder seine Meinung abgibt.«

Ich war zunächst wie vor den Kopf geschlagen, und dann deprimiert. Der Fluß machte mir angst, sicher, aber ich selbst wollte nicht aufgeben. Und ich meinte, ich hätte mir ein Anrecht darauf erworben, selbst für mich zu sprechen. Bzdak und ich hatten unser Leben aufs Spiel gesetzt, um die gesamten Vorräte durch die schwierigsten Flußabschnitte zu transportieren. Und einmal hatten wir unter hohem Risiko sogar Odendaal mitgenommen.

Bzdak war wütend, als ich ihm erzählte, was ich gehört hatte. »Warum riskiere ich mein Leben für den Kerl, wenn er nur daran denkt, wie er mich los wird?«

Wir erzählten es Chmielinski. Der sprach postwendend mit Odendaal und kam bleich vor Wut zurück. Wenn wir anderen erst einmal aus dem Team hinausgeekelt waren, würde Chmielinski mit den beiden Südafrikanern allein und somit völlig von Odendaals Wohlwollen abhängig sein.

Odendaal sah, daß wir uns unterhielten und kam mit schnellen Schritten auf uns zu.

»Piotr, ich habe dir doch ausdrücklich gesagt, daß du mit niemandem darüber reden sollst«, fauchte er.

»Sie möchten das Schlauchboot aus dem Wasser nehmen«, erwiderte ich.

»Wir denken über gewisse Veränderungen nach«, wich Odendaal aus. »Es ist noch nichts entschieden. Wir diskutieren noch.«

»Ich habe euer Gespräch von heute morgen mitbekommen«, erwiderte ich.

»Ich wußte, daß Sie zuhören«, sagte er.

Wenn er gewußt hätte, daß ich zuhöre, hätte er sich nicht die Mühe zu machen brauchen, Biggs zum Schweigen zu verpflichten. Letztlich war es völlig gleichgültig, ob er die Wahrheit sagte oder nicht. Bis zu diesem Morgen hatten Odendaal und ich wenigstens noch den Anschein aufrechterhalten, daß wir uns für eine gemeinsame Sache einsetzten. Jetzt hatten wir uns unter dem psychischen Druck in der Schlucht gegenseitig verraten. Er hatte meinen Rauswurf aus dem Unternehmen betrieben, und ich hatte mich ganz offen auf die Seite derer geschlagen, vor denen er sich am meisten fürchtete. Von Neutralität konnte jetzt keine Rede mehr sein.

Chmielinski entfaltete nach dieser neuerlichen Auseinandersetzung eine mir bis dahin unbekannte Aktivität und Intensität auf dem Fluß. In kaum verhüllter Wut sprang er von Felsen zu Felsen, kletterte auf schmale Klippen und zerrte die kurze Führungsleine von extrem gefährlichen Spitzen. Oft war er nahe daran, vom Schlauchboot geradewegs in den Fluß gerissen zu werden. Bzdak und ich hetzten ihm mühsam am Ufer hinterher und schossen die Leine auf, wenn er das Boot an ihr herunterzog. Wir sicherten ihn, wenn das Boot flußabwärts raste und die Leine durch seine Hände glitt und straff zog.

Chmielinski versuchte sogar einmal, das Schlauchboot allein durch eine Stromschnelle zu treideln, weil wir ihm zu langsam waren und nicht nachkamen. Ich kletterte gerade noch rechtzeitig auf einen Felsen und sah, wie das Boot an Chmielinski vorbeischoß. Die lose durchhängende Leine tanzte wie wild durch die Luft und hätte sich beinahe um seinen rechten Fuß gewickelt. Ich warnte ihn, und irgendwie gelang es Chmielinski, mit nur einer Hand – soviel Kraft hätte ich selbst unter Aufbietung meines gesamten Körpergewichts nicht aufgebracht – die Leine für den Bruchteil einer Sekunde festzuhalten und damit auch die unerhörte Zugkraft zu stoppen. Im selben Moment ruckte er seinen rechten Fuß in die Luft, und das Seil zog straff, riß ihm aber nur den Schuh vom Fuß. Sekunden später tauchte der Schuh 50 m flußabwärts wieder auf.

Bzdak und ich kundschafteten die nächste Stromschnelle aus. Es sah schlecht aus: Die Strömung trieb nach links auf einen tiefen Strudel zu.

Chmielinski brauchte nicht lange, um unsere Gedanken zu erraten. »Okay, Jungs«, meinte er achselzuckend, »wir treideln.«

Der Ton, in dem er das gesagt hatte, machte deutlich, daß er die Stromschnelle unbedingt befahren wollte. Bzdak und ich wußten, daß die Schnelligkeit, mit der die Besatzung des Schlauchboots vorankam, für die endgültige Auseinandersetzung zwischen Chmielinski und Odendaal nicht unbedingt entscheidend war, aber gerade jetzt, wo Chmielinski uns am nötigsten brauchte, verloren wir endgültig die Nerven.

»Hör zu, Piotr«, sagte ich. »Wenn du sagst, wir fahren, dann fahren wir. Es ist deine Entscheidung.«

»Ja, er hat recht«, meinte auch Bzdak.

»Nein«, antwortete Chmielinski. »Wir sind gestern übel gekentert. Es ist besser, wenn wir erst wieder ruhigeres Wasser befahren und Selbstvertrauen gewinnen.«

Wir treidelten das Schlauchboot durch die linke Seite des Strudels. Es geriet außer Kontrolle, und wir brachten es wieder in die richtige Position.

Wir schauten flußabwärts. Zwei winzige Gestalten winkten uns zu: Kate Durrant und Leon.

# 9. Der mittlere Apurímac

Sie campierten am anderen Ufer, keine 500 m weiter flußabwärts, aber der Apurímac führte hier solche Wassermassen vorbei, daß an ein Übersetzen nicht zu denken war. Der Cañon hatte uns mehrmals einen ganzen Tag abverlangt, um eine Strecke von einem halben Kilometer zurückzulegen. Es war am sichersten, erst am Morgen zu unseren Gefährten ans andere Ufer überzusetzen. Wir sahen, wie Kate Durrant am linken Ufer behende von Fels zu Fels hüpfte. Truran überquerte den Fluß mit seinem Kajak und unterhielt sich mit ihr. Danach paddelte er wieder zurück und beriet sich mit Bzdak. Chmielinski und ich stellten gerade unser Zelt auf, und wenig später kam der Fotograf auf uns zu und sagte zu Chmielinski: »Piotr, darf ich ans andere Ufer übersetzen?«

Truran wartete mit seinem Kajak in einem Kehrwasser, und Chmielinski rief ihm zu: »Schaffst du es mit Bzdak?«

»Vielleicht«, schrie Truran zurück.

»Na, geh schon, Zbyszek! Und bleib drüben. Wir treffen uns dann morgen früh.«

Bzdak war so aufgeregt, wie ich ihn noch nie gesehen hatte. Hastig reichte er mir seine Kameraausrüstung. Er mußte sich dabei fühlen wie eine Mutter, die ihr Kind einem Fremden anvertraut. Er watete in das Kehrwasser hinein, legte sich flach auf das Kajak und hielt sich an Truran fest.

Sie bewegten sich langsam auf die Strömung zu, fuhren durch brodelnde Wasserkämme und kleine Strudel. Als sie mitten in der kochenden Suppe waren, drehte Truran das Kajak flußaufwärts. Der Plastikbug des Kajaks bäumte sich auf wie ein Pferd, das Heck tauchte ab – und mit ihm Bzdak.

Der Fluß spie ihn wieder aus, Bzdak rang nach Luft, hielt Truran weiter fest umklammert und tauchte wieder ab.

Truran versuchte sich zu einem kleinen Kehrwasser in der Mitte der

Strömung vorzukämpfen. Der Fluß tobte und toste zu beiden Seiten des Kajaks vorbei. Bzdak tauchte einen Moment lang auf, dann war er wieder verschwunden. Nur sein gelber Helm, der alle paar Sekunden in der Gischt auftauchte, verriet, daß er sich immer noch auf dem Kajak halten konnte.

Zu guter Letzt erreichten die beiden doch noch das andere Ufer. Bzdak und Kate Durrant umarmten sich.

»Sieh dir diesen Kerl an!« sagte Chmielinski.

Am Abend saßen Chmielinski, Biggs, Jourgensen, Truran, van Heerden und ich ums Feuer. Odendaal unterbreitete uns einen Vorschlag. Die Expedition sollte ohne Schlauchboot fortgesetzt werden. Es war seiner Meinung nach zu langsam. Biggs und Jourgensen waren auch dafür, womit es mehr oder weniger beschlossene Sache war, das Schlauchboot nicht mehr einzusetzen. Jourgensen war der Geldgeber des Projekts. Er hatte 17 Einhundert-Dollar-Scheine in seinem Parka, und wenn er Lima erreichte, würde er der Expedition noch mehr Geld zukommen lassen. Also lief ohne seine Zustimmung gar nichts.

Aber selbst Biggs, der loyalste Parteigänger Odendaals, stimmte Jourgensens Argumenten gegen das Schlauchboot nicht zu. Jourgensen vertrat nämlich die Ansicht, man könne das künftige Tempo des Schlauchboots am Tempo des Boots in der Acobamba-Schlucht abmessen. (Wenn man dieses Tempo zugrunde legte, hätten wir irgendwann im 21. Jahrhundert den Atlantik erreicht.) Seine Behauptung schien mir nur ein Vorwand zu sein, aus der Expedition auszusteigen, ohne den Anschein zu erwecken, er habe aufgegeben. Ein echter Wikinger verläßt sein Boot nicht – es sei denn, es ist überhaupt kein Boot auf dem Fluß …

Nachdem sein erstes Argument gegen das Schlauchboot nicht zog, meinte Jourgensen: »Das Schlauchboot ist zu unsicher. Piotr geht zu viele Risiken ein.«

»Fragen wir doch die Mannschaft«, schlug Truran vor und bat mich um meine Meinung. In gewisser Weise stimmte ich Jourgensen zu. Für ihn war das Schlauchboot in der Tat nicht sicher genug. Er gehörte einfach nicht aufs Wasser. Aber das bedeutete noch lange nicht, daß das Schlauchboot an sich nicht sicher genug war. Riskant war die Sache durchaus, aber wenn es nicht riskant wäre, den Apurímac zu befahren, wären wir gar nicht hier.

»Ich möchte weiterfahren«, sagte ich. »Und Zbyszek auch. Wir werden es riskieren. Ich glaube, daß das Schlauchboot mit weniger Leuten und weniger Gepäck sicherer ist, und ich bin überzeugt, daß Kate mit ins Schlauchboot steigt, falls wir noch einen Paddler brauchen.«

Chmielinski war davon überzeugt, daß Odendaal keinerlei logistische Vorstellungen von der Befahrung eines so steilen und beinahe unzugänglichen Cañons besaß. Ohne das Schlauchboot, das die Vorräte transportierte, würden die Kajakfahrer mit vollbepackten Kajaks paddeln müssen, was ihre Manövrierfähigkeit im Wasser extrem einschränkte. Selbst wenn sie Proviant mitführten, wären die Kajakfahrer für ihre Versorgung immer noch in starkem Maße auf das Umland angewiesen. Der Cañon war aber nahezu unbewohnt. Außerdem mußte der Fluß demnächst breiter und flacher werden. Und dann würde das Team mit Unterstützung des Schlauchboots Tempo machen können.

Doch dann ließ Truran, wie es seine Gewohnheit war, eine Bombe platzen: »Diese Expedition wird den Atlantik nicht zum geplanten Zeitpunkt erreichen. Ich schlage daher vor, daß wir uns diesen Gedanken aus dem Kopf schlagen. Gehen wir die Sache gemütlicher an. Andernfalls müssen wir uns für einen Wettlauf gegen die Uhr entscheiden, aber das hieße, wir müßten als erstes François loswerden. Er ist der langsamste und kann unmöglich mithalten.«

Odendaal sah bestürzt vom Feuer hoch. Trurans Argumentation war nicht so einfach von der Hand zu weisen, schließlich war er der erfahrenste Bootsfahrer des ganzen Teams. »Okay«, meinte Odendaal, »diskutieren wir darüber.«

»Wenn es darum geht, Tempo zu machen, dann mußt du aussteigen«, wiederholte Truran. »Wenn du nicht bereit bist, auszusteigen, kannst du auch das Schlauchboot nicht aus dem Wasser nehmen. Zbyszek und Joe haben sich ein Recht darauf erworben, mit dem Boot weiterzufahren, wenn sie es wollen.«

»Wir haben uns schon vor langer Zeit darauf geeinigt, das Schlauchboot mitzunehmen«, meinte Chmielinski. »Die Männer hier haben ihr Leben aufs Spiel gesetzt, weil sie sich darauf einstellten, was wir gesagt haben. Sie haben hart gearbeitet. Jegliche Diskussion darüber ist überflüssig. Das Schlauchboot bleibt auf dem Fluß.«

Wenn Odendaal hart blieb, mußte er eine Rebellion und vielleicht ein Rennen zum Atlantik in Kauf nehmen: er und Biggs gegen Chmielinski und wer sonst noch auf dem Schlauchboot mitfuhr. Wenn er je-

161

doch das Schlauchboot mitnahm, dann hatte er diese Kraftprobe verloren. Der letzte Rest an Autorität, den er, abgesehen von Jourgensens
Geld, noch besaß, war dann dahin.
Wir einigten uns darauf, die Angelegenheit am anderen Morgen noch
einmal zu bereden.

Ich tappte im Schein des abnehmenden Mondes zu meinem Zelt zurück und lauschte dem Tosen der Stromschnellen. In Gedanken befuhr
ich diese Stromschnellen wieder und wieder. Jede Fahrt endete in
einem gewaltsamen, mir die Luft abschnürenden Sturz durch Wasser,
Felsen und Finsternis.
Am nächsten Morgen ging ich frierend ein Stück flußabwärts. Ich
wollte herausfinden, von wo genau dieses gewaltige Rauschen des
Wassers herrührte. Ich stieg auf eine niedere Klippe und schaute hinunter auf den Fluß. Ich studierte meinen Schicksalsweg: Enge, Gefälle, Loch, Stopper-Walze. Was ich sah, jagte mir Angst ein.
Ich ging zum Lager zurück, packte zusammen und lud meine Sachen
ins Schlauchboot. Biggs hatte das Frühstück fertig, aber ich bekam
keinen Bissen hinunter. Ich ging wieder zurück zum Fluß und studierte
erneut die Stromschnelle.
Truran war mir gefolgt. Er wußte, was in mir vorging. »Siehst du
dieses Loch?« fragte er mich. »Es dreht nach links. Wenn du darin
schwimmst, versuch nicht durchzudrehen. Du wirst ein paarmal im
Kreis herumgewirbelt werden. Du kannst gar nichts dagegen tun. Aber
schließlich wird das Loch dich ausspucken. Siehst du es?«
Ja, ich sah es genau. Der Fluß stürzte in das Loch und explodierte
dahinter in einer weiß-silbrigen Welle. Ich studierte das Loch einge-
hender. Dieser Wirbel, der aus der Welle ins flache Wasser führte,
würde er mich wieder freigeben?
Ich ging rasch zurück ins Lager, überprüfte die Leinen und Schnüre
des Schlauchboots zweimal, pumpte einen der Seitenstränge wieder
auf und zog mir Helm und Schwimmweste an. Dann setzte ich mich
auf meinen Platz und wartete ungeduldig. Schließlich erschien Chmielinski, und auch Jourgensen und van Heerden hatten endlich ihre Mor-
genzigarette geraucht. Sie stiegen ein, sprachen aber kein Wort.
Wir spritzten uns Wasser ins Gesicht, um wach zu werden. Chmielinski bellte seine Anweisungen. Wir drehten flußaufwärts in ein Kehrwasser, dann in die Strömung. Der Bug des Schlauchboots tauchte in

das tosende Wasser ein. Es schien, als werde der Bug nach unten gerissen. Das Schlauchboot wurde nach oben geworfen. Ich hatte das Gefühl, als befänden wir uns am höchsten Punkt einer Achterbahn. Chmielinski schrie: »RAUS! RAUS! RAUS!« Ich zog ruckartig an meinem Paddel, damit das Boot in gerader Linie in die Stromschnelle hineinfuhr – dann zwei Plumpser und wir waren im Flachwasser unterhalb der Schnelle.

Erst jetzt wurde mir klar, wie klein die Stromschnelle in Wirklichkeit war. Ein winziges Nichts, das meine Phantasie in ein riesiges Monster verwandelt hatte. Meine Angst hatte mich zum Narren gehalten.

Nachdem wir am anderen Ufer angekommen waren, erzählten uns Kate Durrant und Leon, daß sie unsere Vorräte in Edwin Goycocheas Laster wohlbehalten nach Cachora geschafft, sie dort auf gemietete Packesel umgeladen und sich dann auf den gefährlichen Weg hinunter in den Cañon gemacht hatten. Dort war dann jedoch einer der Packesel gestrauchelt und 100 m den Cañonhang hinuntergepurzelt. Das Tier selbst war wohlbehalten auf den Vorräten auf seinem Rücken gelandet, aber unser Proviant war überall verstreut. Glücklicherweise war es Kate Durrant gelungen, einige Kisten zu retten. Doch unser Frühstück bestand aus Haferschleim vermischt mit Dreck, Blättern und vereinzelten, plombenbrechenden Kieselsteinen.

Als ich am Abend unter einem Guavebaum saß und an meinen Notizen arbeitete, kam Odendaal auf mich zu und machte mir einen Vorschlag. Er bot mir an, die Expedition in Atalaya zu verlassen, von wo aus ich mich allein zum Atlantik durchschlagen sollte. Er meinte, jeder habe sich das Recht erworben, bis ans Meer zu kommen, und deutete an, daß er selbst es in einer besseren Welt vorziehen würde, die Route zu wählen, die er mir soeben vorgeschlagen hatte. Ich erwiderte, ich sei völlig pleite, da ich ihm ja die 7000 Dollar gegeben hatte, die ich in den Staaten für das Projekt aufgebracht hatte. Er wiegelte ab, das sei kein Problem. Er werde mir 200 Dollar davon zurückgeben. Er versicherte mir, daß er sich erkundigt habe und daß ich mit 200 Dollar mühelos bis zum Atlantik kommen würde.

Mein erster Gedanke war: Das darf doch wohl nicht wahr sein! Aber dann wurde mir klar, daß er mich nicht hereinlegen wollte. Er *glaubte* fest an das, was er sagte.

Plötzlich begriff ich mit einem Schlag die Kühnheit dieses Amazonas-

Projekts, aber auch die verhängnisvollen Fehler. Ganz gleich, wie abstrus es auch klang, was Odendaal von sich gab, er glaubte es. Er glaubte, daß ich mit 200 Dollar in der Tasche 5600 km durch ein unbekanntes Land reisen konnte. Er glaubte, er würde mir einen Gefallen tun, wenn er mich aus der Expedition hinauskomplimentierte. Er glaubte, er habe mich am Vortag absichtlich sein Gespräch mit van Heerden und Biggs mithören lassen. Er glaubte, er könne gut mit dem Kajak umgehen, selbst wenn der Fluß ihn beinahe umbrachte. Und er glaubte selbst jetzt noch, daß er nicht nur theoretisch in der Lage sei, eine Expedition den Amazonas hinunterzuführen, sondern daß er auch tatsächlich die Kompetenz hatte, das zu tun.

Es war grauenvoll und zugleich wunderbar. Wenn Odendaal nicht die Gabe gehabt hätte, die unangenehmsten Fakten in so krasser Weise zu seinen Gunsten umzuinterpretieren, wäre es niemals zu diesem Amazonas-Projekt gekommen und keiner von uns befände sich heute in Peru. Er war im wahrsten Sinne des Wortes ein Visionär. Er sah, was andere nicht sahen. Er war außerdem ein perfekter Geschäftsmann – er konnte Alteisen für Gold verkaufen, weil er selbst glaubte, es sei Gold.

Ich lehnte sein Angebot ab.

»Hör mal«, sagte er verärgert, »Piotr hat auch kein Geld. Wenn du mit ihm auf dem Schlauchboot fährst, wirst du es nie bis zum Atlantik schaffen.«

»Das bezweifle ich.«

»Was weißt du schon? Ich war schon bei zwölf Expeditionen dabei. Du noch auf keiner. Du hast keine Ahnung. Du mit deinem lächerlichen Hut. Alle lachen doch über dich!«

Mit dem Hut hatte er recht. Aber in der Zwischenzeit hatte ich einiges über seine sogenannten Expeditionen erfahren.

»Piotr und ich sind zwar verschiedener Meinung«, sagte er im Gehen, »aber wir sind Freunde. Du und ich hingegen, wir haben ernsthafte Kommunikationsprobleme. Wenn sich das verschlimmert, muß einer von uns gehen.«

Hatte ich richtig gehört? Chmielinski und er waren *Freunde?* Jetzt wurde mir klar, daß Odendaal den Bezug zur Realität total verloren hatte. Am schlimmsten war jedoch, daß er wirklich meinte, alles sei eine Frage des Geldes, und es sei seine Expedition, solange er die Kontrolle über die Finanzen hatte.

164

Unser Lager auf einem sonnenverbrannten, mit Kakteen übersäten Hügel hundert Meter vom Fluß entfernt war grauenvoll. Abseits des Flusses glühte die Landschaft selbst noch im Schatten. Unsere Abfälle und unser Schweiß zogen einen gierigen Insektenschwarm an. Die großen Kriebelmücken totzuschlagen bereitete uns jedoch eine gewisse Genugtuung. Kriebelmücken sind fett und langsam, und wenn sie sich erst einmal niedergelassen hatten, machten sie es sich dort gemütlich. Ihr Biß war nicht schlimm, und wenn man sie genüßlich mit der flachen Hand totschlug, platzten sie mit einem Knall auf.

Viel heimtückischer waren da schon die kleinen Moskitos. Den Stich selbst spürte man nicht, aber Minuten später juckte die Stelle furchtbar. Die Stiche entzündeten sich rasch. Wir alle hatten Stiche an den Fuß- und Handgelenken, und wer es vorzog, hüllenlos in der Sonne zu baden, auch am Hintern. (Kate Durrant vermutete, daß diese Insektenart ein Anti-Gerinnungsmittel in die Stichwunde einspritzen, denn die Stiche bluten und eitern, bilden aber erst nach einiger Zeit harte Pikkel.)

Auf unserem Hügel tummelten sich aber noch mehr liebenswerte Naturgeschöpfe. Ich langte nach meinem Parka, der über dem Rucksack lag, als eine haarige Tarantel wütend, jedoch keineswegs verängstigt hervorkroch. Jeder Schritt, ob mit oder ohne Schuhe, wurde angesichts der scharfen, glasharten Stacheln der Wüstenpflanzen zu einem Abenteuer. In dieser Nacht wachte ich davon auf, daß die Kordel, an der ich mein Messer um den Hals hängen hatte, mich einschnürte. Ich griff danach und spürte etwas Glattes sich zwischen meinen Händen winden. Ich packte das unbekannte Viehzeug und warf es in hohem Bogen weg. Ich wollte den Vorfall schon als Alptraum abtun, aber kurz darauf stieß Truran einen Fluch aus. Etwas Dunkles, sich Windendes war auf sein Moskitonetz gefallen. Am Tag zuvor hatten wir zwei schwarz-gelbe Schlangen gesehen, die Bzdak als Vipern identifizierte. Außerdem gab es hier in der Gegend angeblich auch die giftigen Buschmeister- und Korallenschlangen.

Von da an schlief ich nie mehr außerhalb des Zelts.

Flußabwärts von Cachora hatten wir vor Erreichen des militärischen Sperrbezirks der Roten Zone nur noch einmal die Möglichkeit, unseren Proviant zu ergänzen. Auf der 240 km langen Strecke zwischen Cachora und der Roten Zone, für die wir rund zehn Tage veranschlagten, gab es nach unserer Karte nur einen einzigen Ort, der vom Fluß aus erreichbar schien: das Dorf Triunfo.

Am nächsten Tag brachen Leon und van Heerden mit den Packeseln aus dem Cañon auf. Wir hatten verabredet, daß sie versuchen sollten, in fünf Tagen in Triunfo mit frischen Vorräten wieder zum Flußteam zu stoßen. Wenn das Schlauchboot weiterhin auf dem Fluß blieb, sollte Kate Durrant van Heerdens Platz einnehmen.

Mit einem Mal weigerte sich Biggs weiterzufahren, bevor Chmielinski nicht eine Erklärung unterzeichnet hatte, in der er Odendaal als Expeditionsleiter anerkannte und sich verpflichtete, das Gesamtteam nicht zu spalten. Biggs begründete seinen Standpunkt mit einem Prinzip, das beinahe so alt ist wie die Seefahrt: Auf dem Wasser kann es keine Demokratie geben. Auf einem Schiff oder Boot muß man das Führerprinzip widerspruchslos akzeptieren.

Chmielinski weigerte sich selbstverständlich, irgend etwas zu unterschreiben. Er, Odendaal, Biggs und Jourgensen saßen beinahe den gesamten Nachmittag 100 m flußabwärts und diskutierten über die Angelegenheit.

Kate Durrant, Bzdak, Truran und ich hielten ebenfalls eine Krisensitzung ab. Bzdak kochte Kaffee, und obwohl wir in der tropischen Mittagshitze brieten, zündeten Truran und ich ein Feuer an. Wir vier saßen um das Feuer und hofften leider vergeblich, daß der Rauch die verfluchten Moskitos vertreiben würde.

Es war klar, daß das »B«-Team (wie Kate Durrant Bzdak, mich und sich selbst nannte) kaum je wieder zum Flußteam stoßen würde, wenn wir jetzt gezwungen wurden, den Cañon zu verlassen. Wir wären damit letztendlich aus der Expedition ausgeschlossen. »Wenn Piotr es ernst damit meint, das Schlauchboot unabhängig von den anderen zu führen und Tim und François allein weiterfahren zu lassen, dann fahre ich im Schlauchboot mit«, sagte Kate Durrant. Bzdak und ich schlossen uns ihrem Votum an.

Zu unserer Erleichterung sagte Truran, er werde das Schlauchboot begleiten, falls es zu einer Spaltung des Teams kommen sollte. Denn ohne einen Kajakfahrer, der vorausfuhr und uns aus dem Wasser fischte, wenn etwas passierte, wäre der Apurímac noch gefährlicher, als er es ohnehin schon war. Truran fiel diese Entscheidung jedoch nicht leicht. Wenn es wirklich zu einer Aufspaltung kommen sollte, mußte er zu einem Wettkampf mit einem seiner engsten Freunde antreten. Und »Tim ist ein Mensch, der nicht als zweiter durchs Ziel geht«, meinte Truran.

Trurans Entscheidung hatte etwas Tragisches. Obwohl er Biggs' dogmatisches Christentum ablehnte, respektierte er ihn als einen Menschen mit Prinzipien, der seine Entscheidungen nicht nach seinem persönlichen Vorteil ausrichtete. Und obgleich sie in bezug auf François Odendaal grundsätzlich verschiedener Meinung waren, hielten sie an ihrer Freundschaft zueinander fest. Biggs vertrat die Ansicht, daß es Odendaals Stärke sei, eine Expedition erfolgreich zu Ende zu führen. Gleichzeitig räumte er jedoch ein, daß es für Odendaal besser sei, mit Leuten zu reisen, »die nichts über seine Vergangenheit wußten«. Truran war der einzige von uns, der Odendaals Vergangenheit kannte, und er war zu dem Schluß gekommen, daß Odendaal absolut unfähig sei, eine Flußexpedition zu führen.

»Frans verlor vor langer Zeit einmal einen Kameraden«, erzählte uns Truran, »und seither versucht er das wiedergutzumachen.« Vor zehn Jahren hatte Odendaal Biggs und Truran gefragt, ob sie an einer Befahrung des Limpopo in Afrika teilnehmen wollten. Biggs und Truran gehörten damals zum Kajakteam der Universität von Natal. Odendaal hatte sich bereits drei Wochen zuvor am Limpopo versucht, aber außer Johan Smit hatte sein gesamtes Team ihn im Stich gelassen. Odendaal und Smit fuhren allein weiter und gerieten in einen Strudel. Odendaal verlor das Bewußtsein, und als er wieder zu sich kam, war Smit tot. Daraufhin gab Odendaal die Befahrung des Limpopo auf.

»Als Frans mich bat, mit ihm an den Limpopo zurückzukehren«, sagte Truran, »erzählte er mir, daß sein Freund gestorben sei, weil er ihn habe retten wollen. Deshalb müsse er den Fluß ›besiegen‹.«

(Odendaal hatte mir gegenüber diesen Unfall niemals erwähnt, aber Monate später, als ich sein unveröffentlichtes Manuskript über die Urubamba-Expedition las, fand ich eine Textstelle, in der er seine Eindrücke beschrieb, als er glaubte, er würde an der Höhenkrankheit sterben: »Es ist verrückt, dachte ich. Ich habe das schon einmal erlebt. Damals in dem Strudel mit Johan Smit. Als mir klar wurde, daß ich ertrank und mit der Welt fertig war, hatte ich lachen müssen. Unter Wasser. Als ich wieder auftauchte, war ich bewußtlos. Er starb. Und ich war wieder da, allein.«)

Truran, Biggs und ein paar andere Männer kehrten mit Odendaal an den Limpopo zurück. Truran erzählte mir, daß Odendaal sich nach zwei Dritteln der Strecke, kurz vor den schwierigsten Stromschnellen, mit der Mannschaft so sehr zerstritt, daß er die Expedition verließ. Der Rest des Teams fuhr weiter und machte die erste nachweisbare Befahrung des schwierigsten Abschnitts des Limpopo. Die Reise endete jedoch an der Grenze zu Mozambique. Ohne auf die Spaltung des Teams auch nur mit einem Wort einzugehen, schrieb Odendaal später, daß politische Erschütterungen in Mozambique das Team daran gehindert hätten, die Mündung des Limpopo zu erreichen. Er sei jedoch davon überzeugt, daß man den Limpopo befahren könne. Truran hielt das für sehr unaufrichtig und hat es Odendaal nie verziehen.

Truran sagte, er sei wegen seiner Freundschaft zu Biggs und seiner Liebe für Wildwasserflüsse nach Südamerika gekommen. Seine Beziehung zu Odendaal hingegen empfand er wie die eines Angestellten zu seinem Chef. Er war davon überzeugt, daß Odendaal aus den falschen Gründen auf dem Fluß sei: Er treibe böse Geister aus und kämpfe gegen die quälende Erinnerung an Smits Tod. »Er ist kein Kajakfahrer«, meinte Truran. »Er hat Angst vor dem Wasser. Er ist ein Mensch, der sich etwas beweisen muß.« Das sei ihm selbstverständlich unbenommen, meinte Truran, solange er durch sein Verhalten nicht das Gelingen der ganzen Expedition gefährde, wie es zur Zeit der Fall sei.

Kate Durrant wies auf einen weiteren Punkt hin. »François möchte das Schlauchboot loswerden, weil er dich loswerden will«, sagte sie zu mir. »Er benimmt sich unmöglich und will verhindern, daß du darüber schreibst. Er hat wohl eingesehen, daß er einen schweren Fehler gemacht hat, als er dich zur Teilnahme an der Expedition aufforderte.« Schließlich schlossen wir einen halbherzigen Waffenstillstand. Odendaal gestand sich zwar nicht ein, daß er es mit einer Revolte innerhalb des Teams zu tun hatte, duldete aber das Schlauchboot und dessen Besatzung als Teil des Teams. Chmielinski ging vor allem deshalb auf Odendaals Angebot ein, weil er unbedingt den geplanten Film weiterdrehen wollte. Aber am folgenden Tag, als wir das Schlauchboot beluden und uns erneut darauf vorbereiteten, dem Großen Sprecher entgegenzutreten, sagte er zu mir: »François ist mein Feind.«

Die Auseinandersetzung in Cachora hatte zumindest einen unerwarteten, aber höchst positiven Nebeneffekt: Das Schlauchbootteam wuchs zu einer festen Einheit zusammen. Jourgensen hatte das Vorrecht, zwischen Kajak und Schlauchboot wählen zu dürfen, und entschied sich für das Schlauchboot. Aber er war erschöpft und gab sich die meiste Zeit damit zufrieden, als untätiger Passagier im Boot zu sitzen. Kate Durrant übernahm van Heerdens Posten vorne rechts im Schlauchboot. Obwohl sie körperlich nicht so stark war wie ihr Vorgänger, war sie selbstbewußter. Sie war eine gute Schwimmerin und kannte das Wasser. Wenn Chmielinski schrie: »Fahrt!«, paddelte sie aus Leibeskräften.

Nachdem wir unsere erste Stromschnelle glänzend genommen, problemlos drei scharfe Kehren umfahren hatten und am Schluß mit einem kalten Guß erfrischt worden waren, wußten wir alle: Dieses Schlauchboot gehört auf den Fluß. In den folgenden drei Stunden schossen wir durch sämtliche Stromschnellen, manövrierten wie eine erfahrene Crew und peitschten den blauen Ballon in einem Slalom durch die engsten Kurven. Wir hatten das Boot im Griff, fuhren flußaufwärts in Kehrwasser, flußabwärts und seitlich, schossen mächtige Schwälle an Gefällestrecken hinab und durchbrachen meterhohe Wellen. Wir lachten und johlten vor Begeisterung.

Dieser gottvergessene Fluß gehörte jetzt uns, uns ganz allein. Hier gab es keine Städte, keine Brücken, keine Straßen, keine Hütten, keine Goldgräber und keine Bauern. Ein wilder Fluß. »Er fließt«, meinte Chmielinski, und wir befuhren ihn.

Der Cañon verengte sich. Wieder ragten die Wände nackt und kahl auf. Ein namenloser Fluß ergoß sich von links in den Apurímac, große Geschiebe hatte er aus den Bergen herabgespült. Nachdem wir diesen verblockten Abschnitt hinter uns gelassen hatten, zeigte Kate Durrant nach oben und schrie. Zu unserer Rechten, oberhalb des Ostrands des Cañons, ragten die weiß-braunen Gipfel der Sierra Vilcabamba auf. Zum Abschluß des Tages wartete eine Serie langer, schäumender Stromschnellen auf uns, 300 m voller Walzen und Wellen, an deren Ende wir zwar pitschnaß waren, aber glücklich wie junge Enten.

Truran und Biggs warteten bereits in ihren Kajaks. Als wir ihnen zur Begrüßung zuwinkten, schrie Biggs plötzlich auf und deutete mit der Hand hinter uns. Odendaals Kajak schoß führerlos und umgekippt flußabwärts.

Odendaal tauchte blutig und nach Luft ringend ein Stück weiter oben aus dem Wasser und hielt sich an einem Felsen in der Flußmitte fest. Biggs kämpfte sich von Kehrwasser zu Kehrwasser zu Odendaal vor, zerrte ihn auf den hinteren Teil seines Kajaks und brachte ihn sicher an Land. Dieser Unfall gab diesem ansonsten so herrlichen Tag einen bitteren Nachgeschmack. Odendaals Leiden jedoch hatten das Team, mit Ausnahme von Biggs und vielleicht Jourgensen, völlig kalt gelassen.

Wir campierten an einem hübschen kleinen Strand am Fuße einer Granitklippe. Chmielinski machte das Essen. Er war der akzeptabelste Koch des Teams. Er machte sich die Mühe, eine richtige Küche aufzubauen, bastelte aus Treibholz und Steinplatten Ablageflächen und baute aus Steinen eine Feuerstelle mit Abzug. Er legte seine Küchengeräte sorgfältig in Reih und Glied vor sich hin und deckte den Tisch, indem er ein Tuch über unsere wasserdichte Proviantkiste breitete.

»Wenn ich koche, und solange ihr eßt, bin ich euer Diener«, sagte er philosophisch. Er bediente jeden einzelnen persönlich, teilte rasch einem nach dem anderen das Essen aus, füllte Tee und Kaffee nach und verteilte zweite Portionen, sofern es welche gab. Er bereitete von allen die raffiniertesten Mahlzeiten. An diesem Abend kochte er eine Pilzsuppe, einen dicken Eintopf aus abgepacktem Rindfleisch mit frischen Zwiebeln und Karotten, die Leon und Kate Durrant mitgebracht hatten. Als Krönung des Essens gab es zwei Nachspeisen: frische Bananen und Schokoladenriegel und einen Pudding aus Instantreis, Rosinen, Zimt und Kondensmilch.

Nach dem Essen half ich Chmielinski. Die anderen waren bereits zu Bett gegangen. Ich packte die Lebensmittel wieder in die Kiste, und Chmielinski spülte ab.

»Es lief heute gut auf dem Schlauchboot«, meinte er. »Wir sind gut vorangekommen. So sollte ein Fluß sein.«

»Ich glaube, wir haben wieder Selbstvertrauen gewonnen«, erwiderte ich. »Und Kate paddelt sehr gut.«

»Selbstvertrauen ist das wichtigste. Wir müssen bereit sein, notfalls auch allein mit dem Schlauchboot weiterzufahren.«

»Meinst du, daß es dazu kommt?«

»Ich weiß es nicht. Aber wir müssen darauf gefaßt sein.«

Am anderen Morgen standen wir früh auf. Die Kajakfahrer schossen eine große Stromschnelle hinunter und bedeuteten uns durch Zeichen, daß wir ihnen folgen sollten. Das taten wir, ohne die Stelle vorher zu sondieren. Denn jetzt lief ja alles wie geschmiert.

Keiner von uns hatte das Loch gesehen. Das Schlauchboot bäumte sich urplötzlich auf und schleuderte Chmielinski und mich vom hinteren Teil des Boots weg wie Steine von einer Steinschleuder. Ich wurde nach vorne links geschleudert, wo Bzdak saß, und krachte im Flug mit meinem Helm gegen Bzdaks Helm. Dann ging ich unter. Schätzungsweise zehn Sekunden später tauchte ich durchgewalkt und orientierungslos knapp 40 m unterhalb des Lochs wieder auf.

Jourgensen traf es am härtesten. Er und Bzdak blieben in dem Loch hängen, und Jourgensen tauchte dreimal ab, bevor es dem Polen gelang, ihn herauszuziehen. Später sagte Jourgensen mit ausdruckslosen Augen: »Ich habe gedacht, jetzt ist es aus mit mir.«

Es war ein Fehler gewesen, die Stromschnelle nicht vorher zu erkunden. Wir durften keine Verletzungen riskieren, denn wir befanden uns in einer menschenleeren und unwegsamen Gegend. Das Gelände zwischen der Talsenke und dem Rand des Cañons war heiß, trocken und voller Gestrüpp, völlig unbewohnt und weglos.

Während der nächsten beiden Tage befuhren wir eine Stromschnelle nach der anderen und wurden alle dabei ziemlich ramponiert. Jourgensen sah seit seinem schweren Sturz aus wie ein Zombie und erholte sich psychisch eigentlich nie mehr richtig davon.

Paradoxerweise trat jetzt Odendaals bewundernswerteste Charaktereigenschaft deutlich zutage: sein hartnäckiger Stolz. Aber auch er hatte mehrere schwere Stürze hinter sich, und seine rechte Backe wies eine häßliche Schramme auf. Einmal packten wir ihn bei einer Stromschnelle, die er weder umtragen noch befahren konnte, einfach mit aufs Schlauchboot, worüber er sehr wütend war. Biggs war von dem aufreibenden internen Kampf ausgelaugt, und Bzdak, dessen Heldenmut wir nunmehr als normal ansahen, hatte sich schwer am linken Knie verletzt. Das Knie war geschwollen und bewegungsunfähig. Chmielinski quetschte sich bei einem Sturz die Hand und konnte sie kaum noch benutzen, außerdem hatte er Schmerzen im rechten Fuß. Kate Durrant vermutete, daß er sich etwas gebrochen hatte (er hingegen tat die Verletzung hartnäckig als Zerrung ab).

Ich selbst war mit den Nerven am Ende. Jede Stromschnelle jagte mir panische Angst ein. Ich hatte mir zwei Fingernägel böse eingerissen, die Haut an den Knöcheln meiner rechten Hand war völlig abgeschabt, außerdem hatte ich mir die Handflächen verletzt, was das Paddeln zur Qual machte. Beim Auskundschaften der Stromschnellen mußten wir über glitschige Felsen klettern und rutschten dabei so oft aus, daß uns Stürze schon unvermeidlich erschienen. Meine Schienbeine waren grün und blau vor Prellungen.

Zu meiner Überraschung war Kate Durrant taufrisch und unversehrt. Das Loch, in dem Jourgensen beinahe ertrunken war, fand sie »irgendwie aufregend«.

Truran nahm wie immer alles, was der Fluß ihm in den Weg legte, mit einer Leichtigkeit, daß man meinen konnte, der Apu Rimac habe ihn zu unserem Schutzengel auserkoren.

Er war der einzige, der noch nicht um sein Leben hatte schwimmen müssen, und er rettete all jene, die in genau diese Lage gerieten. Wenn er je Angst hatte, zeigte er sie nicht. Allein seine Anwesenheit trug sehr stark dazu bei, daß das Team nicht die Hoffnung verlor. Bei einem Sport, in dem es sehr stark auf den richtigen Rhythmus ankommt, kann ein durch eine Unsicherheit hervorgerufenes Zögern tödlich sein.

Unterdessen verschlimmerten sich jedoch die Konflikte im Team. Odendaal sprach mit Kate Durrant, Bzdak und mir kein Wort mehr und mit Truran und Chmielinski nur das Nötigste. Dafür saß er stundenlang mit Biggs und Jourgensen zusammen. Chmielinski stahl sich sooft es ging in ihre Beratungen ein. Jourgensen war völlig demoralisiert. »Ich wäre zweimal beinahe ertrunken … und ich habe genug Wildwasser für mein ganzes Leben geschluckt«, notierte er in sein Tagebuch. Er beschloß, die Expedition in Triunfo zu verlassen. Und derjenige, dem er dann sein Geld in die Hand drückte, hatte in materieller Hinsicht die Kontrolle über die Expedition.

Jeden Abend zeichnete Chmielinski für künftige Flußfahrer in seinen Millimeterpapierblock den Abschnitt des Flusses ein, den wir an diesem Tag befahren hatten. Truran half ihm, wenn ihn sein Gedächtnis im Stich ließ. Er markierte jede Kehre, jede Stromschnelle samt Schwierigkeitsgrad und bezeichnete die schlimmsten mit Namen, die in ihrer trockenen Einfachheit bedrohlich klangen: »Gebrochene Nase« oder »Jack fast ertrunken«. Die peruanische Militärkarte, die wir beim Befahren benutzten, war sehr ungenau, aber in Ermangelung einer besseren glaubten wir ihren Angaben nur allzu gerne. »Triunfo« wurde uns auf dieser Karte angekündigt. Für Leichtgläubige bedeutete der schwarze Punkt unter dem Namen der

Stadt die Garantie für warmes Essen, kaltes Bier, eine Cantina – kurzum Leben.

Am späten Nachmittag des vierten Tages nach unserem Aufbruch aus Cachora entdeckte Biggs einen schmalen Pfad, der sich am linken Steilufer des Flusses hinaufwand. Triunfo lag drei Kilometer oberhalb und bestand, wie sich herausstellte, lediglich aus den Ruinen einer alten Zuckerfabrik, in der seit mehr als zehn Jahren nicht mehr produziert wurde. Die Produktion war wegen der Landreformen eingestellt worden, die der radikale General Juan Velasco Alvarado eingeleitet hatte. Alvarado hatte 1968 durch einen Militärputsch die Macht an sich gerissen, wurde aber 1975 wieder gestürzt. Anstelle von kaltem Bier und Tanzschuppen bot Triunfo bröckelnde Lehmziegelwände und rostigen Schrott. Nur die Pfeiler der Fabrik mit ihren gekappten, in der Sonne glänzenden Trägern aus rostfreiem Stahl ließen erahnen, daß Triunfo einst mehr als nur eine taube Nuß gewesen war.

Uns blieb nichts anderes übrig, als aus dem Cañon herauszusteigen und Leon und van Heerden zu suchen. Jourgensen mußte den Fluß verlassen, und wir mußten uns vor der Roten Zone dringend ein letztes Mal mit Proviant eindecken.

Am nächsten Morgen zogen Chmielinski, Biggs, Truran und ich bei Tagesanbruch los. Bzdak und Kate Durrant blieben im Camp, während Odendaal und Jourgensen uns in langsamerem Tempo folgten. Wir marschierten den Morgen über durch ein Gelände, in dem Mangobäume und Bananenstauden wuchsen. Um die Mittagszeit hielten wir an einer Hütte, die kaum größer war als unser Schlauchboot. Eine lächelnde Quechua-Frau saß in der Hütte und stillte ihr Baby. Sie bot uns *Platanos* an, kleine, fade Kochbananen, die in manchen Teilen Südamerikas die Kartoffel nahezu ersetzen. Wir legten eine kurze Rast ein, verdrückten die *Platanos* und genossen die Aussicht. Das grelle Andenlicht, der blaue Himmel, die bucklige, braune Hügelkette über dem Rand des Cañons, die schneebedeckten Gipfel der Sierra Vilcabamba, die in der Unendlichkeit verschwanden wie die Wellen des Ozeans – all das kam nach vier Wochen in dem tiefen, dunklen Cañon völlig unerwartet. Ich kam mir vor wie ein Mann, der gerade aus der Haft entlassen worden ist.

Der Apurímac floß einige hundert Meter tiefer an uns vorbei. Ich war schockiert, wie isoliert der Apurímac war. Er hatte rein gar keinen

173

Bezug zum sonstigen Leben in den Bergen ringsum. Er war eine völlig eigene Welt für sich.

Wir kamen durch eine Ansiedlung namens Marabamba – aber keine Spur von Leon und van Heerden. Bei Sonnenuntergang erreichten wir das Dorf Karquique, das ungefähr in halber Höhe der Cañonwand lag. Karquique bestand aus ungefähr 60 Hütten, die Wege waren sauber, und hin und wieder glänzte ein Blechdach in der Abendsonne. Der Dorflehrer sagte, er habe weder Gringos gesehen, noch habe er gehört, daß jemand in den Bergen Gringos begegnet sei. Er zeigte uns den Weg zu einer großen Wegkreuzung, die drei Tagesmärsche entfernt lag, und meinte, vielleicht seien unsere Freunde dort.

Als wir gerade aufbrechen wollten, kam ein Mädchen auf uns zugerannt.

»Gringo!« rief sie und zeigte hinauf in die Berge. Ein Mann, der von der Größe her kein Peruaner sein konnte, führte zwei Packesel den Weg herunter. Wenn wir aus Karquique nur eine Stunde früher aufgebrochen wären, hätten wir van Heerden und Leon mit Sicherheit verpaßt.


Van Heerden hatte unterwegs auf Kurzwelle eine BBC-Nachrichtensendung gehört. Kapstadt befand sich im Aufruhr. Die Stadt erlebte die schlimmsten Unruhen seit langem, es gab viele Todesopfer auf seiten der schwarzen Bevölkerung. Die Südafrikaner Biggs und Truran waren über diese Neuigkeiten sehr niedergeschlagen. Ihre Stimmung wurde erst wieder ein wenig besser, als Leon auf Bitten des Dorflehrers seiner fünfjährigen Tochter zum ersten Mal in ihrem Leben die Locken abschnitt. Diese Tat machte Leon zum Paten des Mädchens. Ihr Vater kochte uns zum Dank eine Hühnersuppe, briet Meerschweinchen und ließ uns im Schulhaus übernachten.

Jourgensen und Odendaal kamen am nächsten Morgen in Karquique an. Sie hatten in Marabamba übernachtet. Jourgensen wollte mit Leon, van Heerden und den Packeseln nach Cuzco und von dort aus in die Staaten weiterreisen. »Wenn ihr einander nicht vertraut«, fragte er Chmielinski und Odendaal, »was soll dann die ganze Expedition?«

Dennoch war Jourgensen nach wie vor der Ansicht, daß die Expedition definitiv einen Führer brauchte. Letztendlich fiel seine Wahl auf Odendaal, weil er auch sein Geschäftspartner für den projektierten Film war. »Frans und ich sind in wenigen Wochen gute Freunde geworden«, notierte er an jenem Abend in sein Tagebuch. »Wir haben dieselben Ansichten und sind uns vom Temperament her sehr ähnlich. Frans ist im Grunde seines Herzens ein Philosoph wie ich. Menschen, die das Abenteuer suchen, lieben meistens auch das Leben ... Frans ist ein WIKINGER!«

Chmielinski fühlte sich schmählich betrogen. Er und Jourgensen waren seit Jahren befreundet, und hier am Apurímac hatte der bettelarme Immigrant Bzdak zweimal sein Leben aufs Spiel gesetzt, um Jourgensen zu retten. Chmielinski sagte zu Jourgensen, er sei »maßlos enttäuscht«.

Daraufhin gaben wir dem reichen Mann unsere Briefe mit, verabschiedeten uns und stiegen wieder in den dunklen Cañon hinunter.

Unterhalb von Triunfo wurde der Fluß mit jedem Kilometer breiter und tiefer, und damit wurden auch die Stromschnellen gewaltiger. Wir befuhren sie relativ problemlos, wenn man berücksichtigt, daß unser Schlauchboot Proviant für drei Wochen geladen hatte. Einer der Bodenschläuche hatte jedoch ein irreparables Leck, wodurch das Boot an Steifigkeit verlor und instabil wurde. Vor Herannahen jeder Stromschnelle (denn so kam es einem vor, als ob *sie* zum Angriff auf uns ansetzten), fragte ich mich, ob wir diese Stromschnelle so unterschätzen würden, daß sie uns endgültig verschlingen würde. In den längsten Gefällestrecken tauchte ich schändlicherweise jedesmal in das Netz in der Mitte des Bootes ab. Ich wollte nicht mehr über Bord gehen. Nie mehr.

Zwei Tage unterhalb von Triunfo kamen wir an der Einmündung des Pachachaca vorbei und badeten in dessen klarem grünem Wasser. Ein paar Kilometer stromab floß der Pampas in den Apurímac. Wir hatten ein tobendes Monster erwartet (der Pampas ist einer der Hauptnebenflüsse des Apurímac), aber statt dessen entdeckten wir einen zahmen Riesen. Unterhalb der Einmündung des Pampas verbreiterte sich mit einem Mal die furchterregende Schlucht des Apurímac, und ein lichtdurchflutetes Tal lag vor uns. Es war, wie wenn man aus einer Höhle heraustritt.

An diesem Abend stand die Sonne länger am Himmel, als wir es schon fast gewöhnt waren. Und obwohl wir uns immer noch eineinhalb Kilometer über dem Meeresspiegel befanden, trockneten wir schnell in der trockenen Hitze. Wir schlugen unser Lager an einem herrlichen

Sandstrand auf; Chmielinski und Bzdak machten aus Treibholz ein riesiges Lagerfeuer.

Am Morgen hörten wir vom anderen Ufer Geräusche, die sich wie kleine Explosionen oder wie Steinschlag anhörten. Erst Tage später wurde uns klar, daß es sich dabei um Schüsse aus Handfeuerwaffen gehandelt hatte und daß wir angegriffen worden waren.

# 10. Der Unterlauf des Apurímac (Rote Zone)

Als wir am ersten Tag nach unserer Abfahrt aus Triunfo den Unterlauf des Flusses erreichten, meinte ich, daß wir damit endlich die dunkle, beengte Unterwelt des mittleren Apurímac hinter uns hätten. Aber schon am nächsten Tag wurde ich eines anderen belehrt. Der Cañon war zwar heller, aber uns umgaben nur heiße, gelbrote Lehmwände ohne jegliche Vegetation; sie waren so steil, daß wir das Gefühl hatten, sie könnten jeden Augenblick in den Fluß stürzen. Die rechte Steilwand des Cañons ragte mehr als 3000 m über uns auf, die linke nicht viel weniger.

Es war ein gespenstischer, ehrfurchtgebietender Ort, und wir hatten den Eindruck, daß selbst der Fluß alles daransetzte, schleunigst von hier wegzukommen. Nach dem Zufluß des Pampas führte der Apurímac rund ein Viertel mehr Wasser. Durch diesen erhöhten Durchfluß wurde der Fluß zwar breiter, aber auch das Gefälle nahm zu. Das Flußbett wurde breiter und steiler, die Strecken länger und schneller, so daß man schließlich den Eindruck hatte, der Fluß sei eine einzige ununterbrochene Wildwasserfläche. Der Lärm in diesen Stromschnellen übertönte jedes andere Geräusch. Wir konnten uns im Schlauchboot nur brüllend verständigen, obwohl wir einander greifen konnten. Am zweiten Nachmittag auf dem unteren Apurímac machten wir an einer knapp 70 m langen Drahtseilbrücke halt, die hoch über dem Fluß am rechten und linken Ufer an Felsen befestigt war. Auf der rund 240 km langen Strecke zwischen der Cunyac-Brücke und dem Stützpunkt der Eliteeinheiten in Lechemayo, knapp unterhalb der letzten wilden Stromschnellen, existieren drei dieser Drahtseilbrücken oder *Orayas*, wie sie auf spanisch heißen. Sie sind abgesehen von Flößen die einzige Möglichkeit, den Fluß zu überqueren. Auch in Cachora war eine solche Drahtseilbrücke gespannt, und ich hatte fasziniert zugesehen, wie ein Quechua-Mann, eine Hand vor die andere setzend, sie passierte. Seine Beine baumelten hoch über dem reißenden Fluß. Hinter ihm kamen seine Frau, sein Kind und eine völlig verstörte Kuh, die mit Seilen und zwei selbstgeschnitzten Holzjochen an dem Drahtseil befestigt war.

Wir hielten am rechten Ufer unterhalb der Brücke an und entdeckten einen ausgetretenen Trampelpfad, der von der Brücke wegführte. In Karquique hatte man uns gesagt, daß dieser Weg zunächst auf einen 3600 m hoch gelegenen Paß und dann in die unter dem Namen Vilcabamba bekannte Region führt. In dieser rauhen, einsamen Gegend mit ihren schneebedeckten Gipfeln, ihren Sümpfen und tiefen Schluchten und nicht, wie so oft behauptet wird, in Machu Picchu hatten die letzten Inkas ihre legendäre »letzte Zufluchtsstätte« gefunden.

Hier in aller Kürze einige geschichtliche Fakten: Kurz nachdem die Spanier im Jahre 1533 Cuzco eingenommen hatten, setzten sie den jungen willfährigen Inkaprinzen Manco als regierende Marionette ein. Drei Jahre später, nachdem die Konquistadoren Manco in Ketten gelegt, als Hund beschimpft, angepinkelt, seine Frauen geschändet und sein Gold und seine Juwelen geraubt hatten, zettelte er einen Aufstand an. Er belagerte Cuzco acht Monate lang, dann erst gelang es den Spaniern, ihn zum Rückzug zu zwingen. Er flüchtete in den Nordwesten und ließ sich 1539 in dem abgelegenen Concevidayoc-Tal östlich des Apurímac-Cañons nieder. Dort verwandelte er das verschlafene Dörfchen Espíritu Pampa in eine den Inkas würdige Hauptstadt. Er ließ Paläste und Tempel, Springbrunnen und Brücken, Kanäle und Plazas anlegen und nannte seinen Stadtstaat Vilcabamba.

Den Spaniern gelang es erst 35 Jahre später, Vilcabamba zu erobern. Manco war zu diesem Zeitpunkt bereits tot, sein Sohn Felipe Tupac Amaru hatte mittlerweile die Herrschaft in Vilcabamba übernommen. Die Spanier führten Felipe an einer goldenen Kette aus der Stadt. Das letzte Kapitel des Inkareichs spielte sich auf dem Hauptplatz in Cuzco ab. Felipe wurde gehängt, sein Körper verstümmelt. Nach seiner Hinrichtung ließen sich die Spanier in Vilcabamba nieder und beuteten fast 200 Jahre lang Silbervorkommen und Zucker- sowie Kokaplantagen aus. Als die Silberminen erschöpft waren, gaben die Spanier das Tal auf.

Der amerikanische Archäologe Hiram Bingham, der im Jahre 1911 Machu Picchu, die berühmteste Ruinenanlage Südamerikas, entdeckte, kam auf seinen Erkundungen auch verschiedentlich durch Vilcabamba, entdeckte aber die vergessene Stadt nicht. Er starb in dem Glauben, er habe mit Machu Picchu die sagenhafte verlorene Stadt der Inkas entdeckt. Erst in den Jahren 1964 und 1965 unternahm der Amerikaner Gene Savoy weitere Expeditionen in diese Region und identifizierte Vilcabamba als die wahre letzte Inkastadt.

Die Ruinen von Vilcabamba haben seit Savoys Entdeckung wenig Beachtung gefunden, und da die Region selbst nahezu unbewohnt ist, blieb sie ein geisterhaftes Anhängsel des gespenstischen unteren Apurímacs. Der Amerikaner Gregory Deyermenjian unternahm im Jahre 1986 eine Reise nach Espíritu Pampa. Er berichtet, daß in der Stadt selbst nur eine einzige Strohhütte stehe und daß die in der Nähe der Stadt gelegenen Ruinen so überwachsen seien, daß er sie nicht gefunden hätte, wenn ihn nicht ein Einheimischer auf sie aufmerksam gemacht hätte.

Als wir von der Drahtseilbrücke aufbrachen, hörten wir dreimal kurz hintereinander einen lauten Knall. Wir taten sie jedoch als Geräusche von herabfallenden Steinen ab, die der scharfe Wind aus der Felswand gelockert hatte. Der Wind wehte so stark, daß wir uns beim Paddeln ins Schlauchboot knien mußten, während Chmielinski den Takt angab. Nach einer halben Stunde Knochenarbeit schaute ich auf und sah, daß sich die Wände des Cañons in der falschen Richtung an uns vorbeibewegten – der Wind wehte uns flußaufwärts! Als Bzdak und Kate Durrant schließlich dieselbe Feststellung machten und in lautes Gelächter ausbrachen, brach Chmielinski notgedrungen die Fahrt für heute ab. Die Kajakfahrer stimmten ebenfalls zu, und wir machten Rast. Chmielinski verkündete, daß wir um halb vier Uhr morgens aufstehen müßten, um bei Tagesanbruch aufzubrechen.

Am nächsten Morgen fiel gerade das erste Licht in die Schlucht, als wir das Schlauchboot beluden und am Anfang einer relativ langen Stromschnelle zu Wasser brachten. Chmielinski und ich hörten mehrere Pfeifgeräusche, gefolgt von dem nunmehr bereits vertrauten Knall. Plötzlich rief Biggs uns etwas zu und zeigte ans andere Ufer in Richtung der rechten Wand der Schlucht. Sechs Männer kamen ein paar hundert Meter oberhalb von uns die Wand heruntergeklettert. Einer von ihnen kniete sich auf den Boden und richtete ein Gewehr auf uns. Truran befestigte soeben seine Spritzdecke. Das Geschoß schlug fünf Zentimeter von ihm entfernt ins Wasser.

»PADDELT!« schrie Chmielinski.

Noch nie zuvor war ich bei der Einfahrt in eine Stromschnelle für die reißende Strömung so dankbar gewesen. Zuerst hatte ich nicht einmal Angst, ich war einfach perplex, denn bisher hatte noch nie jemand auf mich geschossen. Ich hatte noch nie erlebt, wie jemand versuchte, mich umzubringen, und brauchte deshalb eine ganz Weile, um mir klarzumachen, daß genau das der Fall war. Dann erst überkam mich die Angst, aber zu dem Zeitpunkt waren wir bereits in der Stromschnelle verschwunden und rasten flußabwärts.

Nach der Stromschnelle erreichten wir schnell fließendes, ruhiges Gewässer. Eine halbe Stunde später hörten wir von gegenüber tiefes Gerumpel und sahen, wie am rechten Ufer große Felsbrocken und Steine ins Wasser donnerten. Eine goldfarbene Staubwolke erhob sich. War es ein natürlicher Erdrutsch oder war er künstlich hervorgerufen worden?

Plötzlich schienen die kahlen braunen Cañonwände Augen zu haben, überall vermuteten wir eine tödliche Geschäftigkeit. Es war nichts zu sehen, aber um so wildere Blüten trieb unsere Phantasie. Beim Paddeln suchten wir die Steilwände nach Trittspuren und Anzeichen von Menschen ab. Wir entdeckten zwar nichts, waren aber von unserer eigentlichen Tätigkeit des Paddelns derart abgelenkt, daß wir eine Stromschnelle befuhren, ohne sie vorher zu erkunden. Wir rasten seitlich in ein Loch, das Schlauchboot kenterte, und wir vier gingen über Bord.

Während ich unter Wasser durch den Strudel wirbelte, sagte ich mir immer wieder: ›Laß bloß das Paddel nicht los.‹ Wir hatten nur zwei Ersatzpaddel. Als ich jedoch schließlich auftauchte, fragte ich mich nur noch: ›Bekomme ich jetzt gleich eine Kugel in den Kopf?‹

Über mir tauchte ein Schatten auf. Ich griff danach, bekam das Netz in der Mitte des kieloben treibenden Schlauchbootes zu fassen und zog mich hoch in das schwarze höhlenartige Luftloch zwischen dem Wasser und dem Boot. Das Schlauchboot riß mich mit sich, und meine Beine prallten unter Wasser gegen Felsen. Ich hörte Husten und Räuspern, teilweise war ich es selbst und teilweise Bzdak. Die Geräusche hallten unheimlich von der Gummihaut des Schlauchboots wider. Zuerst merkte ich nicht, daß Bzdak genau neben mir war.

»Bist du o. k.?« fragte ich.

»Ja, ja«, keuchte er. Er hustete zweimal, um seine Luftwege vom

Wasser frei zu bekommen. Dann fragte er mit belegter Stimme und eindringlichem Ton: »Wo ist Kate?«

»Ich weiß nicht.«

»Ich muß hier raus.«

Ich griff unter den Schlauch und suchte nach der Rettungsleine am Außenwulst des Schlauchboots. Als ich sie gefunden hatte, tauchte ich vorsichtig unter dem Boot durch und an der anderen Seite auf. Ich hörte das Tosen des Wassers, und die Wände der Schlucht schossen an mir vorbei.

»Schnell hoch!« rief Chmielinski, der bereits im Boot saß. Er streckte seine Hand aus und zog mich ins Boot.

Bzdak tauchte neben mir auf und schrie: »Wo ist Kate?«

»Hoch!« befahl Chmielinski. Er zeigte flußaufwärts, wo in der Mitte der Stromschnelle ein runder Gegenstand in dem Loch herumgewirbelt wurde – Kate Durrants Kopf. Truran hatte sich inzwischen mit seinem Kajak in ruhigerem Wasser am rechten Ufer flußaufwärts gearbeitet und paddelte jetzt in das schäumende Loch. Er packte Kate, machte kehrt und paddelte zu uns. Wir paddelten das Schlauchboot hinter einen Felsen und zerrten und zogen dann entnervt so lange an der restlichen Leine, bis wir sie wieder geordnet hatten.

Biggs und Odendaal waren wenige Minuten später bei uns angelangt. Biggs fragte: »Jemand verletzt?«, was wir lustlos verneinten. »Dann würde ich vorschlagen, daß wir schleunigst von hier verschwinden«, meinte er. Odendaal sagte nichts, sondern grinste nur.

An der nächsten Stromschnelle wurde er aus dem Kajak geschleudert und schwer gebeutelt. Jetzt hatten Truran, Chmielinski, Kate Durrant, Bzdak und ich Grund zum Grinsen.

Obwohl wir auch an diesem Tag ständig mit Stromschnellen des 4. und 5. Schwierigkeitsgrades kämpfen mußten, schafften wir ein größeres Stück als sonst. Die wenigen Stellen, die wir treideln mußten, brachten wir so schnell wie möglich hinter uns. Wir nahmen unser Abendessen in aller Heimlichkeit, in einer Felsnische versteckt ein, und fragten uns, ob wir unsere Verfolger abgeschüttelt hätten und uns in Sicherheit befänden. »Ich weiß, daß ich im Kajak mein Leben riskiere«, meinte Truran, während er hastig eine Dose Thunfisch in sich hineinstopfte, »aber zumindest habe ich dort die Situation einigermaßen unter Kontrolle. Der Fluß will mich nicht töten.«

Wir befanden uns jetzt in der Roten Zone und vermuteten, daß die Männer, die heute morgen auf uns geschossen hatten, zu der Guerilla-Organisation *Sendero Luminoso* gehört hatten. In Cuzco hatten wir uns noch beim Bier über den Krieg zwischen der Regierung und den »Senderistas«, wie die Guerilleros genannt werden, lustig gemacht. Keiner von uns hatte die Sache richtig ernst genommen. In meinen Aufzeichnungen hatte ich mich nur über die »poetische Symmetrie« der politischen Geschichte des Apurímac-Cañons ausgelassen. Seine unregelmäßigen, natürlichen Grenzen hatten den aufstrebenden Inkastaat geschützt. Mit ihm als Flankendeckung war die Fluchtburg Vilcabamba und damit auch die Herrschaft Tupac Amarus II. möglich gewesen. Heute bildete diese Region die Brutstätte des blutigsten Aufstandes, den Peru seit seiner Unabhängigkeit von Spanien im Jahre 1824 erlebt. Aber wir standen mit unserem Unverständnis nicht allein. In den rund sechs Jahren seit jenem Morgen des Jahres 1980, als die Guerilleros an Straßenlaternen in Lima tote Hunde aufgehängt und auf diese Weise der Regierung den revolutionären Krieg erklärt hatten (als Protestaktion gegen das Vorgehen gegen die Viererbande in China), war es den peruanischen Behörden nicht gelungen, die Organisation zu infiltrieren. Die Guerilleros traten kaum an die Öffentlichkeit und veröffentlichten in dem gesamten Zeitraum nur drei markige Pamphlete. Unter den unzähligen, damals in Südamerika operierenden Guerilla-Organisationen gilt der Leuchtende Pfad als die radikalste und kompromißloseste Splittergruppe. Der geistige Vater der Bewegung ist Abimael Guzmán Reynoso. Er kam im Jahre 1962 als Lehrbeauftragter für Philosophie an die Universität von San Cristóbal in Ayacucho (sinnigerweise lautet die Übersetzung des Quechua-Wortes Ayacucho »Ecke der Leichen«) und gründete wenige Jahre später den »Leuchtenden Pfad«. Angeblich verbrachte er Mitte der 60er Jahre einige Zeit in China, war dort zu der Überzeugung gekommen, er könne Maos Revolution in Peru wiederholen. Hochintelligent, gebildet und charismatisch, sammelte er rasch eine große Anhängerschaft um sich. Bereits 1968 befand sich die Universitätsverwaltung so gut wie in den Händen der Senderistas. Guzmán, der Leiter der Personalbehörde, wies seine Anhänger an, Quechua zu lernen und die maoistische Doktrin bei den Bauern des Hochlands zu verbreiten. 1978 ging er in den Untergrund und blieb seitdem verschwunden.

Der peruanische Geheimdienst schätzte 1985 die Stärke der Guerilla auf 2000 bis 4000 bewaffnete Kämpfer und mindestens 15 000 Sympathisanten, die sich vorwiegend aus der ländlichen Quechua-Bevölkerung der Hochlandregionen von Ayacucho und Apurímac rekrutiert. Der Krieg zwischen der Guerilla und der Regierung kostete bis dahin mindestens 6000 Menschen das Leben.

Die unter Kriegsrecht stehende Rote Zone umfaßte den Großteil des Apurímac-Cañons unterhalb der Pampas-Mündung. Ende 1985, kurz vor Beginn unserer Expedition, hatte der peruanische Verteidigungsminister erklärt, daß 80% der Roten Zone befriedet und die Senderistas isoliert seien. Kaum jemand, den wir in Peru auf diesen Punkt angesprochen hatten, glaubte das. Vielmehr wurde allgemein angenommen, daß der Konflikt sich verschärfen würde und die Guerilleros inzwischen landesweit breite Unterstützung fänden. Besonders in Lima nahm ihre Präsenz stark zu. Dort hatte es 1985, im Jahr vor unserer Ankunft, über 1000 Bombenanschläge gegeben. (Später gab die Regierung bekannt, daß bei den Feindseligkeiten im folgenden Jahr mehr als 3000 Menschen getötet worden waren.)

Wie nicht anders zu erwarten, bezeichnete die Regierung die Guerilleros als Verbrecher und behauptete, sie rekrutierten ihre Kämpfer vorwiegend durch Einschüchterung und Terror. Die *New York Times* hingegen berichtete, daß in einem Geheimbericht der peruanischen Polizei nur ein Drittel der Opfer als »kommunistische Terroristen« bezeichnet werden. Zwei Drittel der Opfer seien »Zivilisten«, und unter den Opfern befänden sich nur wenige Soldaten oder Polizisten. Dies kann als schwerwiegender Hinweis dafür angesehen werden, daß viele Greueltaten dieses Krieges nicht von Guerilleros, sondern von Agenten des Staates begangen wurden. Der Geheimbericht besagt weiter, daß die Verwandten von Vermißten staatliche Sicherheitsbeamte für Entführungen verantwortlich machen. In den Anden wurden im Jahr 1984 verschiedene Massengräber entdeckt. Die daraufhin erfolgte Identifizierung der Leichen ergab, daß es sich bei den Toten um Menschen handelte, die von der Polizei oder der Armee inhaftiert worden waren. Einem Bericht der Vereinten Nationen zufolge »verschwanden« in Peru allein in den Jahren 1983 und 1984 mehr Personen als in den ersten sechs Jahren der Pinochet-Regierung in Chile. Die schlimmsten Verbrechen geschahen in den ländlichen Gebieten, die von Spezialeinheiten der peruanischen Marine-Infanterie kontrolliert werden, unter anderem in der Roten Zone.

Die Senderistas erklärten sich im Jahre 1986 in einer ihrer seltenen öffentlichen Verlautbarungen verantwortlich für »mehr als 30 000 Anschläge während des sechs Jahre andauernden Bürgerkriegs, 5000 Anschläge pro Jahr, über 13 militärische Aktionen pro Tag. Alle zwei Stunden findet in Peru eine militärische Aktion statt.«

Nach dem Essen setzten wir unsere Fahrt in rasantem Tempo fort, bis wir am Spätnachmittag an eine Stromschnelle kamen, die Chmielinski nicht ohne vorherige Erkundung befahren wollte. Wir legten an einer kleinen Bucht am rechten Ufer an. Bzdak und Kate Durrant blieben beim Schlauchboot, während Chmielinski und ich über die Kaktusse am Ufer entlangstolperten. Wir kletterten auf einen Felsen und sahen, daß die Kajakfahrer bereits in ruhigem Wasser hinter der Stromschnelle auf uns warteten. Sie gaben uns mit heftigen Zeichen zu verstehen, so schnell wie möglich zu ihnen zu kommen. Irgend etwas stimmte nicht.

Ich machte kehrt und rannte zum Schlauchboot.

Als ich an Bzdak und Kate vorbei ins Boot sprang, kamen zwei Männer aus dem Gebüsch gestürmt. Einer von ihnen hatte eine Maschinenpistole in der Hand. Die Waffe des anderen hielt ich aufgrund mangelnden Sachverstands für einen alten Karabiner.

Der Mann mit der Maschinenpistole sagte nichts, aber der Gewehrschütze brüllte wie ein Wahnsinniger, hielt Bzdak die Gewehrmündung an den Kopf und verlangte die Führungsleine des Schlauchboots. Chmielinski kam aus dem Gebüsch hervor und streckte die Hand wie zum Gruß aus, aber der andere richtete seine Maschinenpistole auf ihn, und der Gewehrschütze nahm seine Uhr und sein Jagdmesser an sich.

»Wir sind der Leuchtende Pfad«, rief der Gewehrträger herausfordernd. Die beiden Männer wirkten eher wie arbeitende Campesinos als wie Angehörige einer Guerillatruppe. Sie waren barfuß, trugen Baseballmützen in Tarnfarbe, zerrissene Khakiuniformen und löchrige Fußballtrikots, die sie über dem unbehaarten Bauch hochgekrempelt hatten.

Ein Dutzend Männer stürmte aus dem Gebüsch, einige von ihnen waren bewaffnet, und alle trugen dieselben verschlissenen Lumpen.

Jetzt sprach der Mann mit der Maschinenpistole zum ersten Mal.

»Habt ihr von uns gehört?«

Er war offenbar der Anführer.

»Ja«, antwortete Chmielinski.

Der Anführer lächelte zufrieden und nickte den Gewehrschützen zu. Dann wandte er sich wieder an Chmielinski und sagte: »Unser Captain hat heute morgen euer Lager angegriffen.«

Chmielinski antwortete leise, mit unbekümmerter Stimme, auf spanisch: »Wir sind keine Soldaten. Wir wollen euch nichts tun.« Dann versuchte er ihnen klarzumachen, daß wir ihnen als Propagandisten nützen konnten, nicht jedoch als Leichen, und daß sie uns deshalb in Ruhe lassen sollten.

Dem Anführer schien dieses Argument einzuleuchten. Er, der Gewehrschütze und Chmielinski kletterten ein Stück das Ufer hinauf und setzten sich außer Hörweite des Schlauchboots auf den Boden.

Kate Durrant, Bzdak und ich blieben im Schlauchboot sitzen. Es ragte nur mit dem Heck ins Wasser. Ich saß in der hinteren linken Ecke, Kate vor mir, Bzdak vorne rechts. Einer der Guerilleros hielt die Führungsleine des Schlauchboots fest. Bzdak fragte ihn, ob er wisse, wie das Weltcup-Fußballspiel zwischen Peru und Chile ausgegangen sei, das am heutigen Tag stattgefunden hatte.

»Fußball ist ein amerikanisches, kapitalistisches Komplott«, erwiderte er.

Dann kamen drei junge Frauen und sechs kleine Kinder aus dem Gebüsch hervor. Die Frauen traten kichernd und errötend ans Schlauchboot. Im Unterschied zu den Männern trugen sie traditionelle Quechua-Kleider – handgewebte Röcke und Umhänge –, dazu grelle Ohrringe aus Plastik. Eine hatte ihr Transistorradio auf einen Sender aus Cuzco eingestellt, aus dem andine Volksmusik ertönte. Schüchtern hielt sie Kate Durrant das Radio hin. Nachdem Kate zu verstehen gegeben hatte, daß ihr die Musik gefiel, vereinbarten sie einen Ohrringtausch. Bestärkt durch diesen Handel, kamen zwei der Frauen auf Kate Durrant zu und faßten sie an die Brust. (»Um zu sehen, ob wir auch so gebaut sind wie sie«, meinte Kate später.)

Ein ernst dreinblickender Junge von vielleicht zehn Jahren beobachtete die Szene vom Ufer aus. Er spielte mit einem Messer ohne Griff und starrte mich, wie mir schien, mit den Augen eines Kriegers an. Nach ein paar Minuten kamen mehrere ältere Frauen aus dem Gebüsch. Plötzlich erschien mir die ganze Situation als völlig verrückt. Auf der einen Seite konnte ich mir kaum vorstellen, daß diese Männer uns vor den Augen

185

ihrer Mütter, Frauen und Kinder abknallen würden. Andererseits konnte ich schlecht abschätzen, was hier absurd oder normal war. Die Geschichte dieser Region war voll von sinnlosem Blutvergießen.

Dann hörte ich jemanden in gebrochenem Spanisch rufen: »Ich bin ein Kommunist! Ich bin ein Kommunist!« Ich drehte mich um und sah Odendaal mit erhobenen Armen knapp 20 m flußabwärts am Ufer stehen. Nervös bedeutete der Gewehrschütze ihm, sich Chmielinski gegenüber auf den Boden zu setzen.

Kurze Zeit später kam Chmielinski aufs Schlauchboot zugerannt und kramte nach den Papieren, die ihn und Bzdak als polnische Bürger auswiesen.

»Was ist los?« fragte ich ihn leise.

»Bleib im Schlauchboot«, zischte er. »Wenn sie herausbekommen, daß wir einen Amerikaner bei uns haben, sitzen wir in der Tinte.« Chmielinski verhandelte weiter.

Der Junge mit dem Messer kletterte ins Schlauchboot. Ich drückte ihm mein Paddel in die Hand. Er manövrierte das angebundene Schlauchboot am Ufer auf und ab. Mit großen Augen starrte er mich an, sein Mund blieb aber hart und zusammengekniffen. Als er genug hatte, dankte er mir und zog mit dem verbissenen Stolz eines Mannes ab, der dem Feind auf gegnerischem Terrain gegenübergetreten war.

Plötzlich sprang der Gewehrschütze auf, schrie Chmielinski an und fuchtelte mit seinem Gewehr herum.

Kate Durrant flüsterte: »Das kommt mir alles vor wie in einem Roman, in dem ich selbst eine Figur bin.«

Chmielinski erzählte uns später, daß er dem Mann seine und Bzdaks Papiere überreicht hatte und wie beiläufig eine Bemerkung machte, die normalerweise in Peru Wunder wirkt. Er hatte gesagt, er komme aus demselben Land wie der Papst. Das war ein großer Fehler. Der Gewehrschütze hatte ausgerechnet einer Gruppe angehört, die ein Attentat auf *El Papa* geplant hatte, als er Peru einen Besuch abstattete.

Nachdem sich der Gewehrschütze wieder beruhigt hatte, setzte Chmielinski zu einem neuen Versuch an. Hin und wieder sagte anscheinend auch Odendaal etwas. Die Verhandlungen zogen sich über eine Stunde hin. Schließlich geleitete Chmielinski die beiden Anführer zum Schlauchboot, während Odendaal hinterhertrottete.

Der Mann mit der Maschinenpistole versprach, sie würden uns freilassen, verlangte jedoch eine Spende von uns.

Der Gewehrschütze hatte ein Auge auf Kate Durrants wasserdichte Uhr geworfen, die zwar Zeiger hatte, aber keine Ziffern. Bzdak erklärte, daß man bei dieser Uhr die Uhrzeit grob abschätzen müsse, diese Zahl durch vier teilen, den Quotienten hinzuzählen ... plötzlich hatte der Mann kein Interesse mehr an der Uhr.

Wir packten unsere Rucksäcke aus und zogen das Fischernetz hervor, mit dem wir bisher keinen einzigen Fisch gefangen hatten. Der Anführer nickte anerkennend und akzeptierte die »Spende«. Als aber Chmielinski den Mikrophon-Galgen des Filmteams zurückzog, reagierte der eine erschrocken, während der andere sein Gewehr auf ihn richtete. Langsam und bedächtig mimte Chmielinski die Funktion des Geräts. Daraufhin regten die beiden sich wieder ab.

»Fisch«, sagte der Gewehrschütze. Chmielinski hatte ihm fünf Dosen Fisch versprochen, die ich jetzt aus der Vorratskiste holte.

»Sechs Dosen«, forderte der Gewehrschütze.

»Fünf«, erwiderte Chmielinski mit verblüffender Hartnäckigkeit.

»Sechs.«

»Wir haben fünf ausgemacht und keine mehr.«

»Gib ihm sechs!« zischte Kate Durrant.

Aber Chmielinski blieb stur. Ich wäre beinahe in Ohnmacht gefallen, denn ich hatte keine Lust, wegen einer Dose Fisch erschossen zu werden.

Aber der Mann gab sich schließlich mit fünf Dosen zufrieden. Er lächelte, der Anführer lächelte, und wir lächelten zaghaft zurück. Dann gaben wir uns die Hand. Der Anführer überreichte Odendaal ein Poster des Präsidentschaftskandidaten der Senderistas. Dann verschnürten wir unsere Bündel und verstauten sie unter dem Netz des Schlauchboots. Wir sprangen an Bord, paddelten in einem Wahnsinnstempo auf die große Stromschnelle zu und befuhren sie ohne vorherige Erkundung. Im Ruhigwasser unterhalb der Stromschnelle paddelten wir mit voller Kraft weiter, ohne uns noch einmal umzudrehen.

Unterhalb der Stromschnelle machte der Apurímac einen scharfen Bogen nach links. Plötzlich war alles in einen milchigen Nebel gehüllt. 20 Minuten später hob sich der Nebel, und wir sahen, daß die Berge zu beiden Seiten des Flusses mit Regenwald bewachsen waren. Die Luft, noch vor einer Stunde trocken und staubig, war jetzt dick, feucht und wohltuend prickelnd. Papageien und Sittiche zwitscherten in den

Bäumen, hoch über ihnen kreisten zwei Falken. Braune Kugeln, die auf den ersten Blick aussahen wie viel zu große Kokosnüsse, entpuppten sich als Affen, die in dem dichten Laubwerk von Ast zu Ast hüpften oder auf Lianen schaukelten. Wir hatten das Land der Toten hinter uns gelassen.

In dem flachen Wasser fuhr Odendaal mit seinem Kajak voraus. Eine Stunde vor Sonnenuntergang trafen wir wieder auf die drei Kajakfahrer, die hinter einem Felsen in einem Kehrwasser warteten. Sie fuhren erneut voraus; unsere kleine Flotte trieb im Licht des aufgehenden Halbmondes flußabwärts, bis Biggs eine hinter einer Felswand versteckte kleine Bucht entdeckte. Wir schlugen unser Lager auf einer hochgelegenen Sandbank in der Nähe einer Grotte auf. Das Ufer mit seinen tropischen Farnen wirkte undurchdringlich. Chmielinski machte das Abendessen und wollte bei Kerzenlicht servieren, aber wir machten die Kerzen schnell wieder aus. Lieber wollten wir unser Essen verschütten, als ein leichtes Ziel für einen Heckenschützen abzugeben.

Während wir also im Dunkeln aßen, gab Odendaal *seine* Version der Konfrontation mit den Senderistas zum besten. Er habe Biggs und Truran angewiesen, flußabwärts zu paddeln und Hilfe zu holen. Er selbst sei zum Guerilla-Camp zurückgepaddelt und habe sich den Guerilleros als Geisel zur Verfügung gestellt, um zu erreichen, daß sie dafür den Rest der Mannschaft freiließen. Er war wirklich überzeugt, er habe uns gerettet.

Chmielinski hatte die Sache selbstverständlich in ganz anderer Erinnerung. Er erzählte mir später, daß die Guerilleros von Odendaal nur als von dem »verrückten Kerl« gesprochen hätten. Wie dem auch sei, Odendaals Rückkehr zum Camp der Guerilleros war zwar eine mutige, aber auch überflüssige Tat gewesen. Er hatte den Ernst der Situation keineswegs begriffen. Obwohl er wußte, daß sich unsere Bewacher »Sendero Luminoso« nannten, glaubte er, daß sie mit »der Gewalt, die im übrigen Peru herrscht«, nichts zu tun hätten. Die Erklärung, die Truran für Odendaals Verhalten parat hatte, war weit einleuchtender: Die unbewußte Erinnerung an den tragischen Tod seines Freundes am Limpopo trieb Odendaal dazu, ständig eine falsche Tapferkeit an den Tag zu legen und dieses Verhalten dann als heroische Leistung hinzustellen.

Nach dem Essen legten wir uns schlafen. Abwechselnd sollte jeder von uns jeweils eine Stunde lang Wache halten. Jeder Wachposten nahm Chmielinskis Rettungspfeife an sich, um beim leisesten verdächtigen Geräusch laut zu pfeifen. Beim ersten Pfiff sollten Biggs und Truran, die abseits des Hauptlagers schliefen, in ihre Kajaks springen und versuchen, Hilfe herbeizuholen.

Bzdak und Kate Durrant übernahmen zusammen zwei Stunden und weckten mich um 11 Uhr.

»Kate hält jeden Schatten für einen Senderista«, flüsterte mir Bzdak zu, und Kate Durrant meinte: »Es ist unheimlich.«

Ich bezog Posten auf der Felswand. Der Fluß in meinem Rücken plätscherte dahin und vor mir wurde das Gebüsch von Glühwürmchen erhellt. Ich starrte diese leuchtenden Punkte an und fragte mich: Ist das ein Käfer? Ein Streichholz? Eine Kerze? Eine Taschenlampe? Warum leuchtet es immer an derselben Stelle auf? ...

Um Mitternacht ging ich zu Odendaals Zelt.

»François«, flüsterte ich.

Er sprang auf und schrie: »O. k., o. k.! Alles in Ordnung! Kein Grund zur Aufregung!«

Ich wartete eine Weile, bis er wirklich wach war und sich beruhigt hatte und sagte dann: »Du bist dran.«

Dann legte ich mich schlafen. Um vier Uhr morgens weckte mich Chmielinski sanft und brachte mir eine Tasse Kaffee ans Zelt.

Am nächsten Tag erreichten wir um die Mittagszeit den Außenposten der Marine-Infanterie in Lechemayo. Er lag am anderen Ufer, gegenüber den verkohlten Überbleibseln einer Ansiedlung namens Villa Virgen. Zwei Dutzend junge Männer mit nacktem Oberkörper, Khakihosen und Bürstenhaarschnitt begafften uns vom Ufer aus. Nachdem wir angelegt hatten, brachten sie uns Bananen, Ananas und Bier. Der Kommandant des Camps war über unsere Anwesenheit keineswegs erfreut, denn schließlich hielten wir uns ohne Erlaubnis in der Roten Zone auf. Ihm fiel es schwer, Chmielinskis Bericht über unsere Flußbefahrung zu glauben, da er bisher noch nie ein Boot gesehen hatte, das den Apurímac oberhalb von Lechemayo befahren hatte. Zuerst wollte er uns auch nicht abnehmen, daß wir nicht auf Senderistas gestoßen waren, aber dann huschte ein unheimliches Grinsen über sein Gesicht, und er meinte: »Dann habt ihr Glück gehabt. Letzte Woche haben sie weiter oben fünf Zivilisten aufgeknüpft.«

Unterhalb von Lechemayo flossen alle paar Kilometer Nebenflüsse in den Apurímac. Der Große Sprecher schwoll an und wurde schneller, floß aber ruhig und tief dahin. Er toste auch nicht mehr ohrenbetäubend, sondern murmelte nur noch leise vor sich hin. In kurzen Abständen ragten an beiden Ufern hölzerne Wachtürme aus dem grünen Laubdach auf. Einheiten irregulärer Truppen benutzten diese Wachtürme für ihre Aktionen gegen die Guerilla, aber ich war sicher, daß diese Wachtürme auch zum Schutz für die nun überall sichtbaren Kokafelder gedacht waren. Niemand machte sich die Mühe, die knapp zehn Quadratmeter großen, aus dem Regenwald gerodeten Feldstücke zu tarnen. Fettig glänzten die Kokablätter in der Sonne wie grüne Münzen.

Einen Tag später kamen wir in Luisiana an. Obwohl es auch das Dörfchen Luisiana selbst gibt, ist, beziehungsweise war, der Ort vor allem wegen einer Kakaoplantage und einem Ferienhotel bekannt, die beide von einem onkelhaften Mann namens Pepe Parodi geführt werden. Luisiana befand sich in chaotischer Auflösung. Die Guerilleros hatten den Ort völlig ausgebombt. Die Gärten, Veranden und der Swimmingpool hatten Kraterlöcher und waren verkohlt, die Ferienanlage war von tropischer Vegetation überwuchert. Pepe Parodi war nach Lima geflohen. Das einzig nennenswerte Überbleibsel des Ortes war eine kleine Schnapsbrennerei, die ein verschlagen dreinblickender Mestize betrieb. Er bot uns eine Flasche »Luisiana Brandy« an, so stand es zumindest auf dem Etikett, aber der Inhalt schmeckte eher nach billigem Zuckerrohrschnaps.

Der Mestize erlaubte uns, auf einem schlammigen Feldstück in der Nähe der Mündung des Baches zu campieren, der die Abfälle des Dorfes in den Apurímac beförderte. Es war eine klare Nacht, aber die Sterne leuchteten wegen der hohen Luftfeuchtigkeit nicht mehr so hell wie in den Hochanden. Wir machten ein Lagerfeuer, und anschließend berief Odendaal eine Sitzung ein.

Wir hatten geplant, rund 400 km flußabwärts in einem Dorf namens Atalaya auf vier Seekajaks umzusteigen, die Leon mit einem Dschungelflugzeug einfliegen sollte. Odendaal, Biggs und Chmielinski würden jeweils eins dieser Kajaks benutzen. Da wir mindestens zwei Monate hinter unseren ursprünglichen Zeitplan zurückgefallen waren, mußte Truran wohl oder übel die Expedition verlassen und nach England zurückkehren, um seinen vermutlich letzten Versuch zu starten, einen Platz im englischen Kajak-Nationalteam zu ergattern. Außerdem hatte er sowieso keine große Lust darauf, den flachen Teil des Amazonas zu befahren. Es bestand eine stillschweigende Übereinkunft, daß ich das vierte Kajak benutzen konnte, wenn ich wollte. Chmielinski hatte keine Lust, allein mit Biggs und Odendaal zu fahren, und hatte mich bedrängt, das vierte Kajak zu übernehmen. Truran, Bzdak und Kate Durrant hatten seinen Vorschlag unterstützt.

Hier in Luisiana verkündete Odendaal plötzlich, er wolle all diese Pläne über den Haufen werfen. Er wollte nun nicht mehr zulassen, daß ich die erste Etappe des Flusses unterhalb von Atalaya mit dem Kajak befuhr. Statt dessen sollten Bzdak, Kate, ich und Leon, der dann ebenfalls wieder zu uns stoßen sollte, eine Art »selbständig operierendes Team« bilden, wie sich Odendaal ausdrückte. Wir wären dann ganz auf uns selbst gestellt. Falls wir es schaffen sollten, mit dem vierten Kajak rechtzeitig die 640 km von Atalaya nach Pucallpa zurückzulegen, wo wir uns wieder mit Odendaal, Biggs und Chmielinski treffen würden, dann wollte er mir erlauben, das vierte Kajak zu fahren. Odendaal argumentierte, daß ich in dieser ersten Etappe das Team auf dem Fluß nur aufhalten würde.

»Warum gibst du Joe nicht eine Chance?« fragte Truran. »Laß ihn von Atalaya nach Pucallpa fahren. Wenn er tempomäßig mithält, hast du seine Reise nicht unterbrochen. Wenn er nicht mithält, kannst du ihn ja in Pucallpa aus dem Flußteam nehmen.«

»Nein«, erwiderte Odendaal.

»Er wäre der erste Amerikaner, der den ganzen Amazonas aus eigener Kraft befährt«, fuhr Truran fort. »Das wäre doch ein ganz besonderes Aushängeschild für diese Expedition.«

»Ich handle stets im besonderen Interesse der Gesamtexpedition«, meinte Odendaal.

»Es geht dir doch gar nicht ums Tempo, François«, warf Kate ein. »Du bist bei allem, was du tust, der langsamste von uns. Du lebst doch nur deine persönlichen Animositäten aus. Und jetzt willst du, daß nur noch du und Tim den ganzen Fluß befahren.«

»Was ich vorhabe, liegt im Interesse der Expedition«, entgegnete Odendaal störrisch. »Es hat rein gar nichts mit meinen persönlichen Bedürfnissen zu tun.«

»Zuerst helfen wir dir durch den schwierigsten Flußabschnitt, und jetzt willst du uns aus der Expedition herausdrängen«, warf ihm Bzdak vor.

Odendaal bestritt das heftig.

»Dein Plan nützt François Odendaal und nicht dieser Expedition«, meinte Truran.

Odendaal explodierte und schrie: »Das ist meine Expedition!«

»Diese Expedition gehört uns allen!« schrie Chmielinski zurück. »Wir tun alle unser Bestes. Du, ich, wir alle.«

Die Atmosphäre war so angespannt, daß wir die Scheinwerfer nicht bemerkt hatten, die plötzlich die Dunkelheit teilten. Angehörige der peruanischen Elite-Einheiten stürmten aus ihren Jeeps, kreisten uns ein und richteten ihre Waffen auf uns. Ein junger Captain verlangte unsere Pässe. Er studierte sie eingehend, während seine Männer unsere Zelte durchsuchten. Er lächelte zufrieden. »Um sechs Uhr beginnt die Ausgangssperre«, teilte er uns mit. »Wenn wir jemanden nach sechs außerhalb des Lagers antreffen, wird ohne Vorwarnung geschossen.« Dann wünschte er uns eine sichere Weiterreise und zog mit seinen Männern ab.

Als die Soldaten weg waren, fragte Kate Durrant Odendaal weiter: »Soll das heißen, daß du ein Expeditionsmitglied aus dem Unternehmen ausschließen kannst, wann immer es dir beliebt? Nur weil du beispielsweise schlechte Laune hast?«

»Ja!« zischte Odendaal und sah sie mit funkelnden Augen an. »Wenn es mir beliebt, kann ich auch zwei Leute aus der Expedition entfernen.«

»Das heißt, jetzt geht Joe, dann Kate und Zbyszek und dann Piotr. Und am Schluß bleiben nur noch du und Tim übrig«, sagte Truran.

Da Odendaal nicht antwortete, fuhr Truran fort. »Ich glaube nicht, daß es darum geht, wie schnell oder wie langsam jemand auf dem Fluß ist. Die eigentliche Frage ist, ob François Odendaal in der Lage ist, diese Expedition zu leiten.«

»Willst du damit sagen, daß du kein Vertrauen zu mir hast?« fragte Odendaal wütend.

»Ja«, erwiderte Truran trocken.

Odendaal sprang auf. »Dann steht eben das zur Debatte!« Er wandte sich an uns. Der Feuerschein beleuchtete sein Gesicht von unten, was ihm ein dämonisches Aussehen verlieh. »Denkt ihr anderen genauso wie Jerome?« drängte er. »Los! Sagt schon! Denkt ihr genauso?«

»Worauf willst du hinaus, François?« fragte Kate Durrant.

»Ich verlange eine Abstimmung! Ich möchte von jedem einzelnen die Meinung hören.«

»Dann willst du also, daß wir uns für oder gegen dich entscheiden?« fragte sie.

»Ich fahre morgen nur nach einer Abstimmung.«

»Selbst wenn wir gegen dich stimmen«, warf Bzdak ein, »dann wirst du einen anderen Weg suchen, um uns loszuwerden.«

»Ich schwöre, daß ich die Leitung der Expedition und die verbleibenden Reserven demjenigen übergeben werde, den ihr an meine Stelle setzt.«

Tim Biggs stocherte im Feuer herum und sagte kein Wort.

»François«, fragte Chmielinski, »weißt du eigentlich, was du tust?«

»Jerome!« schrie Odendaal.

»Frans«, sagte Biggs, »vielleicht ist jetzt nicht der richtige Zeitpunkt.«

»Der Teufel soll mich holen, wenn ich eine Expedition diesen Fluß hinunter führe, deren Mitglieder mich nicht als Leiter wollen.«

»Dann laß es bleiben«, winkte Biggs ab. Es klang müde und nach Resignation.

»Jerome!« schrie Odendaal abermals und zeigte mit dem Finger auf Truran.

»Kein Vertrauen!« schrie Truran zurück.

»Joe!«

»Kein Vertrauen!«

»Tim!«

»Ja. Vertrauen!«

»Zbyszek!«

»Ich stimme gegen dich.«

»Kate!«

»Also wirklich, François«, antwortete sie. »Das ist doch kindisch. Sei vernünftig.«

»Wie stimmst du ab?!«

»Zwing mich nicht, das zu tun. Wir gehören doch zusammen. Wir wollen niemanden loswerden.«

»Vertrauen oder Mißtrauen?«

»Wie du willst. Wenn du Joe loswerden möchtest, kein Vertrauen.«

»Piotr!«

»Frans!« schrie Biggs.

»Piotr!«

»François«, sagte Chmielinski ruhig, »du begreifst überhaupt nicht, was du angerichtet hast.«

Damit lag er offensichtlich richtig. Odendaal starrte uns mit ausdruckslosen Augen an. Entweder verstand er nicht, was soeben passiert war (›Er hatte noch nicht zusammengezählt‹, meinte Truran später.), oder aber er war überrascht, daß wir ihn wirklich beim Wort genommen hatten. Denn selbst ohne Chmielinskis Stimme stand die Abstimmung vier zu eins gegen ihn. Er war draußen.

Biggs sprang auf und stellte sich zwischen seinen Freund und das Feuer und schirmte ihn gegen uns ab.

»Hör mal, lassen wir die Sache doch bis morgen ruhen«, sagte er zu Odendaal und lächelte nervös. »Wir sollten uns alle erst mal richtig ausruhen. Was meint ihr dazu, Kameraden? Wir sprechen morgen noch einmal darüber, o. k.?«

Er führte Odendaal vom Feuer weg in die Dunkelheit.

Biggs hatte am nächsten Morgen Frühstücksdienst. Er wünschte sich, daß wir vor dem Frühstück gemeinsam beteten.

»Es ist Sonntag«, meinte er. »Der Tag, an dem wir mit unserem Gott sprechen. Wenn wir je seine Hilfe nötig gehabt haben, dann jetzt.«

»Tim«, meinte Truran. »Heute ist Samstag.«

Biggs sprach trotzdem sein Gebet, während wir schweigend vor unseren Tellern saßen und unsere Moskitostiche kratzten. Dann brach Odendaal das Schweigen: »Es wird keine Abstimmung geben. Gestern abend habe ich es unterlassen, mich mit den anderen Co-Leitern der Expedition abzusprechen. Ich habe mich in eine Lage manövriert, in der ich als Leiter abgesetzt werden konnte, und dadurch meine Vereinbarungen mit ihnen gebrochen. Jeder, der Schwierigkeiten damit hat, wie ich diese Expedition leite, kann in Atalaya wieder auf mich zukommen. Ich gestatte Joe, von dort aus mit dem Kajak zu fahren. Wenn wir in Pucallpa ankommen, entscheiden wir, ob wir weitermachen.«

»Wer entscheidet?« fragte Truran.

»Ich«, sagte Odendaal. Dann entschuldigte er sich mit dem Hinweis, der Mestize habe ihm eine Flasche Brandy versprochen. Er ging das schlammige Ufer in Richtung des verfallenen Anwesens hinunter.

Als Odendaal weg war, sagte Biggs: »Frans hat gestern abend wirklich Mut gezeigt. Er hat alles auf eine Karte gesetzt.«

»Mut nennst du das?« fragte Kate Durrant. »Er hat uns zur Meinungsabgabe genötigt, und als er sah, daß er die Abstimmung verlieren würde, hat er sein Wort wieder gebrochen. Das ist der Gipfel der Feigheit.«

»Wir haben abgestimmt, Zulu«, sagte Bzdak. »Er hat verloren. Er ist draußen.«

»So ist es, Tim«, sagte Truran.

Biggs sagte in ernstem Ton: »Wenn ihr Frans rauswerft, wird ein Pestgeruch über der Expedition hängen. Damit will ich nichts zu tun haben.«

»Es stinkt doch jetzt schon«, sagte Kate. »Das muß anders werden.«

Biggs sah, daß Odendaal zurückkam, rannte ihm entgegen und fing ihn ab, bevor er bei uns am Lagerplatz war. Truran ging zu den beiden hin. Er erklärte Odendaal, daß wir zu unserer Abstimmung stünden.

Als Odendaal sich wieder zu uns setzte, waren seine Augen leer und sein Gesicht aschfahl. Er sprach langsam und sah niemanden dabei an.

»Ich stelle fest, daß die Mitglieder dieser Expedition mir nicht mehr vertrauen. Ich gehe davon aus, daß ihr mich als Leiter absetzen wollt und daß mein Wort nicht mehr genügt, um meine Position aufrechtzuerhalten. Ich möchte diese Expedition nicht abbrechen, sehe aber auch keinen Weg, sie sauber zu teilen. Ich entschuldige mich bei Joe und bei allen, die das Gefühl haben, daß ich gegen sie intrigiert habe.« Er versprach, künftig »meine persönlichen Interessen nicht über die der Expedition zu stellen«, wenn wir ihn weiterhin als Leiter duldeten.

Niemand sagte etwas. Nach einer Weile bemerkte ich, daß alle mich anstarrten, als wollten sie sagen: Du hast am meisten zu verlieren, wie entscheidest du dich? Aber der Gesichtsausdruck meiner Kameraden sagte alles. Keiner hatte mehr die Energie für weitere Kämpfe, nicht jetzt, nicht auf diesem Schlammufer, nicht an diesem Ort, wo einem ständig Soldaten über die Schulter schauten, nicht nach allem, was wir in den letzten paar Tagen durchgemacht hatten.

»Ich habe nichts dagegen, wenn du dich weiterhin als Leiter dieser Expedition bezeichnest«, erklärte ich Odendaal, »sofern du bereit bist, alle deine Entscheidungen einem einfachen Mehrheitsvotum zu unterziehen.«

»Ich tue alles, was ihr verlangt.«

»Das klingt doch fair«, meinte Biggs, und auch die anderen stimmten zu.

Auf Odendaals Bitte legten wir diese Übereinkunft schriftlich fest, und alle unterschrieben. Anschließend kam Odendaal auf mich zu und gab mir die Hand. Ich war völlig überrascht. Einen derart stolzen Menschen mußte das eine große Überwindung gekostet haben.

»Eines Tages werden wir darüber lachen, wie idiotisch wir uns benommen haben«, meinte er.

Ich antwortete, genau das würde ich mir wünschen.

Eine Stunde später standen wir alle in der Dschungelhitze im Schlamm und verabschiedeten uns voneinander. Odendaal und Biggs, die noch keine Visa für Brasilien hatten, sollten mit ihren Kajaks die 400 km nach Atalaya vorausfahren und versuchen, das Konsulat in Lima zu kontaktieren. Wir wollten uns dort in einer Woche bis spätestens zehn Tagen mit ihnen treffen. Wir wünschten ihnen alles Gute. Dann stiegen sie in ihre Kajaks und paddelten zur Mitte der Strömung. Biggs wirkte wachsam und angespannt, Odendaal dagegen teilnahmslos.

Zwei Stunden später, nachdem wir das Schlauchboot beladen und das Kajak über das Heck gebunden hatten, brachen auch Bzdak, Kate Durrant, Chmielinski, Truran und ich auf.

Die Rückkehr auf den Fluß war so, wie wenn man nach einem verpatzten Urlaub wieder nach Hause kommt. Die tropische Sonne brannte auf der Haut, und die Luftfeuchtigkeit lastete wie ein schweres Gewicht auf uns. Nach dem Streit in Luisiana fanden wir es ungemein erholsam, wieder an den Busen der Natur zurückzukehren. Abends machten wir an einem langen, sauberen Sandstrand Rast. Der Sand war weiß und bis spät in die Nacht hinein warm. Am anderen Ufer war der Regenwald so dicht, daß man meinen konnte, es handle sich um eine Mauer, die aus den dicken Blättern und verschlungenen Ranken einer einzigen Pflanze bestand. Vogelgezwitscher und Zikadengesumm wehte zu uns herüber. Die buschbewachsenen Hügel am nahen Horizont waren wolkenverhangen. Weiße Wölkchen hingen über dem Bergkamm, als die Sonne zwischen den Wolken und dem Berg verschwand; dabei leuchtete der Himmel rot, violett und golden auf. Es war der erste richtige Sonnenuntergang, den wir seit sechs Wochen sahen.

Nach unserer Auseinandersetzung in Luisiana herrschte jetzt friedvolle Ruhe im Lager. Truran kochte. Bzdak las, Kate Durrant und ich badeten im kühlen Apurímac, der hier smaragdgrün und etwa 50 m breit war. Er floß zwar ruhig, aber mit einer so starken Strömung, daß ich mit aller Kraft dagegen schwimmen mußte, um nicht mitgerissen zu werden. Chmielinski sah gerade seine handgefertigten Karten durch, als er hochschaute und meinte: »Irgend etwas stimmt hier nicht.« Er überlegte kurz und sagte dann: »Ich hab's – François fehlt. Jetzt beobachtet niemand mehr, mit wem ich mich gerade unterhalte.«

Als wir später um das Feuer saßen und Truran Bœuf Bourguignon auf die Teller verteilte, versuchten wir uns darüber klar zu werden, was eigentlich in Luisiana passiert war und wie es weitergehen sollte. Keiner von uns glaubte, daß die Kampfabstimmung unsere letzte Auseinandersetzung mit Odendaal gewesen war. Nicht bei gut 6100 km, die noch vor uns lagen. Wir waren uns darüber einig, daß sich Odendaals Verhalten teils aus seiner Unsicherheit bezüglich seiner Rolle als Expeditionsleiter und teils aus seiner Unsicherheit im Boot erklärte. »Er haßt den Fluß«, wiederholte Truran. »Er möchte den Fluß *befahren haben*, aber er möchte ihn nicht *befahren*.« Er warnte uns auch davor, Odendaals Versprechungen Glauben zu schenken. »Er ist ein weißer Südafrikaner, und diese Leute neigen dazu, alles zu zerstören, was nicht nach ihrem Kopf geht.«

Chmielinski pflichtete ihm bei und fügte hinzu, daß er Odendaal früher für einen klugen Mann gehalten habe, der leider nicht über genug Selbstdisziplin verfüge. Heute aber halte er ihn schlicht für *dumm*. Das beste sei, Odendaal so lange bei Laune zu halten, bis wir die restlichen Vorräte in Händen hätten.

Kate Durrant meinte, man könne Odendaal möglicherweise dadurch helfen, daß man ihn »positiv verstärke«, fügte jedoch auch hinzu, daß »er diese Reise mit einer viel besseren Startposition angetreten hat als alle anderen, er aber diese Vorteile Stück für Stück zunichte gemacht hat«.

Bzdak meinte trocken und schonungslos: »Der Fluß hat ihn kleingemacht.«

Ich traute Odendaal zwar nicht, hielt mich aber für genauso unsicher wie er. An jenem Nachmittag, kurz bevor sie von Luisiana aufgebrochen waren, hatten wir ein kurzes Gespräch unter vier Augen. Wir machten beide den Versuch, das Kriegsbeil zu begraben. Er hatte mir beigepflichtet, als ich sagte, daß wir uns ähnlich seien und daß wir beide verunsichert worden seien, als wir in Peru ankamen. Er hatte Zweifel gehabt, ob er in der Lage sein würde, eine Expedition von dieser Größe zu leiten. Ich hingegen fragte mich, ob ich mich in eine

Gruppe mir völlig Fremder einfügen, den Fluß befahren und über dieses Erlebnis auch schreiben können würde.

Tief unten in meinem Bauch, von dem ich als Kind geglaubt hatte, daß dort die Seele sitze, spürte ich mit brennender Gewißheit, daß ich das, was ich an anderen verachtete, selbst am meisten fürchtete. Als ich später meine Notizen durchsah, stieß ich auf eine Stelle, die ich auf der Strecke zwischen Cachora und Triunfo niedergeschrieben hatte. Odendaal war an jenem Tag übel gekentert, und ich schrieb: »Gib's zu! Es bereitet dir eine gewisse Genugtuung, FO mit blutverschmiertem Gesicht zu sehen. Schäm' dich!« Diese Stelle bewies, daß ich genau zu dem fähig war, was ich an Odendaal verachtete: Er hatte Freude an Fehlern und Leiden der Menschen, mit denen er sich auf ein großes Wagnis eingelassen hatte. Wie sagt doch der weise, französische Admiral in *Lord Jim:* »Man redet, man redet, aber am Ende ist man nicht schlauer als jeder andere, und kein bißchen mutiger.«

# 11. Der Ene

Chmielinski und Truran bestanden darauf, daß ich die Strecke zwischen Luisiana und Atalaya dazu nutzte, den Umgang mit einem Seekajak zu lernen. Sie stellten einen Lehrplan auf, nach dem ich am ersten Tag eine Stunde, am zweiten Tag zwei Stunden, am dritten drei Stunden paddeln sollte und so weiter. Theoretisch müßte ich dann am Ende der Zehntages-Etappe in Atalaya soweit sein, es einen ganzen Tag im Kajak auszuhalten. Während ich übte, paddelten Bzdak und Kate Durrant das Schlauchboot, amüsierten sich über meine Versuche, neckten mich wegen meiner Ängstlichkeit und fischten mich hin und wieder aus dem kalten, braunen Apurímac.

Vor dem Kajak hatte ich einen Heidenrespekt. Es war kaum länger als ich selbst und im Vergleich mit dem schwerfälligen Schlauchboot kam es mir vor wie ein flattriges, nervöses Insekt. Das Schlauchboot lag auf dem Wasser wie ein Brett, das Kajak aber lag tief im Wasser. Ich spürte das Rumpeln der herannahenden Stromschnellen schon lange, bevor ich sie hörte. Außerdem konnte ich die in diesem Streckenabschnitt vielfältigen neuen Strömungsrichtungen überhaupt nicht mehr einschätzen. Die Stromschnellen waren hier zwar kleiner als am Oberlauf des Apurímac, aber dafür bildete der Fluß unzählige *Remolinos*, Wirbel und Wasserpilze mit weißen Schaumkronen. Diese Wirbel hatten nicht selten einen Durchmesser von bis zu 12 m, und das Zentrum des Wirbels lag zuweilen mehr als 1 m tiefer als die Ränder. An der von mir abgesonderten Urinmenge konnte ich wieder einmal abschätzen, daß es für diese Wirbel ein leichtes war, ein Kajak zu verschlingen.

Meine unmittelbare Angst betraf das Ertrinken, aber das war längst nicht alles. Kate Durrant und Truran hatten mich darauf hingewiesen, daß ich auf den verbleibenden 5600 Kilometern vor allem mit Erschöpfungserscheinungen und Sehnenscheidenentzündungen der Handgelenke zu kämpfen haben würde. Das einzige, was man gegen eine Sehnenscheidenentzündung tun kann, sind sechs Wochen absolute Ruhe oder operieren. Um das zu verhindern, muß man lernen, richtig zu paddeln. Aber wie beim Paddeln des Schlauchboots ist die Paddeltechnik beim Kajakfahren den menschlichen Bewegungsabläufen diametral entgegengesetzt.

Grob vereinfacht kann man sagen, daß der Schlüssel zur korrekten Benutzung zweier um 90° versetzten Paddelblätter darin besteht, die eigenen Arme als Hebel zu betrachten. Um beispielsweise einen Linksschlag auszuführen, zieht man das Paddel nicht mit der linken Hand zum Körper her. Vielmehr sollte sich der rechte Arm in gestreckter Haltung befinden, wobei die Hand den Schaft des Paddels locker umfaßt. Dann drückt man die rechte Hand in Hüfthöhe nach vorne und zieht am Ende des Schlags die linke Hand nach hinten.

Ich konzentrierte mich des öfteren so stark auf die Beherrschung der Paddeltechnik, daß ich darüber völlig vergaß, auf die Fahrtrichtung zu achten. Wenn ich dann unverhofft auf Strudel, Untiefen und Felsen zuraste, vergaß ich alle Technik und paddelte nur noch wie ein Wilder. Das Resultat war leider allzu oft vergleichbar mit meinen ersten kindlichen Versuchen auf Schlittschuhen: Vor lauter Angst starrte ich ständig auf die Einfassung der Eisbahn, selbst dann noch, wenn ich bereits dagegendonnerte.

Ich kenterte immer wieder und wieder, und wenn ich mich von neuem ins Kajak quälte, fragte ich mich: Soll das jetzt 5600 km so weitergehen?

»Zwei Dinge darfst du nie vergessen«, schärfte mir der entnervte Truran ein, »verkrampfe deine Finger nicht um das Paddel – und nie drücken, sondern ziehen.«

»Du hast ja genug Zeit zum Üben«, frotzelte Bzdak aus sicherer Entfernung im Schlauchboot und lachte sein quieksendes Lachen. Er amüsierte sich köstlich über mein Herumgefuchtel und reizte mich erbarmungslos, bis ich ihn eines Tages ein sprechendes *Pierogi* nannte (eine Art Fleischtasche, die ich einmal in einem polnischen Restaurant gegessen hatte). Er war völlig verblüfft und fragte mich: »Wo hast du denn dieses Wort her?«

Am Spätnachmittag des ersten Tages nach unserem Aufbruch aus Luisiana hörte ich Chmielinski etwas rufen. Ich sah vom Paddeln auf. Das Schlauchboot befand sich rund 100 m flußabwärts. Chmielinski stand im Boot und hielt die Hände wie ein Megaphon vor den Mund.

»Joe, was ist das?« schrie er und zeigte ans linke Ufer, auf eine Stelle im Schilf, wo etwas lag, das aussah wie ein überspülter Felsen.

Ich paddelte aus der Hauptströmung auf den Felsen zu. Ein Aasgeier hatte sich darauf niedergelassen, flog aber auf, noch bevor ich mit meinem Paddel draufschlug. Es machte ein Geräusch, wie wenn ich auf nasse Lumpen geschlagen hätte. Erst dann entdeckte ich zu meinem Grausen die blauen aufgedunsenen Füße, die zwischen den Sandalen hervorquollen, die grauen, angeschwollenen Schenkel, das triefende Loch, das einmal ein Magen gewesen war, den zerrissenen goldfarbenen Pullover, die rotblaue Brust und das ausgepickte Gesicht eingerahmt von schwarzen Haaren.

Gegen meinen Brechreiz ankämpfend machte ich kehrt und paddelte so schnell ich konnte flußabwärts.

»Eine Leiche«, stieß ich mühsam hervor.

»Jemand, den wir kennen?« fragte Truran.

»Ich glaube nicht. Sah nach Peruaner aus.«

Zitternd band ich das Kajak am Schlauchboot fest und kletterte zu den anderen ins Boot. Ich verkroch mich in der Mitte des Schlauchboots zwischen den Lebensmittelkisten und machte die Augen zu. Ein paar Stunden später machten wir an einem Militärstützpunkt halt und erzählten dem Leutnant von unserem grausigen Fund. Er war jedoch davon kaum mehr beeindruckt, als wenn wir ihm von einem toten Hund berichtet hätten, und fragte nicht einmal, wo die Leiche lag.

San Francisco, die größte Ansiedlung am Apurímac, besteht aus einem Dutzend einstöckiger Holz- und Betonhäuser und einem blockartigen Gebäude der Marine. Läge San Francisco mit seinen ausgebleichten Kolonialbauten und kopfsteingepflasterten Straßen im Hochland, dann hätte es sogar ganz malerisch wirken können. Aber der Dschungel zerstört alles Malerische, und daher gleicht San Francisco eher einem Slum als einer Stadt. Die beiden Hauptstraßen sind schlammig, die Häuser feucht und modrig, nackt und kahl wie Fabrikgebäude. Die Bewohner wirken müde und abgestumpft.

Als wir in San Francisco ankamen, umringten sofort 50 Einheimische unser Schlauchboot. Sie schrien so laut, als ob der Lärm dem Vordringen der Dschungelfäulnis Einhalt gebieten könnte, wirkten auf uns aber eher gelangweilt als bösartig. Ihre Lethargie war die Erschöpfung der Belagerten, denn San Francisco liegt mitten in der Roten Zone.

Eine ausgetrampelte Lehmpiste führt vom 80 km südwestlich gelegenen Ayacucho durch die Berge herunter in die Stadt.

»Hey, Weißer, wie wär's mit etwas Marihuana?« rief mir ein grauhaariger Mestize zu. Die Aufschrift auf seinem T-Shirt wies ihn als Mitglied des »California Yacht Club« [sic] aus. Ein anderer Mann meinte, wir sollten »*oro blanco*«, weißes Gold oder Kokain, versuchen.

Während die anderen beim Schlauchboot blieben, meldete Chmielinski uns beim Kommandanten des Stützpunkts an. Ich erkundete unterdessen den Marktplatz. Das Angebot überwältigte mich, denn ich hatte vor einem Monat in Cuzco zum letzten Mal frische Lebensmittel eingekauft. Ich kaufte, was mir zwischen die Finger kam, ohne über den Preis zu feilschen: Linsen, Tomaten, Zwiebeln, Knoblauch, Karotten, Petersilie, Bananen, Ingwer, Chili, Kondensmilch, Öl zum Kochen, *avena* (Haferflocken), Zimt, einen Plastikeimer für Wasser und einen für unsere Lebensmittel, eine Machete und mit Blick auf den Ersten Maat Bzdak eine Flasche *Pisco* und einen Kasten Bier.

Erschöpft schulterte ich meine Schätze und trat auf die Straße hinaus. Ich hörte einen wütenden Fluch, drehte mich um und sah in die Mündungen von einem Dutzend Gewehrläufen. Ich war mitten in die Zeremonie einer Flaggenhissung hineingestolpert. Rasch lief ich einen Häuserblock weiter und setzte mich in den Schatten. Ein Packesel blieb neben mir stehen, starrte mich an und sonderte eine beträchtliche Menge Urin ab. Dann trabte er die Straße hinunter und trieb die herumstehenden Frauen und Kinder auseinander. Ein Zwerg und ein kleiner Junge mit einer Behinderung am rechten Bein jagten hinter dem Tier her. Der Junge taumelte wie betrunken, rutschte aus und fiel in die Urinlache.

Chmielinski kam die Straße herauf, und gemeinsam schleppten wir unseren Proviant zum Fluß. Inzwischen hatten sich an die 100 Menschen versammelt und quetschten sich teilweise schon ins Schlauchboot. Ein Betrunkener packte Kate Durrant, sie verpaßte ihm einen Hieb mit ihrem Paddel, Soldaten zerrten den Betrunkenen weg. Wir machten uns so schnell wie möglich aus dem Staub.

In San Francisco waren wir nicht mehr die einzigen auf dem Apurímac, denn die Straße von Ayacucho führt an dieser Stelle über eine Brücke (die erste seit Cunyac und die letzte vor dem Atlantik) und endet im Morast. An dieser Stelle muß der ganze Verkehr wohl oder übel auf den Fluß geleitet werden. Klapprige Boote, sogenannte *Yon-*

*sins* oder Johnsons, benannt nach der schwedischen Herstellerfirma der hier häufig benutzten Außenbordmotoren, befördern hier Mensch und Tier ans andere Ufer.

Die kleinen Johnsons sind so konstruiert, daß sie die breiten Strudel und die flachen, aber tückischen Stromschnellen des unteren Apurímac und des Ene, in den der Apurímac rund 55 km unterhalb von San Francisco mündet, passieren können. Ein typisches Johnson-Boot ist ungefähr 12 m lang und sehr schmal, hat kaum Tiefgang und ein niedriges Dollbord, das den im Boot sitzenden und völlig verängstigten Passagieren kaum bis zur Hüfte reicht. Von weitem sehen die gegen den Fluß ankämpfenden Boote aus wie große motorisierte Bleistifte.

Eines dieser Johnsons schipperte am rechten Ufer, wo die Strömung am schwächsten war, auf uns zu. Ein Mann mit nacktem Oberkörper im Bug des Bootes streckte seine braungebrannte Brust dem Wind entgegen. Es war ein herrlicher Tag, aber die Luftfeuchtigkeit war so hoch, daß man meinte zu ersticken. Der Mann hatte einen dünnen, gut 3 m langen Stab in der Hand, mit dem er den vor ihm liegenden Flußabschnitt gründlich sondierte. Hinter ihm im Boot saßen aufgereiht die Passagiere. Auch hier dasselbe Bild wie in peruanischen Bussen: dunkle kleine Männer mit hellen Strohhüten und grellfarbenen Hemden, dicke Frauen in ihren flotten, weißen Sonntagskleidern mit Hühnern auf dem Schoß, halbnackte Kinder, angebundene Ziegen, Kerosin- und Benzinkanister, Bananen- und Ananasstauden.

Das kleine Boot schipperte an uns vorbei. Ein zweiter Mann mit entblößtem Oberkörper saß im Heck des Bootes und bediente die beiden 40-PS-Außenborder. Er wirkte im Gegensatz zu seinen Passagieren völlig unbekümmert. Letztere machten den Eindruck schicksalshafter Ergebenheit und waren offensichtlich wenig begeistert, mitten auf dem Fluß von Strudeln durchgeschüttelt zu werden. Sie befanden sich auf dem sonntäglichen Weg zur Kirche, aber sie waren keineswegs sicher, ob sie je dort ankommen würden. Daß es auf dem Boot keine Schwimmwesten gab, war wohl mehr eine Frage der Sparsamkeit als des Vertrauens in das Geschick des Bootsführers.

»Wo soll's denn hingehen?« fragte »Bugspriet«.

»Brasilien!« schrie Chmielinski zurück. »Wo der Fluß aufhört.«

Daraufhin erscholl aus dem Johnson schallendes Gelächter, und der neugierige Gesichtsausdruck aller wich einem breiten Grinsen, wobei unzählige Zahnlücken sichtbar wurden. Dieses Grinsen schien zu sagen: Schaut euch die an! Ein Schiff voller Narren! Zum Schutz vor der Sonne hatten wir unsere Nasen und Wangen mit Zinkoxid-Creme eingeschmiert, dazu trugen wir als Schutz vor den Insekten unsere langen Sträflingsunterhosen. Bzdak hatte sich ein grellrotes Halstuch um den Kopf gebunden und sah aus wie ein Zigeuner, Truran hatte sich aus Pappkarton und Alufolie einen sperrigen Nasensonnenschutz gebastelt. Kate Durrant trug einen Badeanzug, wie er hier wohl noch nie zuvor gesehen wurde, und wir vier Männer hatten struppige Bärte. Wir waren schon eine absonderliche, wenn nicht gar abstoßende Mannschaft, aber dennoch winkten uns die Einheimischen freundlich zu und wünschten uns Glück. Auch wir wünschten ihnen alles Gute, denn das kleine Johnson-Boot näherte sich in diesem Augenblick der Stromschnelle, die wir soeben hinter uns gebracht hatten, und daher hatten sie unsere guten Wünsche im Augenblick nötiger als wir die ihren. Die Männer hielten ihre Hüte fest, die Frauen preßten ihre Hühner an sich, und dem Gesichtsausdruck der Passagiere nach zu schließen fügten sich alle resigniert ihrem Schicksal.

Der Lotse des Johnsons attackierte die Stromschnelle von vorne. Wasser spritzte über das Dollbord. Die Schrauben wurden aus dem Wasser gehoben, der Lotse warf sämtliche 80 PS ins Gefecht – ohne Erfolg, die Schrauben wirbelten nur Luft und Gischt durcheinander. Das Boot kam nicht von der Stelle, der Fluß peitschte dagegen, der Mann im Bug rammte seinen Stab in den Flußgrund und versuchte, das Boot vorwärtszubewegen. Auch dies ohne Erfolg. Der verzweifelte Lotse vollführte gewagte Manöver, um das Boot mit der Nase nach vorn in der Stromschnelle zu halten, denn wenn der Fluß sie mit der Breitseite erwischte, würde das Boot sofort kentern. Die Passagiere kreischten vor Angst.

Langsam tauchten jetzt die Schrauben wieder ins Wasser. Der Bugmann legte sich kräftig ins Zeug. Das Boot bewegte sich Zentimeter für Zentimeter vorwärts. Dann schoß es durch die Spitze der Stromschnelle. Lauter Jubel ertönte, und das Boot glitt in Richtung San Francisco davon. Wir sahen den Bugmann noch lange schemenhaft, wie er sich trotzig gegen den Fahrtwind stemmte.

Die Erfahrung, daß solche alltäglichen Heldentaten und pseudoheroischen Tragödien zum Flußleben gehörten, hätte eigentlich meinen Kampf mit dem Kajak ins rechte Licht rücken müssen, aber wie so oft verstellte auch mir das eigene Leid den Blick fürs Ganze. An dem Tag, als wir von San Francisco aufbrachen, hielt ich es gerade zwei Stunden in dem verdammten Ding aus, dann konnte ich nicht mehr. Ich hatte keine Rückenstütze, und meine Beine waren im Rumpf so eingekeilt, daß ich mich nicht bewegen konnte. Als Kate sagte, sie fühle sich nicht wohl, und sich auf den Lebensmittelkisten ein Krankenbett einrichtete, war ich heilfroh. Ich band das Kajak ans Heck des Schlauchboots und nahm ihre Position vorne links im Boot ein.

Da ich noch nie vorne links gepaddelt hatte, fragte ich Bzdak um Rat. »Das beste, was du tun kannst«, flüsterte mir der erfahrene Langstreckenpaddler zu, »ist, die Sache ruhig anzugehen.« Er hatte sich einen äußerst eleganten, aber ziemlich ineffektiven Paddelstil angeeignet und ihn perfektioniert. Bzdaks Technik erforderte kaum eine Anstrengung, machte aber auf den unaufhörlich wachsamen Kapitän Chmielinski den Eindruck, als paddle er angestrengt.

Bald beherrschte auch ich den Bzdak-Schlag perfekt, saß zufrieden im Schlauchboot und ließ den Dschungel an mir vorbeigleiten. Je mehr wir uns von den rauchenden Hütten am Rande San Franciscos entfernten, desto dichter und undurchdringlicher wurde das Grün zu beiden Seiten des Flusses. Der Dschungel begleitete als geschlossene Wand beide Ufer; in den Bergen dahinter konnte man einzelne dunklere, bewirtschaftete Grünflächen ausmachen – Kokafelder, Wiesen und Bananenpflanzungen. Zu jeder halben Stunde flüchteten wir aus der gnadenlos niederbrennenden Sonne und stürzten uns in den ruhigen, kühlen Apurímac, der mittlerweile rund 100 m breit war und uns mit etwa 4 Knoten dahintrieb.

Zu Mittag (Chmielinski sagte die genaue Uhrzeit durch) legten wir unsere Paddel beiseite und holten Avocados, Käse und eine Ananas aus dem Plastikeimer, den wir zuunterst auf dem kühlen Boden des Schlauchboots deponiert hatten. Nach dem Essen lösten wir uns beim Paddeln ab. Chmielinski und ich paddelten hinten, während Bzdak und Truran entweder schliefen oder Kate neckten.

Zwei Stunden später lösten wir uns ab. Chmielinski schlief augenblicklich ein, aber auch ich dämmerte bald vor mich hin, während Truran und Bzdak hinter uns paddelten. Truran gab seine Paddelkommandos, beide paddelten im Takt. Nach einem besonders anstrengenden Streckenabschnitt blinzelte ich unter meinem Hut hervor und sah, daß die beiden ihre Paddel auf den Bootsboden gelegt hatten. Jeder hatte ein Bier in der Hand, und bei jedem Paddelkommando stießen sie gegen das hintere Schlauchteil, was sich so ähnlich anhörte wie ein Paddelschlag, damit Chmielinski keinen Verdacht schöpfte und friedlich weiterschlief. Nachmittags gegen vier Uhr floß von links, also von Westen, der flache, grüne Mantaro in den Apurímac, der ab hier seinen Namen wechselt und Ene heißt. Am Nachmittag, wenn das Licht am schönsten ist, verabschiedeten wir uns vom Apurímac, der zwei Monate lang unsere Heimat gewesen war. Am Himmel über uns verfärbten sich dicke Kumuluswolken golden und rot, und die untergehende Sonne beschien sanft den Regenwald. Um die Mittagszeit kam einem der Busch wie ein einziger unergründlicher Block vor, der sich aber in der Abenddämmerung auflöste, und jeder Baum, jede Ranke, jedes Blatt nahm plötzlich einen eigenen unverwechselbaren Grünschimmer an. Hier in diesen herrlichen grünen Urwäldern erschien uns der Fluß zum ersten Mal als ein freundlicher Ort.

Pünktlich um fünf Uhr suchten wir das Ufer nach einem Lagerplatz ab und fanden auch schon bald eine ausgedehnte Sandinsel. Wir machten uns an unsere alltägliche Routine, entluden das Schlauchboot, stellten die Zelte auf und sammelten Brennholz. Ich ging baden und wusch mir die Haare, was ich alle drei bis vier Tage machte. Dann stellte ich mich nackt in die Sonne zum Trocknen und bewunderte die üppige Dschungelpracht. Als dann jedoch die Moskitos und Kriebelmücken angriffen, schlüpfte ich schnell in meine Kleider und setzte mich ans Feuer. Dort staunte ich jedesmal wieder über die tadellose Ordnung von Chmielinskis Küche. Alle Gerätschaften waren sorgfältig in Reichweite plaziert, Schalen, Löffel und Tassen aufgereiht, der Kaffee eingeschenkt, während der Eintopf auf dem Feuer dampfte.

»Piotr«, fragte Truran beim Kaffee, »warst du eigentlich schon immer so … ordentlich?«

Chmielinski überlegte eine Weile und schnitt dabei Karotten in den Eintopf. Schließlich antwortete er: »Ja.« Es war ihm nichts anderes übrig geblieben. Er war mit acht Geschwistern aufgewachsen, was ein gewisses Maß an Ordnung notwendig machte – sonst wäre zu Hause das Chaos ausgebrochen. Er erzählte uns, er habe einen eineiigen Zwillingsbruder und er habe seine Familie seit seiner Abreise aus Polen im Jahre 1979 nicht mehr wiedergesehen. Dann hielt er plötzlich inne und fragte: »Wo ist denn dieser Zbyszek? Er verpaßt doch sonst nie den Kaffee.«

Die ganze Nacht über ging ein starker, tropischer Regen nieder. Am Morgen stiegen dünne Nebelschwaden zum graugescheckten Himmel hoch. Ein milchiger Nebel hing über dem Fluß und verdichtete sich zu Regen.

Am späten Nachmittag trieben wir in einen *pongo*, eine Flußenge, an der steile Felswände den Ene so zusammenpressen, daß die Geschwindigkeit des Flusses auf sechs Knoten steigt. Die Einheimischen nannten diese Enge wegen der sieben Strudel, die so stark sein sollen, daß sie ein Johnson in die Tiefe reißen können, die »Sieben Teufel«. Nervös und aufgeregt versuchte ich, Kontrolle über das Kajak zu bekommen, bevor ich mich den Sieben Teufeln stellte. Aber letztlich behielten meine Nerven die Oberhand über die bösen Geister, und der Engpaß spie mich unverletzt wieder aus.

Unterhalb der Flußenge kamen wir in das Territorium der Campa-Indianer. Am linken, nordwestlichen Ufer des Ene stiegen steilaufragende, zum Teil dicht mit Regenwald bewachsene Berge sowie weite Savannenlandschaften bis zu 1500 m Höhe hinauf. Dieses unzugängliche Hochland der Gran Pajonal ist eines der am wenigsten erforschten Gebiete Perus und wird vorwiegend von den Asháninkas, wie sich die Campa-Sprechenden selbst nennen, bewohnt. Die schätzungsweise 4000 Asháninkas, die die etwas mehr als 4000 km$^2$ des Gran-Pajonal-Hochlandes bewohnen, sind einer der letzten Volksstämme des oberen Amazonasbeckens, der sich seine traditionelle Lebensweise noch weitgehend erhalten konnte. Zum Teil liegt das wohl daran, daß die Asháninkas lange Zeit als besonders grausam galten. Im Unterschied zu vielen ihrer Nachbarstämme massakrierten sie »in weiser Voraussicht« die ersten Franziskanermönche, die ihr Gebiet missionieren wollten. Unter Führung des messianischen Halbbluts Juan Santos de Atahuallpa vertrieben sie im Jahre 1740 sämtliche Missionare aus diesem Teil Perus. Die Schwierigkeit des Geländes und der Ruf der Grausamkeit, der ihnen vorauseilte, hielten daraufhin 150 Jahre lang alle Fremden vom Territorium der Asháninkas fern.

Um die Jahrhundertwende jedoch trieb der Kautschukboom die Fremden gleich scharenweise in die Wälder des Amazonas; dieses Mal waren sie mit modernen Feuerwaffen ausgerüstet. 1935 hatten die

Franziskaner bereits drei Missionsstationen und eine Landepiste im Hochland des Gran Pajonal errichtet und bereiteten damit den Weg für eine breitangelegte Kolonisation des Gebiets nach dem Zweiten Weltkrieg. Die Neuansiedler, vorwiegend Europäer, ließen sich entlang der Flüsse nieder und okkupierten das vermeintlich beste Ackerland. (Trotz der scheinbaren Fruchtbarkeit des Gran-Pajonal-Gebiets gilt weniger als ein halbes Prozent des Bodens als bebaubar.)

Viele Asháninkas des Tieflands haben sich bei den weißen Kolonien und Missionsstationen angesiedelt. Zum Teil haben sie ihre traditionelle Lebensweise in Grundzügen beibehalten. Viele tragen beispielsweise noch immer ihre hemdartigen, weiten Gewänder aus Baumwolle, die *cushmas*, und bemalen ihre Gesichter mit dem roten Farbstoff, der aus den Samen des Orleansstrauches gewonnen wird. Um ihre Augen, Wangen und Stirn ziehen sie sich dunkle, an die Schnurrhaare von Katzen erinnernde Linien. Größtenteils leben sie von milden Gaben, Gelegenheitsjobs, Dosenmilch, geschältem Reis und glauben an den Gott der Weißen. Sie stellen zwar die Arbeitskräfte für die Farmen der weißen Siedler, können aber infolge der benachteiligenden Auslegung des »weißen« Rechts selbst kein Landeigentum erwerben. (Ein dänischer Anthropologe, der diese Region untersucht hat, berichtet, daß ein reger Handel mit Asháninka-Kindern getrieben wird und daß neureiche Asháninkas nicht selten mit Ochsenziemern ausgepeitscht werden.)

Aufgrund der enormen Auslandsverschuldung ist die peruanische Regierung sehr darauf aus, die Öl-, Holz- und Mineralienvorkommen des Amazonasbeckens auszubeuten. Sie hat im Zuge eines ehrgeizigen Kolonisationsprogramms Missionare der unterschiedlichsten Konfessionen – katholische, baptistische und evangelische – dazu ermuntert, Eingeborenenstämme wie die Asháninkas zu »unterrichten«. Derartige Anstrengungen haben jedoch trotz aller guten Absichten katastrophale Auswirkungen. Die Asháninkas lebten traditionellerweise in Großfamilien zusammen, seit aber die Missionare sie in großen Siedlungen zusammengepfercht haben, breiten sich Infektionskrankheiten rasch aus. Ebenso rasch schossen Kliniken aus dem Boden, deren Personal sich zwar in theologischen Fragen leidlich auskennen mag, aber nur über dürftige medizinische Kenntnisse verfügt.

Bis vor kurzem waren die dichten Hochlandwälder des Gran Pajonal Rückzugsgebiete der Asháninkas. Sie waren Jäger und Sammler und betrieben eine Form des Brandrodungsanbaus. Seit jedoch Siedler in dieses Gebiet vorgedrungen sind, kommt es vermehrt zu Konflikten. Es ist kaum anzunehmen, daß die Enkel oder Urenkel der Asháninkas »unzivilisiert« bleiben werden.

Die Regierung hat in dem aus sechs Hütten bestehenden Kaff Puerto Prado (davon ein Lebensmittelgeschäft und ein Bordell) in der Nähe des Zusammenflusses des Ene mit dem Perené so etwas wie einen Brückenkopf errichtet. Trotzdem gilt der Ene als Grenzfluß. Den wenigen Mestizen nach zu urteilen, die aus den gemeinhin scheußlichen peruanischen Städten als Siedler an den Ene geflüchtet sind, mußten diese Pioniere schwer arbeiten, um sich im wahrsten Sinn des Wortes eine Existenz aus dem Urwald herauszuschlagen. Sie können es sich nicht leisten, zurückzuschauen. Der 26jährige Luis aus Huancayo (in seiner Strohhütte hing ein Beatles-Poster) zeigte uns stolz sein kürzlich angelegtes Avocadofeld, das erst in vier Jahren Früchte tragen würde, falls nicht vorher Überschwemmungen oder Insekten die Setzlinge zerstörten oder der Boden ausgelaugt war. »In der Stadt hatte ich mehr Freizeit, aber hier habe ich eine Zukunft«, meinte Luis.

Nachdem wir am Nachmittag am schlammigen linken Ufer des Ene Rast gemacht hatten, watete ich einen Klarwasserbach hinauf. Nach einer Weile stieß ich auf drei Männer, die außer Seifenschaum nichts auf der Haut hatten. Als ich sie auf spanisch fragte, ob ich ihre Seife benutzen dürfte, brachen sie in helles Gelächter aus, stießen sich in die Seiten und zeigten kichernd auf mich. Aber sie ließen mich ihre Seife benutzen, und ich seifte mich ein, bis wir alle in derselben Aufmachung dastanden. Die drei waren klein und dunkel, hatten starke Oberkörper ohne ein Gramm Fett darauf, breite Brustkörbe, muskulöse Schultern und kurze, leicht krumme Beine. Abgesehen von dem dichten Haarwuchs auf dem Kopf und im Schambereich waren sie völlig unbehaart. Einer von ihnen griff nach meiner Brustbehaarung und zog daran, daß ich nach Luft schnappte. Wieder mußten sie lachen.

Mein Peiniger stellte sich als Mikele vor. Die anderen beiden Männer, die ich für gleich alt gehalten hatte, waren in Wirklichkeit seine Söhne. Sie sagten, sie seien Asháninkas und betrieben eine Farm ein Stück flußaufwärts. Wir zogen uns wieder an – sie trugen an den Knien abgeschnittene Baumwollhosen – und gingen zu Fuß zu ihrer Farm. Mikele und seinen Söhne schien es gutzugehen. Die drei Familien bebauten zusammen ein 2 Hektar großes Landstück, auf dem Bananen,

Papayas, Ananas, Avocados, Zitronen, Guaven, Mangos und Yuccas gediehen (Yucca oder süßer Maniok ist für die Asháninkas genauso wichtig wie die Kartoffel für die Quechuas.) Hühner und ein schlachtreifes Schwein bevölkerten die Lichtung, auf der ihre Hütte stand. Das Hauptgebäude ruhte auf einer großangelegten Holzplattform und sah aus wie eine Freilichtbühne. Im hinteren Teil befand sich ein Speicher, der mit einem Moskitonetz und einem Strohdach ausgestattet war. Mikeles jüngster Sohn, der zehnjährige Jesus, war in der Franziskanermission in Puerto Ocopa zur Schule gegangen. »Wie geht's, Mister?« fragte er in gebrochenem Englisch. »Sind Sie sauber?«

Mikele verkaufte mir ein Dutzend Mangos, drei Yuccawurzeln von der Größe meines Unterarms und zehn Eier. Mit dem Geld, das er von mir bekommen hatte, wollte er sich in Satipo Salz und Kerosin kaufen. Für die 225 km nach Satipo und zurück würde er in seinem von einem 7-PS-Außenborder angetriebenen Einbaum drei Tage brauchen. Er mußte die Reise noch in dieser Woche antreten, denn der Ene stieg bereits. In einem Monat würde er nicht mehr zu befahren sein. Die Farm war dann für drei Monate von der Außenwelt abgeschnitten.

Ich fragte Mikele, was er von den weißen Siedlern hielt.

»Unsere Leute haben schon immer in der Nähe des Flusses gelebt«, sagte er. »Zum Jagen gibt es kaum noch etwas, aber der Boden ist fruchtbar. Unsere Farm ist groß. Wir hungern nicht.«

»Wie kommt ihr mit den Weißen zurecht?« fragte ich weiter.

Mikele lächelte. »Deren Land gehört auch uns«, antwortete er. »Aber solange wir es nicht brauchen, können sie bleiben.«

Wie es hier üblich ist, ging er weg, ohne sich durch irgendeine Geste zu verabschieden. Während ich zu unserem Lager zurückwanderte, fragte ich mich, was er wohl von Schnee oder dem Ozean halten würde.

Der Dschungeluntergrund war mit einem Wort naß. Und zwar überall. Dreck sammelte sich in jeder Vertiefung, in jeder Ritze. Der aromatische Modergeruch des Dschungels setzte sich in unseren Kleidern fest, bei der hohen Luftfeuchtigkeit dampfte der Gestank, und unsere Kleider schienen sich aufzulösen. Sand drang in unsere Lebensmittel, in unser Trinkwasser und in unsere Zelte. Er rieb Löcher in den Kunststoff des Schlauchboots, und wir bekamen offene Stellen an den Schienbeinen.

Und überall waren Insekten, Spinnen, Schaben, Motten, Bienen, Wespen, Ameisen, Sandflöhe, Zecken – und natürlich Moskitos. Sie summten und schwirrten um unsere Augen und Ohren, bissen uns in die Füße und Knöchel, gruben ihre kleinen Saugrüssel in unsere Haut, die sich daraufhin bald entzündete und ständig eiterte. Selbst die Schmetterlinge, der engelhafte Teil dieses Insektenschwarms, brach in solchen Schwärmen über uns herein, daß sie zur Plage wurden. Sie fielen zu Hunderten in riesigen flatternden Wolken über uns her, und einige hingen mit dem Kopf nach unten am Schirm meiner Baseballmütze.

Sicherlich hatten die Schwierigkeiten, mit denen wir im Hochland tagtäglich konfrontiert gewesen waren – die Kälte, die Höhe, das mörderische Wildwasser, die Guerilleros –, uns vorwärtsgetrieben. Das Weiterkommen war stets auch eine Frage der Überwindung unmittelbarer und oft sehr gefährlicher Hindernisse gewesen. Im Dschungel ist das ganz anders: Entropie ist das Gesetz des Dschungels – eine stete Zunahme der Unordnung. Alles ist ihr unterworfen und versinkt allmählich in ihr. In dem feuchten Dschungelgestank wurden wir träge und schwerfällig. Wir stritten und beklagten uns über Nichtigkeiten: Wer das Holz zum Anfeuern holten mußte, was es zum Essen geben sollte, wann aufgestanden werden sollte, wie man das Schlauchboot in dem langsam fließenden Fluß richtig paddelte, wo wir Rast machen sollten. Wir liefen zunehmend Gefahr, uns durch diesen Zustand der Regellosigkeit und Auflösung selbst zugrundezurichten.

»Hört mal her, Leute«, meinte Chmielinski nach einem sinnlosen Streit am dritten Tag auf dem Ene. »Wie soll es weitergehen? Wir können uns streiten und grob zueinander sein, oder wir können uns wieder wie anständige Menschen benehmen. Wir sollten uns an bestimmte Umgangsregeln halten. Eine Expedition geht gut, wenn sich alle wohl fühlen. Auch wenn man sich nicht wohl fühlt, muß man sich an bestimmte Regeln halten. Wenn ich beispielsweise mit Kochen dran bin, dann ist es gleichgültig, ob ich mich gut fühle oder nicht. Meine Person geht nicht nur mich etwas an.«

»Aber es gibt auch unglückliche Umstände, das mußt du zugeben«, meinte Kate.

»Sicher, aber das darf überhaupt keine Rolle spielen. Das Holz zum Anfeuern ist feucht, wir haben nicht genug zum Essen, der Kocher funktioniert nicht, oder so. Das spielt keine Rolle. Man *muß* seine Pflicht erfüllen.«

Diesen Verhaltenskodex hatte Chmielinski aus der Alten Welt mitgebracht. Mit seiner Hilfe hatte er die vielen Abenteuerreisen, die er in den sechs Jahren, in denen er nun schon Südamerika bereiste, erfolgreich hinter sich gebracht. Seine Haltung wurde selbst jetzt noch an der Sorgfalt deutlich, mit der er sich auch der geringfügigsten Aufgabe widmete. Chmielinski erklärte uns, daß in Polen jeder innerhalb der Familie und der Gesellschaft eine spezielle Funktion, einen festen Platz und klar definierte Aufgaben habe. In diesem armen, geplagten Land definiert sich die Würde des einzelnen durch die Erfüllung dieser Pflichten.

Chmielinskis Einstellung entsprach eigentlich nicht der meinen. Aus dem Blickwinkel der Neuen Welt, aus der ich stammte, der Kultur des mißbrauchten Überflusses, betrachtete ich die Betonung von Pflichten und Verhaltensnormen und vorgeschriebenen sozialen Rollen als ein Disziplinierungsmittel der wenigen Mächtigen, als einen Appell an überkommene Formen zum Zwecke der Einschüchterung.

Ich mußte jedoch zugeben, daß das Leben im Dschungel, wie es sich mir darstellte, Chmielinskis Sicht der Dinge zu bestätigen schien, wenn auch nur instinktiv. Die Häuser der Quechuas in den Bergen waren chaotisch gewesen. Schwarze verrauchte Löcher, in denen die Tiere mithausten, Eingeweide an den Wänden trockneten und Töpfe, Pfannen und Maisschalen überall verstreut herumlagen. Die Ordnung war außerhalb zu finden, in der endlosen Puna, die sich wüst und unerschütterlich in die Weite erstreckte, so weit das Auge sehen oder die Phantasie es sich vorstellen konnte. Im Dschungel hingegen war das häusliche Leben eine Übung im Sich-Beschränken. Das Heim war eine Plattform auf vier Pfosten, ein Strohdach, eine Hängematte, ein Moskitonetz inmitten eines wuchernden, blühenden Chaos voller Raubgier. Jeden Tag mußte der Dschungel zurückgeschnitten, diszipliniert und der menschlichen Ordnung – oder der Illusion dieser Ordnung – neu unterworfen werden.

# 12. Der Tambo

Am Spätnachmittag des vierten Tages auf dem trägen, grünen Ene begannen wir nach Puerto Prado Ausschau zu halten. In der Nähe dieses Ortes fließt der Ene in den Perené und heißt fortan Tambo. Ich ließ die Schlauchbootbesatzung vorausfahren und paddelte knapp 100 m von der Mitte des Flusses ans linke Ufer, wo zwei Männer mit einer bleistiftdicken Angelschnur angelten.

»Wie groß sind die Fische hier?« fragte ich einen der Männer.

Er zeigte auf seinen Begleiter und sagte: »So groß wie er.« Sie fischten auf *zungaro*, eine Welsart, die bis zu 50 kg wiegen kann.

Der andere Mann erklärte mir: »Gestern sind zwei Gringos mit Plastikkanus vorbeigekommen.« Biggs und Odendaal.

»Wo ist Puerto Prado?« fragte ich.

»*Das* ist Puerto Prado.« Ich legte einen Zahn zu und holte das Schlauchboot gerade noch ein, bevor der Ene einen scharfen Bogen nach rechts machte und in östlicher Richtung weiterfloß. Wir legten an einer kleinen Sanddüneninsel an.

Unter uns tobte ein wahres Monster von Fluß. Der Perené hatte aufgrund der Regenzeit Hochwasser und führte allerlei Treibgut aus den Hochanden mit. Reißend, dreckigbraun, übersät mit weißen Schaumkronen von Strudeln und kreisförmigen Strömungen toste der Perené mit einer Geschwindigkeit von mindestens zehn Knoten dahin. Der Lärm war ohrenbetäubend und hörte sich an wie ein Kies abladender Laster. Entwurzelte Bäume von der Größe kleiner Schleppdampfer glitten den Perené hinunter. Am anderen Ufer, knappe 400 m entfernt, prasselte in einer Schneise von etwa 30 m Breite Erdreich ins Wasser und riß 15 m hohe Bäume mit sich in die Tiefe.

Auf dem Kamm der Düne schlugen wir unser Lager auf. Chmielinski zeigte sich überrascht, als ich ihm erzählte, daß Biggs und Odendaal tags zuvor hier durchgekommen waren. »Sie müßten eigentlich schon weiter sein«, meinte er. »Irgend etwas stimmt da nicht.«

Die ganze Nacht tobte der Perené in ohrenbetäubender Lautstärke weiter, so daß an Schlaf kaum zu denken war. Der Wasserspiegel stieg unaufhaltsam – vom nahen Ufer klatschten schwere Brocken ins Wasser. Am anderen Morgen war unsere kleine Insel auf die Fläche eines Reihenhausgartens, eines Zehntels ihrer gestrigen Fläche, zusammengeschrumpft. Auf der einen Seite der Insel trat der Perené mit brachialer Gewalt über seine Ufer, auf der anderen hatte sich unser bislang sanfter Freund, der Ene, über Nacht in einen stampfenden braunen Riesen verwandelt und donnerte mit drei- bis vierfacher Geschwindigkeit und Wassermenge an uns vorbei.

Die ganze Welt schien sich vor diesen Fluten auf unsere kleine Düne geflüchtet zu haben. Unter meiner Hose, die ich am Vorabend draußen im Sand hatte liegenlassen, saß ein Frosch mitsamt einem Dutzend Froschkindern. Eine Schlange wand sich durchs Schlauchboot, Eidechsen kletterten über die Lebensmittelbehälter. Kate Durrant kam schreiend und mit einem Handtuch vor der Brust aus dem Zelt gelaufen:

»Komm schnell raus, Zbyszek! Im Zelt ist eine riesige Spinne!«

»Ja, schau dir das an«, hörte ich Bzdak im Halbschlaf nuscheln. »Eine große Spinne und viele, viele kleine. Ich glaube, sie hat ihre Jungen auf mir bekommen.«

Kate steckte ihren Kopf wieder ins Zelt und schrie: »Tatsächlich. Verdammt! Tausende kleiner Spinnen.«

»Kein schlechter Output, das muß man zugeben.«

Auf der einen Seite der Insel bedrängte uns jetzt der Ene immer mehr, auf der anderen Seite stürzte weiterhin gelockertes Erdreich donnernd in den wilden Perené. Wir warfen in aller Eile unsere Sachen ins Schlauchboot, banden das leere Kajak an den Bug und setzten das Schlauchboot an der Spitze der kleinen Insel, wo die beiden Flüsse zusammentrafen, ins Wasser.

Anfangs war der neue reißende Fluß beängstigend. Obwohl der Tambo lediglich als einer der »Quellflüsse« des Amazonas gilt, ist er doppelt so lang wie der Sacramento, der längste Fluß in Kalifornien. Der Tambo floß die ersten 400 m schnell und geradeaus, so daß wir uns schon auf eine muntere Vergnügungsfahrt einstellten. Seine tosenden Stromschnellen trommelten sanft gegen die Unterseite des Schlauchboots und ließen die Kraft, die darunter am Werke war, nur schwach erahnen. Als der Tambo eine scharfe Kurve machte, wurden wir hellwach. Kräftige Turbulenzen und riesige Strudel tauchten glucksend auf und verschwanden wieder. Sie erschienen mir wie gefräßige Wasserungeheuer. Wir entkamen ihnen nur dadurch, daß wir kräftig nach Chmielinskis hartem Takt paddelten.

Eine Armada entwurzelter Bäume tauchte zwischen den schäumenden braunen Ungeheuern auf. Manche von ihnen trieben harmlos im Wasser, andere hingegen drohten das Schlauchboot mit ihren scharfen Ästen aufzuschlitzen. Wir parierten mit unseren Paddeln und wehrten sie ab, als seien sie marodierende Piraten.

Um die Mittagszeit hatten wir uns jedoch bereits an den ungestümen Rhythmus des braunen Tambo gewöhnt. Wir hatten gelernt, dessen schnelle Strömungen zu lesen und dessen gierige Strudel zu umfahren. Hier auf dem Tambo kamen wir allein schon dadurch, daß wir uns mit der schnelleren Strömung mittreiben ließen, viel schneller voran als je zuvor. Wir waren jetzt doppelt so schnell wie auf dem Ene.

Chmielinski hatte ein Paddel in der Funktion eines Ruders an den Bug des Schlauchboots gebunden, das einer von uns bediente, während der Rest Bier trank und sich ausruhte. Ich arbeitete an meinen Aufzeichnungen, Kate Durrant machte es sich auf den Lebensmittelpacken gemütlich und las, Bzdak schoß Fotos oder schlief, und Chmielinski studierte sein Portugiesisch-Lehrbuch.

Truran hatte ein herrenloses Holzfloß im Tambo treiben sehen. Er sprang ins Wasser und schwamm zu dem Floß, an dem ein selbstgeschnitztes Holzpaddel festgezurrt war. Darauf fuhr er fünf Bootslängen vor uns her und liebäugelte mit den Strudeln.

»Großartig!« meinte er, als er eine Stunde später wieder zu uns aufs Schlauchboot umstieg. »Mit ein bißchen Geld und einem dieser Flöße könnte ich es hier monatelang aushalten.«

Am späten Nachmittag machte der Tambo einen scharfen Bogen nach links und wandte sich nach Norden. Die Gipfel der Anden hinter uns waren nur noch kleine grauen Schatten, zu unserer Linken verhüllten tiefhängende Wolken die Berge im Hochland des Gran Pajonal. Ich setzte mich ans Ruder, links und rechts der grüne Regenwald, unter mir der braune Fluß und über mir der strahlend blaue Himmel. Ab und zu tauchte in einer kleinen Lichtung am Ufer ein geisterhafter, *cushma*-bekleideter Asháninka auf. Solange wir uns näherten, standen sie regungslos da, sobald wir aber an ihnen vorbeifuhren, winkten sie, und zwar um so wilder, je weiter wir uns entfernten. Hin und wieder entdeckte ich auch eine kleine Hütte, aus der Rauch aufstieg, oder einen Einbaum, der neben einem kleinen, in den Urwald führenden Trampelpfad am Ufer lag.

Trotz des Hochwassers und der Tatsache, daß in diesem weglosen Land die Flüsse die einzigen Verkehrswege sind, entdeckte ich nirgends Abfall, keine Flaschen, keine Dosen, kein Plastik oder Styropor. Keine Strommasten, keine Reklametafeln und keine Neonschilder. Keinerlei Laute waren zu hören außer den Stimmen meiner Freunde – »José, ein Bier bitte!« –, dem unaufhörlichen Klatschen des Tambo gegen die Unterseite unseres Schlauchboots und dem gelegentlichen Ächzen eines sterbenden Urwaldriesen.

In eineinhalb Tagen hatten wir auf dem schnellfließenden Tambo fast 110 km zurückgelegt. Am zweiten Tag machte Chmielinski um die Mittagszeit am rechten Ufer ein weißes Haus mit Schindeldach aus, das auf einem grasbewachsenen Hügel stand. Ein klarer Bach floß unterhalb des Hauses vorbei. Die saftigen Weiden, das weißgekalkte Schulhaus, der Pumpenschuppen, die Getreidemühle, die Herde fetter Rinder, der gepflegte Fußballplatz und das Dutzend Bambushütten oberhalb des Flüßchens wirkten inmitten des tropischen Waldes so deplaziert wie Gemälde von Andrew Wyeth.

Chmielinski schätzte, daß es bis Atalaya, das wir uns als das Tor zur zivilisierten Welt einbildeten, noch ungefähr 15 km waren. Wir beschlossen, an dieser idyllischen Hacienda eine Rast einzulegen und uns und unsere verdreckte Ausrüstung zu waschen, um frisch und ausgeruht in Atalaya anzukommen. In dem weißen Haus wurden wir jedoch alles andere als freundlich empfangen. Chmielinski zeigte einem dürren, nervösen Kreolen unsere Papiere. Er sah sie durch, sagte, wir könnten neben dem Fußballplatz campieren und schlug uns die Tür vor der Nase zu.

Wir stellten unsere Zelte auf und wuschen uns. Während Bzdak uns aus Pisco und einem Pulverfruchtsaftgetränk Cocktails mixte, sprach Chmielinski kurz mit zwei schüchternen Schwestern. Eine von ihnen erklärte ihm, sie sei die Lehrerin der Hacienda. Dann sahen wir mehrere Stunden lang keine Menschenseele, bis ein untersetzter Indianer mit breitem Oberkörper und einem Fußball unter dem Arm auftauchte. Nach einer Weile kamen plötzlich ein halbes Dutzend weiterer Indianer hinzu, und bald darauf lieferten wir uns ein Spiel, große, starke Gringos gegen kleine, schnelle Indianer. Unsere Gegner sprachen kein Wort, legten sich aber mächtig ins Zeug und brachen bei jedem verpatzten Schuß aufs Tor, jedem Tor, jedem Fehlpaß und Angriff in ein wildes Geschrei aus. Das Spiel fand ein jähes Ende, als meine Kniescheibe herausschnappte – es fühlte sich an, als hätte mir jemand einen Nagel durchs Knie gerammt. In Sekunden waren die Indianer auf so geheimnisvolle Weise verschwunden, wie sie aufgetaucht waren.

Kate Durrant und Bzdak machten mir einen Krückstock, auf dem ich unter Schmerzen in mein Zelt humpelte. Ich zündete in der Dämmerung eine Kerze an und las Joseph Conrad. Aber ich konnte mich nicht konzentrieren. Irgend etwas war hier faul. Überall sonst hatten wir scharenweise neugierige Einheimische angelockt, aber hier inmitten dieser ziemlich großen Ansiedlung wurden wir völlig in Ruhe gelassen. Das war unheimlich.

Beim Zusammenpacken am nächsten Morgen kamen wir auf diesen Umstand zu sprechen. Auch Truran und Kate Durrant kam die Sache komisch vor. »Vielleicht sind wir in irgendeine religiöse Gemeinschaft geraten«, vermutete Truran. »Wo sie einem vorschreiben, wann man essen, sprechen oder pinkeln darf. Gräßlich!«

Keine Menschenseele war zu sehen, als wir den kleinen Fluß hinunterfuhren und nach rechts in den trüben Tambo einbogen.

Wir rochen Atalaya buchstäblich, lange bevor wir es zu Gesicht bekamen. Die Brise, die uns entgegenwehte, trieb uns den Abfallgestank, den Kerosin- und Dieselgeruch Atalayas, vermischt mit dem Fäulnisgeruch des Urwalds in die Nase – untrügliche Anzeichen dafür, daß wir uns der »zivilisierten« Welt näherten. Am linken Ufer glänzten inmitten des grünen Dschungels Wellblechhütten in der Sonne, unzählige Holzflöße, Einbäume und lecke flache Aluminiumboote lagen am Ufer. Auf kleine graubraune Erdhütten folgten Strohhütten, dahinter standen auf Pfählen wacklige Planken-, Seil-, Leder- und Pappkonstruktionen. Aus freiliegenden Rohren rann das Abwasser dieser Hütten in den Fluß. Ratten und Schweine spazierten am schlammigen Ufer entlang und blieben unter diesen Rohren stehen, um sich zu erfrischen. Braune Gesichter huschten durch den Dschungel und blieben bei der einzigen Betonrampe weit und breit stehen – dem Hafen von Atalaya.

Atalaya liegt 1,5 km oberhalb des Zusammenflusses von Tambo und Urubamba, einem weiteren großen Urwaldfluß. Im Westen von Atalaya erheben sich dichtgedrängt die Berge des Gran-Pajonal-Hochlands und schneiden den Ort von Lima ab. Gegen Norden und Osten breitet sich das Amazonasbecken aus. Es führen keine Straßen nach Atalaya, der Ort wird in unregelmäßigen Abständen über den Fluß versorgt, und einmal wöchentlich landet ein Lufttaxi auf der durchweichten Graspiste. Im Gegensatz zu dem winzigen Ort Satipo, der knappe 100 km Luftlinie in südwestlicher Richtung liegt, ist Atalaya völlig isoliert – immerhin die einzige wirkliche Stadt im Umkreis von mehreren hundert Kilometern. Atalaya hat schätzungsweise 1000 Einwohner, eine dreckige Plaza und dreckige Straßen. Das Geschäftszentrum des Orts erstreckt sich am Fluß entlang und besteht aus einer Reihe windschiefer Schuppen und Verkaufsstände, die aussehen, als seien sie erst gestern aufgestellt worden und könnten schon beim nächsten Sturm sofort wieder zusammenkrachen.

So sahen also unsere Phantasien aus. Vor sechs Wochen hatten wir das Schlauchboot an der Militärbrücke bei Cuzco zu Wasser gelassen. Hier im Schlamm von Atalaya zu waten war eine wahre Erlösung.

Zu unserer Überraschung fanden wir in Atalaya sogar ein sauberes, zweistöckiges, aus Schlackenbeton gebautes Hotel. Ein Zimmer kostete einen Dollar pro Nacht. Im Preis inbegriffen war ein Bett, eine Dusche, ein Ventilator, ein Waschbecken und ein Kühlschrank. Strom gab es zwischen sechs und zehn Uhr abends, aber die Ventilatoren waren kaputt; und ein Kühlschrank, der bei diesem Klima nur vier Stunden am Tag funktioniert, ist wohl eher als spezifisch peruanische Auslegung von Komfort zu betrachten. Immerhin waren Bett und Laken sauber, und mit einigen gymnastischen Verrenkungen unter der Öffnung in der Wand des Badezimmers, aus der das Wasser tröpfelte, gelang es mir auch, zu duschen.

Nachdem wir Schlauchboot und Kajak im Hof des Hotels verstaut hatten, stürzten sich Chmielinski, Bzdak, Kate Durrant und ich ins Nachtleben von Atalaya. Die Luft war feucht, aber kühl. Von den Hügeln hinter den letzten Hütten der Stadt wehte der Duft von Jasmin herab und legte sich über die lehmigen Straßen. Junge Paare schlenderten Arm in Arm durch die Straßen, wichen Pfützen aus und scheuchten Hühner und Schweine vor sich her. Ein Motorrad ohne Auspufftopf, dafür aber mit drei Passagieren besetzt, schlitterte an uns vorbei. Ein mit Diesel betriebener Generator ratterte in der Kirche neben der Plaza. Ich sah durch ein Seitenfenster der Kirche ungefähr 150 Menschen, die sich stehend Johnny Weissmüller in *Tarzan, der Affenmensch* ansahen.

Ein bärtiger Kobold schlurfte uns entgegen: Tim Biggs. Er schien sich darüber zu freuen, uns zu sehen, wirkte aber verstört. Er sagte, daß er und Odendaal erst vor zwei Tagen in Atalaya angekommen seien. »Frans war ziemlich krank. Er konnte kaum sein Paddel halten. Er hat sich die meiste Zeit bloß treiben lassen.« Ihre Visa waren immer noch nicht verlängert. Über Funk hatte es nicht geklappt. Deshalb war Odendaal mit dem Lufttaxi nach Lima geflogen. Biggs wußte nicht, wann er wiederkommen würde, aber er war eigentlich über diese Schwierigkeiten nur froh. »Selbst wenn wir die Visa verlängert bekommen, werde ich ziemlich sicher nach Hause fahren. Die Vorstellung, noch einmal drei Monate ohne Margie auskommen zu müssen, reizt mich nicht allzu sehr, versteht ihr?«

Wenn jetzt Biggs auch noch ausstieg, bestand das Kajakteam nur noch aus Odendaal, Chmielinski und mir. Gelinde gesagt eine schockierende Vorstellung, über die man in aller Ruhe reden mußte. Wir einigten uns jedoch darauf, fürs erste nicht gleich über die Expedition zu sprechen, sondern eine anständige Party zu veranstalten. Biggs wurde nämlich heute vierunddreißig. Wir setzten uns in eine Bar und borgten uns, da wir pleite waren, von Biggs Geld, das wir sofort in Bier umsetzten. Wir lenkten Biggs ab, während Bzdak ihm den Hotelschlüssel klaute und die Khakihosen aus seinem Zimmer holte, die ich ihm in Arequipa geliehen hatte. Wir wickelten die Hose in ein Handtuch und schenkten sie ihm zum Geburtstag. Biggs schien sich aufrichtig über unser Geschenk zu freuen.

Spätabends wankten wir ins Hotel zurück, und der Portier händigte Chmielinski eine Nachricht aus, die er vorher vergessen hatte. Truran und ich begleiteten Chmielinski auf sein Zimmer und lasen beim Kerzenschein den Brief. Er war von Odendaal. Er schrieb, die Möglichkeit, daß die Visa verlängert würden, bestehe zwar immer noch, er habe aber dennoch beschlossen, seinen Traum, den Amazonas zu befahren, endgültig aufzugeben. Er schlug vor, daß wir ohne ihn weiterfahren sollten.

Nachdem Chmielinski den Brief zu Ende gelesen hatte, saßen wir eine Weile stumm da. Dann drückte Truran meinen Arm und beglückwünschte Chmielinski mit der anderen Hand. »Viel Glück, Jungs«, meinte er. »Sieht so aus, als ob jetzt alles an euch hängt.«

An uns? An Chmielinski. Mein kurzer Trip mit dem Wildwasserkajak hatte mich davon überzeugt, daß es verrückt wäre, eine Strecke von 5600 km in einem solchen Vehikel hinter mich zu bringen. Ich hatte daher bereits beschlossen, zusammen mit Bzdak und Kate Durrant auf einem Johnson-Boot zu fahren, Chmielinskis Vorräte mitzunehmen und, wenn möglich, Treffpunkte mit ihm auszumachen. Aber das behielt ich noch für mich; vorerst brachen wir ja noch nicht auf. Odendaal hatte geschrieben, er werde nach Atalaya zurückkehren, um seinen Film fertigzudrehen, hatte jedoch nichts darüber gesagt, was aus dem restlichen Geld für die Expedition werden sollte. Über das Geld konnte er verfügen, aber wir konnten ohne Geld unsere Reise nicht fortsetzen. Das Geld, das wir uns von Biggs geliehen hatten, reichte bei einem Tagessatz von zwei Dollar pro Person und Tag für eine Woche. Wir beschlossen, in Atalaya auf Odendaal zu warten.

Am Nachmittag des nächsten Tages ging ein heftiger Regen nieder, ein erster Vorbote der Regenzeit, die in wenigen Wochen über uns hereinbrechen würde. Angesichts der überschwemmten Straßen und der ertrunkenen Hühner, die im Wasser trieben, war ich froh, jetzt nicht auf dem Tambo zu sein. Nach zwei Stunden heftigem Regen war der Fluß mit Baumstämmen, losgerissenen Flößen, kieloben treibenden Einbäumen, heruntergerissenen Strohdächern und allem möglichen Gestrüpp aus dem Urwald übersät und sah aus wie ein klumpiger Eintopf. Dieser ganze braune Brei strömte donnernd flußabwärts und ließ mich erschauern. Der Fluß konnte mich und mein Kajak wie einen Wasserfloh zerdrücken.

Die beiden jungen Frauen von der mysteriösen Hacienda, die Lehrerin und ihre Schwester, trafen uns in Atalaya, wo sie, wie sich herausstellte, auch wohnten. Sie hießen Wendoly und Rosa Torres, luden uns zu sich nach Hause ein und stellten uns ihrem Vater vor. Er hieß Alejandro, war der Hauptverwalter der Schule und Vater von weiteren vier Töchtern und zwei Söhnen. Das zweistöckige Haus, das er sich am Rande der Stadt aus selbstgebrannten Ziegelsteinen gebaut hatte, war das größte Haus, das wir seit Cuzco gesehen hatten. »Wer von euch möchte eine meiner Töchter heiraten?« fragte er. »Ich baue ihm eigenhändig gleich danebeen ein Haus.«

Während wir uns im Schatten eines Mangobaums mit ihm unterhielten, servierten uns Wendoly und Rosa auf großen Platten Papayas, Mameiäpfel (eine Art Kreuzung zwischen Apfel und Pflaume) und kleine, außerordentlich süße Mangos, aus denen Torres die Fasern herausgezüchtet hatte, die sich sonst zwischen den Zähnen festsetzen und das Essen dieser Früchte zu einem eher lästigen Unternehmen machen.

Bzdak fragte Señor Torres, ob er die Geheimnisse der Selva, wie der Regenwald auch genannt wird, kenne. Die gefährliche Ausgeburt eines dieser Geheimnisse hatten wir bereits kennengelernt: den Buschmeister oder *Shushupe*, der zu den größten Giftschlangen der Welt zählt. (Die Grubenottern, zu denen der Buschmeister gehört, und die Lanzenottern gelten als die gefährlichsten Giftschlangen des Amazonasgebiets.) Ein Asháninka erreichte 36 Stunden, nachdem er von einer Buschmeisterschlange gebissen worden war, endlich die winzige Klinik in Atalaya. Kate Durrant hatte den beiden Klinikärzten assistiert, die in einer dreistündigen Operation vergeblich versucht hatten, das brandige linke Bein des Mannes zu retten. Das Bein sah aus wie ein kakaobrauner Ballon, aus dem eine gelbe, wie Achsenschmiere aussehende Flüssigkeit austrat. (In der Klinik, die mit Mitteln der Organisation »Rettet die Kinder« aufgebaut worden war, gab es zwar weder Strom noch Wasseranschluß, doch sie war die einzige medizinische Einrichtung im Umkreis von mehreren hundert Kilometern, die den Namen Klinik verdiente.)

Sobald das Lufttaxi zurückkam, sollte der Mann flußabwärts nach Pucallpa transportiert werden, wo man ihm das Bein amputieren würde. Trotz dieser Tragödie tat Torres unsere Besorgnis leichthin ab: »Ihr redet wie die Leute aus Lima«, meinte er. »Die meinen auch, daß überall wilde Tiere, giftige Schlangen und Insekten auf sie lauern. Fragt doch mal Rosa. Sie ist jetzt vierundzwanzig, sie hat ihr ganzes Leben im Dschungel verbracht und noch nie einen Jaguar gesehen. Sie wurde noch nie von einer Schlange gebissen. Jeden Tag schwimmen unsere Schulkinder im Fluß, und noch keins ist von einem Piranha angefressen worden.«

Weit gefährlicher seien da schon die *Narcotraficantes*, die Drogenhändler. Das Hauptexportprodukt der Selva ist die Kokapaste, die größtenteils per Schiff oder Flugzeug nach Kolumbien gebracht und dort zu Kokain weiterverarbeitet wird. Atalaya liegt im Herzen des

Drogenanbaugebiets, was einem überall deutlich wird. Eines Abends trank ich beispielsweise mit einem Amerikaner, der ebenfalls in unserem Hotel wohnte, ein Bier (leicht irritiert stellte ich fest, daß er der erste Amerikaner war, den ich in den letzten drei Monaten gesehen hatte). Er kam aus Südkalifornien, war blond und sah aus wie ein Klosterschüler. Er erzählte mir, daß er bei dem Versuch, 5 kg verarbeitetes Kokain aus Peru herauszuschmuggeln, verhaftet worden sei. Er war zu zehn Jahren Haft in einer Gefängniskolonie am Urubamba verurteilt worden. Nachdem er mehrere Jahre seiner Strafe verbüßt hatte, wurde er auf Bewährung entlassen und durfte sich eine neben dem Gefängnis gelegene 160 ha große Farm samt Haus, zwei Motorbooten und einem Kurzwellenempfänger kaufen. Den Rest seiner Strafe mußte er fortan auf der Farm abbüßen. Er baute Gemüse an, das in der Selva schwierig zu bekommen ist. Besonders stolz war er auf seine Tomaten. Er hatte eine Peruanerin geheiratet und durfte alle paar Wochen nach Atalaya fahren. »Hier kann ich ab und zu mal Dampf ablassen«, meinte er. Alles in allem sei er mit seinem Leben ganz zufrieden, sagte er, außer daß er Peru nicht verlassen dürfe.

Er wohnte genau unter mir und hörte jeden Abend, wenn er nach Hause kam, auf seinem Kassettenrecorder in voller Lautstärke Rockmusik bis in die Morgenstunden.

Die beiden Männer, die neben Biggs im ersten Stock des Hotels wohnten, hatten sich uns gegenüber als Drogenfahnder zu erkennen gegeben. Sie ließen ihre Tür sperrangelweit offen, so daß jeder beim Vorbeigehen das halbe Dutzend Pistolen auf ihren Betten liegen sah.

Im zweiten Stock wohnten vier Tagelöhner in einem Zimmer mit nur einem Bett. Truran und ich erkannten sie wieder – sie hatten bei dem Fußballspiel auf der Hacienda mitgespielt. Wir wollten uns über diese vier Männer erkundigen; deshalb hatten uns Rosa und Wendoly eigentlich mit zu sich nach Hause genommen. Sie erzählten uns, daß in der Hacienda in Wirklichkeit Kokapaste hergestellt wird und daß wir unverhofft auf der Hacienda angekommen waren, nachdem eine Stunde zuvor ein Flugzeug mit 500 kg Kokapaste an Bord einen mißglückten Startversuch gemacht hatte. Das Flugzeug war auf der hinter dem Schulgebäude versteckten Graspiste gestartet, hatte dabei eine Kuh gestreift, einen Baum umgemäht und eine Tragfläche verloren.

Wenn es stimmte, was die beiden Schwestern uns erzählten (wir hatten keinen Grund, daran zu zweifeln), hatten die Tagelöhner in fieberhafter Eile das Flugzeug entladen, während wir völlig unwissenden Gringos in unserem komischen blauen Boot dahergepaddelt kamen. Der Patrón, der nervöse Mann, der uns an der Tür des gepflegten weißen Hauses so schroff behandelt hatte, war sich unschlüssig, was er von uns halten sollte. Gehörten wir zur Drogenpolizei? Oder waren wir vom CIA? Er und der Pilot behielten uns in den Fadenkreuzen ihrer Zielfernrohre, während ein paar Männer ein Fußballspiel mit uns anfingen, um uns abzulenken. In der Zwischenzeit hatten die übrigen das Flugzeug zerlegt und in den Fluß geworfen. Die Kokapaste wurde daraufhin mit einem Motorboot flußabwärts geschickt. Die vier Tagelöhner waren uns nach Atalaya nachgeschickt worden, um uns zu beschatten.

Diese Neuigkeiten beunruhigten uns aus verschiedenen Gründen, unter anderem, weil wir die vier Tagelöhner mit den Polizisten in der einzigen Spielhalle Atalayas hatten Billard spielen sehen.

»Seid vorsichtig«, warnte uns Torres, als wir zum Hotel zurückgingen, und fügte, zu seinen Töchtern gewandt, hinzu: »Dieser Gangster soll sich eine andere Lehrerin suchen.«

Während der nächsten sechs Tage tauschten wir böse Blicke mit den Drogenhändlern aus. Sie verfolgten uns überallhin, ließen uns aber ansonsten in Ruhe. Nur einmal tauchte einer von ihnen urplötzlich aus der Dunkelheit auf, als Truran und ich Bier holten; er fuhr sich mit dem Finger über die Kehle und zischte den Namen unseres Hotels.

Schließlich kamen Odendaal, van Heerden und Leon in Atalaya an. Odendaal war neu eingekleidet und hatte ein Bündel Hundertdollarscheine bei sich. Er brachte eine gute und eine schlechte Nachricht mit. Die gute war, daß der Expedition dank der Großzügigkeit Jourgensens nunmehr 5000 Dollar zur Verfügung standen. Die schlechte Nachricht kam im Laufe einer Unterredung mit Odendaal ans Licht, als er uns, bewaffnet mit Karten und Graphiken, erklärte, warum er uns vieren, die wir die Flußbefahrung fortsetzten, nur ein Drittel des von Jourgensen zur Verfügung gestellten Kapitals aushändigen wollte. Er erklärte, daß er und van Heerden noch eine Weile in Peru bleiben würden, um den Film fertig zu drehen. Danach würde er zunächst in die Staaten fliegen, von dort aus weiter nach London, um bei der Royal Geographical Society einen Vortrag über die Befahrung des

Apurímac zu halten. Weihnachten wollte er dann bereits in Südafrika verbringen. Er betonte, daß er sich trotz der besonderen Umstände nach wie vor als Expeditionsleiter betrachte und daß Chmielinski, Bzdak, Kate Durrant und ich die Expedition unter seinem Namen fortsetzen sollten. Nach den Weihnachtsferien würde er zum Sommersemester an seine Universität in den Staaten zurückkehren und uns seine Instruktionen für die Fortsetzung der Flußbefahrung in Brasilien zukommen lassen.

Es hatte keinen Sinn, mit Odendaal zu streiten. Da er die Kontrolle über die Finanzen hatte, konnte er machen, was er wollte. Er schien es für selbstverständlich zu halten, eine Expedition über Tausende von Kilometern, ja über ganze Kontinente hinweg, leiten zu können.

Am folgenden Tag reiste Odendaal in Begleitung von Biggs aus Atalaya ab. Kurz vor der Abfahrt ihres gemieteten Motorboots kam Biggs in die Hotelhalle gerannt, wo Chmielinski und ich gerade zusammenpackten.

»Nichts für ungut, Kameraden!« sagte er. Wir gaben uns die Hand, und er wünschte uns alles Gute.

Sergio Leon begleitete Odendaal; er sollte als Dolmetscher und Organisator bei den Filmarbeiten fungieren. Er wirkte erschöpft. Sergio und van Heerden hatten beim Transport der Seekajaks von Lima nach Pucallpa große Probleme gehabt. Sie waren auf Guerilleros gestoßen, die sie aber in Ruhe gelassen hatten. Leon tat mir leid. Das Wandern in den Hochanden hatte ihm zwar Spaß gemacht, aber er hatte seinen Job gekündigt und all sein Geld vor allem deshalb ausgegeben, um den Regenwald des Amazonas zu erforschen. Und jetzt sah es danach aus, als ob ihm gerade diese Chance verwehrt werden würde. Trotz allem erschien er mir keineswegs traurig oder verbittert. Ich sehe heute noch das strahlende Lächeln, mit dem er sich verabschiedete.

Am selben Tag verabschiedeten sich auch Kate Durrant, Bzdak, Chmielinski und ich von Truran. Er reiste mit dem Lufttaxi ab. Bis zum Schluß war er sich unschlüssig gewesen, ob er weiter an der Expedition teilnehmen sollte. Aber das flache Gewässer reizte ihn nicht, was schließlich den Ausschlag gegeben hatte, daß er aus der Expedition ausstieg. Außerdem war er hier in Peru dreißig geworden, was für einen Kajakprofi schon ein ziemlich »hohes« Alter ist. Er wollte ein letztes Mal an einer Weltmeisterschaft teilnehmen und mußte mehr oder weniger sofort mit dem Training beginnen.

Ich fand es schwierig und seltsam zugleich, Truran hier im Urwald meinen Dank für alles auszusprechen, was er für mich getan hatte. Er hatte mir mehr als einmal das Leben gerettet, hatte Odendaals Versuche, mich aus der Expedition hinauszukatapultieren, abgewehrt und hatte mir mit seinem Mut Auftrieb gegeben. Aber Truran wollte meine Dankesbezeugungen nicht hören. Er verbrachte die letzte Stunde auf dem Amazonas damit, daß er mich im Paddeln unterwies (»Stützen, nicht drücken!«). Er riet mir, mich zu wehren, wenn Chmielinski zu sehr Tempo machen wollte, was ganz sicher der Fall sein würde. Wenn ich das nicht tat, würde ich derartige Schmerzen in den Handgelenken bekommen, daß ich die Fahrt ganz aufgeben müßte.

Mit einem Grinsen und einem letzten Gruß stieg er ins Flugzeug und entschwand.

Chmielinski und ich befuhren die 650 km lange Strecke nach Pucallpa in den Wildwasserkajaks, die Biggs und Odendaal zurückgelassen hatten. (Es war, wie wir süffisant feststellten, eine Ironie des Schicksals, daß ich Odendaals Kajak fuhr.) Chmielinski schätzte, daß wir die Strecke in zehn Tagen schaffen konnten. Kate Durrant und Bzdak würden in Atalaya bleiben, bis das Hochwasser zurückging und wieder Boote fuhren. Wann damit zu rechnen war, konnte in Atalaya keiner sagen.

Wir wuschen unsere Kajaks hinter dem Hotel und zogen sie dann in die Halle, um zu packen. Für mich war das eine Farce, denn ich hatte Chmielinski immer noch nicht gebeichtet, daß er allein weiterfahren mußte. Da mir bisher noch nichts eingefallen war, wie ich ihm gegenüber meine Feigheit in nette Worte kleiden und mich aus der Affäre ziehen konnte, tat ich so, als ob es für mich nichts Schöneres geben könnte, als ein Kajak einsatzfähig zu machen.

Ein blonder, ungefähr 40jähriger Mann setzte sich neben uns auf den Boden und sah uns beim Packen zu. Er war Italiener und am Vortag im Hotel angekommen. Er unterhielt sich jedoch auf spanisch mit uns und erzählte, daß er im Vorjahr mit seiner Frau und seinem kleinen Sohn in Atalaya gewesen sei.

»Wir wollten etwas erleben«, sagte er. »Wir kauften uns einen Einbaum, Lebensmittel und was man sonst noch so braucht und befuhren den Ucayali. Zwei Tage später gerieten wir in einen Strudel. Das Kanu kenterte.« Er steckte sich eine »Inca«-Zigarette an. »Ich wurde unter Wasser herumgewirbelt, bis ich plötzlich flußabwärts raste. Ich schwamm einfach weiter, ich weiß nicht, wie lange. Vielleicht waren es zehn Minuten, vielleicht auch eine Stunde. Als ich schließlich das Ufer erreichte, hatte ich überhaupt nichts mehr, nicht mal ein Hemd. Einige Indios standen am Ufer und angelten. Sie brachten mich zunächst in ihr Dorf und nach ein paar Tagen in eine Mission, wo es eine Landebahn für Flugzeuge gab. Ein Flugzeug nahm mich umsonst nach Lima mit, aber der italienische Konsul wollte mir nicht helfen. Ich mußte betteln gehen. Drei Monate später war ich wieder in Italien, aber ich hatte alles verloren.«

»Was ist aus Ihrer Frau und Ihrem Sohn geworden?« fragte ich, bereute es jedoch augenblicklich.

Der Mann fing leise zu weinen an und sagte nur: »Ich habe alles verloren.« Alles, außer den Erinnerungen, die ihn jetzt wieder nach Peru getrieben hatten.

Diese Geschichte hatte mir den Rest gegeben. Nachdem der Italiener die Hotelhalle verlassen hatte, arbeitete ich nicht mehr weiter. Ich mußte jetzt sprechen. Ich hatte die Berge gesehen, ich hatte den Urwald gesehen und war so oft nur knapp dem Tod entronnen, daß ich gar nicht mehr daran denken wollte.

»Piotr«, setzte ich an, »ich habe nachgedacht.«

»Über was hast du nachgedacht?« fragte Chmielinski. Dabei sah er mich mit seinen eisblauen Augen unnachgiebig an. Sein Blick war völlig ausdruckslos, forderte nichts, zwang mich zu nichts. In diesem Blick las ich nur die einfache Frage: *Aus welchem Holz bist du geschnitzt?*

Ich spürte es heiß in mir hochwallen: Zögern, Zweifel, Schwäche. Ich hatte den blinden, alles überwältigenden Wunsch, wieder in meinem Heimatland, in meiner Wohnung, in meinem Bett zu sein, mit meiner Freundin zu plaudern, ein opulentes Mahl für uns servieren zu lassen. Ich wollte ein gesichertes Leben, eine strahlende Zukunft, und den Amazonas und Chmielinski, diesen polnischen Einpeitscher, wünschte ich Tausende von Kilometern weit weg.

Chmielinski wartete unnachgiebig.

Ich sagte: »Ich habe darüber nachgedacht, wie aufregend unsere Fahrt werden wird. Du und ich und unsere kleinen Kajaks auf dem riesigen Fluß. Ich meine, es ist eine richtige Entdeckungsfahrt, du verstehst.«

»Gut, Joe. Das genau ist es.«

# III

## Das Flußmeer Amazonas

# 13. Der obere Ucayali

Chmielinski und ich brachen in den frühen Nachmittagsstunden aus dem verschlafenen Atalaya auf. Bzdak, Kate Durrant, Wendoly und Rosa Torres standen am Ufer und winkten uns zum Abschied. Durch die anfeuernden Rufe der beiden Schwestern angestachelt, begann Chmielinski die 5600 km lange Reise mit kräftigen Paddelschlägen. Meine Versuche, es ihm gleichzutun, scheiterten jedoch kläglich. Ich hatte Bauchweh und fühlte eine Erkältung nahen. Die Sonne stach vom Himmel, die hohe Luftfeuchtigkeit erschwerte das Atmen, und der Tambo kam mir wie ein einziger Strudel vor.

Wir paddelten in die Mitte des Flusses und ließen uns von der starken Strömung mitreißen. Minuten später hatte der Regenwald wieder von uns Besitz ergriffen. An beiden Ufern reichte er bis dicht an den Fluß. Der hochwasserführende Tambo hatte die Lehmufer zu beiden Seiten unterspült, so daß viele Urwaldriesen in den Tambo gekippt waren. Die Baumwipfel lagen unter Wasser wie die Köpfe von Wasserleichen, aber die Stämme waren immer noch im Erdreich verankert und stemmten sich gegen die Strömung. Alle paar hundert Meter schnellte solch ein Baum plötzlich wieder aus dem Wasser, durchbrach mit einem lauten Zischen die Wasseroberfläche und verspritzte weiße Gischt.

Die Brutalität des Urwalds lag in seiner anonymen und bedrohlichen Masse. Die Hochanden waren zwar auch brutal, aber durchsichtig gewesen. Sie verbargen nichts, sondern lagen kilometerweit offen vor den Augen des Betrachters. Das Wesen des Urwalds hingegen versteckte sich hinter einer unheimlichen grünen Wand und erschien mir wie ein vielarmiges, gefräßiges Monster.

Der Tropenhimmel hingegen zeigte sich ausdrucksvoll und offen. Eingehüllt in ein intensives Gemisch aus tropischer Hitze und Feuchtigkeit, bot der Himmel niemals ein einheitliches Bild, sondern Sonne, Wolken, Regengüsse und aufsteigender Dampf über dem Wald schufen stetig wechselnde Bilder wie in einem Kaleidoskop. Wir befanden uns auf 10° südlicher Breite und fuhren in nördliche Richtung. Die Sonne stand direkt über uns, der Himmel war blau und gleißend. Obwohl ich eine Sonnenbrille und einen Hut trug, hatte ich Augenflimmern und Kopfschmerzen. Ein paar Kilometer nördlich von uns hatten sich dunkelviolette Sturmwolken zusammengebraut, aus denen beständig eine klar abgegrenzte Regenwand niederhing, die wie der Schwanz eines Wirbelsturms aussah. Zu unserer Linken hingen blutrote Federwolken über dem Regenwald. Hinter uns verblaßten die dunklen Bergkämme des Gran-Pajonal-Hochlands hinter einer dicken, dicht über dem Boden hängenden Nebelwand.

Eineinhalb Kilometer unterhalb von Atalaya fließt von rechts der Urubamba in den Tambo. Diese beiden großen Urwaldflüsse bilden ab hier den Ucayali, der am Zusammenfluß der beiden Quellflüsse ungefähr 800 m breit ist. Wir würden rund 1900 km auf dem Ucayali bleiben – mehr als die doppelte Strecke dessen, was wir in den letzten drei Monaten seit Anfang der Expedition hinter uns gebracht hatten. Am Ende dieser Strecke mündet der Ucayali bei der Stadt Iquitos in den Marañon. Von dort aus sind es noch 640 km bis zur brasilianischen Grenze, und von da ab weitere 3200 km bis zum Atlantik.

Der Ucayali war durch die wochenlangen Regenfälle angeschwollen und führte unzählige Baumstämme mit sich. Er wühlte sich mit ehrfurchtgebietender Kraft durch den Regenwald. Brodelnd stiegen Turbulenzen aus der Tiefe des Flusses auf, lösten sich an der Wasseroberfläche in pilzförmigen Strudeln auf und flossen in unvorhersehbaren Strömungen ab, die mein Kajak erfaßten und es nach hinten schoben, quer stellten oder im Kreis herumwirbelten. Baumstämme stießen gegen mein Kajak, ein aufgeblähter Schweinekadaver trieb mit den Klauen nach oben im Wasser. Schultern und Unterarme taten mir weh. Wir begegneten den ganzen Tag keiner Menschenseele. Erst am Abend, bei der Einmündung des winzigen Unine in den Tambo, winkte uns eine fette, barfüßige Frau in dreckigen Lumpen vom Ufer aus zu. Sie kommentierte unsere Versuche, das schlammige, 4 m hohe linke Ufer hochzuklettern, mit höhnischem Gelächter. Die Kajaks hinter uns herziehend, folgte Chmielinski der Frau in den Dschungel, und ich folgte den beiden. Im Gänsemarsch gingen wir einen Weg entlang, der bald durch sauber angelegte Kaffee-, Getreide-, Erdnuß- und Tabakfelder führte. Vor einem auf Bambusstützen stehenden, mit einem Strohdach gedeckten Unterstand blieben wir stehen.

Ein kleiner Mestize mit freiem Oberkörper saß in der Mitte des Unterstands. Er machte einen sehr selbstzufriedenen Eindruck, wobei seine dunklen, kleinen Augen wie die Augen eines Panthers funkelten. Seine dichte Haarpracht war ergraut, aber sein Bauch war hart und flach, Schultern und Arme muskulös. Er war eine respektable Erscheinung, obwohl er nicht einmal Schuhe an den Füßen trug. Er stellte sich uns als Don Rafael Machelena, Patrón von Unine, vor. (»Don« bedeutet immer Macht und Ansehen.) Er betatschte Chmielinskis Kajak, warf den Kopf zurück und meinte verächtlich: »Wohin wollt ihr denn in diesem komischen Ding?«

»Zum Atlantik«, erwiderte Chmielinski.

»Was? In diesem Ding? Ihr seid ja verrückt. Damit kommt ihr nicht mal bis Pucallpa«, meinte er herablassend. »Wollt ihr vielleicht eine Tasse Kaffee? Es könnte eure letzte sein.«

Hier inmitten des Dschungels servierte uns Don Rafael in eleganten Porzellantassen einen starken, schwarzen Kaffee, unser erster richtiger Kaffee seit Monaten. (Wie in so vielen kaffeeproduzierenden Staaten exportiert man auch in Peru die besten Sorten und trinkt selbst Instantkaffee.) Er schnitt Tabak von einem dicken Klumpen, der aussah wie eine grüne Salami, und drehte uns eine dicke Zigarre.

»Den baue ich selber an«, meinte Don Rafael, »und den Kaffee auch.«

Die Mestizin, die uns hergeführt hatte, hieß Elsa und war seine Frau. Sie kochte Reis, Eier, Yucca, gebackene Bananen und eine pikante Pastete aus Erdnüssen und Chili.

»Das baue ich auch alles selbst an«, meinte Don Rafael, als seine Frau das Essen auftrug. »Außerdem noch Schokolade. Die verkaufe ich den Russen. Diese Idioten brauchen sie. Bei denen ist es kalt!«

Chmielinski machte eine Dose Bœuf Bourguignon auf, Don Rafael rümpfte verächtlich die Nase und sagte: »Wie barbarisch!«

Er hatte Peru noch nie verlassen. »Wie könnte ich das?« meinte er. »Das ist nur etwas für reiche Leute!« Ein einziges Mal war er in Lima gewesen. Aber dennoch diskutierten wir den ganzen Abend über Lech Walesa, Ronald Reagan, François Mitterrand, den Dalai Lama und darüber, ob Schweizer Uhren wirklich so gut sind wie ihr Ruf. Er las uns einen Brief von einem Mann vor, den er auf dem Ucayali getroffen hatte und der jetzt in Nepal lebte. »Es ist schon eine kleine Welt«, meinte er, als er fertig war, und wir stimmten ihm zu.

Da ich inzwischen Halsweh und Kopfschmerzen hatte, entschuldigte ich mich, rollte meine Luftmatratze aus und hörte Don Rafael und Chmielinski zu. Ich war froh darüber, daß wir in Unine Rast gemacht hatten. Der bescheidene und selbstgenügsame Don Rafael verlieh dem anonymen Urwald ein weises und menschliches Antlitz.

Am nächsten Morgen brühte uns der Patrón wieder einen starken Kaffee auf, und Chmielinski machte einen Beutel Hähnchen nach Jägerart warm. »Das ist doch verrückt«, meinte Don Rafael beim Essen. »Plastikessen.« Nach dem Essen schenkte er uns noch eine Staude Bananen und einen Klumpen Tabak. »Wenn ihr den Tabak nicht raucht, könnt ihr ihn ja als Waffe benutzen und ihn notfalls einem Banditen über den Kopf schlagen.« Er riet uns zum Abschied, uns zu beeilen, denn die Überschwemmungen würden in wenigen Wochen einsetzen.

Dann marschierte er mit einer Machete bewaffnet in den Busch, während wir unser Boot das glitschige Ufer hinunterließen und in den kalten Nebel hineinfuhren.

In meiner Vorstellung vom Amazonas hatte Nebel bislang keinen Platz eingenommen. Und dennoch gab es auch am Amazonas Nebel, der kalt und klamm war wie überall sonst. Chmielinski und ich paddelten Seite an Seite, unsere Kajaks knapp 2 m voneinander entfernt. Es war irgendwie gespenstisch, durch diese graue Suppe zu paddeln. Der Nebel schien den Fluß in eine blinde Spiegelfläche zu verwandeln, schien ihn zu besänftigen, aber alle paar Minuten hörte ich ein lautes, fiependes Geräusch und ein Klatschen auf der Wasseroberfläche. Eine Stunde später hatte sich der Nebel gelichtet, und Chmielinski deutete auf die Einmündung eines kleinen Flusses. Ein Wesen tauchte aus dem Wasser auf. Wieder hörte ich das fiepende Geräusch, das Wesen tauchte wieder ab. Ich zählte. Nach 41 Sekunden tauchte es wieder auf.

Ich paddelte näher an die Stelle heran. Ein Blasen hinter mir erschreckte mich so sehr, daß ich beinahe gekentert wäre. Ich wendete das Kajak und wartete. Ungefähr eine Minute später tauchte ein rosa-graues Etwas auf und blies Luft aus einem etwa murmelgroßen Spritzloch.

Erst nach ein paar Tagen waren Chmielinski und ich wirklich davon überzeugt, daß diese blasenden Fieps-Köpfe tatsächlich Delphine waren, die wir hier, Tausende von Kilometern vom Atlantik entfernt, nicht im entferntesten erwartet hatten. In der Tat leben primitive Flußdelphine, die rosafarbenen Orinoco-Delphine *(Inia geoffrensis)* nur im Chinesischen Meer, im Ganges, im Rio de la Plata, im Orinoko und in den Amazonas-Zuflüssen Südamerikas. Mit ihrem stark ausgeprägten Rückenhöcker, der langen, vorgeschobenen Schnauze und dem massigen Körper ähneln sie mehr den Belugawalen als den gemeinen Meeresdelphinen mit ihren schlanken, flaschenartigen Schnäbeln.

Am Amazonas gibt es jedoch auch einen nahen Verwandten der Schnabeldelphine, den »Schwarzen« Delphin *(Sotalia fluvatis)*. Soweit ich beobachten konnte, haben die rosafarbenen und die schwarzen Delphine gemeinsame Lebensräume (einige Meeresbiologen werden mir widersprechen). Im Verhalten sind sie jedoch grundverschieden. Ein schwarzer Delphin tummelte sich an der Stelle, an der der rosafarbene geblasen und mich dadurch so erschreckt hatte. Er sprang immer wieder in einem graziösen Bogen aus dem Wasser. Er schien mir auch etwas kürzer zu sein als der rosafarbene Delphin. Mit seinen grazilen Sprüngen schien er sich über den plumpen Alten lustig zu machen, der träge an der Wasseroberfläche auftauchte und sein Spritzloch dabei kaum aus dem Wasser brachte.

Flußdelphine zeichnen sich allesamt nicht durch auffallende exotische Talente aus (obwohl sich die rosafarbenen Orinoco-Delphine gern aneinanderreiben und in großen Schwärmen auftreten). Eines haben sie jedoch gemeinsam: Im Volksglauben der Bewohner Amazoniens werden ihnen auf sexuellem Gebiet herausragende Leistungen zugeschrieben, vermutlich weil diese »Fische« als Säugetiere Penis und Vulva haben. Ein getrocknetes Delphinauge, das man der Angebeteten ins Essen mischt, soll diese liebestoll machen. Wenn ein Mann eine Frau durch die Augenhöhle eines Orinoco-Delphins anschaut, kann sie ihm nicht mehr widerstehen. Ein Delphinohr ums Handgelenk getragen verhilft dem Mann zu längerandauernden Erektionen. Der Mann soll den Geschlechtsverkehr mit einem Delphinweibchen so intensiv erleben, daß er während des Aktes stirbt. Der wohl phantasievollste Mythos berichtet, daß ein männlicher Delphin die Gestalt eines jungen Mannes annehmen kann. Ganz in Weiß gekleidet, einen Hut über dem

Spritzloch, taucht der Delphin in Städten am Fluß auf und verführt Jungfrauen.

Orinoco-Delphine sind sehr wendig und können sich auf einem Raum, der nicht größer ist als ihre Körperlänge, um die eigene Achse drehen. Daher können sie auch in flache, im Regenwald fließende Flüsse hineinschwimmen und dem Treibgut, das in der Regenzeit den Fluß füllt, ausweichen. All diese Fertigkeiten helfen ihnen jedoch wenig gegen ihren einzigen wirklichen Feind: den Menschen. Die Orinoco-Delphine sind am Unterlauf des Amazonas nahezu völlig ausgerottet, und auch am Oberlauf werden sie immer seltener.

Nachdem ich mich an das Fiepen und prustende Blasen der Orinoco-Delphine gewöhnt hatte, gaben sie mir, wie schon Don Rafael zuvor, neuen Mut. Wenn so kuriose Tiere mit dem Amazonas zurecht kamen, dann durfte vielleicht auch ich noch hoffen.

Der Oberlauf des Ucayali besteht aus einem Gewirr von Flußarmen, er verzweigt sich und mäandriert wie kaum ein anderer Fluß in der westlichen Hemisphäre. Von Pucallpa nach Atalaya sind es mit dem Flugzeug ungefähr 160 km, während ein Schiff auf dem Ucayali die vierfache Strecke zurücklegt. Es gibt keine verläßlichen Flußkarten, da der Fluß jedes Jahr regelmäßig über die Ufer tritt, sich über viele Kilometer hinweg neue Wege sucht und ganze Dörfer mit einem Schlag vom Erdboden verschwinden. Die Überlebenden ziehen ein Stück weiter, um an einer völlig anderen Stelle einen neuen Ort zu gründen; ein paar Strohhütten, wo es noch vor einem Jahr nur Urwald und das Flußufer gegeben hat.

»Wo liegt Tabacoas?« fragten wir die Einheimischen in Iparía.

»Tabacoas?« fragten sie. »Das war früher eine Tagesreise von hier, aber jetzt ist es weiter weg.«

Der Ucayali bildet rund ein Dutzend Nebenarme, vor denen man ratlos überlegt, welchem man denn nun folgen soll. Auch die Sonne hilft einem da nicht weiter. Einmal scheint sie einem direkt ins Gesicht, aber schon im nächsten Moment brennt sie einem in den Nacken, zwei Flußbiegungen weiter scheint sie einem wieder ins Gesicht. Es blieb uns nichts anderes übrig, als blindlings der Strömung zu folgen.

Der Ucayali ist zwar nervenaufreibend, aber auch wunderschön, vor allem in den engen Seitenkanälen, in denen wir nur allzuoft herumschipperten. In diesen (selten mehr als 10 m breiten) Kanälen konnten wir Sittiche, riesige krähenartige Vögel mit neonblauem Gefieder, Papageien und unheimlich flinke goldfarbene Finken aus nächster Nähe beobachten. Wo zwei Kanäle aufeinandertrafen, schnellten Delphine und fliegende Fische aus dem Wasser, und ein paar Meter weiter erhob sich ein schlammbedeckter Alligator bedächtig auf seinen dicken Stummelbeinen. Beim Näherkommen glitten diese vermeintlich trägen Kaimane ins Wasser und verschwanden entgegen unserer Fahrtrichtung, wie ich mir in meinem naiven Glauben einreden wollte.

Der Oberlauf des Ucayali ist ein Fluß für Einzelgänger und -kämpfer. Ein paar grauhaarige Mestizen wie Don Rafael bearbeiten kleine Plantagen, aber häufig haben sich dort auch Indianer angesiedelt. Zum Großteil leben an diesem Fluß aber nur Asháninka-Indianer in kleinen, zersplitterten Familienverbänden, wie es ihrer traditionellen Lebensweise entspricht. Am zweiten Tag auf dem Ucayali begegneten wir nur einem einzigen Boot, einem Einbaum, in dem ein Asháninka-Junge saß. Der Junge schipperte verstohlen am Ufer entlang, immer 100 m hinter uns. Nachdem er uns drei Stunden verfolgt hatte, hielten wir an, versteckten uns in einem Seitenfluß und überraschten ihn.

Er zeigte keine Angst, sondern wollte ein Geschäft mit uns machen. »Ihr braucht eine Schildkröte«, meinte er und hielt uns ein handgroßes Exemplar unter die Nase. Der Junge hatte ein Loch in den Panzer gebohrt und einen Faden durchgezogen. Er hielt den Faden wie eine Leine, setzte die Schildkröte auf den Boden und pfiff. Die Schildkröte kroch bis an den Rand des Einbaums, balancierte auf dem Rand und blieb stehen. Der Junge pfiff wieder, und das Tier machte kehrt und kam zu ihm zurück.

»Ihr braucht eine Schildkröte«, bekräftigte er nochmals. Chmielinski erklärte ihm, daß die Schildkröte bei uns sicher sterben würde. Der Junge seufzte nur und sagte: »Dann eßt ihr sie eben.« Chmielinski gab ihm Geld für die Schildkröte, nahm das Tier aber nicht mit.

Ich kam mir vor wie diese Schildkröte – ständig auf Flucht bedacht, aber doch an der Leine. Um meine Angst zu überwinden, warf ich mich alle paar Stunden in den warmen, verschlammten Ucayali, und allmählich machte mir das Schwimmen sogar Spaß. Allerdings mußten wir vor Einsetzen des Hochwassers den Fluß unbedingt hinter uns lassen; deshalb bestand Chmielinski auf der strikten Erfüllung eines knallharten Tagespensums.

Wir standen jeden Morgen vor Morgengrauen auf und paddelten anschließend bis Mittag jeweils 55 Minuten pro Stunde, dann fünf Minuten Pause. Um die Mittagszeit machten wir eine halbe Stunde Rast. Am ersten Tag nach unserer Abfahrt aus Atalaya hatten wir versucht, an Land Mittag zu machen, aber die Moskitos hatten uns schnell wieder ins Kajak getrieben. Seither verbrachten wir die Mittagspause im Kajak und ließen uns treiben. Nach dem Essen paddelten wir bis Sonnenuntergang jeweils 50 Minuten pro Stunde und schlugen dann unser Lager auf.

Wir paddelten täglich zwölf Stunden, sieben Tage pro Woche. 50 Schläge pro Minute, 36 000 Schläge pro Tag, 2,5 Millionen Schläge bis zum Atlantik. Manchmal wurde mir mit jedem Paddelschlag die fast übermenschliche Anstrengung bewußt, und die Vorstellung dieser riesigen, vor mir liegenden Strecke lähmte meine psychischen Kräfte. Dann mußte ich mein Paddel beiseite legen und mich treiben lassen, bis Chmielinski merkte, daß ich zurückgefallen war, zu mir zurückpaddelte, mir gut zuredete und mir wieder Mut machte.

Nach drei Tagen auf dem Ucayali taten meine Handgelenke bei der kleinsten Berührung schrecklich weh. Ich hatte die Sehnenscheidenentzündung, vor der mich Kate Durrant und Truran so eindringlich gewarnt hatten. Außerdem hatte ich die Grippe und eine Magen- und Darmkrankheit, die ich mir in Atalaya eingefangen hatte. (»Die Bevölkerung leidet hier zu 100% an Parasiten«, hatte mir ein Arzt erklärt.) Ich konnte nichts bei mir behalten und war so übermüdet, daß ich nicht schlafen konnte. Hitze und Luftfeuchtigkeit waren unerträglich. Die Sonne stach so erbarmungslos vom Himmel, daß es mir ständig vor den Augen flimmerte.

Aber ich war nicht einsam. Zumindest nicht so einsam, wie ich es mir gewünscht hätte. Das war vielleicht das schlimmste von allem. Auf dem Schlauchboot waren wir eine fünfköpfige Familie. Wir unterhielten uns, machten Witze und freuten uns an dem guten Teamgeist. (In Wahrheit besteht der Vorteil größerer Gruppen nämlich darin, daß der einzelne sich in ihnen verstecken kann.) Jetzt waren wir nur noch zu zweit: Chmielinski und ich. Wir kannten uns kaum, aber das machte mir nichts aus. Mir war das sogar lieber, denn ich bin ein egozentrischer Mensch und habe es gern, mit mir allein zu sein. Das Problem lag ganz woanders: Man kann nicht mit jemandem monatelang in einer einsamen Gegend rund um die Uhr zusammensein, ohne daß zwischen diesen beiden Menschen sehr persönliche Dinge zur Sprache kommen. Man kann nicht ständig Persönliches ausblenden und sich nur über Baseball unterhalten (was mit Chmielinski ohnehin nicht möglich war). Ich konnte mich also nicht ständig hinter irgend etwas verstecken und mußte zu meinem Schrecken alsbald feststellen, daß dieser wildfremde Mensch mich in kurzer Zeit durch und durch kennen würde.

An dieser Stelle darf ich nicht versäumen, Chmielinski Gerechtigkeit widerfahren zu lassen. Er hatte genau die entgegengesetzte Einstellung wie ich. Mit seinem ganzen Verhalten zeigte er mir, daß er meine Gesellschaft schätzte und alles tat, damit ich nicht aufgab und auf dem Fluß blieb. Er führte sämtliches Gepäck in seinem Kajak mit: die Konserven, den Kerosinkocher, den Wasserkanister. Er packte weit mehr als nur seinen eigenen Anteil in Bug und Heck seines Kajaks und klemmte den Rest mit Gummibändern an den Rumpf und aufs Deck: Wasserkanister, Ananas, Benzinkannen, Kocher, Ersatzpaddel. Sein Kajak sah aus wie ein schwimmender Tante-Emma-Laden. Mit dieser Ladung hatte das Kajak gehörig Tiefgang, demzufolge Chmielinski kräftiger paddeln mußte, um den erhöhten Wasserwiderstand zu überwinden. Der Nachmittagswind peitschte ihm dann das Wasser in die Sitzluke.

Erst am vierten Tag fiel mir auf, wie wenig Gepäck ich mit mir führte. »Gib mir doch was ab«, sagte ich zu Chmielinski.

»Ich geb dir was, Joeski. Wenn wir in Pucallpa sind, bekommst du so viel Eis, wie du essen kannst.«

Er suchte die Lagerplätze aus, überzeugte die Asháninkas davon, daß wir weder von einem anderen Stern kamen noch ihnen ein Leid zufügen wollten, er machte Frühstück, kochte das Essen und achtete darauf, daß ich meine Malariatabletten einnahm. Einmal hatte ich so hohes Fieber, daß ich im Kajak ohnmächtig wurde. Als ich wieder zu mir kam, hatte er mich und mein Kajak ins Schlepptau genommen. Er sang, mit Vorliebe polnische Märsche, und besonders laut sang er im Morgengrauen. Seine Stimme schallte über den Fluß und in den Urwald hinein, scheuchte ganze Scharen von Papageien auf und animierte die Brüllaffen zum Mitmachen.

Eines Nachmittags meinte Chmielinski: »Joe, sing doch auch mal!«

»Ich kann nicht singen.«

»Sing irgendwas!«

Ich mußte also wohl oder übel und legte los: »*They call it Stormy Monday, but Tuesday's just as ba-a-a-a-d* ...«

Nach diesen wenigen Takten unterbrach er mich. »Ich singe, und du schreibst.«

Die folgende Nacht verbrachten wir bei einer Asháninka-Familie, bestehend aus zwei jungen Männern in löchrigen *cushmas*, den langen, hemdartigen Gewändern, und einer alten barbusigen Frau in einem zerrissenen Rock. Ihre Hütte war strohgedeckt und stand auf 3 m hohen Pfosten (die Alte mutete uns zu, im Hühnerstall zu übernachten). Ihr ganzes Hab und Gut bestand aus zwei Metalltöpfen, einer Machete, ein paar Angelhaken, einem Bogen mit diversen Pfeilen, obwohl es zum Fischen Moskitos und Fliegen als Köder im Überfluß gab.

Einer der jungen Männer zeigte uns die Pfeile. Die Schäfte waren aus wildem Zuckerrohr, die Befiederung aus Papageienfedern, die Spitzen bestanden aus Hartholz, das über dem Feuer gehärtet und dann an dem Zuckerrohrstab befestigt worden war. Ein Pfeilkopf war rund und knollenartig und diente zum Abschießen eines besonders dummen, truthahnähnlichen Vogels. Ein anderer Pfeil, der zum Fischen benutzt wurde, hatte mit Widerhaken versehene Zacken, und ein dritter, faustbreiter Pfeil diente der Jagd auf Tapire oder *sachavaca*. Dieser Pfeil war so scharf, daß man sich bei der kleinsten Berührung verletzen konnte. Der junge Mann erzählte uns, daß noch vor fünf Jahren zahlreiche Tapire pro Tag den Fluß überquert hätten (dasselbe hatte uns bereits Alejandro Torres in Atalaya berichtet), heute hingegen könne man von Glück sagen, wenn man zwei oder drei dieser Tiere pro Tag zu Gesicht bekomme. Der junge Mann sagte, er wisse nicht, was daran schuld sei, auf jeden Fall sei die Jagd sehr schwierig geworden.

Drei Baumstämme schwelten in der Mitte der schlammigen, 12 m breiten Lichtung. Der Rauch sollte die Moskitos fernhalten. Zusätzlich schmierten wir uns noch mit Insektenabwehrmitteln ein. Aber die Stiche an Gesicht, Hals, Armen und Beinen zeigten mir, daß unsere Bemühungen umsonst waren. Ich rieb meine Hand mit dem Mittel ein und streckte sie über das Feuer. Innerhalb von 30 Sekunden war meine Hand schwarzgesprenkelt vor Moskitos, von denen ungefähr ein Viertel die nach oben gestellten Flügel der *sancudos* hatten. Diese Stechfliegenart ist ein Malariaträger.

Unsere Gastgeber kochten sich ihr bescheidenes Abendessen – gesottenen Fisch mit Platanos, gebratenen Bananen, – und meinten, sie könnten uns leider nicht zum Essen einladen, weil es nicht für alle reiche, aber wir dürften gerne ihren zweiten Topf zum Kochen benutzen. Chmielinski machte eine Ladung *comida plástica*, Plastikessen, warm (ich möchte die Behauptung wagen, daß unser Mahl hier inmitten der Asháninkas zum ersten Mal wie ein Bœuf Stroganoff aussah). Während des Essens vollführten wir gemeinsam mit der Asháninka-Familie eine Art Zen-Meditationsprozession um das Feuer, um im Rauch den Moskitos zu entkommen – jedoch ohne Erfolg. Die Asháninkas nahmen die Stiche mit stoischer Gelassenheit hin. Chmielinski und ich hingegen legten unsere Näpfe auf den Boden und schlugen wie wild nach den Moskitos.

Chmielinski war zum Fluß hinuntergegangen, um den Kochtopf zu spülen; ich versuchte indessen meine Wasserflasche aufzudrehen. Ich war wegen des Fiebers sehr durstig, aber meine Handgelenke taten mir so weh, daß ich den Schraubverschluß nicht aufbekam. Die alte Frau hatte mich dabei beobachtet, nahm mir die Flasche ab, drückte sie gegen ihre schlaffen Brüste und schraubte den Verschluß auf. Wir stellten unsere Zelte im Hühnerstall auf und gingen zu Bett. Mitten in der Nacht wachte ich auf und mußte pinkeln. Meine Hände waren aber so geschwollen, daß ich den Zeltreißverschluß nicht aufbekam. Dieser Mißerfolg war nicht nur schmerzhaft, sondern auch demütigend. Ich kam mir vor wie ein Baby. Ich mußte aufhören, mir etwas vorzumachen. Chmielinski war ein richtiger Abenteurer, aber ich war nur ein wehleidiger Masochist. Ich beschloß, in Pucallpa endgültig auszusteigen und dorthin zu gehen, wohin ich gehörte – nach Hause in die Stadt.

Ich verlor den Überblick, welcher Tag war. Chmielinski weckte mich morgens, ich fuhr hinter ihm her und kroch abends erschöpft auf mein Lager. In Bolognesi – Hütten, Hühner, Schweine, Insekten und Dreck – machte sich Chmielinski auf die Suche nach frischen Früchten. Ich erklomm währenddessen einen grasbewachsenen Hügel über dem Fluß und übergab mich. Danach legte ich mich auf den Rücken und starrte hinauf in den glühenden Mittagshimmel. Plötzlich starrten mich fünf alte Bäuerinnen an.

»Wohin willst du?« fragte eine.

»Brasilien.«

»Du solltest das Flugzeug nehmen.«

Um nach Iparía zu kommen, mußten wir durch einen stinkenden Sumpf paddeln, in Erwartung ›all der Dinge, an die wir nicht glauben‹, wie John Steinbeck einmal über das Tauchen mit Brille und Schnorchel geschrieben hat. Mit einem Seil zogen wir unsere Kajaks auf ein steiles, 10 m hohes Sandsteinufer. Am Ufer standen sechs aus Latten zusammengezimmerte Hütten und eine freundliche Mestizin mittleren Alters namens Flora. Sie wirkte sehr zart – bis auf ihre starken, knochigen Finger. Flora lebte mit ihrem halbblinden Vater Guillermo und ihrem stillen, halbwüchsigen Enkelsohn Elvis Presley zusammen. Ich fragte ihn, wie er zu diesem Namen gekommen sei. Er zuckte nur mit den Schultern und deutete mit fahrigen Bewegungen an, er spiele Gitarre. Auf seinen Namen war er keineswegs stolz. Er führte uns unter eine Art strohbedeckte Terrasse und half uns beim Zeltaufstellen. Elvis träumte davon, Rechtsanwalt zu werden. »Rechtsanwälte sind kluge Männer«, meinte er. Später am Abend hörten wir, wie er seiner Großmutter und seinem Urgroßvater vorlas.

Flora kochte uns auf ihrem wertvollsten Besitz, einem Zweiflammen-Kerosinkocher, eine stärkende Suppe aus Koriander und Reis. Sie, Elvis und Guillermo bauten im Sumpf Reis an. Viele Jahre lang hatten sie in der Nähe von Iquitos gelebt, aber jedes Jahr regelmäßig zur Regenzeit wurde ihre Farm überflutet. Daher waren sie vor zwei Jahren nach Iparío gekommen. Iparío liegt höher, und hier hatten sie mehr Glück. Guillermo pflichtete ihr bei: »Wir haben den Mond, den Fluß und Essen im Überfluß. Manchmal haben wir kein Geld, aber die Leute hier sind freundlich. Nicht so wie die Penner in Lima.«

Floras Mann war vor drei Monaten nach Iquitos gegangen und nicht mehr zurückgekommen. Sie hatte keine Ahnung, was aus Elvis' Eltern geworden war. Sie waren schon so lange verschwunden. Am nächsten Morgen erzählte sie uns, daß sie gerne eine Maschine zur Reisernte hätte, »damit ich noch alle Finger habe, wenn ich alt werde«, meinte sie.

Elvis und Guillermo halfen uns dabei, die Kajaks wieder vom Steilufer in den Sumpf hinunterzulassen. Als wir wegpaddelten, rief uns Flora nach: »Ihr tut mir leid!«

Es war Ende November. Der Pachitea war über die Ufer getreten und führte beim Zusammenfluß mit dem Ucayali so viele Baumstämme mit, daß man auf ihnen vom einen Ufer zum anderen hätte laufen können. Am Zusammenfluß der beiden Flüsse lag ein Dorf, das ebenfalls Pachitea hieß. Es war die größte Ansiedlung von Shipibo-Indianern am ganzen Ucayali. Julio Caesar Gomez, ein von der Regierung eingesetzter Lehrer der Dorfschule, schätzte, daß ungefähr 200 Shipibo-Familien hier lebten. Die genaue Zahl konnte er nicht angeben, da bei den Shipibo-Familien ein ständiges Kommen und Gehen herrschte. Wegen seiner Nähe zu Pucallpa kommen Vertreter der »Summer School of Linguistics«, einer überkonfessionellen Vereinigung evangelischer Missionare, die die Bibel in verschiedene Eingeborenensprachen übersetzen, nach Pachitea. Gomez erzählte uns, daß die Shipibos immer so lange in Pachitea blieben, wie die Missionare am Ort waren, weil sie den Indianern Geschenke machten. Die Shipibos wären während der Gottesdienste immer sehr aufmerksam, vor allem sängen sie gerne. Sobald die Missionare aber Pachitea wieder in Richtung Pucallpa verlassen, »vergessen die Shipibos alles«. Gomez war der Ansicht, daß die Shipibos bis jetzt kaum etwas von den Weißen übernommen hätten, ausgenommen vielleicht Plastikschmuck und Dosenmilch. »Vor allem die Kinder haben große Angst vor den Weißen«, erzählte Gomez. »Ihre Eltern drohen ihnen, wenn sie nicht brav sind, würden ihnen die weißen Männer die Haut abziehen und Schrumpfköpfe aus ihren Köpfen machen.«
Der kettenrauchende Gomez und seine junge Frau hatten uns am Abend zu sich nach Hause eingeladen. Beide schätzten weder die Missionare noch die Indianer besonders und flüchteten, sooft es ging, flußabwärts nach Pucallpa. Gomez schuldete der Regierung noch ein Jahr Lehrtätigkeit in Pachitea. Danach wollten sie reisen.
Die Shipibo sprechen Chama\*, eine der über 30 Sprachen der Regenwaldbewohner Perus. Die Männer haben einen kurzen Topfhaarschnitt, die Frauen hüftlanges Haar, dazu tragen sie viel Schmuck, vor allem in Nase und Ohren. Die Frauen ziehen immer noch die traditionellen, handgewebten Röcke und Blusen an, die Männer hingegen haben bereits die aus Hose und T-Shirt bestehende Einheitskluft hungernder Mestizen in Lima übernommen.

---

\* Nach Literaturquellen sprechen sie *Pano*. Anm. d. Übers.

Die Shipibo erwiesen sich als ausnehmend neugierig und drängten sich zu Dutzenden um unsere Kajaks. Sie kicherten, stießen sich gegenseitig in die Seiten und deuteten auf uns. Die meisten hatten ein wissendes Grinsen aufgesetzt, als hätten sie vor, uns einen Streich zu spielen. Anschließend sahen wir einem Fußballspiel zwischen zwei Mädchenmannschaften zu. Das Spielfeld war riesig, viel größer als ein normaler Platz, aber die Mädchen rannten mit erstaunlicher Geschwindigkeit über das Feld. Sie spielten barfuß, droschen aber kräftig auf den nicht aufgepumpten Ball – ein Mädchen schoß wahre Bomben ab –, und sie prallten oft aneinander.

Die *Lingüísticos*, wie die Missionare der Sommerschule genannt werden, haben seit 1974 einen Stützpunkt in Pucallpa. Ihr Einfluß im oberen Amazonasbecken ist ebenso stark wie umstritten. Ihre Anhänger führen zu Recht an, daß die *Lingüísticos*, abgesehen von katholischen Missionaren, seit Jahrzehnten die einzigen sind, die sich um das Wohlergehen der Indios kümmern. Der Unterricht im Lesen und Schreiben bereite die Indios auf das unvermeidliche Zusammentreffen mit dem sogenannten Fortschritt vor. Die Kritiker der *Lingüísticos* weisen, ebenfalls zu Recht, darauf hin, daß ihre Arbeit mit den Eingeborenen, insbesondere das Übersetzen der Eingeborenensprachen, das beste Werkzeug dafür darstellt, die Glaubens- und Wertvorstellungen der Eingeborenen mit christlichen Begriffen wie »Schuld«, »Sünde« und »Hölle« zu überlagern. (Der einzige Missionar, den ich am Amazonas getroffen habe und der behauptete, den *Lingüísticos* anzugehören, war ein Baptist, der von der in den Staaten ansässigen Südamerikanischen Mission hierhergeschickt worden war. Er bezeichnete die Indios schlicht als »Wilde«. In Atalaya wohnten wir einer speziell für uns arrangierten Zeremonie bei. Er hatte damals einen hungrigen, verstörten, jedoch »erretteten« Asháninka-Jungen gezwungen, »Näher mein Gott zu Dir« zu singen, bevor er ihm etwas zu essen gab.)

Wir hatten beinahe Vollmond, der Ucayali floß schnell, und ich begann mich von meiner undefinierbaren Krankheit zu erholen. Am nächsten Morgen, dem zehnten Tag nach unserem Aufbruch aus Atalaya, beschlossen wir, heute die restliche Strecke bis Pucallpa hinter uns zu bringen.

Wir paddelten gleichmäßig den ganzen Tag über und stiegen dann nachmittags auf ein aus rund 200 Mahagonistämmen gezimmertes Floß. Die sechs zerlumpten Männer auf dem Floß stammten aus einem Dorf mehrere hundert Kilometer stromauf an der brasilianischen Grenze. Sie waren seit fast drei Wochen unterwegs und sahen aus wie überlebende Schiffbrüchige. Sie wollten ihre Baumstämme in Pucallpa verkaufen. Da die leicht zugänglichen Harthölzer am oberen Amazonasbecken längst abgeholzt sind, würden sie für ihr Holzfloß so viel Geld bekommen, daß sie das kommende Jahr davon leben konnten.

Während wir so auf dem Floß dahintrieben, kochte ich auf unserem Benzinkocher Kaffee, während einer der Männer ein Feuer machte und ein Hähnchen briet. Wir aßen und tranken und betrachteten den aufgehenden Vollmond. Ich versuchte mich zu erinnern, wann wir zum letzten Mal Vollmond gehabt hatten. Es war in der Acobamba-Schlucht gewesen. Ich wäre an jenem Tag beinahe ertrunken.

Als Chmielinski beiläufig erwähnte, er sei Pole, fragte ihn der Kapitän des Floßes, ein bulliger Mann, den die anderen Gordo oder Fatso nannten, ob er der Pole sei, der den Colca-Cañon befahren habe. Chmielinski bejahte das. Daraufhin drängten sich die Männer um ihn und fragten ihn über Lech Walesa aus. Chmielinski, ein Bewunderer von Walesa, berichtete ihnen ausführlich über die Gewerkschaftsbewegung der Solidarität.

Nach Chmielinskis Schilderungen meinte Gordo: »Aber sie haben ihn ins Gefängnis geworfen.«

»Die Kommunisten haben das getan«, erwiderte Chmielinski.

»Und recht hatten sie«, meinte ein anderer. »Er hat die Regierung angegriffen. So etwas darf man nicht dulden.«

»Warum nicht?« fragte ein anderer. »Denk doch mal an uns. Was haben wir schon zu verlieren? Diese Baumstämme etwa?«

»Der Kommunismus ist gar nicht so schlecht«, meinte Gordo. »Peru hat dringend einen Wechsel nötig. Peru gehört den Generälen und den Drogenhändlern.«

»Kommunismus klingt so lange gut, bis die Kommunisten an der Macht sind«, entgegnete Chmielinski. »Dann sieht es schnell anders aus. Leute verschwinden, und es kommt zu Versorgungsschwierigkeiten. Die Menschen leiden.«

»Das ist doch bei uns jetzt schon so«, meinte ein dritter. »Ich kann mir nicht vorstellen, daß es noch schlimmer werden kann, ganz gleich, wer Peru regiert.«

Gordo machte eine Papaya auf und reichte sie herum. Die Frucht war schön reif und glänzte in der untergehenden Sonne rot und orangefarben. Ein anderer Mann gab uns Zuckerrohrstengel mit auf die Fahrt. »Wir treffen uns in der Stadt«, meinte Gordo. »Ich kenne da eine Cantina« – er nannte den Namen – »da haben die Frauen solche Titten.« Unter dem Gelächter der anderen Männer hielt er sich zwei Papayas vor die Brust. Wir ließen unsere Kajaks zu Wasser und verließen die Männer, die ihrem Glück entgegensahen.

Die Sonne ging unter, Ufer und Fluß wurden eins. Der Vollmond schien so hell, daß wir gerade noch wahrnehmen konnten, durch welche fremde Welt wir paddelten. Ich hörte Delphine auftauchen und blasen. In der Finsternis schienen mir die Geräusche von sich bildenden und zerfließenden Strudeln viel lauter als am Tag. Unsichtbare Moskitos griffen uns an. Wir hielten uns so gut es ging in der Mitte des Flusses. Chmielinski dachte sich ein paar Taschenlampensignale aus, mit deren Hilfe wir uns verständigen konnten für den Fall, daß wir uns verlören. Ich hörte das Klatschen eines Paddels im Wasser und entdeckte, beinahe zu spät, 20 m hinter mir einen sich nähernden Schatten. Ich rief den Schatten an, bekam aber keine Antwort. »Nichts wie weg!« schrie Chmielinski.

Wir konnten unseren Verfolger abschütteln, aber als wir eine Stunde später anhielten, war ich völlig außer Atem und meine Handgelenke schmerzten, als seien sie gebrochen.

Nachdem ich wieder zu Atem gekommen war, stieg ein gräßlicher Gestank in meine Nase, ich hörte ein leises Trommeln und bemerkte, daß das Wasser, das von meinem Paddel über meine Schenkel tropfte, einen öligen Film hinterließ. Der Fluß machte einen Bogen, und ich war geblendet von den Hafenlichtern von Pucallpa.


Ein Gutes hat Pucallpa: Es gibt kaum Moskitos. Sie meiden wahrscheinlich die ungesunde Luft. Die meisten Städte im Urwald stinken, aber in Pucallpa kam zur normalen Geruchsmischung von Exkrementen, Urin, verwesenden Hunden, Schweinen, verrottendem Obst, Fisch, Kerosin und Dieselabgasen noch der Duft aus den Kaminen einer Holzfabrik und einer Ölraffinerie sowie der Ruch der Habgier einer aufstrebenden Stadt hinzu.

Bis 1960 war Pucallpa ein verschlafenes Urwaldstädtchen mit wenigen tausend Einwohnern und strohgedeckten Hütten. Heute ist Pucallpa nicht nur kraft Gesetzes die administrative Hauptstadt der Provinz

Ucayali, die im Jahre 1982 konstituiert wurde, sondern auch de facto die Hauptstadt des peruanischen Amazonasgebiets. Pucallpa ist mit einer Straße nach Lima verbunden und hat dem knapp 1300 km flußabwärts gelegenen Iquitos diesen Titel streitig gemacht, obwohl Iquitos mit seinen 150 000 Einwohnern doppelt so groß ist wie Pucallpa. Bis in die 70er Jahre wurde die Straße zwischen Pucallpa und Lima in der Regenzeit regelmäßig unterspült, so daß Lima nur zu Fuß über die Anden, mit kleineren Flugzeugen oder dem Boot in einer 11 000 km langen Reise den Amazonas hinunter und dann auf dem Seeweg durch den Panama-Kanal zu erreichen war. Die Straße wurde inzwischen in den Überschwemmungsgebieten überschwemmungssicher gemacht. Heute sind der Transport von riesigen importierten Maschinen, die zur Rodung des Urwalds eingesetzt werden, sowie der Export von Ressourcen wie Erdöl oder Edelhölzer bis hin zu illegalen Verschiebungen von exotischen Vögeln und Tierhäuten ganzjährig möglich.

Wie in Cuzco gehören in Pucallpa Indios, vor allem Shipibos, zum Stadtbild, und hier wie dort ist ihre soziale Rolle darauf beschränkt, an Ständen allerlei Trödel feilzubieten. Im Herzen der Stadt gab es auf einer Fläche von vielleicht 2,5 km$^2$ asphaltierte Straßen, ein paar teure Hotels mit Klimaanlage, Pizzerien, ein Kino, in dem während unseres Aufenthalts gerade *Das Fliegende Auge* lief, und ansehnliche Bankgebäude, die von jungen Männern aus Lima, die den Tageskurs des Dollars auswendig wußten, geleitet wurden. Die meisten Gebäude sind einstöckige, bunkerartige Konstruktionen aus Beton und Stahl. Stadtauswärts in östlicher Richtung nahe des Flusses hörten die Asphaltstraßen auf; eine Dreckpiste führte an den armseligen, nicht ans Elektrizitätsnetz angeschlossenen Hütten der Armen vorbei, die den Großteil der Bevölkerung von Pucallpa ausmachen.

Cuzco hat seine Inka-Mauern und seine spanischen Kirchen, Lima seine abbröckelnden Kolonialbauten, Arequipa seine Vulkane und seine stille Abgeschiedenheit. Pucallpa hat nichts dergleichen. Die Stadt ist zu schnell gewachsen und hat keine wirkliche Verbindung zum umliegenden Land, außer der schieren Habgier. Die Stadt war für mich die Verkörperung des heutigen Gesetzes des Dschungels – des Ausverkaufs all dessen, was man zwischen die Finger oder unter die Maschinen bekommt.

Zumindest auf mich wirkte die Stadt so. Meine Unzufriedenheit war hier in Pucallpa wie schon in Cuzco auch zum Teil auf meine Erschöpfung zurückzuführen. Ich hatte immer noch 7 kg Untergewicht, war völlig erschöpft und benommen, und meine Handgelenke und Unterarme schmerzten dumpf und unablässig. Während Chmielinski das geheimnisvolle System der öffentlichen Fernsprechzellen zu einem letzten, erfolglosen Versuch, Gelder aus Amerika zu beschaffen, nutzte, schlief ich in meinem billigen Hotel, um wieder zu Kräften zu kommen.

Nach drei Tagen hatte ich mich so weit erholt, daß ich schon eine Weile in dem Café nebenan sitzen konnte, das von einem Transvestiten namens Roberto aus Lima betrieben wurde. Roberto war ein geschickter Gastronom – sein Essen brachte einen nicht um, was in Pucallpa schon als eine große Leistung gelten darf –, aber was er am liebsten tat, war Singen.

»Peelings, Señor Cho«, fragte Roberto. »Wollen Sie mich den Song Peelings singen hören?« Barry Manilow dröhnte als Playback aus dem Lautsprecher: »Feeeeliiings …« und Roberto bewegte dazu die Lippen, hinkte aber leider mit seinen Lippenbewegungen hinterher, weil sein mit Glitzerplättchen besetztes Kleid zu sehr klimperte. Ich schlürfte meinen Kaffee und quittierte seine gequälten und quälenden Anstrengungen mit einem schwachen Lächeln.

Alles an Pucallpa erschien mir gefälscht, und in diesem Licht erschienen mir auch meine eigenen Motive für die Teilnahme an dieser Expedition plötzlich alles andere als ehrenvoll. Die Vorstellung, den Amazonas von der Quelle bis zur Mündung aus eigener Kraft befahren zu haben, erschien mir jetzt wie eine kolossale Selbsttäuschung. Das Paddeln erforderte meine gesamte Kraft und Aufmerksamkeit, so daß ich auf dem Fluß von rein gar nichts etwas mitbekam. Ich war bereit, aufzugeben.

Ich änderte meinen Entschluß aus drei Gründen.

Erstens wegen Chmielinski. Er war eine Kämpfernatur. Er brauchte mich nicht auf dem Fluß. Aber wenn ich ihm gegenüber andeutete, daß ich doch bloß eine Belastung für ihn sei, was ganz offenkundig der Fall war, und daß es daher das einzig Vernünftige sei, wenn ich aufhörte, wurde er böse. Er meinte, das käme überhaupt nicht in Frage; er würde zwar auch alleine weitermachen, aber er wolle mich lieber dabeihaben. Das klang so aufrichtig, daß ich es ihm abnahm.

Zweitens wegen Kate Durrant und Bzdak. Sie hatten fast eine Woche lang in Atalaya warten müssen, bis ein Johnson-Boot sie nach Pucallpa brachte. Sie waren nur ein paar Tage vor uns angekommen. Ich freute mich riesig, sie wiederzusehen, und zwar nicht nur deshalb, weil sie unsere gesamten Lebensmittel und Medikamente bei sich hatten. Und drittens und letztens schreckten mich die Alternativen ab. Bzdak und Kate Durrant hatten für die Fahrt von Pucallpa nach Iquitos Plätze auf der *Jhuliana* gebucht, einem jener aus der Zeit der Jahrhundertwende stammenden Passagierschiffe, mit denen Werner Herzog in seinem Film *Fitzcarraldo* auf dem Urubamba herumgefahren war. Die *Jhuliana* blitzte mit ihren schönen Hartholzvertäfelungen, ihrem leuchtenden Lichterwerk, ihren blitzblank gescheuerten Kabinen in dem sonst gräßlichen Hafen von Pucallpa wie ein Diamant.

So erschien sie mir auf dem Unterdeck. Das Oberdeck hingegen glich eher Pucallpa. Der Gestank, der vom Ufer herüberwehte, stieg mir in die Nase. Ein Mann an Bord einer klapprigen Barkasse, die flußaufwärts von der *Jhuliana* vertäut lag, machte sich den Hosenladen auf und pinkelte auf ein paar im Fluß badende Kinder. Ein bis zum Hals mit Schlamm bedecktes Kind watete an Land. In diesem Moment sah einer von vielleicht 200 Aasgeiern, die ich am Strand ausmachte, kurz von seiner Beute auf und warf einen Blick auf das Kind. Der Geier zog aber anscheinend doch den Hundekadaver vor und hieb erneut seinen Schnabel tief in dessen Bauchhöhle.

Am Amazonas erwartet man Papageien, Aras, Sittiche und Pfefferfresser, aber in Wirklichkeit gehört die Zukunft am Amazonas dem Aasgeier. Diese Spezies hat sich als Kulturfolger mit dem Dreck, den der Mensch überall hinterläßt, mittlerweile bestens arrangiert.

Diese Szene brachte mich zur Entscheidung. Ich befürchtete, daß die Reise zum Atlantik auf einem motorisierten Boot, selbst auf einem so schönen Schiff wie der *Jhuliana*, zu einem Trip von Geiernest zu Geiernest, vom einen Pucallpa zum andern, werden würde. Ich war plötzlich darauf erpicht, auch die Orte zwischen diesen Drecklöchern zu sehen, den *wahren* Amazonas.

An diesem Abend packten Chmielinski und ich unsere Kajaks und brachen am nächsten Morgen zum 1300 km flußabwärts gelegenen Iquitos auf.

# 14. Der untere Ucayali

Bip-bip-bip! Verflucht! Der japanische Wecker, den Chmielinski in Pucallpa gekauft hatte, zeigte genau vier Uhr morgens. Ich schrak aus dem Schlaf auf und sah einen dunklen, faustgroßen Schatten auf meinem Moskitonetz. Er saß fast in meinem Gesicht.

Ich stieß gegen das Netz.

»*Cricri*«, schrie das Tier, denn das ist die Lautäußerung spanisch sprechender Frösche. (Ein spanisch sprechender Hund sagt »*guau*«, und eine Katze »*miau*«.) Der Frosch rührte sich nicht von der Stelle, bis ich ihn mit einem Fingerschnipper gegen seinen weichen Bauch zum Weghüpfen zwang.

Dann machte ich den Wecker aus und kroch aus dem Zelt. Ein kniehoher Nebel hatte sich über den Sand gelegt, und ein schwacher Geruch von ungewaschenen Achselhöhlen wehte von der dünnen Schlammschicht am Strand herüber, die frühere Überschwemmungen hier abgelagert hatten.

Wir waren am Tag zuvor aus Pucallpa aufgebrochen. Bei unserer Abfahrt hatte ich mir vorgenommen, an meiner Einstellung unserem Vorhaben gegenüber zu arbeiten. Die Chmielinski-Methode, wie ich es nannte: Das peinliche Einhalten der Ordnung und die getreuliche Erfüllung der Pflichten würden uns bis ans Meer bringen. Da ich heute Küchendienst hatte, machte ich mich zügig an die morgendliche Routine, die Chmielinski und ich von jetzt an abwechselnd die nächsten 4800 km absolvieren würden. Ich nahm ein Bad im Ucayali, kochte Trinkwasser ab, weckte Chmielinski, kochte Kaffee, richtete das Frühstück, bereitete das Mittagessen vor, kochte nochmals Wasser auf Vorrat ab, beobachtete, wie die Sonne über dem Gras aufging und packte meine Sachen zusammen. Um 5 Uhr 35 hatten wir bereits eine Lufttemperatur von 29 °C – bei steigender Tendenz. Die Moskitos verfluchend und hinter Chmielinski herhetzend zog ich mein Kajak zum Fluß und ließ es zu Wasser.

Im Morgenlicht verschmolzen Fluß und Horizont zu einer einheitlichen, silbrigblauen Masse; ich hatte das Gefühl, in einer Wolke zu paddeln. Ich möchte nicht gerade behaupten, daß ich in diesem Moment glücklich war, denn der blaue Himmel verhieß einen langen, heißen Tag, aber ich war auch nicht unglücklich. Mein neues Kajak würde mir auf dieser Etappe der Reise von Vorteil sein.

Chmielinski hatte die Wildwasserkajaks in Pucallpa verkauft, und wir setzten unsere Reise auf den 4,80 m langen Aquaterra-»Chinook«-Seekajaks fort, die Sergio Leon dort für uns deponiert hatte. Die Wildwasserkajaks hatten den Vorteil, daß sie sehr manövrierfähig waren, aber wir befuhren jetzt einen Fluß, der mit jedem Tag mehr einem See glich. Wir hatten von nun an mit tropischen Stürmen, starkem Wind, hohen Wellen und extremen Entfernungen zu kämpfen. Die Seekajaks waren länger und breiter als die Wildwasserkajaks. Sie lagen stabiler auf dem Wasser und waren schneller. Auch in den kräftigsten Strömungen hatten sie aufgrund des U-förmigen Unterwasserschiffs einen guten Geradeauslauf. Außerdem entlasteten die verankerten Ruder meine schmerzenden Handgelenke und Unterarme sehr.

Das Seekajak war außerdem *mein* Boot. Im Unterschied zu den Wildwasserkajaks hatte niemand zuvor dieses Boot benutzt. Ich fühlte mich wie ein Kapitän und war stolz auf mein Boot. Chmielinski hatte das Heck mit der Aufschrift »S.S. Elyse« versehen, als Erinnerung an meine Freundin Elyse zu Hause (sein Kajak war die »S.S. Joanna«). Die gute Elyse war so bequem, wie ein Kajak nur sein kann, in dem man jeden Tag zwölf Stunden verbringen muß. Die Sitzluke war breit und offen, so daß ich meine Beine abwinkeln konnte. Außerdem hatte ich Schaumstoff über den Plastiksitz geklebt. Ich hatte Deckhaltebänder vorne und achtern und Stauraum im Heck. Als wir an jenem Morgen losfuhren, hatte ich mein Schweizer Armeemesser, eine Wasserflasche, eine Ananas, ein Dutzend Bananen, zwei Papayas, Sonnencreme, Lippenschutz, ein T-Shirt, einen Regenschutz, meine Baseballmütze, eine Ersatz-Sonnenbrille, ein Mittel gegen Moskitos, einen Medikamentenkasten und meine wasserdichte Brieftasche mit Stiften und Notizbuch griffbereit. Zum ersten Mal seit langer Zeit fühlte ich mich wohl und Herr der Lage.

In den schnellen neuen Kajaks schafften wir die 190 km von Pucallpa nach Contamana in zwei Tagen. *Conta* bedeutet auf Chama »Palme« und *mana* heißt »Hügel«. Aber in ganz Contamana gab es weder

Palmen noch, soweit ich das erkennen konnte, Indios. Es gab jedoch einen Hügel, eine 150 m hohe Erhebung aus Sandstein, die letzte von Bedeutung vor dem Atlantik.

Contamana ist ungefähr so groß wie Atalaya, gemessen an den Maßstäben am Amazonas aber viel wohlhabender. Es gab Holzvorräte, in den nahegelegenen Flüssen wurde Gold gewaschen, eine gesunde Reisindustrie – Reisbauern und Aufkäufer hatten sich, da gerade Verkaufssaison war, scharenweise in der Stadt eingefunden – und eine vom Staat betriebene Raffinerie namens PetroPeru. Angeblich verdienen 11 000 Mitarbeiter von PetroPeru soviel wie 175 000 Lehrer.

Eine saubere, elektrisch beleuchtete Promenade aus Holz führte am Ufer entlang, auf der lächelnde Männer in sauberen Hemden Arm in Arm mit schönen Frauen in langen Baumwollkleidern flanierten. An den leicht ansteigenden, und daher trockenen Lehmstraßen führten schmale Bretterstege entlang, dahinter standen stabile Holzhäuser. Alle fluoreszierenden Glühbirnen im Eissalon der Stadt funktionierten. Die Billardtische waren mit weichem neuen Filz überzogen.

Außerdem verfügte Contamana über moderne Kontakte zur Außenwelt: Es hatte einen Satelliten-Parabolschirm, ein Fernsehgeschäft und eine aus Stahl und Glas konstruierte Kirche. In ihr schlugen wir unser Lager auf, da die Reisaufkäufer das einzige Hotel am Ort mit Beschlag belegt hatten. Der italienische Priester willigte jedoch nur zögernd ein, einen Polen in seinem Vestibül übernachten zu lassen.

Wir spazierten zu einem am Flußufer gelegenen Restaurant und bestellten uns Brathähnchen, Palmherzensalat und Reis. Dort stieß ein Mann namens Raoul zu uns. Ein gemeinsamer Freund aus Pucallpa hatte sich per Funk mit ihm in Verbindung gesetzt und ihn gebeten, sich um uns zu kümmern. Raoul war breit und dunkel, hatte einen dicken Bauch, dichtes schwarzes Haar und einen Spitzbart. Er war sechsundfünfzig, wirkte aber um einiges jünger. Von Beruf Ingenieur, war er vor zehn Jahren von Lima hierhergekommen, um an einem Trinkwasserprojekt mitzuarbeiten. Aber das Geld für das Projekt war plötzlich verschwunden gewesen. Er blieb in Contamana, hatte an einem Bewässerungssystem gearbeitet und handelte außerdem mit Reis. Er sagte, er sei gespannt darauf, ob sich unter »Alan« etwas ändern würde.

Die meisten Peruaner nennen ihren neuen Präsidenten Alan Garcia nur schlicht Alan. Die Betonung liegt auf der zweiten Silbe des Wortes, so daß man die Stimme bei der Aussprache am Ende heben muß, wodurch der Name einen optimistischen Klang bekommt: a-LAN. 92 Prozent der wahlberechtigten Peruaner haben bei dieser Wahl ihre Stimme abgegeben. Alan Garcia gewann mühelos. Er bekam mehr Stimmen als die acht folgenden Kandidaten zusammen.

Für Peru war Garcias Wahl nach zwölf Jahren Militärdiktatur und sechs Jahren unter dem konservativen Präsidenten Fernando Belaúde Terry eine Art friedliche Revolution. Garcia ist jung – noch wenige Jahre vor seiner Wahl zum Präsidenten hatte er sich in Pariser Cafés seine Miete mit Singen verdient – und er stand links von der Mitte. In seiner Antrittsrede kündigte er ein Einfrieren der Zinszahlungen für die 14 Milliarden Dollar Auslandsverschuldung Perus an. Dies war ein kühner, beispielloser Vorgang, der die internationale Finanzwelt schwer erschütterte und Peru zur Speerspitze gegen die Gläubigerstaaten innerhalb der südamerikanischen Länder machte. (Kurz danach erklärten auch Brasilien und Ecuador ihre völlige Zahlungsunfähigkeit.) Die Peruaner, die seit langem daran gewöhnt waren, vom Ausland nicht ernst genommen zu werden, waren stolz auf Alan. Dies galt besonders für Raoul. Er war Mitglied von Garcias Partei, der Alianza Popular Revolucionaria Americana, die in ihrer 61jährigen Geschichte bisher noch nie einen Präsidenten gestellt hat.

»Aber ich mache mir Sorgen wegen unserer Auslandsverschuldung«, sagte Raoul. »Ich weiß, daß wir die Kredite zurückzahlen sollten, aber wenn wir nichts haben, können wir auch nicht bezahlen. Ihr Amerikaner müßt unsere Produkte kaufen, anstatt unser Öl und unser Holz zu stehlen, anders geht es nicht.«

»Peruanische Waren sind von schlechter Qualität«, entgegnete Chmielinski. »Sie finden keine Abnehmer. Sie halten nicht lange genug.«

Raoul seufzte und sagte: »Das stimmt.«

»Und wenn viele amerikanische Dollars nach Peru fließen, dann wird Alan nicht lange Präsident bleiben«, gab ich zu bedenken.

»Das stimmt auch«, meinte Raoul. »Dann geht es uns wie Guatemala oder El Salvador.«

Wir waren mit der ersten Portion fertig und bestellten uns eine zweite.

»Bei uns gibt es einen Witz«, meinte Raoul und schenkte uns Bier nach. »Ihr Amerikaner habt eine Maschine. Wenn ihr auf einen schwarzen Knopf drückt, kommt Kaffee heraus. Wenn ihr auf einen weißen Knopf drückt, kommt Milch. Wenn ihr an einem Hebel zieht, kommt eine Apfeltasche. – Wir Peruaner ziehen an einem schwarzen Euter, es kommt Kaffee. Wir ziehen an einem weißen Euter, es kommt Milch. Wir ziehen am Schwanz, es kommt Kuhscheiße. Wir verkaufen euch den Kaffee und die Milch und essen selbst die Scheiße.«

Am nächsten Morgen brachte uns Raoul frisches Brot aus einer Bäkkerei. Außerdem hatte er ein paar Jungs angeheuert, die unsere Kajaks zum Fluß hinuntertrugen. Als wir uns von der Kaimauer abstießen, beugte er sich zu uns herunter. »Ich wollte euch noch was fragen«, flüsterte er und schaute sich ängstlich um, ob ihn auch niemand hörte. »Wie steht's bei euch denn mit Frauen? Ich bin seit 25 Jahren verheiratet, aber wenn ich abends mein Schätzchen nicht hätte …«

»Nach zwölf Stunden auf dem Fluß«, meinte Chmielinski, »würden wir selbst neben den schönsten Mädchen von ganz Contamana nur noch einschlafen.«

Damit hatte er nur zu recht.

Zwei Stunden später verfärbte sich der Himmel plötzlich grau, dann schwarz, ein starker Wind kam auf, und ich hörte rechts von mir ein prasselndes Geräusch. Der Wind hatte ein Feld mit wildem Zuckerrohr umgeknickt. Sekunden später verwandelte sich der Fluß in eine schäumende, tosende Masse mit einem halben Meter hohen Wellen. Mein Kajak bäumte sich auf, und ich sah keine 3 m weit. Innerhalb weniger Minuten war der Zauber wieder vorbei, aber ich zitterte, war völlig durchnäßt und sehnte mich ins saubere, sichere Contamana zurück.

Aber Contamana war, wie sich noch herausstellen sollte, eine Ausnahmeerscheinung. Obwohl ich mir den Amazonas oft als dunkel und trübe vorgestellt hatte, ist es zumindest auf dem Fluß sehr hell, und die Sonne scheint eher zu lang als zu kurz. Du siehst keine Berge im Hintergrund, keine Hügel, keinen Horizont – nichts, was auf eine Fluchtmöglichkeit hinweisen würde. Es ist ein flaches, vergessenes, drückend heißes Land, eine morastige, überflutete Aulandschaft mit langen Schlamm- und Sandabschnitten und umgestürzten Bäumen. In den abgelegenen Flußstädtchen herrscht daher auch eine ganz andere Finsternis, eine Finsternis des Geistes, eine Resignation, ein Gefühl des völligen Alleingelassenseins und Ausgeliefertseins. Ausgeliefert der Regierung, dem Wetter, den Insekten, dem Fluß.

Wir paddelten bis in den Abend hinein und kamen schließlich in Orellana an. Orellana ist ungefähr so groß wie Contamana, aber längst nicht so wohlhabend. Raoul hatte uns seine Karte gegeben und uns den Namen eines Freundes genannt. Der Freund Raouls selbst war nicht zu Hause, aber seine Schwester. Sie trug einen Arm in der Schlinge. Freundlicherweise ließ sie uns auf der hinteren Veranda ihrer wackligen Ein-Zimmer-Hütte schlafen. Die Veranda hing genau über dem Ucayali und stand auf vier dünnen Pfosten. Durch die zweieinhalb Zentimeter großen Spalten zwischen den Brettern sahen wir den Fluß 5 m unter uns vorbeifließen.

Während wir unsere Zelte aufstellten, kletterten zwei Dutzend Männer mit schwarzen Zähnen und Jugendliche mit herunterhängenden Kinnladen auf die klapprige Veranda.

»Ihr werdet schon sehen!« rief einer der Männer. »Der Regen wird kommen!«

Ein anderer meinte: »Wenn die erste Welle euch packt, werdet ihr aus diesen albernen Kanus herausfallen! Der Fluß wird euch verschlingen!«

Ohne seine Arbeit zu unterbrechen, fragte Chmielinski: »Und was schlagen Experten wie ihr uns vor?«

»Ihr müßt aus euren Booten herausspringen«, rief ein dritter. »Das hat dieser Trottel letzte Woche gemacht!« Damit zeigte er auf den ersten Mann. »Er fiel aus dem Boot. Und jetzt hat er Angst vor dem Fluß.«

Die anderen Männer lachten gekünstelt, verstummten dann und sahen uns beim Aufstellen unserer Zelte und beim Austrocknen unserer Kajaks zu. Keiner erbot sich, uns zu helfen. Keiner fragte etwas. Ich hatte das ungute Gefühl, daß sie über unseren Ehrgeiz wütend waren.

Chmielinski stellte ihnen Fragen. Keiner konnte ihm den Namenspatron der Stadt, Francisco de Orellana, nennen, keiner wußte, wo der Fluß aufhörte, keiner konnte uns sagen, wie weit es bis zur nächsten Stadt war. Wobei es bei dieser Frage zumindest zu einem Streit zwischen den Männern kam: »Eine Tagesreise«, meinte einer. »Vier Stunden«, ein anderer. »Eineinhalb Tage«, ein dritter. »Zehn Stunden«. »Zwölf Stunden«. »Zwei Tage«.

Verwirrende Auskünfte dieser Art sind nicht auf pure Unkenntnis zurückzuführen. In Kilometern gerechnete Entfernungen haben auf dem Fluß keinerlei Bedeutung. Die Reisedauer wird in Zeiteinheiten und der Zahl der Flußbiegungen oder *vueltas* zwischen Ausgangspunkt und Zielpunkt angegeben. Wie lange man für eine Reise braucht, hängt zudem davon ab, wie gut man paddelt, wieviel PS der Motor hat und wo sich der Zielort momentan befindet. Die Männer berichteten uns, daß Orellana noch vor fünf Jahren am anderen Ufer gelegen habe und daß sich kleine Inseln im Fluß befunden hätten.

Die Männer zogen erst ab, als wir unsere Zelte zugemacht und die Kerzen ausgelöscht hatten. Im Morgengrauen waren sie bereits wieder zur Stelle. Der Mann, der aus seinem Boot gefallen war, riet uns, den Hauptstrom des Ucayali zu verlassen und einen Seitenkanal, den Puinahua, hinunterzufahren. Er erklärte uns, das sei der kürzeste Weg nach Iquitos. Die anderen pflichteten ihm bei, und wir begingen den Fehler, ihrem Rat zu folgen.

Wir irrten vier Tage lang im Puinahua-Kanal und in Städten herum, die noch trostloser waren als das scheußliche Orellana. In Victoria (Strohhütten, eine Ein-Raum-Schule, dünne, verängstigte Männer, mißtrauische Frauen, die ihre wurmverseuchten, grindigen Kinder ins Haus scheuchten, wenn wir aufs Ufer zupaddelten) ließ man uns nicht an Land gehen. Der Lehrer war nicht da; seine nervöse Assistentin sagte: »Hier in der Gegend gibt es Gringo-Terroristen.« Daraufhin rannte sie ins Schulhaus und sperrte die Tür zu.

In Juancito verfolgte uns eine Gruppe Männer, die so still und unheimlich wirkten wie Aasgeier. Wir zogen unsere Kajaks zu einer zusammenfallenden Garküche, die im Vergleich mit den anderen Garküchen noch einigermaßen passabel wirkte. Ein grobes, handbemaltes Schild verkündete, dies sei das »Hotel Sheraton«. Eine ungeheuer dicke Frau schnitt aus Wachspapier Servietten zurecht. Sie zerrte an ihrer Unterwäsche und befahl den Männern lautstark, zu verschwinden. Keiner rührte sich von der Stelle. Sie servierte uns alten Reis und in ranzigem Öl gebratenen Fisch. Als wir gerade beim Essen saßen, ging ein tropischer Platzregen nieder, und die Männer rannten weg. Auch wir wollten so schnell wie möglich hier weg, zogen unsere Kajaks zum Kanalufer und paddelten geradewegs auf den schwarzen Sturm zu.

Bei dem starken Regen verlor ich Chmielinski und zudem beide Ufer rasch aus den Augen. Aber Chmielinski hatte mir nach dem Gewitter auf dem Fluß ein paar Dinge beigebracht. Ich schloß meine Spritzdecke, zog die Windjacke fester und dirigierte den Bug des Kajaks direkt in die sich auftürmenden Wellen. Mir wurde warm, ich war trocken und fühlte mich bedeutend wohler als im Hotel Sheraton.

Nach 20 Minuten war der Sturm vorbei, aber die Wellen schlugen noch ein paar Stunden lang heftig gegen den Bug, so daß wir nur langsam vorwärts kamen. Wir stießen auf ein Flußboot, das auf einer Sandbank in der Mitte des Kanals aufgelaufen war. Es saß bereits seit zwei Tagen fest; der bullige Kapitän, seine sechsköpfige Besatzung samt deren Frauen und Kinder verbrauchten die Fruchtsäfte, Kräcker, das Bier, den Dosenfisch und die Früchte, die sie am Kanal hatten verkaufen wollen. Der Kapitän beugte sich über die Reling und gab uns ein Inca-Cola.

»Wo sind wir hier?« fragte Chmielinski.

»Ihr habt euch verirrt!« antwortete der Kapitän. »Wir auch.« Er hatte keine Ahnung, wann der Wasserstand wieder ansteigen und das Schiff von der Sandbank heben würde.

Wir paddelten weiter. Den ganzen Nachmittag über sahen wir keinen Menschen, außer einem Mann in einem Anzug, der mit einem motorbetriebenen Kanu flußaufwärts fuhr und mit einem Megaphon die offensichtlich unbewohnten Ufer beschallte. Ich hörte nur: »Heute abend zeigen wir den sagenhaften Tarzan!« Chmielinski hielt auf den Mann zu, doch der legte schnell sein Megaphon weg und machte sich aus dem Staub.

In dieser Nacht campierten wir im Morast und kamen am nächsten Tag in Bretaña an. Dort gab es neben den üblichen paar Hütten eine Bodega. Der Besitzer der Bodega, Emilio Rios Lozano, ließ uns unsere Zelte auf dem Holzfußboden aufstellen. An den Wänden hingen Bilder von mehr oder weniger leicht bekleideten Blondinen.

Auch hier kamen wieder finster dreinblickende, kränklich aussehende Männer in die Bodega geschlurft. Sie stellten sich an den Wänden entlang auf und gafften, während Lozano uns zwei lauwarme Biere servierte. Er hatte neun Jahre lang in der peruanischen Marine gedient und dabei sogar Kalifornien gesehen – zumindest von weitem, denn sein Schiff hatte drei Wochen im Hafen gelegen, aber er hatte nicht an Land gehen dürfen. Verärgert hatte er daraufhin den Dienst quittiert und sich in Bretaña niedergelassen. Hier saß er nun fest und konnte nicht weg, weil er hoch verschuldet war. »Die Armee sei verflucht!« sagte er.

Die anderen Männer sagten kein Wort, starrten uns nur an und klatschten mechanisch Moskitos tot. Lozano wußte sich besser in Szene zu setzen. Wann immer er es auf ein Insekt abgesehen hatte, was alle paar

Sekunden der Fall war, unterbrach er seinen Monolog und studierte das an ihm saugende Insekt so lange, bis alle Augen auf ihn gerichtet waren. Dann holte er aus und schlug das Insekt tot, musterte den Minikadaver und fuhr mit seinem Monolog fort.

»Wo war ich stehengeblieben? Ach ja – warum haben wir hier keine Soldaten? In den Bergen sind Soldaten, an der Küste sind Soldaten, an der Grenze zu Ecuador sind Soldaten.« – *Klatsch!* – »Bloß hier sind keine Soldaten.«

Mit übertriebenen Gesten zeigte er auf meiner Zeltplane die Berge, die Küste und das Grenzgebiet zu Ecuador. Dort waren überall Soldaten. Das Amazonasbecken war irgendwo seitlich unten am Zelt, dort waren keine Soldaten. Dieses Gebiet war sich selbst überlassen.

*Klatsch!*

»Wozu braucht ihr hier Soldaten?« fragte Chmielinski.

»Ihr könntet doch schließlich Banditen sein.«

»Sind wir aber nicht.«

»Aber ihr könntet es sein.«

Die anderen Männer nickten zustimmend und klatschten weiter mechanisch nach den Moskitos.

»Und dann die Überschwemmungen«, lamentierte Lozano weiter. »Sie machen alles kaputt. Einmal kommen sie zu früh, einmal zu spät. Wir können außer Yucca nichts anbauen. Yucca! Stellt euch das vor, hier im Urwald! Ich spucke auf Yucca.«

Die Überschwemmungen, die hier soviel Schaden anrichten, nützen allerdings den Menschen auch. Sie reichern den sehr nährstoffarmen Urwaldboden mit fruchtbarem Schlamm und Schlick aus den Anden an. Aber wenn die Überschwemmungen zu früh oder zu spät kommen, was leider allzuoft der Fall ist, dann werden Getreide, Reis und Bananenstauden entweder weggeschwemmt oder sie verdorren.

Lozanos Frau brachte uns eine Schüssel gebratener Fischköpfe und schimpfte mit ihrem Mann. Ich hatte meine Schwierigkeiten mit der Mahlzeit – ich meinte, die Fische würden mich anstarren. Ich kannte diesen Blick – er erinnerte mich an jenen der Männer.

Lozano stellte weitere drei Flaschen Bier vor uns auf den Tisch. Seine Frau zischte ihn wieder an und verschwand hinter einem Vorhang im hinteren Teil des Ladens.

»Wenigstens habe ich meine Frauen«, meinte Lozano.

»Frauen?«

»Ja neun. Ich habe neun Frauen. Und …« – hier überlegte er kurz –
»… 47 Kinder. Nein, 48, letzte Woche ist mein jüngstes geboren worden.«
Er sagte das in so überzeugendem Ton, daß ich es ihm glaubte.

Im Morgengrauen brachen wir aus Bretaña auf. Chmielinski klemmte
sich eine vier Monate alte Ausgabe der internationalen *Time* an sein
Kajak, die er in Pucallpa gekauft hatte, und las, während er paddelte.
»Was soll denn das bedeuten?« schrie er zu mir herüber. »Hier steht
was von ›Verbindungen zur Unterwelt‹.« Es handelte sich um einen
Bericht über Frank Sinatra. Als nächstes las er ein Interview mit Paul
McCartney über John Lennon. »Was bedeutet ›taktierendes
Schwein‹?«
Er saß über das Magazin gebeugt, das Kajak trieb vor und zurück, und
er paddelte nur hin und wieder, wodurch wir ungefähr gleich schnell
waren. Meine Handgelenke heilten allmählich, aber ich konnte immer
noch nicht viel Kraft über sie auf die Paddel bringen. Nachts schwol-
len meine Finger an und verkrampften sich. Ich mußte mich auf den
Bauch legen und die Arme seitlich ausstrecken.
Chmielinski schien es nichts auszumachen, daß ich so langsam war,
und ich war ihm dafür insgeheim dankbar. Die Städte zwischen Pucallpa und Iquitos waren zwar im allgemeinen häßlich, die langen,
einsamen Streckenabschnitte dazwischen jedoch waren um so schöner, und ich wollte sie in aller Ruhe genießen. Der Urwald zu beiden
Seiten des Flusses war zwar für Blicke undurchdringbar, aber nicht
stumm. Wir paddelten flußabwärts und lauschten den Stimmen, die
aus dem Urwald herübergeweht wurden. Vogelgezwitscher, Horden
von Brüllaffen machten einen Höllenlärm, Delphine tauchten auf und
bliesen, und ab und zu durchbrach ein Geräusch, das sich anhörte wie
von einem störrischen Esel, die feuchtwarme Luft. Als wir von Bretaña aufbrachen, fragte ich einen Mann, was das für Geräusche wären.
Er sagte, diese Geräusche stammten von einem Tier namens *ronsoso*,
einer Art Wildschwein. (Ich bat ihn dreimal, mir dieses Wort zu buch-
stabieren, weil ich dachte, er meine vielleicht ein *ronsoco* oder Was-
serschwein, das größte Nagetier der Erde.)
Alle paar Kilometer machte der Urwald einem wunderbar weißen
Sandstrand Platz. Gestelle aus Treibholz und Schlingpflanzen ragten
wie Skelette aus dem Sand auf, das Holz war ausgedörrt und gebleicht

wie Walknochen. Die in Salz eingelegten Fische blieben so lange dort hängen, bis sie hart wie Marmor waren. Plastikplanen waren von den Gestellen auf den Sand hinunter gespannt, darunter saßen die Fischer im Schatten, damit sie nicht ebenso gedörrt wurden wie ihre Fische. An diesem Nachmittag war es so heiß, daß ich mir die Arme verbrannte, wenn ich mein Kajak berührte. Wir machten Rast und krochen unter eines dieser Plastikzelte, unter dem ein ruhiger Mann namens Rogelio saß.

Seine *lancha*, ein kleines Boot, lag am Strand. Da er anscheinend heute kein Glück beim Fischen hatte, las er eine Art Comic, ein *fotografía*, mit weißen Sprechblasen über Schwarzweiß-Bildern, die oft Männer und Frauen in leidenschaftlicher Umarmung zeigten. Wir holten unsere Kräcker und unsere Ölsardinen aus den Kajaks und beugten uns mit Rogelio über die Comics.

»Was heißt dieses Wort?« fragte ich und zeigte auf eine Sprechblase.

»Darin verstaut eine Frau ihre Titten«, antwortete Rogelio.

»Und das?«

»Wenn man eine Frau so sehr begehrt, daß man sich wie ein toller Hund benimmt.«

»Das?«

»Ein Mann tut dir weh, und du tust ihm noch mehr weh.«

Rogelio campierte seit einer Woche allein an diesem Strand. Er wollte die Hälfte seines Fangs in Pucallpa, wo er wohnte, verkaufen; die andere Hälfte behielt er für sich. Er hatte es mit dem Zurückkommen nicht eilig. Das hier war sein Geheimplatz, er hatte zu essen, diesen herrlichen Strand und ein Dutzend Comics.

Als die Sonne nicht mehr so hoch stand, ließen wir unsere Kajaks zu Wasser. Wie die meisten Flußfahrer fand auch Rogelio unsere Kajaks seltsam, aber *muy lindo*, sehr hübsch. Er unterzog sie dem Test, den alle machten – er tätschelte den Rumpf mit der Hand –, und nickte zustimmend.

Wir erreichten das Ende des Puinahua-Kanals nach vier Tagen bei Sonnenuntergang. In den frühen Abendstunden sahen wir die Lichter Requenas am Horizont aufleuchten. Wir freuten uns schon auf eine warme Mahlzeit, eine Dusche, ein Bett. Aber dann blieben wir in einem Sumpf stecken, Sturmwolken zogen auf und schoben sich vor die Sterne. Wir mußten uns wohl oder übel auf eine scheußliche Nacht einrichten, im Regen sitzend, in Erwartung *all jener Dinge, an die wir nicht glauben.*

Doch dann hörten wir Motorengeräusch. Chmielinski stieß einen Schrei aus, eine Taschenlampe blitzte auf: Ein Fischerboot war ebenfalls im Schlamm steckengeblieben. Wir sanken bis zu den Hüften im Schlamm ein, halfen dem Kapitän, sein Boot freizubekommen und folgten ihm durch einen versteckten Kanal nach Requena. Die Stadt stank nach Diesel und Abfällen, Schiffswracks lagen im Hafen, und unsympathische Matrosen lungerten in dunklen Ecken herum. Wir saßen in der Kapitänskajüte und versuchten zu schlafen, aber selbst mitten in der Nacht war die Luft drückend heiß. Wir schworen uns, beim ersten Einbaum Rast zu machen, auf den wir nach fünf Uhr stoßen würden. Um genau 17.19 Uhr am nächsten Nachmittag sagte Chmielinski: »Das da!«

Wir gingen an Land und wollten gerade einem kleinen Pfad folgen, der von dem Kanu am Ufer zu einer Hütte führen würde, wie wir hofften. Da paddelte plötzlich eine alte Frau auf uns zu, kramte in ihrem Kanu und streckte uns zwei Papayas hin.

»Ein Geschenk«, sagte sie und fuhr ohne weitere Erklärung weiter. Chmielinski kletterte das schlammige Ufer hinauf, verschwand im Busch und stieß tatsächlich auf die Hütte, die wir erwartet hatten.

»Wir haben schon gehört, daß ihr kommt«, sagte der Besitzer, Antonio Severiano Luna, während er mir half, mein Kajak zu seiner Hütte zu schleifen. Er war klein, ruhig und alt, aber gleichzeitig alterslos, wie es diese Männer am Fluß sind, die viel indianisches Blut in den Adern haben. Ihre Gesichter haben kaum Falten, und sie sterben mit dichtem schwarzem Haar.

»Woher wußten Sie das?« fragte ich.

Er zuckte mit den Achseln. »Ein Freund meines Bruders hat euch vor zwei Tagen auf dem Fluß gesehen.«

Er schob mein Kajak unter die strohgedeckte Plattform, anschließend kletterten wir die Leiter ins Haus hinauf. Chmielinski stellte bereits den Kocher auf, und ich trieb die Zeltheringe zwischen die Fußbodenlatten und stellte unsere Zelte auf. Eine junge Frau, die uns Antonio als seine Schwiegertochter vorstellte, beobachtete uns dabei. Vier Kinder mit großen Augen hingen an ihrem Rock. Die zweite, ältere, war Antonios Frau. Sie hatte keine Zähne mehr, ging gebeugt und war offensichtlich um einiges älter als ihr Mann.

261

Antonio saß auf dem Boden und sah Chmielinski zu, wie er einen Topf Chili kochte. Kochen war Chmielinskis Lieblingsbeschäftigung. Er zog eine richtige Show ab, verteilte Kostproben, stellte Fragen und sprach über Polen und die Welt außerhalb Perus. Für gewöhnlich nahm er jedoch mehr Lebensmittel aus den Hütten mit, als er verteilt hatte. Wenn wir uns morgens von unseren Gastgebern verabschiedeten, waren unsere Kajaks stets voll von Ananas, Papayas und Bananen.

Ich kramte in meinem Kajak und fand eine Flasche Wein, die Kate Durrant und Bzdak mir in Pucallpa gegeben hatten. Ich schenkte zwei Fingerbreit Wein in meinen Plastikbecher und hielt ihn Antonio hin. Er kippte den Wein wie Whisky.

»Danke«, sagte er.

Ich schenkte ihm noch mal ein. Wieder kippte er den Wein auf einmal hinunter. Das machten wir so lange, bis die Flasche leer war.

Dann nahm mich die junge Frau beiseite. Sie hieß Eravita.

»Bei uns ist es Brauch, daß der Besitzer des Hauses dem Gast seine Frau für die Nacht anbietet«, meinte sie.

Ich sagte nichts.

»Was halten Sie davon?« fragte sie.

Ich dachte, daß ihr Mann mich bei seiner Rückkehr umbringen würde, wenn ich mit ihr schlief. Aber gleichzeitig dachte ich, daß sie sehr schöne braune Augen hatte.

»Ein interessanter Brauch«, erwiderte ich.

»Das würde Ihnen doch sicher gefallen, oder nicht?« fragte sie.

Ich gab nach: »Ja, sicher.«

»Ich werde Antonio fragen.«

»Antonio?«

»Ihm gehört das Land und das Haus.«

»Soll das heißen …«

»Sie müssen mit seiner Frau schlafen.«

Mit der alten Schachtel?!

»Halt!« sagte ich. »Ich bin sehr müde. Wir waren den ganzen Tag auf dem Fluß, und wir haben morgen einen weiten Weg vor uns …«

Hinter dem Vorhang, der die Küche vom Wohnraum abtrennte, brach quietschendes Gelächter los. Auch Eravita und Antonio platzten laut heraus. Der Gringo war auf ihren Streich hereingefallen.

Der Regen trommelte auf das Strohdach, tropfte herunter und klatschte auf den Lehm vor dem Haus – aber kein einziger Regentropfen drang durch das Dach. Chmielinski und ich aßen und legten uns dann schlafen. Die beiden Frauen und die Kinder krochen unter das große Moskitonetz, unter dem die ganze Familie schlief. Ich schrieb noch in mein Tagebuch. Der Regen hörte auf, gurgelnde Geräusche wurden vom Fluß heraufgeweht, und ab und zu tauchten Delphine auf und bliesen ihr Atemloch frei. Mir war aufgefallen, daß nachts auf die Blasgeräusche der Delphine ein dumpfes Stöhnen folgte, das sich anhörte wie von einem Menschen.

Chmielinski blies seine Kerze aus; als ich kurz darauf mit meinen Notizen fertig war, legte ich mich auch schlafen. Erst jetzt stand Antonio auf und kroch unter das Moskitonetz. Ich hörte sie kichern und flüstern und sich necken.

*Wir haben gehört, daß ihr kommen würdet.* Wir schlichen nicht allein und unbeobachtet durch den Urwald. Wir waren Gäste.

# 15. Der Marañón

Zwölf Tage nach unserem Aufbruch aus Pucallpa mündete der Ucayali von rechts, also von Süden, in den Marañón. Beim Zusammenfluß dieser beiden Flüsse wird der Fluß, wenn nicht dem Namen nach, so doch in seinen Ausmaßen, zum Amazonas. Während der nächsten 320 km bis zur brasilianischen Grenze sind beide Bezeichnungen, Marañón und Amazonas, geläufig (die Brasilianer nennen den Fluß Solimões). Jedenfalls ist der neuentstandene Fluß am Zusammenfluß mehr als 3 km breit, mehr als dreimal so breit wie der Ucayali. Ich brauchte 35 Minuten, um zu einer Sandbank in der Mitte des Flusses zu paddeln. Chmielinski war zehn Minuten vor mir dort, und als ich schließlich an Land ging, rannte er auf dem elfenbeinfarbenen Sandstrand auf und ab, hielt sein Paddel wie einen Speer und jubelte: »Der Amazonas!«

Ein paar Kilometer unterhalb des Ucayali liegt auf einer niedrigen Sandstein- und Mergelklippe am linken Ufer das Dörfchen Puerto Franco. Ein Dutzend halbnackter Indios erwartete uns schon am Ufer. Eine Frau kam das Steilufer herunter. Chmielinski gab ihr sein Paddel, und während sie in ihrem Holzkanu damit experimentierte und dabei aufgeregte Laute ausstieß, kletterten wir die Böschung hinauf.

»Woher kommt ihr?« fragte ein untersetzter, muskulöser Mann, als wir oben angekommen waren. Er hatte breite Schultern, schmale Hüften und ein scharfkantiges, bartloses Gesicht.

»Wo der Fluß anfängt«, antwortete Chmielinski (wörtlich sagte er auf spanisch: »Wo der Fluß geboren wird«).

»Pucallpa?«

»Weiter.«

Der Mann beriet sich kurz mit seinen Freunden. »Atalaya?«

»Arequipa«, antwortete Chmielinski.

Keiner der Männer hatte je von Arequipa gehört, unsere Unterhaltung kam ins Stocken. Wir beobachteten die Frau in dem Kanu, die inzwischen schon sehr geschickt mit dem nicht einfach zu handhabenden Plastikpaddel umging. Hinter ihr hatte der Wind den gelbbraunen Fluß weiß aufgeschäumt. Ich mußte mich sehr anstrengen, wenn ich das andere Ufer noch erkennen wollte, das nur mehr eine grüne Linie zwischen dem Wasser und dem Himmel war. *El Río Mar*, wie der Amazonas genannt wird: der Fluß Meer.

»Wie lange seid ihr schon auf dem Fluß?« fragte der Mann.

»Dreieinhalb Monate.«

Seine Kinnlade fiel herunter und offenbarte eine Reihe weißer, gesunder Zähne. Er und seine Freunde hüpften daraufhin auf der Stelle und jubelten. Zuerst dachte ich, sie machten sich über uns lustig, aber dann klopften sie uns anerkennend auf die Schultern. Sie lebten hier, der Fluß kam und ging. Daß er so weit weg seinen Ursprung hatte und daß wir vielleicht eines Tages das Ende des Flusses sehen würden, gefiel ihnen.

Wir kletterten wieder in unsere Kajaks. Vom Fluß aus sahen wir beim Wegfahren zwei Frauen am Ende des Dorfes am Steilufer sitzen. Knapp einen Meter vor ihnen krachte Erdreich von der Größe eines kleinen Hauses in den Marañón. Ihre Hütten standen nur ein paar Meter vom Steilufer entfernt, aber die Frauen reagierten auf das Verschwinden ihrer Vorgärten nur mit einem kurzen Blick.

Der Fluß kommt, der Fluß geht, er reißt ihre Häuser weg. Bald werden ihre Hütten diesen Sand- und Lehmmassen folgen. Kurze Zeit später wird das gesamte Dorf verschwunden sein, und die Familien werden weiterziehen und von vorne anfangen. Der Staat Peru jedoch wird nie erfahren, wohin Puerto Franco verschwunden ist.

Im straßenlosen Urwald ist der Marañón eine Art Hauptverkehrsader. Auf ihm fahren unzählige Wasserfahrzeuge, von denen nur wenige den Namen »Boot« verdienen. Auf dem Ucayali waren wir schätzungsweise einmal am Tag einem anderen Boot begegnet, aber hier auf dem Marañón begegneten wir immer gleich dreien auf einmal. Die meisten dieser Boote sind mit 7-PS-Außenbordmotoren ausgestattet und werden lautmalerisch auch als *Peque-Peques* bezeichnet. Sie haben 1,5 m lange, als Ruder dienende Antriebswellen. Außer diesen Motoren entsprach bei diesen Wasserfahrzeugen kein einziges Bauteil dem Standard. Die Rümpfe waren eine wilde Mischung aus groben Planken, die Kajüten bestanden aus Plastik, Pappe und Blech. Die

Überdachungen der Kajüten waren oft aus trockenen Blättern. Stets bestand die Gefahr, daß sie an den qualmenden Motoren Feuer fingen. In jedem Boot saß mindestens ein Mann mit freiem Oberkörper und schöpfte mit ruckartigen Bewegungen den Rumpf leer. Sein dunkles Gesicht war stets schweißgebadet, er schöpfte in so gleichmäßigem Takt das Wasser, daß man meinen konnte, er selbst sei ebenfalls an den Motor angeschlossen.

Diese Wassertaxis waren zumeist hoffnungslos überladen. Passagiere, Schweine, Hühner und mit Schlingpflanzen verschnürte Kartons wurden in den Laderaum der Boote verfrachtet. Die Menschen saßen selbst am hellichten Mittag in fast völliger Dunkelheit, so daß man den Eindruck hatte, es mit Gefangenenschiffen zu tun zu haben. Eingesperrt und hilflos schrien die Passagiere jedesmal auf, wenn Wind aufkam, eine Bö über sie hinwegfegte oder die Boote durch Strudel hindurchschlingerten. In diesen Momenten war ich recht froh, in meinem Kajak zu sitzen und nicht von anderen abhängig zu sein. Und ich machte mir Sorgen um Kate Durrant und Bzdak. Die *Jhuliana* hatte am Ufer des Ucayali zwar einen stabilen Eindruck gemacht, wenn ich sie mir aber auf dem mächtigen Marañón vorstellte, erschien sie mir eher mickrig. Wir kämpften uns durch den dichten Verkehr auf dem Fluß, doch wir hörten nichts von der *Jhuliana*.

Auch Flöße befuhren den Marañón. Sie trieben in der gemächlichen Strömungsgeschwindigkeit von etwa 1,8 km/h flußabwärts. Ganze Familien schipperten mit der Ernte der Saison nach Iquitos, ein Floß hatte eine Tonne Orangen geladen, ein anderes war vollbepackt mit Kokosnüssen, ein drittes mit Bananen, die vor Erreichen ihres Bestimmungsorts vielleicht schon verfault sein würden.

Am Nachmittag hängten wir uns an ein Floß. Es war die wohl eigentümlichste Konstruktion eines Wasserfahrzeugs, die ich je zu Gesicht bekommen hatte: Der Boden bestand aus zwei Dutzend 4,5 m langen *Topa*-Stämmen, die mit Lianen zusammengebunden waren (*Topa* ist eine stabile, sehr leichte und nachgiebige Holzart, die dem Balsaholz ähnlich ist), darauf ein Strohdach und ein Verschlag aus Bambus. In ihm standen zu meiner Verblüffung sechs Kühe.

Zwei riesige Ruder, jeweils fast 7 m lang, waren an Bug und Heck angebracht. An den Enden war jeweils eine Mahagoniplatte von 60 cm Seitenlänge befestigt. Diese Ruder dienten ausschließlich dazu, das Floß zu steuern und von Strudeln oder Kehrwassern wegzudrücken.

Drei junge Männer lagen neben dem Verschlag und dösten in der Sonne.

Wir fuhren neben das Floß und weckten die Männer. Sie kamen aus einem Dorf weit am Oberlauf des Marañón. Wie lange waren sie wohl unterwegs bei einer Strömungsgeschwindigkeit von 1,8 km/h? »Drei Wochen«, sagte der größte von ihnen. Wie seine Kameraden trug auch er nur enganliegende Baumwollshorts. Auf dem Boot entdeckte ich außer den Männern, ihren Shorts, den Kühen, die sie in Iquitos nach Gewicht verkaufen wollten, so gut wie nichts.

»Eure Kühe haben bestimmt an Gewicht verloren«, meinte Chmielinski.

»Ja«, antwortete der Mann. »Aber was sollen wir machen?« Sie wollten auch das Floß verkaufen, denn für *Topa* bekam man einen guten Preis.

»Wie alt sind eure Kühe?« fragte ich.

»Drei Jahre.«

»Was schätzt ihr, wieviel ihr für sie bekommt?«

Er sagte mir den Preis in peruanischer Währung. Beim damaligen Wechselkurs sollte die Kuh ungefähr 150 Dollar bringen.

Drei Männer hatten drei Jahre lang ihre Kühe aufgezogen, und jetzt mußten sie drei Wochen auf dem Fluß zusehen, wie sie vor ihren Augen abmagerten.

Chmielinski sagte: »Viel Arbeit für wenig Geld.«

Der Mann zuckte mit den Achseln und meinte nur: »Was willst du machen?«

Iquitos liegt am linken Ufer des Marañón, auf der Außenseite der großen, langgezogenen Rechtsschleife, die der Fluß macht, bevor er 3700 km in östlicher Richtung in ziemlich direkter Linie auf den Atlantik zufließt. Der Besucher, der per Schiff in Iquitos ankommt, selbst wenn es wie in unserem Fall nur ein Kajak ist, betritt die Stadt über eine wacklige Holztreppe und gelangt auf eine verblassende, aber immer noch schöne Promenade, die eineinhalb Kilometer oder ein Drittel der Länge der Stadt am Marañón entlangführt. Wenn man von dieser Promenade aus auf den Fluß hinuntersieht, fällt der Blick auf schwimmende Betondocks, an denen große Frachter vertäut vor Anker liegen. Diese Betondocks steigen und fallen mit dem Wasserstand des Flusses, der in der Regenzeit um 9 m höher liegt als in der Trockenzeit. Reiher und

Silberreiher suchen in dem Schlick unter der Promenade nach Freßbarem, und im Osten brechen Wellen gegen die knapp 18 km lange Insel Padre, die den Marañón in zwei Hälften trennt.

Man spürt sofort, daß Iquitos eine richtige Flußstadt ist. Sie ist von drei Seiten von Flüssen umgeben: dem Nanay im Norden, dem Marañón im Osten und dem Itaya im Süden. Die einzige Straße, die im Westen aus der Stadt herausführt, endet schon nach 30 km im dichten Dschungel. Iquitos ist daher ganz anders als Pucallpa von der Außenwelt abgeschnitten und hat sich einen eigentümlichen Reiz bewahrt. Alles bewegt sich in einem langsamen Tempo (es ist ohnehin viel zu heiß, um sich schnell zu bewegen, und man kann ja nirgendwo hin). Nicht das Auto prägt den Rhythmus der Stadt, sondern das Motorrad. Kleine japanische Viertakter sind das bevorzugte Transportmittel im innerstädtischen Verkehr. Häufig sieht man fünf oder sechs Motorräder nebeneinander über das halbe Dutzend Hauptverkehrsstraßen der Stadt fahren. Meist sitzen gleich drei Personen auf diesen Gefährten: die Tochter am Lenker, die Mutter ganz hinten, und die unverdrossen dreinblickende Großmutter dazwischen. Alle drei Damen sitzen in Kleidern und Stöckelschuhen auf dem Motorrad und brausen in der feuchten Abenddämmerung die Strandpromenade entlang.

Iquitos ist eine vergleichsweise kleine und junge Stadt. Obwohl sie bereits in der Mitte des 19. Jahrhunderts gegründet wurde, wuchs sie erst infolge des Kautschukbooms der Jahrhundertwende. Dennoch gibt es im Stadtkern viele Kolonialbauten (darunter ein von Alexandre Gustave Eiffel entworfenes Gebäude aus Gußeisen, das in Einzelteile zerlegt aus Europa importiert wurde), die eine spürbar mediterrane Note haben. Iquitos lag verkehrstechnisch vor der Entwicklung der Luftfahrt Europa näher als Lima.

Seiner verkehrsgünstigen Lage in der Nähe zweier großer Urwaldverkehrsstraßen, dem 88 km nordöstlich vorbeifließenden Napo und dem 145 km südwestlich gelegenen Oberlauf des Marañón, verdankt Iquitos seine Stellung als Handelsmetropole des peruanischen Dschungels. Die praktisch von der Außenwelt abgeschnittene Stadt ist sicher nicht ganz zu Unrecht skandalumwittert. In den 70er Jahren erlebte sie so etwas wie einen Ölboom, aber die Ölvorkommen waren rasch erschöpft, und das Interesse der Ölgesellschaften richtete sich daraufhin mehr auf das Innere des Regenwaldes. Momentan haben der Kokainhandel und der Schmuggel großen Einfluß auf das Leben in der Stadt.

In fast jeder Bar stößt man auf heruntergekommene Ausländer oder einheimische Tagediebe, die jedem Reiseschriftsteller als Gegenleistung für ein Getränk mit einer interessanten Story aufwarten. (Ich selbst aß mit einem gewissen Señor Merekike zu Abend. Er hatte den versoffenen Koch in Werner Herzogs *Fitzcarraldo* gespielt. Merekike ist übrigens – »Ich habe im Bett von Mrs. Herzog geschlafen!« – tatsächlich ein versoffener Koch.) Trotz seines schlechten Rufes macht Iquitos im Unterschied zu Pucallpa keinen verkommenen Eindruck. Im Grunde ist die Stadt einfach bei dem ihr eigenen Rhythmus geblieben, der so unvorhersehbar ist wie der Fluß selbst.

Am Tag nach unserer Ankunft streikten die städtischen Angestellten und demonstrierten auf der zentralen Plaza. Die Zivilgarde wurde gegen die Demonstranten aufgeboten, Tränengas eingesetzt und per Megaphon auf die Demonstranten eingebrüllt. Am nächsten Tag konnte man den Zeitungen entnehmen, daß zwei Personen durch Schüsse verletzt worden waren. Als die ersten Schüsse fielen, war ich jedoch bereits in eine Seitenstraße geflüchtet. Dort klangen die Schüsse dumpf und harmlos.

Dennoch rannte ich so schnell ich konnte zehn Häuserblocks weit, bis ich die Strandpromenade erreicht hatte und folgte ihr in nördlicher Richtung. Ich war auf der Suche nach dem Büro des Hafenmeisters, da Chmielinski meinte, wir bräuchten für die Weiterfahrt unbedingt Karten und andere Unterlagen. In Richtung Norden folgten auf die abbröckelnden Kolonialfassaden allmählich niedrige Hütten aus Holz und Mörtel. Die Gesichter der Menschen auf den Straßen waren (für mich) überraschend international: schwarze, braune, rote, gelbe. Ich legte eine Pause ein und aß bei einem Chinesen, dessen Großvater in der Zeit des Kautschukbooms nach Iquitos gekommen war.

Fünf Häuserblocks weiter fand ich schließlich das Hafengelände, aber der Hafenwächter erklärte mir, daß ich umsonst gekommen sei. Sie hätten auch keine Flußkarten.

Ich stand vor dem Kettenzaun und beobachtete einen Marineoffizier, der eine Einheit Rekruten in der Kunst des Flaggenappells unterwies. Nachdem er fertig war, ließ er die peruanische Flagge hissen. Sie hing verkehrt herum und hatte sich binnen Sekunden um den Mast gewickelt. Ein dicklicher, schwitzender Mann war neben mir stehengeblieben. Er hatte eine Zigarette im Mund und trug ein gestärktes, weißes Hemd, eine gebügelte Baumwollhose und frischgeputzte Schuhe.

»Armes Peru«, meinte er auf spanisch. Er machte eine Kopfbewegung in Richtung der Staatsflagge. »Wir besiegen uns selbst.«

»Peru findet sich selbst nicht.«

»Wie meinen Sie das?«

Ich erzählte ihm von den Problemen, mit denen wir auf dem Fluß konfrontiert waren, wie schwierig es war, sich zurechtzufinden, und von den Dörfern, die plötzlich verschwanden.

»Sie brauchen eine Karte.«

»Wo gibt es Karten?«

»Nirgends. Es gibt keine.«

»Wie kommen dann die großen Boote zurecht? Oder die Marine?«

»Glück. Gebete. Instinkt. Aber die würden sich auch nie auf etwas so Lächerliches wie euer Unternehmen einlassen. Warum um alles in der Welt macht ihr das?«

Ich wußte keine gute Antwort auf seine Frage. Es war banal, sich hier in Iquitos hinzustellen und zu sagen: Ich suche das Abenteuer. Daher sagte ich spontan, ich schreibe für ein Magazin einen Reisebericht. Ich nannte ihm den Namen eines Magazins, für das ich in der Tat häufig arbeitete. Er machte große Augen und erklärte mir, er sei hauptberuflich Reiseführer und habe drei Wochen mit einem für dieses Magazin tätigen Journalisten gearbeitet. Ich glaubte ihm erst, als er mir den Namen des Mannes nannte, den ich zufällig kannte.

»Vielleicht kann ich Ihnen auch helfen«, meinte er. Er führte mich in eine Bar und sagte, ich solle dort auf ihn warten. Dann verschwand er in Richtung Hafengelände.

Die Bar war kaum mehr als ein Schuppen, aber es gab kaltes Bier und ein Videogerät. Sechs barfüßige Bauern in abgerissenen Jeans und Sandalen saßen vor dem Gerät und starrten auf den Mann, der offenbar als einziger dazu fähig war, Tarzan als Kinokönig des Dschungels von seinem Platz zu vertreiben – Indiana Jones. Sie hatten den Ton abgestellt, reagierten aber nicht, als ich mich dazugesellte. Mein Bekannter kehrte genau in dem Augenblick zurück, als Harrison Ford gerade über einer Schlangengrube baumelte.

»Kommen Sie«, sagte er.

Mittlerweile war es dunkel geworden. Ich stolperte hinter ihm her die Straße hinunter, durch eine Tür in einen Innenhof. Drei alte Frauen saßen in Korbstühlen und fächelten sich Kühlung zu. Sie lächelten. Wir gingen an ihnen vorbei in ein Zimmer. Der Mann machte die Tür zu, schloß ab, zog die Vorhänge zu und zündete eine Kerze an. Er stellte sie auf den Fußboden. Der Raum war völlig leer.

Er zog etwas unter seinem Jackett hervor, das aussah wie eine Schriftrolle und entrollte sie auf dem Fußboden.

Es war ein 60 cm großes Stück Einwickelpapier. Darauf hatte jemand mit Bleistift im Maßstab 1:100 000 eine Flußkarte gezeichnet. Auf der Karte waren Städte, Inseln, Kanäle verzeichnet, und Pfeile deuteten an, wo zwischen den beiden Ufern die Strömung am stärksten war. Die Karte begann in Iquitos.

»Wie weit geht die Karte?« fragte ich.

»Bis Manaus«, antwortete der Mann. »Sie ist ganz neu, und das ist die einzige Kopie. Der Fluß ändert seinen Lauf so rasch, daß jede Karte, die älter als einen Monat ist, schon wieder veraltet ist. Alle paar Wochen schickt die Kriegsmarine ein Boot mit einem Team Kartographen aus. Ein Freund von mir arbeitet auf diesem Boot. Auf der letzten Fahrt hat er diese Kopie von der Originalkarte gemacht. Wollen Sie sie haben?«

Wenn die Karte auch nur halb so genau war, wie es den Anschein hatte, war sie von unschätzbarem Wert für uns.

»Wieviel?« fragte ich.

»20 Dollar.«

Ich fischte meinen Notgroschen, eine 20-Dollar-Note, aus meinem Schuh und gab sie ihm.

»Gut«, meinte er. »Seid vorsichtig. Die Kriegsmarine betrachtet diese Karten als Geheimsache. Wenn man sie bei euch findet, bekommt ihr Schwierigkeiten.«

Ich steckte die Karte unter mein Hemd, wo sie sich jedoch deutlich abzeichnete.

»Noch was«, meinte der Mann. »Wenn Sie noch jemanden kennen, dem ich helfen könnte, schicken Sie ihn zu mir. Aber erwähnen Sie auf keinen Fall die Karte.« Er steckte mir seine Visitenkarte zu, die ich ungelesen in meine Hemdtasche schob. Dann machte ich die Tür auf und ging.

In der Dunkelheit hielt ich jeden knallenden Motorradauspuff für einen Pistolenschuß. Der halbstündige Fußmarsch zurück zum Hotel kam mir endlos vor.

Kate Durrant und Bzdak waren fünf Tage vor uns in Iquitos angekommen. Sie hatten sich die Zeit auf der *Jhuliana* mit einem 24stündigen

Pokerspiel und lauter Discomusik vertrieben. Sie brachten mir einen Packen Briefe mit – seit unserem Aufbruch von Cuzco vor zweieinhalb Monaten die erste Post aus den USA. Wir saßen in einer Bar für nichtalkoholische Getränke und genehmigten uns ein paar Milchshakes. Die beiden sahen fern (einen Tarzan-Film, was sonst, aber dieses Mal eine Version aus den 50er Jahren, die ich nicht kannte), und ich las meine Post. Ein Onkel war gestorben, meine Lieblingstante hatte Krebs, meine Freundin liebte mich noch immer und war allmählich des Alleinseins überdrüssig, und mein Hund reagierte nicht mehr auf meinen Namen.

Wir gingen zurück ins Hotel. Kate Durrant füllte meine Vorräte an Malariatabletten, sterilen Verbänden und Tüchern, Rehydrierungspulver, Insektenmittel, Schlangenserum, Spritzen und Schienen wieder auf. Außerdem hatte sie in Iquitos *sangre de grado*, wörtlich »Blut des Grado-Baumes«, aufgetrieben. Wenn man dieses Harz auf Wunden schmiert, bildet es eine Art elastischer Haut. Zuletzt gab sie uns ein Zedernöl, das sich angeblich hervorragend zur Massage von schmerzenden Gelenken und Muskeln eignete (in Verbindung mit einem halben Liter Pisco-Schnaps entwickelte dieses Zedernöl, wie sich später herausstellte, eine besonders nachhaltige Wirkung). Kate Durrant und Bzdak hatten uns für die heißen Tropennächte Bettlaken zu leichten Schlafsäcken zusammengenäht.

Als ich am nächsten Morgen im Hof des Hotels meine Sachen ins Kajak packte, kam ein Mann auf mich zu. Er sah aus wie ein Peruaner (klein und dunkel), gleichzeitig jedoch auch wie ein Zuhälter: Er trug eine verspiegelte Fliegersonnenbrille und eine teure Uhr mit einem für sein schmales Armgelenk zu breiten Uhrband. Wie die meisten Leute interessierte auch er sich für mein Kajak. Nachdem ich ihm die Ruder- und Stauraumvorrichtungen erklärt hatte, fragte er: »Haben Sie zufällig Probleme mit Ihren Visa?«

»Nein«, antwortete ich, obwohl das Gegenteil der Fall war. Unsere vier Visa für Brasilien waren längst abgelaufen, und wir hatten in der Tat Probleme mit dem Verlängern. Außerdem rächte sich der brasilianische Konsul offensichtlich ausgerechnet an mir dafür, daß irgendwann einmal sein Diplomatenpaß in Miami nicht anerkannt worden war. Ich hatte dreimal versucht, ihn in seinem Büro aufzusuchen, und jedesmal wurde ich auf den folgenden Tag vertröstet. Doch ich verspürte keine Lust, diese Probleme mit einem Fremden zu erörtern.

»Ist Piotr Chmielinski hier?« fragte der Mann. Ich war überrascht, daß er Chmielinskis nicht gerade einfachen Namen mühelos aussprechen konnte.

»Nein«, antwortete ich wieder, aber ohne zu lügen. Chmielinski raste zwischen den peruanischen und brasilianischen Behörden hin und her und versuchte, unsere Visa verlängern zu lassen.

Der Mann verabschiedete sich, tauchte aber nachmittags wieder auf, als Chmielinski und ich gerade die letzten Reparaturen vornahmen. Die beiden unterhielten sich auf polnisch, wobei mir Chmielinskis Gesichtsausdruck verriet, daß er den Mann nicht ausstehen konnte. Danach kam der Mann auf mich zu und inspizierte meine Ausrüstung, die ich um das Kajak herum ausgebreitet hatte.

»Amerikanisches Zelt«, meinte er auf spanisch. »Schlecht. Ein Spielzeug. Ich habe ein gutes polnisches Zelt.« Dabei sah er Bestätigung suchend zu Chmielinski hinüber, erntete jedoch nur einen kalten Blick.

»So stabil wie diese Kajaks«, fuhr er dann fort. »Gute polnische Handarbeit.«

Chmielinski sagte: »Diese Kajaks sind aus Amerika.«

»Das kann nicht sein«, antwortete der Mann.

»Stimmt aber«, beharrte Chmielinski. »Es sind die besten, die es auf dem Markt gibt.«

Der Mann setzte schon zu einer Antwort an, besann sich jedoch eines Besseren und machte auf dem Absatz kehrt. Am Hoftor drehte er sich noch einmal um und sagte: »Ich wohne gleich nebenan, falls ihr etwas braucht.«

Nachdem der Mann weg war, sprach Chmielinski kein Wort. Er arbeitete still weiter, während ich neuen Schaumstoff auf meinen Sitz klebte. Aber schließlich konnte ich Chmielinski doch eine Erklärung entlocken. Er erzählte mir, daß der Mann dem polnischen Konsulat in Peru angehöre. Er hatte Chmielinskis erste polnische Expedition durch Peru geführt. »Dann erfuhren wir, daß er uns überall nachspionierte, Fragen stellte und unsere peruanischen Freunde einschüchterte. Danach wollten wir nichts mehr mit ihm zu tun haben. Wir machten die große Demonstration in Lima für die Gewerkschaftsbewegung der Solidarität. Seither beobachtet er uns ständig.«

Mehr verriet er mir nicht.

273

Vier Tage vor Weihnachten brachen wir aus Iquitos auf. Wir hatten uns mit Kate Durrant und Bzdak an der brasilianischen Grenze verabredet. In Polen wirft man den Weihnachtsbaum erst Ende Februar weg, und deshalb hatte Chmielinski ein paar 8 cm hohe Bäumchen aus Draht an unseren Kajaks festgemacht. »Joe, wer weiß, vielleicht findest du sogar eines Tages ein Geschenk unter deinem Baum.«

Wir zogen unsere Kajaks zur Strandpromenade und die Holztreppen hinunter, wateten knietief im Schlamm und brachen zu der 530 km langen Fahrt zur brasilianischen Grenze auf.

Die starke Strömung riß uns durch das Hafengebiet, vorbei an maroden Flußbooten, im Wasser festgezurrten *Peque-Peques* und rostigen Geisterfrachtern. Wir ließen die nördliche Stadtgrenze hinter uns, vorbei an Sumpfgebieten und Reisfeldern, wo Männer mit traurigen Gesichtern knietief im Wasser standen und uns beobachteten, als hätten sie nichts Besseres zu tun. Urplötzlich hörte die Stadt auf und ging in Urwald über, der in gigantischen broccoliartigen Auswüchsen die beiden Ufer bedeckte. Die nächsten 16 km tauchte hin und wieder, einem neongrünen Teppich gleich, eine Rinderfarm inmitten des Urwalds auf. Abgesehen davon war der breite, flache Marañón jedoch völlig menschenleer. Der Regenwald verdichtete sich zu einem dunklen Satinband. Einmal ertönte der dumpfe Ton einer Trompete und das Geräusch eines Schlagzeugs, und jemand rief etwas, aber wir sahen niemanden. Nach den von Menschen wimmelnden Straßen von Iquitos erschien uns der Fluß gänzlich von der Welt abgeschieden.

Am späten Nachmittag des nächsten Tages erreichten wir den Napo, der von links in den Marañón einmündet. Der Spanier Francisco de Orellana segelte 1542 von Ecuador aus den Napo hinunter und schaffte die erste aktenkundige Befahrung des Amazonas von den Anden bis zum Atlantik. Seine Plünderungen und Massaker waren der Auftakt der Eroberung des Amazonasbeckens. Friar Carvajal, der Chronist dieser Ereignisse, gab dem Amazonas ungewollt seinen Namen. Er berichtete in einem phantasievollen Werk von Kriegerinnen, auf die die Expedition gestoßen war. Die Schilderung erinnert verdächtig an die Amazonen der griechischen Sage. Friar Carvajal schreibt, diese Kriegerinnen »haben sehr helle Haut und sind groß. Sie haben sehr langes, geflochtenes Haar, das sie um den Kopf gewunden tragen. Sie sind sehr stark und gehen nackt, nur ihre Scham halten sie bedeckt.

Sie tragen Pfeil und Bogen und kämpfen mindestens so gut wie zehn Indianer.«

Wir campierten in der Nähe des Napo, im *caserío*, einem Weiler am Fluß von Señor Fausto Ramirez, seiner Frau und seinen 13 Kindern. Uns zu Ehren hängte die Ramirez-Familie ein Transistorradio direkt über unsere Zelte. Wie die meisten peruanischen Radios hatte auch dieses drei Lautstärken: laut, lauter und *amigos norteamericanos*.

Vor dem Zubettgehen kamen wir noch in den »Genuß« eines Hundekampfes. Die gesamte Familie versammelte sich, und ein schwarzer und ein weißer Hund lieferten sich vor dem *caserío* einen Kampf auf Leben und Tod. Das grausame Schauspiel endete damit, daß der schwarze Hund seine Zähne in die Kehle des weißen Hundes grub und der weiße mit einem schauerlichen Todesröcheln starb.

Die gesamte Familie sprach während des gesamten Kampfes kein Wort; danach zogen alle still ab. Nur Faustos schüchterne Frau blieb zurück. Sie hatte bisher unsere vielen Fragen (Wie heißen Sie? Wie wird das Wetter morgen? Wie viele Kinder haben Sie?) entweder mit »*Si, señor*« oder »*No, señor*« beantwortet.

Jetzt sagte sie leise, der weiße Hund habe ihr gehört.

»Wie hat er denn geheißen?« fragte Chmielinski.

Sie sprach so leise, daß wir sie zuerst nicht verstanden. Erst als wir näher an sie herantraten, und sie den Namen noch einmal wiederholte, verstanden wir sie: »Gringo.«


Am Abend unseres dritten Tages nach der Abfahrt aus Iquitos befanden wir uns noch immer 270 km vor der brasilianischen Grenze und waren in ernsten Schwierigkeiten. Chmielinskis Visum für Peru lief morgen um Mitternacht aus. Wenn wir bis dahin nicht die brasilianische Grenze erreicht hatten, drohte ihm im Falle einer Kontrolle des Visums eine Gefängnisstrafe.

Um Tempo zu machen, hatten wir uns daher während der vergangenen drei Tage mächtig ins Zeug gelegt; ich war nach dieser anstrengenden Fahrt mürrisch und erschöpft. Der Abend dämmerte, wir hatten fast Vollmond, und die Frösche gaben ein Konzert. Chmielinski erklärte, wir müßten die Nacht durchpaddeln. Wir machten an einem Strand Rast, um zu Abend zu essen. Ich war still und gereizt und überließ Chmielinski das Kochen.

Eine Stunde später waren wir wieder auf dem Fluß. Inzwischen war es Nacht geworden, der Mond stand über dem Dschungel, aber neben unseren Kajaks verschmolzen Fluß und Dschungel zu einem einzigen schwarzen, stillen Gürtel.

Nachdem wir zwei Stunden lang fast ununterbrochen schweigend gepaddelt hatten, machten wir eine Pause. Ich schlief sofort ein und wachte erst wieder auf, als Chmielinski »Stille Nacht, heilige Nacht« pfiff. Er hatte mein Kajak ins Schlepptau genommen.

»Ich kann alleine paddeln«, knurrte ich ihn an. Was ich daraufhin auch tat, wenn auch sehr langsam und unlustig. Ich wollte einen Strand, ein Bad nehmen, mein Zelt aufstellen und den Mond betrachten. Ich wollte mich in aller Ruhe ausschlafen. Chmielinskis unerschütterlich gute Laune machte mich nur noch wütender.

Ich ließ ihn einige Meter vorausfahren und gab mich Gedankenspielen hin, die ich mir schon vor langer Zeit für Situationen wie diese ausgedacht hatte. Ich versuchte, mir den Text einer Lieblingsschallplatte in Erinnerung zu rufen. Als ich jedoch bereits bei ›Grabbed my coat, put on my hat, made the bus in seconds flat‹ steckenblieb, entschied ich mich lieber dafür, meine Wohnung in Gedanken von Grund auf zu renovieren (›Diese Verandatüren machen sich bestimmt gut‹). Ich räsonierte über Autos (ich hasse Autos) und rechnete die monatlichen Raten für einen neuen Porsche durch. Schließlich gab ich mich damit zufrieden, dem monotonen Geräusch der Ruder im Wasser zu lauschen. Als ich wieder aufwachte, war Chmielinski nicht mehr vor mir.

Ich sah links und rechts von mir Lichter. Ich paddelte nach links und schrie. Keine Antwort. Ich paddelte nach rechts, aber das Licht verschwand sofort.

Ich geriet in Panik.

Ich versuchte mich an die Karte zu erinnern, die wir bei der letzten Rast noch einmal studiert hatten und die Chmielinski jetzt bei sich hatte. Es war eine Insel eingezeichnet gewesen, und die Hauptströmung des Flusses führte rechts an der Insel vorbei. Ich paddelte in die Richtung, wo ich das rechte Ufer vermutete, hörte Musik. Mir wurde mit einem Schlag bewußt, wie allein und hilflos ich war. Ich machte kehrt und paddelte in Richtung Flußmitte – beziehungsweise in die Richtung, von der ich vermutete, daß dort die Mitte des Flusses sei.

»Verdammt noch mal, Piotr!« schrie ich und nahm mich wieder zusammen.

Ich fuhr an etwas Dunklem vorbei.

Im Mondlicht machte ich die Umrisse der vermeintlichen Insel aus. Ich stieß einen Seufzer der Erleichterung aus. Sicher wartete Chmielinski auf der Insel. Aber je kräftiger ich paddelte, desto weiter schien sich die Insel von mir zu entfernen, als ob sie von mir wegliefe. Dann schob sich eine Wolke vor den Mond, und die Insel verschwand.

Es war so finster, daß ich nicht mehr wußte, ob ich stromauf oder stromab paddelte. Diese Erkenntnis lähmte mich vollends. Ich hatte Angst davor, mich umzudrehen, weil ich befürchtete, den letzten Rest an Orientierung zu verlieren. Ich hörte auf zu paddeln und ließ mich treiben. *Ich gehöre nicht hierher*, dachte ich, *ich gehöre nach Hause, in eine Bar, muß meinen Hund Gassi führen und ihm meinen Namen wieder beibringen. Ich gehöre dahin, wo Licht ist. Statt dessen bin ich hier mitten in der Nacht im dunkelsten Teil der schwarzen Hemisphäre, und nur eine dünne Plastikwand trennt mich von …*

Mein Kajak rammte etwas und blieb stecken.

Ich stieß mit meinem Paddel gegen den unbekannten Gegenstand.

Sand.

Ich stieg aus meinem Kajak und versank fast knietief, aber nach zwei Schritten trug mich der Sand. Sobald ich in die Nacht sah, starrte die Nacht zurück, eine schwarze Fläche erbarmungsloser, unheilvoller Stille. Ich konnte nicht erkennen, wo der Sand aufhörte und wo er anfing.

Ich kramte in meinem Kajak nach der Taschenlampe. Die Batterien waren leer.

Vorsichtig schritt ich eine Fläche ab, die ich für Zelt und Boot für ausreichend hielt. Wieder wühlte ich im Kajak und fand mein Zelt und eine Kerze. Ich stellte das Zelt auf.

An diesem Tag war ich mindestens 15 Stunden auf dem Marañón gewesen und hätte eigentlich todmüde einschlafen müssen. Statt dessen konnte ich nicht schlafen, weil ich fürchtete, der Fluß könnte ansteigen, ein Sturm aufkommen oder mir sei jemand gefolgt. Ich stand auf, band mein Zelt am Kajak fest, klappte mein Messer auf und befestigte es mit einer Schlaufe an meinem Handgelenk. Danach fiel ich erschöpft in einen tiefen, traumlosen Schlaf.

Ich wachte auf, als die Sonne bereits glühendheiß vom Himmel brannte. Mein Kopf tat weh, mein Mund war so ausgetrocknet, daß ich kaum schlucken konnte. Mein rechter Arm war lahm, meine Hände taub und an den Stellen, wo ich meinen Paddelschaft gehalten hatte, halbmondförmig angeschwollen.

Ich kroch benommen aus dem Schwitzkasten meines Zelts und versuchte mich zu orientieren. Ich hatte auf einem Sandstreifen von ungefähr fünf auf zehn Metern campiert, mitten auf dem Fluß, mehr als eineinhalb Kilometer von beiden Ufern entfernt. Am Himmel war kein einziges Wölkchen zu sehen. Ein langer, heißer und anstrengender Tag wartete auf mich.

Ein Aasgeier kreiste über mir, kam näher und betrachtete mich abschätzend. Dann landete er an der Spitze meiner Insel. Ich packte mein Paddel, raste auf ihn zu und schrie: »Mach dir keine Hoffnungen, du Mistvieh!« Der Geier machte einen Satz und hob sich erschreckt in die Luft.

Ich geriet in Panik. *So reagiert nur ein Verrückter,* dachte ich. *Und dann: Ordnung! Ich brauche Ordnung.*

Ich entlud mein Kajak und konzentrierte mich auf jede Bewegung, als ob ich dadurch meine Angst unterdrücken könnte. Meine Hände zitterten. Ich breitete alles zum Trocknen aus, kippte das Wasser aus dem Kajak, schrubbte das Cockpit aus und überprüfte meinen Wasserkanister. Er war beinahe voll. Ich zwang mich dazu, einen Liter Wasser zu trinken.

Dann tauchte ich in den Fluß, wusch mich und ließ mich in der Sonne trocknen. Ich überprüfte meine Vorräte: Mein Essenskorb enthielt zwei Päckchen gekochten Reis, drei Tafeln Schokolade und eine Dose Sardinen. Drei eingeschweißte Mahlzeiten waren im Bug des Kajaks verstaut. Ich machte ein Päckchen süß-saures Schweinefleisch auf, vermischte es unerhitzt mit einem Päckchen Reis und zwang mich, diese Pampe zu essen.

Am ersten Tag unserer Abreise aus Iquitos hatten wir 65 km, an den beiden folgenden Tagen jeweils 96 km und in der vergangenen Nacht schätzungsweise 48 km zurückgelegt. Vor mir lagen demnach noch 225 km bis zur brasilianischen Grenze – mit etwas Glück war diese Strecke in zwei Tagen zu schaffen.

Ich packte zusammen und brach auf, merkte aber rasch, daß ich sehr verhalten paddelte und nicht richtig bei der Sache war. In meinen Händen zirkulierte zwar wieder das Blut, aber ich bekam meine Arme nur bis auf Brusthöhe, und in meinen Handgelenken knackste es. Die Sonne stach von einem strahlend blauen Himmel. Ich suchte vergebens nach einem Anzeichen von Wolken und Regen.

Mein Gefühl sagte mir, daß Chmielinski nichts passiert war, aber ich kam mir vor wie ein Idiot. Ich hatte nur als Berichterstatter an dieser Expedition teilnehmen wollen, und nun befand ich mich allein auf dem Fluß. Die unterschiedlichsten Varianten dieser Reise hatte ich mir ausgemalt, aber daß ich mich alleine auf dem Fluß wiederfinden würde, hatte ich mir niemals träumen lassen.

Ich hörte auf zu paddeln, ließ mich treiben und nickte ein. Ich wachte auf, als mein Kajak heftig durchgeschüttelt wurde und beinahe kenterte. Wellen von über 1 m Höhe rollten über den Bug des Kajaks; der Himmel hatte sich tiefschwarz verfärbt. Der von mir ersehnte Sturm kündigte sich an, und ich bekam eine Heidenangst.

Ich zog mein Regenzeug an, schnürte die Spritzdecke um meinen Bauch und befestigte sie am Süllrand. Am Horizont sah ich Schilfrohr sich im Wind biegen – eine seichte Stelle, wenn ich Glück hatte, sogar ein Strand. Ich paddelte auf die Stelle zu, mit dem Kopf voraus durch die Brecher. Ich erreichte den Strand gerade noch rechtzeitig, bevor der Regen niederprasselte. Dann zerrte ich mein Kajak an Land. Kaum hatte ich mich hineingesetzt, als der Sturm auch schon über mich hereinbrach.

Nachdem der Sturm vorbei war, hörte ich hinter mir Stimmen. Ich drehte mich um und sah einen ledergesichtigen Bauern mit einem kleinen Jungen; sie starrten mich an, als sei ich ein erlesenes Stück Treibholz.

»Wo sind seine Beine?« fragte der Junge den Mann.

»Er hat keine«, antwortete er ihm.

»Hallo«, sagte ich. Ich blieb im Kajak sitzen und deutete auf den Kompaß an Deck des Kajaks.

»Immer nach Norden«, sagte der Mann. »Ein Wunder.«

»Wie weit ist es nach Brasilien?« fragte ich.

»Zwei Stunden«, antwortete der Junge.

»Zwei Tage«, meinte der Mann, »aber Sie müssen sehr vorsichtig sein. Bleiben Sie auf der peruanischen Seite. Alle Kolumbianer sind Drogenhändler und Ganoven. Sie werden Sie erschießen.«

Genau dasselbe hatte man mir von den Peruanern erzählt, bevor ich nach Peru gekommen war.

Ich dankte den beiden und ließ mein Kajak wieder zu Wasser. Ich mußte mir eingestehen, daß ich ein neues, unbekanntes Gebiet befuhr. Der Fluß selbst verlief seit Iquitos gerade und mäandrierte nicht mehr so stark wie der Ucayali. Statt dessen lagen jetzt sehr langgestreckte Inseln im Fluß, und ich brauchte oft Stunden, bis ich an ihnen vorbeigepaddelt war. Oft vergaß ich, daß ich an einer Insel vorbeifuhr, bis plötzlich das eigentliche Ufer bis zu drei Kilometer entfernt wieder sichtbar wurde. In diesen Augenblicken mußte ich die mir bekannte Welt wieder neu definieren. Ich fühlte mich dann getäuscht.

Am Spätnachmittag kam ich an eine lange Engstelle, der Fluß wurde auf vielleicht eineinhalb Kilometer Breite zusammengedrängt, in der sich die Strömungsgeschwindigkeit verdreifachte, von einem auf drei Knoten. Die Inseln im Fluß verschwanden, ich raste durch ein Niemandsland. Zu meiner Rechten, im Süden, lag Peru. Hier bildete der Regenwald, abgesehen von gelegentlich auftauchenden Strohhütten und Einbäumen, eine undurchdringliche Wand. Am nördlichen Ufer jedoch war der Wald verschwunden. Dort lag Kolumbien. Glänzende Motorboote fuhren am Ufer entlang, eine ausgedehnte Ranch reihte sich an die nächste. Die stattlichen weißen Häuser und die wohlgenährten Rinder bildeten einen wohltuenden Kontrast zu den erbärmlichen Hütten und ausgemergelten Kühen Perus. Alle Farmen hatten ihre eigenen Anlegestellen. Wenn ich einen Roman schriebe und das Hauptquartier eines Drogenbosses zu beschreiben hätte, dann wäre das hier genau das richtige.

Deshalb überraschte es mich, als ich plötzlich vom peruanischen Ufer aus beschossen wurde.

Zuerst hörte ich nur den Knall zu meiner Rechten. Ein paar hundert Meter entfernt am Ufer sah ich ein halbes Dutzend Menschen vor Freude in die Luft hüpfen und mit den Armen winken. Ihr habt mir noch gefehlt, dachte ich. Ich hatte wirklich keine Lust, für ein paar schießwütige Peruaner als Zielscheibe zu dienen. Daher paddelte ich, so schnell ich konnte, in Richtung Süden davon.

Wie ich befürchtet hatte, war ich nicht schnell genug.

Eine Kugel schlug vor dem Bug meines Kajaks ein. Sie zielten nicht nach meinem niedlichen kleinen Christbaum. Als ich an ihnen vorbei war, aber immer noch in Schußweite, drehte ich mich flußaufwärts und hob die Arme in die Höhe.

»Nicht schießen!« schrie ich.

Sie schossen weiter und hörten erst auf, als ich wieder auf sie zupaddelte. Am Ufer angekommen, erkannte ich, daß die Männer Matrosen waren – und eher Halbwüchsige als Männer. Der Sergeant, der als einziger ein Gewehr in der Hand hatte, war nicht älter als 19 Jahre.

»Fröhliche Weihnachten«, begrüßte er mich.

Er führte mich zu einem Wachturm. In dem Turm saß ein Mann an einem Schreibtisch. Ein Papagei saß auf seiner Schulter und hatte ihm auf das Hemd gekackt. Als ich den Raum betrat, drehte sich der Mann zu mir um. Er trug Offiziersabzeichen, eine verspiegelte Sonnenbrille, ein schmales Oberlippenbärtchen und hatte sich das eingeölte Haar streng nach hinten gekämmt.

»Das soll ich Ihnen von Ihrem Freund geben«, sagte er.

Er händigte mir eine Papiertüte mit einem halben Laib altem Brot, einer Kerze, einer von Hand gezeichneten Karte und einem Zettel aus. Auf dem Zettel stand: »Joe, wir treffen uns an der Grenze. Piotr.«

Bevor ich weiterfahren durfte, mußte ich mich jedoch noch bei der Zivilgarde, beim Zoll und beim Hafenmeister melden. Auch sie hausten in solchen wackligen Hütten. Ich klopfte an einer Tür, auf der *Guardia Civil* stand. Keine Antwort. Ein kleines Mädchen stand neben mir und beobachtete mich.

»Wo sind sie?« fragte ich sie.

»Betrunken«, antwortete sie. »Sie müssen lauter klopfen.«

Ich klopfte erneut, dieses Mal lauter. Ein junger Mann öffnete die Tür und machte sich seinen Hosenschlitz zu. In dem Zimmer lagen auf Feldbetten sechs Menschen beiderlei Geschlechts. Der Fußboden war mit leeren Bierflaschen übersät.

»Kajak Nummer zwei ist angekommen«, verkündete er. Nacheinander erhoben sich die Versammelten, kamen auf mich zu und schüttelten mir die Hand. Jemand drückte mir eine Liste der Personen in die Hand, die diesen Kontrollpunkt passiert hatten. Die letzte Eintragung auf der Liste in Chmielinskis Schrift geschrieben lautete: »*Kayaka Dos*.«

Ich schrieb meine Initialen dahinter, der Mann gab mir eine Papaya, und ich ging. Ich klopfte einmal vergeblich an die Tür der Zollbehörde und des Hafenmeisters. Dann ging ich einfach am Ufer entlang zu meinem Kajak. Der Junge, der auf mich geschossen hatte, wollte nicht einmal meine Papiere sehen, wünschte mir aber alles Gute.

»Warum haben Sie geschossen?« fragte ich ihn, als ich mein Kajak losband.

»Sehen Sie selbst«, antwortete er und zeigte am Ufer entlang auf ein Dock und weiter hinunter, wo zwei Einbäume lagen.

»Was meinen Sie?« fragte ich.

»Wir haben keine Boote.«

Das war es also. Zwei Einbäume, aber keine richtigen Boote. Die Kriegsmarine, die Zivilgarde, der Hafenmeister – sie alle saßen hier an der Grenze, inmitten des Kokainanbaugebiets, und hatten keine Boote.

Aber sie hatten immerhin Waffen.

Erst als ich wieder in der Mitte des Flusses war, hörte ich auf zu zittern.

Bei Sonnenuntergang ging ich bei einem großen stinkenden Mangrovenbaum an Land. Ich hüpfte auf dem morschen Stamm auf und ab, um die Schlangen daraus zu vertreiben. (Es kroch jedoch keine Schlange heraus.) Danach zog ich mein Kajak hinter den Stamm und stellte mein Zelt auf, machte jedoch kein Feuer. Später, nach Sonnenuntergang, hörte ich Stimmen und Motorengeräusche, aber sie entfernten sich wieder. Die ganze Nacht über hörte ich Schüsse, tat diese jedoch als Ausdruck ungezügelter Weihnachtsfreude ab. Ich döste im Halbschlaf vor mich hin. Zweimal schreckte ich in dieser Nacht auf, als etwas unter meinem Zelt scharrte. Aber was immer es auch gewesen sein mochte, am nächsten Morgen war es verschwunden.

Ich fühlte mich gestärkt und paddelte den ganzen Morgen ohne Unterbrechung. Der Fluß wurde allmählich breiter. Ich kam an urwüchsigen, unbewohnten Inseln vorbei und hörte die heiseren Schreie der Brüllaffen. Ich hatte mich bislang am peruanischen Ufer gehalten, dann jedoch die Strömung falsch eingeschätzt, so daß ich um eine Insel getrieben wurde, die ich bereits der Zone der Kokapflanzer zurechnete, weil sie in Rufweite der kolumbianischen Haciendas lag. Dort lagen drei Motorboote am Pier, und mehrere Männer standen herum. Einer von ihnen lachte. Ich hatte den Eindruck, daß einer von ihnen auf mich deutete.

Plötzlich drehte ein motorbetriebenes Dory aus Holz, das flußaufwärts gefahren kam, vom peruanischen Ufer ab und kam direkt auf mich zu. Ich erstarrte. Aber es waren nur Indios, die mir freundlich zuwinkten.

Am anderen Ende der Insel – ich konnte kaum erwarten, bis ich es erreicht hatte – drehte ich wieder zur peruanischen Seite hin ab. Mein Peru! Der Wind wurde stärker und wühlte den Fluß auf. Drei Männer in einem Kanu kamen mir entgegen. Ich war heilfroh, sie zu treffen, denn Chmielinskis Karte hatte sich als wertlos erwiesen.

Der Mann vorne im Boot packte mein Kajak am Bug.

»Hallo, Mister«, sagte er in gebrochenem Englisch. »Mein Freund.«

»Fröhliche Weihnachten«, erwiderte ich auf spanisch.

»Haben Sie Brandy?« fragte er dieses Mal auf spanisch.

»Nein.«

»Woher kommen Sie?«

»Aus Amerika.«

»Wohin gehen Sie?«

»Brasilien.«

»Warum?«

Ich erklärte ihm den Zweck unserer Reise, und plötzlich erschien mir das Ganze völlig lächerlich. Ich war mir sicher, daß diese Bauern ein derartiges Unternehmen nur als den Spleen eines reichen Amerikaners betrachten konnten. Als ich dem Mann erklärte, daß ich seit vier Monaten auf dem Fluß sei, wandte er sich an seine Freunde und pfiff leise durch die Zähne. Er hielt nach wie vor mein Kajak fest.

»Sind Sie von der CIA?«

»Nein.«

»Vom DEA?*«

»Nein.«

Es überraschte mich, daß er mit den Abkürzungen amerikanischer Behörden so vertraut war, aber eigentlich hätte ich es besser wissen sollen. Im Jahre 1982 hatte die Belaúnde-Regierung unter dem Druck der Reagan-Administration und mit Hilfe amerikanischer Berater Programme zur Bekämpfung der Koka-Industrie eingeleitet. Drogenbosse und Bauern hatten sich gemeinsam gegen diese Programme zur Wehr gesetzt. Die Resultate waren vorhersehbar: In einem Fall waren 19 Mitarbeiter des Anti-Kokain-Programms im Schlaf ermordet worden. Daß sich das Programm als ebenso unwirksam wie unpopulär erwies, war letztendlich auf wirtschaftliche Ursachen zurückzuführen. Im Jahre 1985 belief sich die peruanische Auslandsverschuldung auf 14 Milliarden Dollar, die legalen Exporte

---

* DEA: Drug Enforcement Agency, US-Drogenbehörde. Anm. d. Übers.

Perus auf weniger als 3 Milliarden Dollar, die Einkünfte aus dem Kokainhandel jedoch auf 800 Millionen Dollar. Ein Bauer verdiente beim Koka-Pflücken viereinhalb Dollar pro Tag, das Drei- bis Vierfache dessen, was er mit jeder anderen Beschäftigung verdienen kann, vorausgesetzt, daß er überhaupt Arbeit findet. Ein Koka-Bauer verdient das Fünffache dessen, was er mit der zweitlukrativsten Pflanze, dem Kakao, verdienen kann. Diese armen Bauern sind die Basis der Drogenpyramide. Die Profite für die Drogenhändler, die *narcotraficantes*, sind natürlich enorm hoch.

»Weder von der Drogenpolizei, noch von der CIA«, sagte ich.

»Sagen Sie«, fragte er, »was halten Sie von Alan?«

»Er ist intelligent und mutig.«

Der Mann lächelte zufrieden. Plötzlich packte er mich hart am Handgelenk. Mein Rückgrat versteifte sich.

»Viel Glück«, meinte er.

Dann wandten er und seine Freunde sich flußaufwärts und paddelten davon.


Die nächsten Stunden hielt ich mich dicht am peruanischen Ufer und begegnete bis zum späten Nachmittag keiner Menschenseele. In einer Lichtung im Regenwald standen einige Hütten. Ich fragte ein paar Kinder, wie weit es bis Puerto Alegría sei, dem letzten Militärstützpunkt vor der Grenze. Ich wollte ihn auf keinen Fall verpassen. (Aus Fehlern wird man schlau.)

»Das hier ist Puerto Alegría«, antwortete mir eines der Kinder.

»Joe!«

Chmielinski kam am Ufer entlanggerannt und hatte mein Kajak hochgehoben, bevor ich noch aussteigen konnte. Er reichte mir eine Flasche kaltes Bier und begann mir aufgeregt zu erzählen, was in jener Nacht, als wir uns verloren, passiert war. Wenn er aufgeregt war, verhaspelte er sich oft mit dem Englischen.

»Ich wußte, daß es dir an jenem Abend nicht so gut ging«, sagte er, als er mich und das Kajak absetzte. »Deshalb hab ich dich in Ruhe gelassen. Du hast gesungen« – dabei summte er die Melodie des Liedes, das ich an jenem Abend gesungen hatte – »und ich fuhr ein bißchen voraus. Dann bin ich eingeschlafen. Als ich wieder aufwachte, dachte ich, wo ist Joe? Du warst nirgends zu sehen. Ich machte meine Taschenlampe an, aber du warst verschwunden. Dann sah ich

Lichter am Ufer und hielt auf sie zu. Es war ein Camp, wo sie Leute versorgen, denen die Haut abfällt.«

»Meinst du eine Lepra-Kolonie?«

»Ja, genau das meine ich. Ich hab drei Stunden auf dich gewartet. Ich bin flußaufwärts und flußabwärts gepaddelt und habe dich gesucht. Aber keine Spur von Joe. Ein Kanu kam mir entgegen. Ich hab die Leute gefragt, ob sie dich gesehen hätten. Da packte dieser dumme Kerl mein Kajak. Aber ich blieb ruhig und hab sein Kanu mit meinem Paddel von mir weggestoßen. Dann wollte er ein Geschenk von mir. Er verlangte *dinero* – Geld. Ich lehnte ab. Dann kam ein zweites Kanu sehr schnell auf mich zugefahren. Ich habe versucht, den ersten Kerl wegzuschubsen, aber er hat nicht losgelassen. Da hab ich mein Paddel genommen und …« – hier machte Chmielinski eine Handbewegung wie beim Holzhacken – »… hab dem Kerl die Hand gebrochen. Er schrie wie am Spieß. Das andere Kanu kam auf mich zu. Ich stieß mich mit meinem Paddel ab und kam zwischen die beiden Kanus. Der Kerl mit der gebrochenen Hand schrie: ›Packt ihn! Packt den Kerl!‹ Aber ich steuerte direkt auf das zweite Kanu zu. Sie dachten, ich würde sie rammen, aber ich hab mein Ruder benutzt. Ich machte eine blitzartige Drehung nach links, so schnell konnten die gar nicht gukken. Und dann hab ich richtig losgelegt. Ich hatte 20 Meter Vorsprung. Eine Stunde lang hab ich wie verrückt gepaddelt, sie kamen nicht hinterher. Als ich mich schließlich in Sicherheit fühlte, habe ich mich wieder gefragt, wo du nur stecken könntest. Aber ich habe mir gesagt, daß ich kaum etwas für dich tun könnte. Deshalb habe ich die Karte und das Brot für dich zurückgelassen und bin – äh – verduftet. Ist das der richtige Ausdruck?«

»Ja.«

Alles in allem hatte er 40 Stunden ununterbrochen gepaddelt. Wenn ihm die Augen zufielen, machte er im Sitzen ein kleines Nickerchen. In diesen 40 Stunden hatte er 370 km zurückgelegt. Um 23 Uhr abends war er hier an der Grenze angekommen, eine Stunde vor Ablauf seiner Visum-Frist. Ich hatte es im Vergleich zu ihm ganz sicher einfacher gehabt.

»Joe, wenn du heute abend nicht aufgetaucht wärst, hätte ich ein Motorboot gemietet und dich gesucht. Ohne dich wäre ich nicht über die brasilianische Grenze.«

In Puerto Alegría standen Unterkünfte für 500 Soldaten. Die Baracken waren auf Holzplattformen, die auf Pfählen standen, gebaut und durch Holzplanken miteinander verbunden, die sich wie ein Labyrinth durch den Urwald wanden. Im Moment waren jedoch nur 20 Mann Besatzung in Puerto Alegría stationiert. Alle Soldaten warteten ungeduldig auf ihre Ablösung. Die meisten Männer kamen aus Lima und taten jeweils zwei Monate hier im abgelegenen Urwald Dienst. Aber immerhin war Weihnachten, und das bedeutete, daß es heiße Suppe und kaltes Bier gab, daß Fotos geschossen und Toasts ausgebracht wurden. Plötzlich kam Sturm auf. Als er wieder vorüber war, zogen die Soldaten unsere Kajaks zum Fluß hinunter und winkten uns zum Abschied zu.

»Viel Glück in Brasilien«, rief uns der Standortkommandant zu. »Die Brasilianer tanzen und bumsen immer nur.«

# 16. Der Solimões

Bei Einbruch der Nacht brachen wir aus Puerto Alegría auf. Zu unserer Linken lag die knapp 10 km lange Insel Rondina wie eine schwarze Wand zwischen uns und Leticia, dem einzigen Hafen Kolumbiens am Amazonas. Es heißt, daß der Schmuggel die einzige Einnahmequelle Leticias sei: Kokapaste wird aus Peru eingeschmuggelt, in Kolumbien weiterverarbeitet und wieder hinausgeschmuggelt. Geschmuggelt werden neben Koka jedoch auch Schmuck, Falschgeld, Häute von seltenen Tieren und all jene Artikel, die leicht per Boot den Amazonas und die unzähligen inländischen Flüßchen und Zuflüsse hinauf und hinunter transportiert werden können und auf denen das Aufspüren und die Verfolgung der Schmuggler fast unmöglich ist.

Eineinhalb Kilometer unterhalb von Rondina korrigierten wir unseren Kurs und steuerten auf das nächtlich beleuchtete Tabatinga zu, die brasilianische Garnisonstadt, die an Leticia angrenzt. Dort erwartete uns eine angenehme Überraschung: Das brasilianische Militär betreibt das beste (von insgesamt dreien) Hotel am Ort. Bzdak und Kate Durrant waren zwei Tage vor uns mit einem Flußboot aus Iquitos in Tabatinga angekommen und hatten sich mit dem General des Stützpunkts angefreundet. Dieser hatte ihnen die Küche des Hotels zur Verfügung gestellt. Um Mitternacht, nachdem ich zum ersten Mal seit fünf Monaten geduscht hatte (und zwar so ausgiebig, daß Chmielinski, der schon ungeduldig wartete, verärgert fragte, ob ich ertrunken sei), saßen wir beim Weihnachtsessen. Es gab polnische Wurst, Brathähnchen, Borschtsch, Kartoffelsalat, frische Tomaten, brasilianischen Wein und polnischen Wodka.

Am nächsten Morgen machten wir vier einen Spaziergang durch das staubige Tabatinga, das sich in nichts von jedem anderen Urwaldstädtchen unterschied. Wir überschritten die Grenze und kamen nach Leticia. Hier bot sich uns ein ganz anderes Bild: In eleganten Boutiquen wurden französische Kleider und italienische Schuhe, Jack-Daniels-

Whiskey, japanische Kameras und amerikanische Schokolade verkauft. »Sneekers! Die beste Marke!« rief Chmielinski begeistert und kaufte gleich zwei Paar Turnschuhe. Unten am Hafen lagen mehr schnittige Fiberglas-Schnellboote als *Peque-Peques* und Johnsons, und Männer in Seidenhemden, Designer-Jeans, eingehüllt in Parfümwolken, spazierten die dreckigen Straßen entlang oder fuhren in allradgetriebenen Chevrolets oder Jeeps die Uferstraße auf und ab. Die Preise im Anaconda, dem einzigen Hotel der Stadt, waren viermal so hoch wie in Tabatinga. Das Anaconda wurde übrigens von einem amerikanischen Abenteurer erbaut, den die Drogenbehörde des Drogenhandels bezichtigte.

In einer kleinen Bude am Hafen, die ein junger Brasilianer namens João betrieb, machten wir halt und tranken Bier. João war in einem Waisenhaus im 1500 km flußabwärts gelegenen Manaus aufgewachsen. Als er dreizehn war, erfuhr er, daß seine Mutter in Tabatinga lebte, und machte sich auf die Suche nach ihr.

»Alles, was ich gefunden habe, ist diese Bude hier«, sagte er und deutete auf die mit Pappe verzierten Wände. »Ich muß hier raus.«

»Warum?«

»Zu viel *matando*«, meinte er und formte mit der rechten Hand eine Pistole. »Zu viele Morde.«

Am nächsten Tag machte Chmielinski mit dem brasilianischen General einen illegalen lukrativen Handel. Für eine lächerliche Summe amerikanischer Dollars wollte der General vergessen, daß wir je in seinem Hotel übernachtet hatten. Außerdem ließ er Chmielinski sein Telefon benutzen; er fand dadurch heraus, daß die Bewohner seiner zweiten Heimatstadt Casper in Wyoming Geld für den Abschluß der Expedition sammelten.

Die Nachricht über diesen unerhofften Glücksfall bewog uns, den Großteil des uns verbleibenden Geldes in ein kleines Boot für Kate Durrant und Bzdak zu investieren, damit sie uns wenigstens für ein paar Tage auf dem Fluß begleiten konnten. Sie hatten in den letzten Monaten fast nur Städte gesehen, und Bzdak wollte endlich auch einmal urwüchsigere Gegenden fotografieren.

Bzdak mietete ein Johnson samt einem verschlagenen Kapitän mit einem Bärtchen namens Felix. Ich sage bewußt verschlagen, denn erst 30 km unterhalb von Tabatinga gestand uns Felix, daß sein 4,5 m langes Dory ihm gar nicht gehörte und daß er es selbst nur gemietet hatte. Felix hatte von dem Geld, das er von Bzdak bekommen hatte, einen Mechaniker und Steuermann gemietet. Er hieß Ramón und war ein stiller Junge in Lumpen, der jedoch den 7-PS-Außenbordmotor in einer Stunde auseinander- und wieder zusammenbauen konnte. Felix selbst brachte die Fahrt damit zu, seine ausgeprägtesten Fertigkeiten zu kultivieren: Trinken, Rauchen und Schlafen.

Das Johnson fuhr vor uns Kajakfahrern, blieb stehen und ließ sich treiben. Dann schlossen wir wieder auf und überholten es. So ging das während der ersten zwei Tage in Brasilien.

An jenem zweiten Nachmittag nach der Grenze sagte Felix: »Ihr habt mich engagiert, aber jetzt fahrt ihr in den Dingern.« Damit zeigte er kopfschüttelnd auf die Kajaks. »Und ich trinke Bier.« Er kramte im Bootsboden nach etwas.

»Kann man hier schwimmen, Felix?« fragte ich. »Ist es hier sicher?« Er warf seine Zigarettenkippe über Bord und spähte über das Dollbord hinunter ins Wasser. Was er dort zu sehen erhoffte, war mir schleierhaft, denn das Wasser war viel zu braun, um auch nur das geringste erkennen zu können.

»Klar doch«, meinte er und machte sich ein Bier auf. »Klar kannst du hier schwimmen.«

»Warum kommst du dann nicht mit?«

Er nahm einen kräftigen Schluck aus der Flasche und legte den Kopf schief. Dann meinte er: »Nein, lieber nicht. Wer weiß, was da alles im Wasser herumschwimmt.« Er lehnte sich zurück gegen den Bug und nahm einen weiteren Schluck Bier. »Lieber kein Risiko eingehen.«

Während dieser zwei Tage stellte sich zwischen uns vieren bald wieder jene alte Vertrautheit ein, die auf dem Schlauchboot geherrscht hatte. Am zweiten Tag in Brasilien war mein Geburtstag. Wir hatten von einem Fischer einen 4,5 kg schweren Wels gekauft (für ungefähr einen Dollar), machten an einem schönen Strand Rast und kochten den Fisch. Später schenkten mir Kate und Bzdak eine Machete und eine sehr schön gearbeitete Lederscheide, die sie in Leticia gekauft hatten. Dieses Geschenk war praktisch und schön zugleich. Nach unserem beängstigenden Erlebnis an Weihnachten hatten Chmielinski und ich beschlossen, daß wir eine Waffe brauchten.

Am nächsten Tag kamen wir in São Paulo de Olivença an, einer kleinen Stadt knapp 200 km von der brasilianischen Grenze entfernt. Von hier aus kehrte Felix nach Tabatinga zurück, Kate Durrant und Bzdak quartierten sich im einzigen Hotel der Stadt ein (zwei Dollar pro Nacht) und warteten auf ein Passagierschiff, das sie nach Coari bringen sollte, wo wir uns in zwei Wochen treffen wollten.

Bevor wir an diesem Nachmittag abfuhren, nahm mich Kate Durrant beiseite und sagte: »Laß dich von Piotr nicht zu sehr hetzen. Er legt ein ziemliches Tempo vor, und ich fürchte, daß ihr euch verausgabt.«

»Das solltest du zu ihm sagen.«

»Er läßt sich nichts sagen. Also, paß selbst auf dich auf. Und auf ihn auch. Ich glaube nämlich, daß er erschöpfter ist, als er zugibt.«

Ich versprach ihr, acht zu geben. Chmielinski und ich brachen auf. Der Wecker riß mich um halb vier Uhr morgens aus dem Schlaf – ich hatte geträumt, daß einer meiner Brüder und ich zu Gefängnisstrafen verurteilt worden waren. Ich versuchte den verdreckten Benzinkocher anzumachen, aber er wollte nicht. Ich hatte übersehen, daß sich unten im Kocher Benzin ansammelte, und schlagartig stieg ein großer Feuerball auf, ich fluchte, die Vögel piepsten aufgeregt, und Chmielinski kam mit weit aufgerissenen Augen aus dem Zelt gestürmt und rief: »Bring dich bloß jetzt nicht selbst um!«

Im Grenzgebiet zwischen Brasilien, Kolumbien und Peru heißt der Fluß dann Solimões und windet sich von jetzt ab knappe 2000 km durch den brasilianischen Gliedstaat Amazonas. Für die Brasilianer ist Amazonas so etwas wie der Wilde Westen für die Nordamerikaner. Amazonas ist ungefähr so groß wie Alaska, wobei hier jedoch weniger Menschen leben als in Philadelphia. Das Gebiet nimmt 20% der Fläche Brasiliens ein, aber weniger als 1% der Bevölkerung Brasiliens leben in Amazonas. Der Großteil der Menschen lebt überdies in den beiden größeren Städten Manaus und Tefé und Kleinstädten wie Tabatinga, São Paulo und Coari. Durch die Nähe von Iquitos mit seinem zollfreien Hafen, den Einfluß Leticias (Kolumbien) und die hohen brasilianischen Einfuhrzölle für ausländische Waren blüht am Solimões selbstverständlich der Schmuggel mit Bootsmotoren, Transistorradios, Kleinwerkzeugen, Stereogeräten, Fernsehern, Kleidung, Motorrädern und Naturerzeugnissen. Die Spielregeln des Schmuggels beherrschen das Leben auf dem Fluß.

An jenem Morgen hatten wir uns verirrt. Chmielinski überholte einen Einbaum. Der Mann in dem Boot steuerte schnell das Ufer an, stieg aus und zielte mit einer Schrotflinte auf uns. Er ließ seine Flinte erst sinken, als ihm Chmielinski erklärt hatte, um was es ging. Beim Wegfahren rief er uns zu: »Seid vorsichtig! Hier treiben sich viele Banditen herum!«

Nach diesem Zwischenfall lehnte ich mich jedesmal, wenn wir einem anderen Boot begegneten, im Kajak zurück, legte mein Paddel beiseite und griff mit den Händen unter Deck. Wenn Chmielinski sich auch nur im geringsten bedroht fühlte, erklärte er, ich sei bewaffnet und nickte in meine Richtung. Auf dieses Signal hin sah ich dann angestrengt in Richtung Urwald, als ob ich ein Ziel anvisierte. Meistens war ich bei diesen Vorstellungen nervös, aber manchmal mußte ich mich auch zurückhalten, um nicht in lautes Gelächter auszubrechen, denn ich hatte seit meiner Kindheit keine Pistole mehr in der Hand gehabt.

Der Urwald entlang dem Solimões ist meinen Eindrücken nach der dichteste am gesamten Amazonas. Die Bäume sind sehr hoch, mehr als 15 m, und der Urwald ist dichter als in Peru. Am zweiten Tag unterhalb von São Paulo paddelten wir vom Morgengrauen bis Sonnenuntergang, ohne eine einzige Hütte am Ufer zu sehen. Der Flußlauf selbst war ebenfalls verwirrend. Der Solimões gilt als ein Weißwasserabschnitt innerhalb des Amazonassystems. Durch Sedimente aus den Anden hat die Schwebfracht eine weißlich-trübe Färbung. Die verschlammten Ablagerungen haben die *várzea*, die verlehmte Amazonasflußniederung, gebildet, ein System von natürlichen Dämmen und Gräben (oft auch *furos, paranás* oder *canals* genannt). Das Befahren dieses Gebiets ist sehr verwirrend, und es gibt wenige Strände, auf denen man campieren kann.

An jenem Abend, es war Silvester, paddelten wir bis in die Nacht hinein und kamen endlich an eine Rinderfarm. Der Eigentümer hatte jedoch Angst vor uns und schickte uns wieder weg. Wir schlugen unterhalb der Ranch auf dem weichen Lehmufer unsere Zelte auf. Die Luft stank nach Mist, und der Lehm blieb an allem kleben, was mit ihm in Berührung kam. Kriebelmücken und Moskitos stritten sich um ihre Beute.

Wir versuchten uns durch die alltägliche Routine des Lageraufstellens abzulenken, so gut es ging. Wir stellten die Zelte auf, spannten eine Schnur und hängten unsere Schwimmwesten und Regenanzüge zum Trocknen auf. Dann holten wir Wasser, kochten Tee und leerten das

Wasser aus den Kajaks. Chmielinski hatte Chili gekocht; dann setzten wir uns auf einen lehmverschmierten Baumstumpf und aßen.

»In Polen ist Silvester der höchste Festtag. In Krakau tanzen die Menschen auf den Straßen. Die Familie trifft sich zu einem großen Essen. Aber wir essen nie Chili.«

»Vermißt du sie?«

»Ja. Und sie vermissen mich. Seit sechs Jahren legen sie jeden Tag ein extra Gedeck auf.«

»Für dich.«

»Ja.«

»Vielleicht wirst du es eines Tages ja benutzen können.«

»Daran darf ich überhaupt nicht denken, sonst werde ich verrückt.«

»Haben sie dich schon einmal besucht?«

»Nein, aber sie denken an mich.«

»Das machen sie bestimmt.«

»Alles Gute im neuen Jahr, Joe.«

»Alles Gute im neuen Jahr, Piotr.«

Nach dem Essen hörten wir aus der Ferne Schüsse und legten beim Schlafen die Macheten neben uns, obwohl ich nicht wußte, was ich tun würde, falls ich sie wirklich benutzen müßte. Frösche quakten, Nachtvögel zirpten und fliegende Hunde (große, blutsaugende Fledermäuse) schwirrten durch die Nacht (Kate Durrant hatte mich wegen dieser Tiere dreimal gegen Tollwut gespritzt). Obwohl ich so schnell wie möglich in mein Zelt huschte und den Reißverschluß des Netzes höchstens 15 Sekunden lang offen hatte, entdeckte ich einen ganzen Insektenschwarm im Zelt. Ich zündete eine Kerze an und machte zwei riesige rote Ameisen, eine Ameise mit Flügeln, die aussah wie eine Termite, eine Armee Kriebelmücken, zwei schwarze Motten und drei fette Moskitos aus, die auf Seite 52 meines Notizbuchs drei dicke Kleckse wie aus einem Rorschach-Test hinterlassen haben. Ich hörte die aufgescheuchten Überlebenden dieses Massakers weiter flirren und summen, bis ich eingeschlafen war.

In der Nacht hörte ich Motorgeräusche vom Ufer, und ein helles Licht leuchtete unser Camp ab. Ich hörte lautes Stimmengewirr, aber die Männer machten sich aus dem Staub, als Chmielinski zum Ufer hinunterrannte.

Einige Zeit später lugte Chmielinski hinter seinem Moskitonetz aus dem Zelt und sah zwei Schatten genau neben unserem Lagerplatz vorbeihuschen. Er schnappte sich seine Machete, schlüpfte aus dem Zelt und machte einen Satz nach vorne. Er hob die Machete und machte seine Taschenlampe an, um unsere Angreifer zu blenden. Aber es waren nur »… die Schwimmwesten, Joe! Sie flattern auf der Leine, und ich habe sie für Banditen gehalten.«

Um acht Uhr morgens hatte ein heftiger Gegenwind den Fluß so stark aufgewühlt, daß wir um ein Drittel langsamer waren als in den Tagen zuvor. In den Wellentälern verlor ich Chmielinski aus den Augen, obwohl er nur ein paar Meter vor mir war. Ich konnte meine Paddelschläge nicht mehr richtig plazieren. Wenn ich am stärksten zog, weil ich meinte, mein Paddel sei ins Wasser getaucht, riß ich es wirkungslos durch die Luft. Dann, beim Gegenzug, prallte mein Paddel gegen eine anlaufende Welle. Nach tausenden solcher Schläge war ich völlig erschöpft. Wenn mein Paddel auf dem Wasser aufschlug, durchzuckte Schmerz meine Handgelenke, die Oberarme, die Schultern entlang hinauf in den Nacken, und ich schimpfte frustriert vor mich hin.
Nach fünf Tagen und 400 Flußkilometern in Amazonas machten die Lehmufer zuweilen flachen Sandsteinklippen Platz, und ab und zu tauchte eine stabile, aus Holzplanken gezimmerte und auf Pfählen direkt über dem Wasser balancierende Hütte auf. Bei der Einmündung des Içá-Flusses fuhren wir an dem eineinhalb Kilometer langen Dorf Santo Antônio vorbei. Die Dorfstraße führte zwischen den aus Lehmziegeln und Holz gebauten Häusern hindurch und endete jeweils am Dorfrand. Ich beobachtete einen VW-Käfer, der die Dorfstraße entlangfuhr, am Ortsausgang wendete und wieder zurückkam. Dann begann das Ganze wieder von vorne. Der Wagen wirkte wie eine Plastikente auf dem Stand einer Schießbude.
Auf den knapp 1000 km zwischen São Paulo und Coari liegen etwa ein Dutzend Ansiedlungen, die meisten versteckt in Sümpfen oder an kleinen Zuflüssen; allesamt aber sind diese Dörfer sehr arm. Der Australier Alan Holman unternahm im Jahr 1982 eine Solo-Befahrung des flachen Unterlaufs des Amazonas. Er teilte diese Dörfer nach der Zahl der Eier ein, die er dort kaufen konnte. Ein »Sechs-Eier-Dorf« war für ihn eine Oase des Reichtums.
In dem »Null-Ei-Dorf« Porto Alfonso gingen wir in den Dorfladen. Drei Männer lehnten an den leeren Regalen und tranken *Cachaça*,

frischgebrannten Zuckerrohrschnaps. Ein Mann fragte Chmielinski, wohin wir wollten.

»Nach Belém«, antwortete Chmielinski.

»Wo wollt ihr schlafen?« fragte ein anderer.

»In Häusern oder am Strand.«

Der dritte Mann sah nicht von seiner Schnapsflasche auf. »Wo schlaft ihr heute nacht?«

»Vielleicht in Fonte Boa.«

»Das schafft ihr heute nicht mehr.«

»Dann schlafen wir eben am Strand.«

»Das kann aber gefährlich werden.«

»Wir haben große Gewehre«, meinte Chmielinski, »und außerdem sind wir zu zwölft.«

»Und wo sind die anderen?«

»Bei den Soldaten.«

»Soldaten?«

»In dem Flugzeug, das hinter uns herfliegt.«

Der erste Mann fragte: »Und woher weiß das Flugzeug, wo ihr seid?«

»Über Funk.«

Als wir aus der Hütte herauskamen, trafen wir einen gepflegt aussehenden Mann (er trug Schuhe). Wie sich herausstellte, war er ein kolumbianischer Ingenieur, der einen der nahegelegenen Zuflüsse des Amazonas untersuchen sollte, ob er sich zu einem Dammbau eignete. »Drei Wochen und kein einziges Ei!« sagte er auf englisch. »Kein Essen, gar nichts.« Er lebte ausschließlich von Kochbeutel-Reis.

Die Leprakranken, die auf der Ilha do Jardim, der Garteninsel, lebten, klagten uns, daß sie infolge einer Dürre knapp an Lebensmitteln seien. Dennoch schenkten sie uns sechs Papayas und eine Staude Bananen. Die Bananen schmeckten herrlich (außerdem waren sie bei der Hitze oft das einzige, was ich zu mir nehmen konnte). Als ich jedoch später eine der reifen Papayas essen wollte, mußte ich an die Leprakranken denken, denen die Haut in Fetzen von den Gesichtern hing, und obwohl ich mich ihretwegen schuldig fühlte, warf ich die Papaya ins Wasser.

An jenem vierten Tag unterhalb von São Paulo paddelten wir acht Stunden lang. Laut Karte hatten wir an diesem Tag 110 km zurückgelegt. Am folgenden Tag paddelten wir 12 Stunden lang und schafften nur 65 km. Auch am sechsten Tag gaben wir unser Bestes, waren aber laut Karte kaum von der Stelle gekommen. Ich verspürte einen stechenden Schmerz in den Schultern, und bei jeder Bewegung machten meine Schultergelenke ein knackendes Geräusch. Unsere Schokolade schmolz, unser Brot wurde schimmlig, und überdies stellte sich zu unserem Entsetzen heraus, daß wir als Fertigessen nur Chili bei uns hatten. Ich hatte die Plastiktüten in São Paulo in aller Eile aus der Kiste genommen, die Kate Durrant und Bzdak mitgebracht hatten, und nicht darauf geachtet, was ich einpackte. Nachdem wir sechs Tage lang zweimal am Tag Chili gegessen hatten, bekamen wir beide von dem Zeug keinen Löffel mehr hinunter.

Wir paddelten stundenlang schweigend nebeneinander, vorbei an Inseln aus schwimmendem Gras und ab und zu auch an Schlangen, deren Kopf aus dem Wasser ragte wie das Periskop eines U-Bootes. Überhaupt spielte sich das Tierleben vorwiegend im verborgenen ab: ein Rascheln nachts im Busch, ein vom Gewicht eines Hornissennests niedergedrückter Ast, ein Gezwitscher in den Baumwipfeln, das Blasen eines Delphins oder das durchs Wasser gleitende Dreieck einer Haifischflosse. (Verschiedene Haifischarten gebären ihre Jungen im Atlantik, schwimmen auf ihren Beutezügen jedoch stromaufwärts bis nach Iquitos.)

Entweder regnete es oder aber die Sonne brannte so intensiv vom Himmel, daß wir ins Wasser sprangen, uns an den Bug unseres Kajaks klammerten und uns in der Strömung treiben ließen. Das war weniger gefährlich, als man annehmen würde. Kate Durrant hatte sich in Iquitos mit einem Arzt unterhalten, der ihr erzählt hatte, daß die meisten im Amazonas vorkommenden Wasserschlangen zwar dicht unter der Wasseroberfläche schwimmen, aber nicht giftig sind. Die Landschlangen hingegen sind zuweilen giftig, schwimmen aber an der Wasseroberfläche und sind daher leicht auszumachen. Die Pirañhas werden überschätzt; wir begegneten auf unserer Reise niemandem, der von einem Pirañha-Angriff oder gar von einem Todesfall durch diese in Schwärmen lebenden Raubfische berichtet hätte. Und die parasitären Katzenwelse, von denen ich an anderer Stelle berichtet habe, kann man sich ganz einfach dadurch vom Leibe halten, daß man nie ohne Hosen badet.

Von Fischern wurde verschiedentlich behauptet, daß ein *Pirarucú* einen Menschen verschlingen könne. Alle wissenschaftlichen Erkenntnisse sprechen jedoch gegen diese Behauptung. Nachdem ich selbst jedoch einige dieser Monster gesehen hatte, konnte ich den Fischern ihren Respekt vor diesen Tieren nicht mehr verdenken. Der *Pirarucú* (oder *Paiche*, wie er in Peru genannt wird) ist einer der größten Süßwasserfische der Erde. Er kann bis über 3 m lang und 120 kg schwer werden und hat außer Kiemen eine einfache Lunge, die er alle paar Minuten mit Luft füllen muß. Dann taucht der einem rotgrünen, schuppigen Baumstamm nicht unähnliche Koloß mit lautem Getöse aus dem Wasser auf. Nachdem ich dieses Schauspiel des öfteren aus nächster Nähe beobachtet hatte und jedesmal schier zu Tode erschrak, war ich beinahe geneigt, die Stories der Fischer zu glauben.

Am siebten Tag in Amazonas machten wir an der grasbewachsenen Spitze der Insel Acarara halt. Ein grobknochiger Mann namens Luis kam mit einem Kanu vom Festland herübergepaddelt. Wir fragten ihn, ob wir auf der Insel campieren dürften.
»Selbstverständlich«, antwortete er. »Die ganze Insel steht zu eurer Verfügung.«
Wie die meisten Bauern entlang dem Solimões war auch Luis ein *Caboclo*, ein Abkömmling europäischer und indianischer Vorfahren. Die *Caboclos* nehmen die Dinge, wie sie kommen, neigen dazu, das Leben von der heiteren Seite zu betrachten und leben traditionell von Fischfang, Handel und Brandrodungsfeldbau. Kurze Zeit später tauchte Mauricio, ein weiterer *Caboclo*, zu Fuß an der Spitze einer Ziegenherde auf und bekräftigte die Erlaubnis, daß wir auf der Insel campieren durften (wobei es Mauricio mehr zustand, uns diese Erlaubnis zu erteilen als Luis, denn ihm gehörte das Land).
Die *Caboclos* sprachen portugiesisch (das dem Spanischen so weit ähnlich ist, daß wir uns mit ihnen verständigen konnten). Ich kochte, während ein Sturm aufzog, und sie brachten mir unterdessen die portugiesischen Ausdrücke für Messer, Feuer, Regen und Donner bei. Die englischen Entsprechungen dieser Worte erheiterten sie ungemein, und sie brachen in Gelächter aus. Das englische »rain« war witzig, bei »fire« lachten sie hysterisch, und bei »thunder«, das Luis »sunder« aussprach, prusteten sie vor Lachen. Als er später davonpaddelte, hörten wir seine Stimme von ferne: »Sunder!« klang es über das Wasser zu uns auf die Insel, dem er sogleich sein einem Eselsgewieher nicht unähnliches Gelächter folgen ließ. Ich experimentierte ebenfalls mit

neugelernten Wörtern: *faca, fogo, chuva, trovão*, und ließ sie auf der Zunge zergehen wie exotische Früchte.

Mitten in der Nacht brach der Sturm mit voller Macht über uns herein. Er hätte mich und mein Zelt bestimmt von der Insel in den Fluß gerissen, wenn Chmielinski mein Kajak nicht als schützende Mauer direkt neben mein Zelt gelegt hätte. Als ich die Geräusche vor meinem Zelt hörte, streckte ich den Kopf hinaus und machte meine Taschenlampe an, um zu sehen, was los war. Chmielinski rannte splitternackt im Regen herum. Ich fragte, was zum Teufel er da draußen mache, aber er schrie nur zurück: »Ich mag diese Art von Dusche.«

Die nächste Nacht verbrachten wir bei der *Caboclo*-Familie von Francisco Gomez. Das strohgedeckte Haus aus Palmholz stand in einiger Entfernung vom Flußufer. Mehrere verbeulte Blechtöpfe hingen neben der zurückgesetzten Feuerstelle von fünf Hütten, die bis auf die Moskitonetze völlig leer waren. Das Wohnhaus selbst bestand nur aus einem einzigen Raum. An einer Wand stand ein Tisch, an der anderen befand sich ein Kamin aus Holz, auf dem zwei in Plastik eingeschweißte Bilder einer blauäugigen Jungfrau Maria, ein Hammer, eine kaputte Kuckucksuhr mit Pendel und Gewichten sowie zwei Flaschen Schlangenserum aufgereiht waren. Darunter lehnten fünf Macheten und drei zerbeulte Pappkartonkoffer. Das waren offensichtlich die gesamten Habseligkeiten der Familie.

Wir stellten unsere Zelte im Haus auf und beobachteten die Hühner, die unter dem Fußboden herumpickten. Francisco stellte uns seine Fatima, eine zähe alte Frau, vor, dann eine junge Frau mit einem Baby, eine weitere junge Frau, die sehr schön war und einen kurzen Rock, Lidschatten und eine Halskette aus Jaguarzähnen trug. Fatima scheuchte sie aus dem Zimmer. Daraufhin kamen drei kleine Jungen und zwei junge Männer herein.

»Francisco, wie viele Menschen leben hier?« fragte ich.

Soeben kamen noch zwei kleine Jungen, ein Mädchen und eine junge Mutter mit ihrem Baby herein.

Francisco überlegte kurz und sagte dann: »Dreizehn.«

António, ein Mann mittleren Alters, kam mit einem kleinen Jungen an der Hand herein.

»Ich komme auf siebzehn, Francisco«, meinte ich.

Er überlegte erneut und meinte: »Du hast recht. Siebzehn.«

»Leben all diese Menschen hier im Haus?«

»Ja, wir leben alle zusammen.«

»Seid ihr eine Familie?«

Er lächelte. »Nein, zwei.«

»Drei«, warf António ein. »Ich lebe nicht immer hier. Einige meiner Kinder leben woanders.«

»Wie viele Kinder hast du?«

»Vierundvierzig«, antwortete António.

»Vierundvierzig?«

»Ja, ich habe vierundvierzig Kinder mit zehn Frauen.« Er nickte ernst, und ich mußte an Emilio Lozano denken, den wir in dem abgelegenen Puinahua-Kanal in Peru getroffen hatten.

»Wo leben deine Kinder?« fragte Chmielinski.

»Überall!« meinte António. »Deshalb komme ich ja auch zu Francisco. Nur zwei meiner Kinder leben bei ihm.«

Eine Stunde später waren alle siebzehn Bewohner des Hauses in dem Raum versammelt. Frauen und Kinder saßen an den Wänden entlang, während die Männer Chmielinski umringten, der die Karte auf dem Tisch ausgebreitet hatte. Sie waren begeistert, als Chmielinski ihnen ihre mit einem kleinen Viereck bezeichnete Hütte zeigte. Laut Karte befand sich in der Nähe von Franciscos Haus ein Kanal, der eine langgezogene Biegung des Flusses abschnitt. Es war auf der Karte jedoch nicht zu erkennen, ob der Kanal wieder in den Fluß mündete oder einen toten Seitenarm bildete. Wenn ersteres der Fall sein sollte, würden wir auf dem Weg durch den Kanal einen Tag gewinnen. Andernfalls verloren wir zwei Tage, weil wir wieder zurück zu Franciscos Haus paddeln mußten.

Wir fragten die Männer, ob sie den Kanal schon befahren hätten.

»Ja«, meinte Francisco. Er zeigte vielsagend auf die Karte. »Da ist er doch.«

Chmielinski stieß einen Seufzer aus. »Ja, schon. Aber existiert der Kanal wirklich?«

Francisco zuckte mit den Achseln. António versicherte uns, daß der Kanal existiere, und die anderen Männer nickten zustimmend mit den Köpfen.

»Sechs Stunden von hier«, meinte António.

»Vier Stunden«, sagte einer der jungen Männer.

»Ein Tag«, meinte Francisco.

Chmielinski war dieses Ritual bereits vertraut. Er gab auf und kochte Chili. Er kochte alles, was wir übrig hatten, und Fatima brachte Schüsseln und *Farinha*, das klumpige Pulver aus geröstetem Maniok, das sehr schmackhaft sein kann und diesmal auch wirklich vorzüglich schmeckte. Fatima reichte die Schüsseln herum, und wir verteilten unser Chili. Alle saßen auf dem Boden und aßen. Sie brachte mir die portugiesischen Wörter für Messer, Löffel, Herd, Regen, gestern, heute und morgen bei.

Ich las aus meinem Portugiesisch-Reisewörterbuch vor: »Kellner, mein Fisch ist kalt.«

»Mein Fisch wird niemals kalt«, entgegnete António. Die jungen Männer lachten. Ich las weiter. »Bist du heute abend alleine?«

»Dumme Frage«, meinte António.

Nach dem Essen arbeitete Chmielinski weiter an der Karte; ich aber war müde, zog mich zurück und kroch in mein Zelt und machte Notizen. Ich wachte mit dem Gesicht auf meinem Notizbuch liegend auf. Als ich mich auf den Rücken drehte, starrten mich vier winzige Gesichter durch das Moskitonetz an. Ich schloß die Augen und erwachte kurze Zeit später wieder, weil sich António und Francisco lautstark unterhielten. Ich glaube, es ging um eine Kuh. Die jungen Männer mischten sich mit ein, die Frauen redeten dazwischen. Es war ein einziges Gebrüll. Schließlich ließ Chmielinski einen Schrei los. Er sprach langsam und in einstudiertem Spanisch: »Entschuldigung. Ich weiß, daß das hier euer Haus ist. Aber ihr habt uns eingeladen, und wir haben morgen einiges vor. Wenn ich also um Ruhe bitten dürfte.«

Die Familie Gomez zog sich zurück. Ich schlief wieder ein. Als ich vor Morgengrauen aufwachte, saß die gesamte Familie immer noch im Zimmer.

Chmielinski und ich brauchten den ganzen nächsten Tag, um den Kanal ausfindig zu machen – und zwei weitere Tage, um wieder zurück zum Ausgangspunkt zu kommen. Vielleicht hatten wir die Familie auch mißverstanden, bei dem Gemisch aus Spanisch und Portugiesisch. Vielleicht war der Kanal auch einfach ausgetrocknet. Vielleicht hatten sie uns auch aus falsch verstandener Höflichkeit das Verkehrte gesagt, weil sie meinten, wir wollten das so hören.

Die nächste Nacht schlugen wir unser Zelt am Solimões bei der Hütte eines *Caboclo* namens Eduardo auf. Er hatte silberblaue Augen und sehr markante Gesichtszüge. Seine Hütte war auf Pfählen gebaut und stand direkt am Zufluß zu einem kleinen See, der dieselbe Farbe hatte wie Eduardos Augen. Sechs weitere Hütten standen am Ufer und bildeten das Dorf Cabo Azul, Blaues Kap. Eduardos Frau war weggegangen, und er feierte und betrauerte diese Tatsache mit einer Flasche Rum.

Eine Schar Jungen trug unsere Kajaks in Eduardos Haus. Einige holten Wasser, während Eduardo *Bodó* kochte, einen Fisch mit einem hummerartigen Außenskelett. Das Fischfleisch plumpste in dampfenden Brocken heraus und duftete nach Pfeffer. Nachdem die Jungen die Teller im Fluß gewaschen hatten, baten sie Eduardo, ein Lied zu spielen.

Eduardo zog eine Gitarre unter einem Stapel Lumpen hervor und spielte laut, aber schlecht, mit Hilfe von vier Akkorden traurige Balladen über die Liebe, das Trinken und das Fischen. Wir luden die Kajaks aus, und die Jungen drehten sie um und trommelten wie wild darauf herum. Jeweils sechs trommelten auf einem der Kajaks. Ihr Spiel bildete ein liebliches, harmonisches Ganzes. Eduardo spielte so lange, daß mir vom bloßen Zuschauen die Finger weh taten, aber die Jungen bettelten immer wieder um ein Lied.

Nach ungefähr einer Stunde ging ich hinunter zum Fluß, um mich zu waschen. Danach ging ich auf den Brettersteigen zwischen den sechs Häusern spazieren. Das Trommeln der Jungen und der schmachtende Gesang Eduardos erfüllten die Nacht. Das ist Brasilien, dachte ich.

Ich ging zurück zum Haus. Die Jungen rückten zusammen und machten mir am Kajak Platz; ich trommelte im Takt und trank Rum bis zum Morgengrauen.

Am nächsten Morgen hatte ich einen üblen Kater. Als wir zusammenpackten, kamen zwei Männer in einem langen Kanu angepaddelt. Einer von ihnen hatte eine Schrotflinte in der Hand. Auf dem Boden des Kanus lag in einer Blutlache ein 4,5 m langer, toter Kaiman. Er war grün und schuppig, und neben ihm lag ein junger Kaiman, ebenfalls tot. Ich hätte mit den armen Kreaturen Mitleid haben oder aber mich für Cabo Azul freuen können, denn das Fleisch würde alle Dorfbewohner tagelang satt machen. Statt dessen starrte ich in die vor Entsetzen weit aufgerissenen Augen der Tiere und dachte blitzschnell: Das ist die Fratze deines Katers.

Wir paddelten an Tefé vorbei, das ein Stück flußaufwärts an dem gleichnamigen Zufluß lag, und weiter nach Coari. Nach zwölf Tagen auf dem Solimões erschien uns Coari wie Paris. Das Dorf liegt an einem schwarzen, klaren und kühlen See, der ideal zum Schwimmen ist. Am Ufer liegt weißer Sand und dahinter dehnt sich der grüne Urwald aus. Der See ist so groß, daß man mit einem Motorboot einen Tag braucht, um ihn zu umrunden. Gleichzeitig ist er so menschenleer, daß man höchstens einen Fischer oder eine waschende Frau, meist aber niemanden am Ufer sieht.

Im Hafen lagen gut zwanzig kleine Boote. Das Dutzend Dreckstraßen Coaris war von Fußgängern und Fahrradfahrern bevölkert. Sinnliche *Forro*-Musik drang aus den Läden und Häusern, während die Luft erfüllt war vom Duft gebratenen Fleischs, der aus den *Churrascarias*, den Spießbratereien der Stadt, drang. Kate Durrant und Bzdak trafen wir in dem sauberen, ruhigen und von nur wenigen Gästen bewohnten Palace Hotel. Wir packten aus und aßen dann in der *Churrascaria* Brathähnchen und tranken jene teuflischen, *Batidas* genannten Drinks aus Rum und Limonensaft.

Caori war ein angenehmer Ort für einen Nervenzusammenbruch. Trotz Kate Durrants Warnungen hatte ich die Erschöpfungserscheinungen bei Chmielinski nicht bemerkt und nicht begriffen, daß er auf Streß ganz anders reagierte als ich. Ich klappte einfach zusammen, ohne große Umschweife. Chmielinski hingegen forderte, je erschöpfter er war, um so mehr von sich. Auf dem Fluß schlief er kaum, arbeitete bis tief in die Nacht an seinen Karten oder brütete über einer neuen Vorrichtung für die Kajaks. Tagsüber redete er ununterbrochen – auf der zwölftägigen Fahrt von Tabatinga nach Caori hatte er mir bis ins Detail die Geschichte Polens seit dem Einfall der Hunnen erzählt. Auch hier in Caori ruhte er sich nicht aus. Obwohl die Stadt sehr abgeschieden liegt, gab es einen Radarschirm und ein öffentliches Telefon. Chmielinski versuchte zwei Tage erfolglos, mit den internationalen Telefondiensten in Rio de Janeiro und São Paulo Kontakt aufzunehmen. Er hatte für dieses Amazonas-Projekt sehr viel aufs Spiel gesetzt: seinen Arbeitsvertrag gekündigt, den Großteil seiner Ersparnisse eingebracht, seine Ehe gefährdet, und außerdem war er einem halben Dutzend Sponsoren gegenüber Verpflichtungen eingegangen, die Lebensmittel, Ausrüstungsgegenstände und Geld gespendet hatten. Wenn wir unsere Expedition abschließen und sie publizistisch vermarkten konnten, dann konnte Chmielinski damit zumindest diese Verpflichtungen einlösen und darüber hinaus würde es dem Reisebüro zugute kommen, das Chmielinski im Jahr zuvor in New York mit zwei anderen Polen eröffnet hatte.

Auch an Kate Durrant und Bzdak waren die Anstrengungen dieser fünfmonatigen Expedition nicht spurlos vorübergegangen. Sie mußten sich an das Tempo des Kajak-Teams anpassen, auf stickigen und oft unsicheren Flußbooten von Hafen zu Hafen fahren und sich ständig darüber Gedanken machen, wie wir mit dem wenigen Geld, das uns noch zur Verfügung stand, über die Runden kommen sollten.

Es war eine wolkenverhangene dunkle Nacht; wir vier stiegen auf das Hoteldach und unterhielten uns. Kate Durrant gab zu erkennen, daß es für sie das Schlimmste sei, das Gefühl zu haben, Chmielinski und ich schlössen sie aus. Wir verhielten uns, als bestünde die Expedition nur aus uns beiden.

Sie hatte recht. Ich wollte mich damit entschuldigen, daß ich bei jedem unserer Treffen zu müde sei. Dann wolle ich nur noch essen und schlafen. Es tue mir leid, daß sie beide das als Versuch, sie auszuschließen, werteten. Obwohl Kate Durrant, Bzdak und Chmielinski bei meiner Ankunft in Peru Fremde für mich gewesen waren, hatten wir doch in den vergangenen fünf Monaten das für mich, und ich glaube auch für sie, intensivste Erlebnis unseres Lebens geteilt. Wir waren zusammengeblieben, und bis jetzt hatte ich keinen Moment lang daran gezweifelt, daß wir gemeinsam in Belém ankommen würden, falls wir es bis dahin schafften.

Ich versuchte, ihnen das so gut es ging zu erklären.

Für Chmielinski war die Situation schwieriger. Er war der Motor des Unternehmens, aber um bei dem Tempo, das er vorlegte, mitzuhalten, war er auf Bzdaks ungeteilte Unterstützung angewiesen. Dieses Angewiesensein auf Bzdak und das Vertrauen, das er ihm entgegenbrachte, hatte sich auf dramatische Weise auf dem Apurímac gezeigt. Wenn Chmielinski Bzdak jetzt auch für nüchternere Aufgaben einsetzte – zum Beispiel für den Kauf von Proviant, das Geldwechseln und die Quartierbeschaffung – so hatte sich an der grundsätzlichen Tatsache, daß er Bzdak brauchte, nichts geändert.

Chmielinski kam ohne Bzdak nicht weiter, aber Bzdak hatte sich verliebt. Es gab nur eine faire Lösung dieses Problems: Er mußte Kate Durrant in demselben Maße vertrauen, wie er Bzdak vertraute. Sie leistete tadellose Arbeit, ihr Mut war unbestreitbar. Kate verdiente dieses Vertrauen.

»Freunde!« sagte er zu den beiden. »Es tut mir leid. Gerade jetzt brauchen wir euch am dringendsten. Ohne euch schaffen wir es nicht. Wir fahren in den Kajaks, ihr in den Booten, aber das ist dasselbe. Ohne euch wären wir nicht hier.«

Aber auch er hatte eine Trumpfkarte im Ärmel. Er hatte in Casper angerufen und erfahren, daß das »Rettet die Amazonas-Expedition«-Komitee in Wyoming genug Geld gesammelt hatte, um die Expedition erfolgreich zu Ende zu führen. In Manaus sollten wir das Geld in Empfang nehmen. Bis dahin würde Chmielinski von dem noch vorhandenen Rest an Geldern ein Boot mieten, damit wir die dreitägige Fahrt bis Manaus wieder als Team bestreiten konnten.

Wir fielen uns vor Freude in die Arme. Bzdak durchsuchte die Hotelküche und fand ein Transistorradio. Er stellte einen Sender in Tefé ein. Die ansteckende *Forro*-Musik erklang, und mitten in der Nacht, im wilden Amazonas, begannen wir ausgelassen auf dem Dach des Hotels zu tanzen.


Im Morgengrauen gingen Kate Durrant und Bzdak zum Hafen, um ein Boot zu mieten. Wir hatten ausgemacht, uns ein Stück flußabwärts zu treffen, und so brachen Chmielinski und ich schlaftrunken aus Caori auf. Es war bereits Mittag, die Sonne brannte vom strahlend blauen Himmel, während ich immer noch verträumt in dem sanft dahinplätschernden Fluß paddelte. Dann kam ein sanfter Wind auf und die Wellen nahmen, für mich unmerklich, an Größe zu. Ich paddelte hart, erklomm jede Welle und stach mit meinem Paddel wieder ins Wasser, sobald die Welle unter dem Kajak hindurchrollte.

Plötzlich wurde mir mit Schrecken bewußt, daß die Wellen über meinem Kopf zusammenschlugen.

Ich schaute nach oben, der Himmel verfärbte sich feuerrot, dann violett, dann so schwarz, daß der weiß schäumende Fluß grell davon abstach. Ein Signalhorn ertönte zu meiner Rechten, und 6 m querab schaukelte ein Flußfrachter gefährlich hin und her. Der Frachter hieß laut Aufschrift *Coronel Brandão*. Eine blaue Persenning hing mittschiffs; eine Hand zog sie zurück. Bzdak streckte seinen Kopf hervor und winkte mir zu. Ich erwiderte die Geste so gut es ging, und Bzdak winkte zurück.

Aber in Wirklichkeit winkte er gar nicht, sondern versuchte mir verzweifelt klarzumachen, daß ich schleunigst ans Ufer paddeln solle. Auf der Spitze der nächsten Welle konnte ich das Ufer ungefähr eineinhalb Kilometer links von mir erkennen. Bzdak verschwand wieder hinter der Persenning, und die *Brandão* legte sich auf die Seite. In den Wellen schaukelnd steuerte sie Richtung Ufer.

Auf der nächsten Welle hielt ich nach Chmielinski Ausschau und entdeckte sein langes, weißes Kajak weit flußabwärts in der Nähe des linken Ufers.

Fasziniert beobachtete ich das Nahen des Sturmes. Zu meiner Linken wurden Baumwipfel bis auf den Boden des schwarzen Himmels gedrückt, Sekunden später verschwand das Ufer hinter einer weißen Schaumwand. Dann packte mich der Sturm – mein Gesicht fühlte sich an, als sei ich in ein Sandstrahlgebläse geraten –, der Wind blies so heftig, daß ich mit aller Gewalt mein Paddel festhalten mußte. Um mich herum war alles weiß, dann grau. Der Regen peitschte mir ins Gesicht; ich versuchte mich am Bug meines Kajaks zu orientieren. Mein kleiner Weihnachtsbaum war mittlerweile auch umgeknickt wie die Bäume am Ufer.

Ich wollte der *Brandão* folgen und steuerte nach links, breitseits zu den Wellen. Mein Boot drohte zu kentern, und mein Magen zog sich zusammen. Ich stützte reflexartig mit dem Paddel, wie Chmielinski es mir beigebracht hatte. Zu meiner Linken bewegte ich mein Paddel wie einen Ausleger hin und her und lehnte mich von der Welle weg, hinunter ins Wellental, um sie unter das Boot zu lassen. Als die Welle unter mir hindurchgerollt war, richtete ich mich im Wellental wieder auf und paddelte in Richtung Ufer, bis mich die nächste Welle zwang, das Manöver zu wiederholen.

Stützen, paddeln, stützen und wieder paddeln. Wenn ich behaupte, daß ich das die nächste halbe Stunde gemacht habe, klingt das, als hätte ich die Sache im Griff gehabt. Das war jedoch nicht der Fall. In Wirklichkeit hörte ich mich beim Herannahen jeder Welle rufen: »Nein … nein … nein!«

Ein Frachtboot tauchte plötzlich zwei Meter vor mir auf. Ich riß das Heck des Kajaks herum, steuerte auf eine Welle zu und drehte über sie hinweg. Ich war über dieses Manöver so lange stolz, bis ich in das Kielwasser des Bootes geriet. Da ich mit dem Kajak quer zu den Wellen stand, kippten die Bugwellen mein Boot seitlich, so daß ich die nächste Welle mit querliegendem Kajak nehmen mußte. Ich selbst lehnte mich weit nach rechts aus dem Kajak und stützte mit dem Paddel.

Obwohl ich fürchterliche Angst hatte, gelang es mir während der nächsten Stunde, in Sichtweite des linken Ufers zu kommen. Die Wellen brandeten an, so daß lange Uferabschnitte abbrachen und die am Ufer stehenden Bäume mit sich in den Fluß rissen, fünf oder sechs Boote schaukelten in der Brandung. Eines davon sah aus wie die *Brandão*. Zitternd paddelte ich wieder vom Ufer weg, steuerte flußabwärts, harrte dort ungefähr eine Stunde lang aus und wartete ab, bis der Sturm sich gelegt hatte.

Nach einer weiteren Stunde entdeckte ich Chmielinskis Silhouette am Horizont. Er winkte mir mit dem Paddel zu.

»Hey!« rief er, als ich fast bei ihm war. »Jetzt bist du ein großer Kajakfahrer!«

Das hätte ich zwar nicht gerade von mir behauptet, aber ich hatte ebenfalls das Gefühl, daß ich eine Art Feuertaufe hinter mir hatte, und entwickelte ein ganz neues Vertrauen zu meinem Kajak. Es hatte Wellen und Wind getrotzt, wobei ich hier nie das Gefühl hatte, das ich im Wildwasserkajak so oft empfand, gegen das Boot zu kämpfen. Dieses Kajak und ich gehörten zusammen, wir bildeten eine Einheit. Chmielinski rief mir etwas zu und zeigte hinter mich. Ich drehte mich um und sah zwei riesige Regenbogen über dem Südufer des Solimões.

Bei Sonnenuntergang hatte uns die *Coronel Brandão* gefunden. Bzdak bedeutete uns zu folgen. Wir steuerten das rechte Ufer an, das Boot wurde an einem dicken Baum festgebunden, und wir gingen an Bord. Der Kapitän namens Edison und sein Erster Maat Miguel waren große, dunkelhäutige *Caboclos* mittleren Alters. Sie waren wie die meisten *Caboclos* selbstbewußt und nicht aus der Ruhe zu bringen.

Drei halbwüchsige Jungen wuselten um die Beine dieser großen Männer herum, schrubbten das Deck der *Brandão*, machten die Kombüse sauber und schmierten den Motor ab. Als sie damit fertig waren, warf Edison einen Generator an, der so laut dröhnte, daß wir uns nicht einmal mehr schreiend unterhalten konnten. Der Generator diente einzig und allein dazu, Strom für einen Fernseher zu erzeugen. Obwohl wir viel zu weit von irgendeinem Sender entfernt waren, saßen die drei

Jungen wie gebannt vor dem weißflimmernden Gerät, als ob allein ihr sehnlicher Wunsch ein Bild auf die Mattscheibe zaubern könnte.

Das letzte Besatzungsmitglied der *Brandão*, das Juwel des Bootes, war die dunkle Schönheit Maria. Sie behauptete, achtzehn Jahre alt zu sein, wirkte aber eher wie eine gutentwickelte Fünfzehnjährige. Auf ihrer kleinen Ablage im Heck des Bootes hatte sie billigen Schmuck, Puppen, Parfümfläschchen, Deckschuhe und ein Paar glänzende, kobaltblaue Pumps stehen. Unter der Ablage stand ein Wäschekorb voller Röcke und Blusen. Ich hielt Maria zuerst für Edisons Tochter, bis ich abends unterdrücktes Stöhnen aus dem Heck des Bootes hörte, wo Edison und Maria schliefen.

Aus der Richtung des Moskitonetzes, unter dem Miguel und die drei Jungen schliefen, kamen übrigens ähnliche Laute wie vom Heck des Bootes.

Die drei Tage Fahrt nach Manaus waren für uns wie Ferien, obwohl Chmielinski mir verbot, auch nur einen Fuß auf die *Brandão* zu setzen, solange sie in Fahrt war. Unerbittlich war er darauf bedacht, daß er und ich die gesamte Fahrt ausschließlich mit eigener Kraft machten. Nur die Nacht verbrachten wir an Bord. Da wir jetzt nicht mehr nach Lagerplätzen suchen mußten, dauerten die Tage auf dem Fluß sehr lang. Wir paddelten eine Stunde vor Sonnenaufgang los und kletterten erst eine Stunde nach Sonnenuntergang an Bord der *Brandão*. Meine Schultern taten mir weh, von Kate Durrant bekam ich elastische Binden für die Handgelenke. Trotzdem war die Fahrt angenehm. Jetzt gab es jeden Abend frischen Fisch und kaltes Bier.

Am dritten Abend, lange nach Sonnenuntergang, kletterten wir im Hafen von Manacapuru an Bord der *Brandão*. Manacapuru ist die letzte Stadt vor Manaus. Edison hatte die *Brandão* einfach zwischen zwei im Hafen liegende Boote gezwängt. Auf einem der Boote war niemand zu sehen, das andere gehörte einer kränklichen Alten, deren Gesichtshaut welk und faltig war. Ihr Boot war offensichtlich seit Jahren nicht mehr auf den Fluß hinausgefahren, denn die Planken des Rumpfs waren vor lauter Dreck kaum noch zu erkennen. Sie stierte uns nur kurz an, legte sich dann in ihre Hängematte und wurde vom Rumpeln unseres Generators durchgeschüttelt. Die Jungen hatten endlich einen Sender aus Manaus hereinbekommen, und so wurden wir von *Os Flintstones* beschallt.

Da es Sonntagabend war, putzten sich Edison und Miguel zum Kirchgang heraus. Sie setzten helle Yachtmützen auf und zogen saubere Polohemden mit dem Krokodil-Emblem (»*Caiman!*« kreischte Maria), gebleichte weiße Hosen und weiße Tennisschuhe an. Maria warf sich ebenfalls in Schale, weißes Baumwollkleid und dazu ihre blauen Pumps – aber Edison befahl ihr, auf dem Boot zu bleiben. Sie stampfte wütend mit den Füßen und schmollte, gab aber schließlich nach und setzte sich zu den Jungs und Fred und Wilma.

Wir vier Gringos gingen mit Edison und Miguel an Land. Sie kletterten über das Boot der Alten, gingen schweigend an ihrer Hängematte vorbei, dann über einen Landungssteg und ein paar Treppen hinauf ans Ufer. Auf der einzigen Plaza Manacapurus flanierten Dutzende junger Paare. Die Plaza war nur von einer einzigen Straßenlampe beleuchtet, wo sich zwei uralte Chevrolets und mehrere nagelneue VW-Käfer (die in Brasilien noch immer produziert werden) ein Rennen lieferten. Unsere beiden Kirchgänger steuerten die Kirche an, während wir vier uns auf die Suche nach einem kalten Bier machten. Wir setzten uns in eine Bar mit Blick auf den Fluß, aber eine Kapelle spielte so laut Discomusik, daß ich bald allein auf die *Brandão* zurückkehrte.

Maria stand in ihrem Sonntagsstaat vorne auf dem Boot und starrte sehnsüchtig zu der Bar hinüber. Die Musik war hier klar und deutlich zu hören.

»Tanzen Sie nicht?« fragte sie. Ich verstand sie jedoch erst, als sie eine Hand auf den Bauch legte, die andere in die Luft streckte und mit den Hüften wackelte.

»Doch«, erwiderte ich, »aber ich bin zu müde.«

Sie seufzte. Hier in Manacapuru zu sein war für sie etwas ganz Besonderes. Wenn auch widerwillig, hatte sie wohl eingesehen, daß sie über die Zeit des Tanzens und Flirtens schon hinaus war. Ihr Mann war in der Kirche, und sie war zu Hause, wo sie hingehörte.

Ich stellte mein Zelt auf dem Boot auf. Zu meiner Überraschung stellten die Jungs Fernseher und Generator ab, worüber ich sehr erleichtert war. Maria zündete eine Kerze an. Wir vier unterhielten uns eine Weile. Sie hatten keine Schule besucht und konnten daher weder lesen noch schreiben. Sie kannten sich jedoch sehr genau in der Serie *Dallas* aus, die ich mir noch nie angesehen hatte. Ich konnte daher ihre Fragen zu J. R. nicht beantworten und kam mir deshalb vor, als hätte ich ein Versprechen gegeben, das ich jetzt nicht einlösen konnte.

Ich kroch in mein Zelt. Die Musik tönte immer noch von der Bar herüber. Als die drei anderen meinten, ich sei eingeschlafen, fingen sie an zu tanzen.

Am nächsten Tag verließen wir den Solimões und befuhren einen Kanal in nördlicher Richtung. Wir hofften, auf diesem Weg einige Kilometer unterhalb von Manaus in den Rio Negro zu gelangen. Die *Brandão* fuhr voraus, Chmielinski hinterher, und ich bildete die Nachhut.

In dem Kanal kam ich mir vor wie auf einer engen Allee nach einer breiten Schnellstraße. Wochenlang war der Urwald dicht und undurchdringlich wie eine Wand gewesen, jetzt aber wirkte er durchlässig und offen. Hier und dort sah ich schäbige Hütten auf wackligen Pfählen stehen, windschief und mit offener Tür. Die Dächer waren meist durchlöchert. Einmal sah ich ein Paar Augen aufblitzen; als ich näher hinfuhr, sah ich einen dunkelhäutigen nackten Mann wie angewurzelt dastehen.

Ich sagte »*Bom dia*«, aber er antwortete nicht.

Als ich noch näher auf ihn zupaddelte, machte er kehrt und rannte davon.

Plötzlich schien der Kanal abrupt aufzuhören. Eine graue Wand ragte wie ein Damm an der Mündung des Kanals auf. Als wir aus dem Kanal herausfuhren und in den breiten, tintenschwarzen Rio Negro einfuhren, entpuppte sich diese Wand als der Rumpf des Supertankers *Evros*, der hier 1600 km vor dem Atlantik vor Anker lag. Mit seinen sechs Stockwerken war er das höchste von Menschenhand geschaffene Gebilde, das ich seit unserer Abfahrt aus Lima gesehen hatte.

Ein blitzendes Motorboot glitt an uns vorbei. Drei sehr dicke, elegant frisierte Männer saßen im Cockpit; sie hatten Drinks in der Hand. Vier junge Frauen in winzigen Bikinis sonnten sich an Deck. Eine der Frauen warf Chmielinski eine Kußhand zu, was der Mann am Steuer des Boots mit einem finsteren Blick quittierte. Das Boot raste an uns vorbei. Schon bald war es nur noch als weiße Schaumwolke vor dem Stadtbild von Manaus zu erkennen.

# 17. Der Amazonas

Die Uferpromenade bei Manaus unterscheidet sich von anderen Ufer-
promenaden in den Tropen eigentlich nur durch ihre Dimensionen:
Mehr Schlamm und Abfälle sind dort abgelagert, mehr Müll wird
angespült, das Getöse der nicht schallgedämpften Motoren ist hier
lauter als anderswo, mehr windschiefe Hütten säumen das Ufer, in
denen man klumpige Eintopfgerichte essen kann, deren Bestandteile
man tunlichst nicht allzu genau untersuchen sollte.

Wir hielten uns daher nicht unnötig auf, sondern stiegen, die Kajaks
im Schlepp, die Treppen hinauf in die Stadt. Die kühle Nachtluft war
erfüllt vom Geruch der Waren, die für den morgigen Markttag bereits
ausgebreitet waren: Koriander, Knoblauch, Zwiebeln und Zitronen
lagen neben dunkleren Haufen. Bei näherem Betrachten stellte sich
heraus, daß es sich bei diesen Haufen um schlafende *Caboclos* handelte. Chmielinski weckte einen Mann, und der weckte wiederum ein
paar seiner Nachbarn. Sie schulterten unsere Kajaks, und wir folgten
ihnen durch die grauschwarzen Straßen.

Eine halbe Stunde später standen wir in der hübschen Hotelhalle des
Tropical Hotels in der Innenstadt von Manaus, wo es genauso aussah
wie auf dem Rodeo Drive oder auf der Fifth Avenue. Dreckwasser
tropfte von uns ab auf den dicken roten Teppich, während wir über-
legten, was wir hier wohl für eine Übernachtung zahlen mußten. Wir
machten schnell wieder kehrt und traten hinaus auf die Straße zu den
wartenden *Caboclos*. Sie führten uns zu einem anderen Hotel unten
am Ufer, wo es keine Teppiche gab.

Wir bedankten uns bei den Männern und gingen, unsere Kajaks immer
noch hinter uns herschleifend, auf unsere Zimmer. Ich duschte kalt,
seifte mich mehrmals ab und untersuchte die entzündeten Stellen in
meinem Schritt, an meinen Armen und Beinen. Ich inspizierte den
geschwollenen, arthritischen Mittelfinger meiner linken Hand und be-
gutachtete im Spiegel mein verbranntes Ledergesicht. Dann rätselte

ich herum, was die anhaltende Taubheit in meinen Zehen und Fußballen wohl zu bedeuten hatte.

Anschließend zog ich saubere Kleider an, die ich im Bug des Kajaks verstaut hatte, und ging nach unten. Ich setzte mich an einen der Tische draußen auf dem Gehsteig und trank rasch zwei Glas Bier. Am Nebentisch saß eine dunkelhäutige Frau in einem enganliegenden Trikot mit Leopardenmuster. Sie hatte große blutunterlaufene Augen und beschimpfte lautstark einen gepflegten, grauhaarigen Mann in einem Leinenanzug. Der Mann entfernte sich, und die zartgliedrige junge Frau fing an zu weinen und bot mir dann »etwas aus Bolivien oder Peru« an. Ich lehnte ab.

Ich stieg in eines der gelben VW-Käfer-Taxis, das Hauptbeförderungsmittel der Stadt, und ließ mich in nordwestlicher Richtung am Rio Negro entlangkutschieren. Es fiel mir schwer, mich in dem architektonischen Durcheinander der Stadt zurechtzufinden. In dieser Stadt gab es alles: Wolkenkratzer und Hütten, nette Vorstadthäuser, Lagerhallen im Fertigbaustil und viktorianische Villen, die Anfang des 20. Jahrhunderts zu den schönsten der Welt gezählt hatten. Ich versuchte mir Manaus im Jahr 1910, auf dem Höhepunkt des Gummibooms, vorzustellen. Manaus war die dritte Stadt in der westlichen Hemisphäre mit Stromversorgung. Eine Bevölkerung von 90 000 Menschen gab 8 Millionen Dollar für Schmuck aus. Die Wäsche wurde zum Waschen nach London, die Kinder in Frankreich zur Schule geschickt.

Im Jahre 1912 jedoch meldete die Konkurrenz aus dem Fernen Osten: Ein englischer Botaniker hatte Gummipflanzen aus Brasilien nach Asien geschmuggelt. Manaus erlebte einen Niedergang, erholte sich jedoch wieder, als die brasilianische Regierung die Stadt im Jahre 1966 zum Freihafen erklärte, während in allen anderen Häfen Brasiliens hohe Importzölle erhoben wurden. Schachtelartige Fertigbaufabriken schossen daraufhin am Stadtrand aus dem Boden, in denen die von ausländischen Firmen eingeführten Einzelteile zusammengebaut werden. Sony, Sharp, Honda sind hier zu nennen. Die wichtigsten Produkte der »Hauptstadt des Urwalds« sind deshalb Audiogeräte, Fernsehapparate und Motorräder. Aus ganz Brasilien strömen die Menschen in den Urwald zum Einkaufen. Manaus entwickelte sich zu einem gigantischen Flohmarkt. In zehn Jahren vervierfachte sich die Einwohnerzahl der Stadt auf 800 000 Menschen.

Mein Taxifahrer ignorierte das Taxameter und zog statt dessen eine Tabelle mit dem gegenwärtigen Stand der Inflationsrate aus dem Handschuhfach. Bei einer jährlichen Inflationsrate von 200 Prozent ist es unmöglich geworden, die Taxameter jeweils an die Inflationsrate anzupassen, denn die Regierung veröffentlicht jede Woche neue Tabellen über die aktuelle Inflationsrate.

Am nächsten Morgen ließ ich mich auf ein gefährliches Unterfangen ein – ich ging ein Paar neue Schuhe kaufen. Das Treiben in der »Freihandelszone« erinnerte mich an Manhattan. In jeder Straße, in jedem noch so winzigen Geschäft, standen die Leute dichtgedrängt und stritten sich um Billigwaren, die in großen Containern feilgeboten wurden. Ich war überwältigt und hatte Angst, mir Zeit zum Begutachten der Waren zu nehmen. Ich schwitzte mehr, als ich auf dem Fluß jemals geschwitzt hatte. Panik ergriff mich fast, und ich kaufte mir hastig das erste Paar Schuhe, auf das mein Blick fiel. Dann floh ich aus dem Geschäft und entdeckte erst jetzt, daß ich gar keine Schuhe, sondern Schlappen gekauft hatte, und zwar solche, wie mein Großvater sie immer zu Hause getragen hatte.

Verwirrt, wie ich war, wurde ich von der Menge in ein anderes Geschäft geschoben, wo deutsche Tennisschläger, chinesische Schuhe, französische Hemden, amerikanische Computer, japanische Motorräder und italienische Espressomaschinen verkauft wurden. Ein Verkäufer versuchte mir einen Plastikhut mit einem eingebauten, solarbetriebenen Radio anzudrehen. Anfänglich erschien mir dieser Hut ideal für die langen Tage auf dem Fluß. Außerdem würde ich beim Radiohören schneller portugiesisch lernen. Was mich letztendlich vom Kauf abhielt, war die Tatsache, daß nur ein einziger Sender hereinzubekommen war – er spielte gerade Lionel Richie.

Draußen auf der Straße saß ich schon bald wieder in der Falle, denn vor einem Fernsehgeschäft hatte sich eine Menschentraube gebildet. Über den Bildschirm flimmerte ein Film. Moses sprach gerade mit einer Indianersquaw mit Perücke und fransengeschmücktem Wildlederkleid. Sie hatte langes schwarzes Haar und blaue Augen. Jemand zeigte auf Moses und schrie »Ronald Reagan«, aber der Mann auf dem Bildschirm war Charlton Heston, und er spielte auch nicht Moses, sondern einen Indianerkrieger. Das Indianermädchen in seinen Armen war eine amerikanische Hausfrau namens Donna Reed. Um die beiden tobte der Krieg. Ein blonder Indianer kam angeritten und schoß einen

Pfeil auf Moses ab. Der Mann neben mir schrie auf portugiesisch: »Scheißindianer!«
Das Urwaldleben.

Ich hatte mir die Schuhe (die Schlappen) hauptsächlich gekauft, weil ich beim beliebtesten Radiosender von Manaus zu einem Interview eingeladen worden war. Auf dem Weg zu den Sendestudios, die im obersten Stockwerk des höchsten Gebäudes von Manaus eingerichtet waren, kam ich an der berühmten, im Jahre 1896 erbauten Oper vorbei. Dieses Opernhaus mit seiner goldenen Kuppel, der florentinischen Fassade aus italienischem Gestein, den protzigen Stühlen, lilafarbenen Logenplätzen, den verzierten Balkonen, den Blumenwandmalereien und den vergoldeten Säulen legt ein beredtes Zeugnis von den besseren Tagen dieser Stadt ab. Die Schriftstellerin Catherine Caufield hat das Gebäude treffend mit einer »überdimensionalen italienischen Biskuitdose« verglichen.
Im Gegensatz zu der Oper war die Radiostation anscheinend in großer Eile fertiggestellt worden: kahle Wände, Fußböden ohne Teppichboden, zersprungene Fensterscheiben. Vom 20. Stockwerk aus sah man Manaus im gelben Smognebel liegen. Eine Technikerin führte mich in den Senderaum. Sie war eine hübsche junge Frau in einem hautengen Bodystocking – offensichtlich die Uniform der Schönen von Manaus. Sie warf dem Diskjockey eine Kußhand zu und machte die Tür hinter mir zu. Der Diskjockey selbst war weit über vierzig, hatte einen dikken Bauch, eine Glatze und lange, graue Koteletten. Den Platten nach zu urteilen, die er vor sich aufgestapelt hatte, spielte er vorwiegend amerikanische Musik (Willie Nelson, Beach Boys, Michael Jackson). Aufliegen hatte er jedoch eine brasilianische Platte. Es war eine Version von »Sunny«, ein Titel, der in Amerika vor 20 Jahren ein Hit gewesen war. Der brasilianische Verschnitt mit portugiesischem Text hieß »Sonia«. Der Diskjockey übersetzte mir den Text:

Sonia, ich möchte Analverkehr mit dir
Sonia, mach mich glücklich und hol mir einen runter
Sonia, leck mir den After

Und so weiter. Der Diskjockey erklärte mir, »Sonia« sei der meistgefragte Song des Senders, und meinte, das könne doch als ein Beweis dafür gewertet werden, daß seit dem Sturz der Militärregierung ein »neues« Brasilien entstehe.

Ich unterhielt mich mit ihm, bis eine weitere junge Frau in einem enganliegenden Bodystocking den Senderaum betrat. Sie beugte sich über ihn und steckte ihm ihre Zunge ins Ohr. Zeit für mich, zu verschwinden, wie ich fand.

Als ich mich verabschiedete, fragte mich die hübsche junge Technikerin, wer ich sei. Am liebsten hätte ich geantwortet: ›Ein Rockmusiker auf Tournee, und ich liebe dich.‹ Statt dessen versuchte ich ihr in meinem miserablen Portugiesich zu erklären, daß ich mit einem Kajak den Amazonas befuhr. Diese Erklärung enttäuschte sie sichtlich, und ihre ablehnende Haltung löste bei mir eine schmerzliche Erkenntnis aus. Seit Wochen, nein, seit Monaten, suhlte ich mich in der Rolle des Weltbürgers. Ich hatte staunenden Primitiven die moderne Welt nahegebracht. Aber hier in Manaus, in diesem Wolkenkratzer, in schmuddeligen Khakihosen und diesen gottverdammten Großvaterlatschen begriff ich, daß ich auf den Fluß gehörte, etwas, das mit Manaus sehr wenig zu tun hatte.

Der eigentliche Amazonas beginnt ungefähr 8 km unterhalb von Manaus, mit dem Zusammenfluß von Rio Negro und Solimões. Der Rio Negro ist nicht nur der größte Zufluß des Amazonas, sondern auch der sechstgrößte Fluß der Erde, mit einer Wassermenge, die viermal größer ist als die des Mississippi. Beim Zusammentreffen mit dem Solimões brodelt der Fluß vor Strudeln und Strömungen mit Rücksog. Der suspensionsreiche Solimões führt viel Ton und ist gelbbraun, der huminstoffreiche Rio Negro kaffeebraun bis schwarz. Erst nach ungefähr 10 km vermischen sich die beiden Flüsse.

Dieses »Begegnung der Wässer« genannte Schauspiel ist wohl das eindrucksvollste Naturwunder des ganzen Amazonasbeckens. Jedoch wurde vor kurzem mit dem Bau eines von der brasilianischen Regierung beschlossenen Zementwerkes am linken Ufer des Amazonas begonnen. Dieses Projekt ist typisch für die Veränderungen, die am Amazonas vorgenommen werden. Wie der Solimões, fließt auch der Amazonas durch eine Flußaue, die *Várzea*, aber der Pflanzenwuchs ist an den Ufern des Amazonas vergraster, niedriger und weniger dicht. Dies hat nur zu einem kleinen Teil natürliche Ursachen, zum Großteil sind diese Veränderungen der Uferlandschaft von Menschenhand geschaffen. Auf einer Strecke von über 1600 km zwischen Manaus und dem Atlantik ist der Primärwald verschwunden. Jeder Meter Urwald am Ufer wurde mindestens einmal abgeholzt oder niedergebrannt. Der derzeitige Waldbestand entlang des Amazonas wird von Biologen als »Sekundärwald« bezeichnet. Rund ein Viertel des Waldbestandes im Amazonasbecken besteht aus modifiziertem Wald, wobei die Zerstörung entlang der Flußufer am weitesten fortgeschritten ist. »Zerstörung« ist das angemessene Wort für das, was hier geschehen ist und ungebremst geschieht, denn in einem modifizierten Wald kommt nur noch ein kleiner Rest der Tierarten vor, die im Primärwald leben. Am Amazonas sind die Ausmaße dieses Zerstörungswerks katastrophal. Auf der Erde sind heute 1,5 Millionen Arten bekannt. Nach Schätzungen geht man am Amazonas von der dreifachen Anzahl an Arten aus, die noch nicht wissenschaftlich erfaßt sind.

Die Ursachen dieser Zerstörung sind vielfältiger Natur, aber in den letzten Jahren ist wohl die Viehzucht der Hauptgrund. Sie hat sich zum landwirtschaftlichen Haupterwerbszweig des Amazonasbeckens entwickelt. Die Umwandlung von Regenwald in Weideland hat schwerwiegende Folgen. Die Fruchtbarkeit des Regenwaldes liegt nicht in seinem für gewöhnlich eher unergiebigen Boden begründet, sondern in seiner eigenen Biomasse in Form seines Laubdachs und den Überschwemmungen. Der Urwaldboden trocknet bzw. laugt rasch aus, sobald man den Wald abholzt. Alle vor 1978 eingerichteten Rinderfarmen mußten daher bereits 1983 wieder aufgegeben werden. In der östlichen Hälfte des Bundesstaates Pará, der ungefähr 480 km östlich von Manaus liegt, wurden bis heute Tausende von Quadratkilometern einst fruchtbaren Regenwaldes in eine unbewohnbare Steppen- und Ödlandschaft verwandelt.

Es ist schwer zu sagen, wieviel Regenwald am Amazonas bereits zerstört ist, aber Schätzungen gehen davon aus, daß allein in den letzten 20 Jahren 15 bis 20 Prozent verschwunden sind. Auch über einen weiteren Punkt scheint man sich unter Fachleuten einig zu sein: Die Zerstörung des Regenwaldes nimmt exponentiell zu. Der gebürtige Amerikaner und Ökologe Philip Fearnside, der seit Anfang der 70er Jahre in einem Forschungsinstitut in der Nähe von Manaus Untersuchungen vornimmt, geht davon aus, daß der Regenwald Ende des Jahrhunderts verschwunden sein wird, wenn die Zerstörung mit gleichem Tempo weitergeht.

Auf unserem Weg flußabwärts von Manaus wurden Chmielinski und ich mit einer beunruhigenden Tatsache konfrontiert: Im Herzen des Amazonasbeckens, in dem nach Schätzungen rund 5000 Fischarten vorkommen (zum Vergleich: in ganz Nordamerika gibt es nicht einmal 200 Arten), war es oft schwierig, frischen Fisch zu bekommen. Dagegen bekam man offensichtlich überall Rindfleisch. Das mag auf den ersten Blick als ein Segen für die stark überfischten Gewässer erscheinen. Aber betrachten wir uns das Ganze am Beispiel des *Tambaqui*, eines Fisches, dessen süßlich schmeckendes Fleisch in den 70er Jahren die Hälfte des in Manaus und Umgebung verkauften Fisches ausmachte.

Wie der Großteil der kommerziell gefangenen Fischarten des Amazonasbeckens ernährt sich auch der *Tambaqui* nicht von Insekten und Würmern, sondern von den Früchten und Samen des Regenwaldes. Der auf den Amazonas spezialisierte Biologe Michael Goulding hat herausgefunden, daß sich der *Tambaqui* hauptsächlich von den Samenkapseln des Spruce-Gummibaums[*] ernährt, die beim Einsetzen der Regenzeit reifen. Ungefähr einen Monat später springen diese Kapseln an heißen Tagen auf und streuen ihre Samen in einem Umkreis von bis zu 20 m aus. Die Samen gelangen so in den über die Ufer getretenen Fluß, wo sie von den *Tambaquis* gefressen werden. Die Kapseln des Gummibaums streuen über zwei bis drei Monate ihre Samen aus, und in dieser Zeit kann ein 16 kg schwerer *Tambaqui* ständig bis zu eineinhalb Pfund Baumsamen im Magen haben.

Wenn jedoch der Regenwald verschwindet und Weideland Platz machen muß, das nach wenigen Jahren auslaugt, austrocknet und verödet, dann verschwindet auch der Spruce-Gummibaum – und mit ihm verschwindet der *Tambaqui*. Daher ist es nicht falsch, beim Anblick eines Rindersteaks auf dem Teller an tote Fische und die unaufhörlich schwindende Autoregeneration des Regenwaldes zu denken. Im Umfeld der Amazonasflüsse sorgen nämlich hauptsächlich die Fische während der Überschwemmungen für die Verbreitung von Pflanzensamen und nicht wie auf der nördlichen Halbkugel die Vögel.

Als ich am ersten Tag unterhalb von Manaus singend unter der glühenden Sonne flußabwärts paddelte, war die Zerstörung des Regen-

---

[*] Spruce war ein bekannter Amazonasreisender des 19. Jahrhunderts. Anm. d. Übers.

waldes in meiner Vorstellung zwar präsent, aber nicht real. Der Urwald sah anders aus als zuvor – nicht mehr so dicht und niedriger –, aber was sich an Land abspielte, wurde für mich nicht konkret erkennbar. Ich konnte die Ufer kaum noch erkennen. Beim Befahren der »Begegnung der Wässer« und beim Einbiegen in den Amazonas bäumten sich unsere Kajaks in den kurzen Wellen auf wie scheuende Pferde. Der Fluß war 8 km breit, und die Wellen ragten bis in Kopfhöhe auf, was bedeutete, daß ich meistens nichts sah, weil ich mich in den Wellentälern befand.

Plötzlich bekam ich Schüttelfrost und mußte mich erbrechen. Bei einem Arzt in Manaus hatte ich eine Karte des Amazonasbeckens gesehen, die am Fluß entlang mit farbigen Stecknadeln gespickt war. Jede Stecknadel bezeichnete den Ausbruch einer Krankheit. Während ich in meinem Kajak saß und mich übergab, stellte ich mir diese Stecknadeln als die Puffer eines Flipperautomaten vor, in dem Chmielinski und ich der Ball waren.

Die Zahl von Krankheitsarten und Erkrankungen, die entlang des Amazonas schon immer beträchtlich war, hat seit dem Verschwinden des Regenwaldes dramatisch zugenommen. Parasiten, die früher als Zwischenwirte die Tiere des Regenwaldes benutzten, befallen seit dem Verschwinden des Regenwaldes verstärkt auch den Menschen. Außerdem sind die durch den Dammbau der letzten Jahre entstandenen stehenden Gewässer hervorragende Brutplätze für viele gefährliche Insektenarten. Malaria bricht in Epidemien aus. Die nächsthäufigste Krankheit ist die Leishmaniose. Sie muß nicht tödlich verlaufen, ist aber sehr gefürchtet wegen der lepraartigen Entstellungen, die im schlimmsten Fall der Krankheitsverlauf zur Folge haben kann. Den Opfern fallen schließlich Nase und Ohren ab. Leishmaniose kann mit Antimon in Schach gehalten, aber nicht ausgeheilt werden. Im Jahr 1982 wurde in Brasilien erstmalig das Denguefieber registriert. Der Virus hat sich seither bis in die Städte ausgebreitet, ebenso das Gelbfieber, das früher nur tief im Urwald vorkam. (In Tefé war beispielsweise im Jahr vor unserer Ankunft eine Gelbfieberepidemie ausgebrochen.) Mehr als 250 000 Menschen sind zwischen 1980 und 1984 an Oropouchefieber erkrankt, das vor 1980 praktisch unbekannt war. Dem erst vor kurzem entdeckten Mayarofieber fielen über 60 Prozent der von dieser Krankheit befallenen Indios zum Opfer. In den letzten zehn Jahren hat die infektiöse Hepatitis, eine Form, die oft zu Leberzirrhose bei Kindern und Erwachsenen führt, sprunghaft zugenommen. Bestimmte Bremsen legen unter der Haut Larven ab, aus denen Monate später Maden ausschlüpfen. Von Mücken übertragene Würmer, die sich in der Blutbahn einen Weg bis in die Augen suchen, führen zur Erblindung. Die Chagas-Krankheit, die von Raubwanzen verbreitet wird, hat bei den Opfern einen so langwierigen Zerfall der inneren Organe zur Folge, daß die Krankheit oft erst nach 20 Jahren festgestellt werden kann. Die Befallenen sterben dann nach kurzer Zeit. Was die üblichen Krankheitsträger, die Darmwürmer, anbelangt, riet mir ein Arzt in Manaus: »Um die sollten Sie sich überhaupt nicht kümmern. Die gibt es einfach überall.«

Am zweiten Tag nach unserer Abfahrt aus Manaus kamen wir nach Einbruch der Dunkelheit in Itacoatiara an, einer geduckten Ansammlung von Baracken, die sich um eine Jutefabrik gruppieren. Während ich zusammengekauert in meinem Kajak saß, überredete Chmielinski einen glatzköpfigen, schielenden Mann mit dunkler Hautfarbe, uns in einem der rund 100 Fischerboote aus Holz schlafen zu lassen, die im Hafen vor Anker lagen. Chmielinski stellte unsere Zelte auf. Inzwischen lief der Mann in die Stadt und brachte uns einen Topf Rührerier mit Zwiebeln und Brot. Er und Chmielinski machten sich Sorgen um mich und drängten mich, einen Happen zu essen, aber ich bekam keinen Bissen hinunter. Ich schlief am Kombüsentisch ein.

Um Zeit zu sparen, packte Chmielinski am nächsten Morgen mein Boot und verfrachtete mich auf den Fluß. Er selbst ging noch in die Stadt, um Vorräte für uns einzukaufen. Ich paddelte in eine der häufig vorkommenden, im Wasser treibenden Grasinseln und hoffte, daß mich diese Insel schneller flußabwärts treiben würde, als ich es bei dem starken Gegenwind aus eigener Kraft schaffen würde.

Ich machte es mir gemütlich, stemmte die Füße gegen das Deck und warf einen Blick zurück nach Itacoatiara. Chmielinskis Paddelblätter stiegen wie weiße Vögel in die Luft und tauchten schnell wieder ins Wasser. Er beeilte sich, mich einzuholen und holte rasch bis auf Rufweite auf. Bald war er steuerbords auf knapp 40 m heran, aber er sah mich immer noch nicht. Ich wollte ihm zurufen, mußte mich aber übergeben. Drei oder vier Minuten lang konnte ich nur würgen. Als ich wieder einen Ton herausbekam, war Chmielinski bereits an mir vorbeigezogen.

Jeder Versuch, ihn einzuholen, war aussichtslos. Ich entdeckte ein Fischerboot und paddelte, so schnell ich konnte, aus der Grasinsel heraus und machte mich bemerkbar. Der Bootsführer starrte kurz zu mir herüber, gab Gas und zog ab.

»Halt an, du Dreckskerl!« schrie ich, doch ohne Erfolg. Ich strapazierte nur meinen ohnehin schon rauhen Hals noch mehr. Chmielinski gewann immer mehr Vorsprung. Seine Paddelblätter waren nur noch als kleine Punkte auszumachen.

Ich wußte nicht, was ich tun sollte. In meiner Verzweiflung versuchte ich es mit Telepathie.

Ich sagte mir einen bestimmten Satz und konzentrierte mich darauf: *Piotr, hier spricht Joe. Wenn ich nicht vor dir bin, muß ich hinter dir sein. Piotr, hier spricht Joe. Wenn ich nicht vor dir bin, muß ich hinter dir sein. Piotr, hier spricht Joe. Wenn ich nicht vor dir bin, muß ich hinter …*

Nach zwei oder drei Minuten sah ich, daß er langsamer paddelte und schließlich anhielt.

*Piotr, hier spricht Joe. Wenn ich nicht vor dir bin, muß ich hinter dir sein …*

Dann erschien eine gelbe Linie an der Stelle, wo ich zuletzt seine Paddel gesehen hatte. Er hatte sein Kajak beigedreht. Die Linie verschwand wieder. Er hatte umgedreht und paddelte wieder. Allmählich wurden die Paddelblätter wieder größer.

Die nächsten zwei Tage litt ich abwechselnd an Fieberanfällen und Schüttelfrost. Außerdem hatte ich rasende Kopfschmerzen. Chmielinski paddelte neben mir und redete den ganzen Tag auf mich ein. Ich hörte seine Stimme, nahm aber kaum wahr, was er sagte. Ich wußte, daß er mich fragte, ob wir eine Rast einlegen sollten, was ich ablehnte. Ich war inzwischen wie besessen von dem Gedanken, bis zum Atlantik zu paddeln. So gesehen hat mir das Fieber geholfen – ich war zu krank, um noch denken zu können.

Tag für Tag brannte entweder die Sonne glühendheiß vom Himmel und trocknete Augen und Haut aus, oder aber kalte Sturmregen gingen auf uns herunter. Das »Meer« namens Amazonas bahnte sich gerade und ungehindert von Inseln und Biegungen seinen Weg nach Osten, als ob es in seinem Wunsch, den Atlantik zu erreichen, alle Hindernisse aus dem Weg geräumt hätte. Der auf 1600 km ungehindert landeinwärts peitschende Wind wühlte den Fluß auf und verwandelte ihn in eine brodelnde Masse. Wir konnten nirgends in Deckung gehen. Unsere Welt bestand nur aus Wasser, Himmel und dem schmalen grünen Band zu beiden Seiten des Flusses.

Am dritten Nachmittag nach unserer Abfahrt aus Manaus warf ein Passagierschiff von der Größe eines Ozeandampfers die Wellen noch höher auf. Der Fluß war inzwischen voll von solchen Schiffen, die es anscheinend alle darauf abgesehen hatten, uns über den Haufen zu fahren. Die großen Schiffe hielten scharf auf uns zu, ihre Schrauben warfen ein bis eineinhalb Meter hohe Wellen auf, die Passagiere lehnten sich über die Reling und riefen uns zu. Wenn die Schiffe dann an uns vorbeifuhren, und wir verzweifelt versuchten, ihr Kielwasser sicher zu durchqueren, erschienen mir ihre portugiesischen Namen wie Blakesche Visionen: *Unter dem Schild Gottes, Gottvertrauen, Engelsschiff* usw.

Bisweilen schien es mir, als wolle der Wind niemals nachlassen oder die Sonne niemals wieder zum Horizont niedersteigen. Das Geräusch meines auf dem Wasser aufschlagenden Paddels hypnotisierte mich. Einmal wachte ich durch einen stechenden Schmerz hinter meinem linken Ohr auf. Ich klatschte mir an den Hals, und eine tote Biene klebte an meiner Hand. Mein Ohr tat höllisch weh, aber ich war froh, daß ich nur von einer einzigen Biene angegriffen worden war. Killerbienen greifen oft in Schwärmen an.

Manchmal ertappte ich mich zu fortgeschrittener Stunde dabei, wie ich auf Chmielinski einschwatzte, während dieser genauso hemmungslos auf mich einredete. Ich brauchte ein paar Minuten, bis ich wußte, wo ich war. Ich hatte das Geräusch des auf dem Wasser aufschlagenden Paddels ausgeblendet, als ob jemand anders dieses Geräusch verursachte. Dann war ich wieder gezwungen, mich der endlosen braunen Wassermasse vor mir zu stellen. Ich suchte mir einen erreichbaren Fixpunkt aus, zum Beispiel eine Hütte weit vor mir am Horizont. Aber es kam mir vor, als ob wir stundenlang paddelten, ohne dieser Hütte näher zu kommen.

Die Sonne war bereits untergegangen, als wir in Urucurituba ankamen. Der Punkt auf der Karte ließ uns eine größere Stadt vermuten. In Wirklichkeit war Urucurituba jedoch ein mieses Kaff, das seinen Punkt auf der Karte nur der Tatsache verdankte, daß es im Umkreis von mehreren Kilometern kein anderes Dorf gab. Eine zerlumpte

Menschenmenge hatte sich am Fuße eines Erdhügels versammelt: abgehärmte alte Männer, drei jugendliche Schlägertypen in spitzen Lederstiefeln und ein Dutzend Kinder mit Blähbäuchen. Chmielinski erklomm das Ufer, um sich nach einer Unterkunft für uns umzusehen. Keiner der Versammelten sprach auch nur ein Wort, als er sich einen Weg durch die Menge bahnte. Nachdem er verschwunden war, kletterten die drei Schläger das Ufer herunter und bauten sich vor mir auf. Einer schnippste seine Zigarette gegen den Bug meines Kajaks, die anderen beiden lachten.

Ich wußte nicht, wie ich reagieren sollte. Schließlich hielt ich dem mit der Zigarette mein Paddel hin und forderte ihn auf: »Willst du mal das Boot ausprobieren?«

Ein starker Regen setzte ein. Am Ufer wurde es dunkel und kühl. Der junge Mann scharrte mit seinem Stiefel über den Lehm. Die Leute am Ufer beobachteten die Szene, gespannt, was er tun würde. Dann sagte eine tiefe Stimme: »Bringt die Boote hier herauf!«

Der Mann war groß und breitschultrig, sein dichtes graues Haar hatte er straff nach hinten gekämmt. Die drei Rowdys zögerten keinen Moment und zogen die Kajaks das glitschige Ufer hinauf, dann die einzige schlammige Straße der Stadt entlang in ein Betongerippe, das vermutlich einmal ein Haus gewesen war.

Das Gerippe gehörte dem grauhaarigen Mann. Er sah uns zu, wie wir unser Gepäck auspackten, und meinte, es sei gut, daß wir Lebensmittel dabei hätten, denn in Urucurituba sei nichts Eßbares zu bekommen. Dann verabschiedete er sich und ging in die einzige Bar der Stadt.

Die Wolken verzogen sich. Im Licht des Halbmonds wurde deutlich, daß Urucurituba selbst angesichts der bescheidenen Maßstäbe des Amazonasgebiets arm war. Es gab keine Autos, keine Mühle, keinen Hafen. Kanus und Barkassen waren einfach am Ufer vertäut. Von den Booten würde beim nächsten Sturm nur noch Kleinholz übrig bleiben. Es regnete weiter, aber die Kinder mit ihren aufgeblähten Bäuchen blieben fast die ganze Nacht draußen stehen und starrten uns durch die Ritzen an. Das ganze Dorf schlief noch, als wir uns beim ersten Morgengrauen die Straße zum Ufer hinunterschlichen.

*Klatsch … Klatsch … Klatsch:* Am nächsten Tag ging wieder einmal alles schief. Ich vergaß, daß ich auf dem Amazonas war. Ich träumte vor mich hin. Als ich am späten Nachmittag wieder zu mir kam, teilte mir Chmielinski mit, daß wir die 145 km, die wir uns vorgenommen hatten, noch längst nicht geschafft hätten. Deshalb paddelten wir im Vollmond weiter und hofften, daß die Strömung schneller werden und uns nach Parintins treiben würde. Parintins liegt ungefähr 480 km flußab von Manaus. Dort hatten wir uns mit Kate Durrant und Bzdak verabredet.

Statt dessen verirrten wir uns in einem Sumpf und wurden an einen sauberen, moskitofreien Strand gespült, wo wir von einem Froschkonzert begrüßt wurden. Wir luden die Kajaks aus und putzten sie. Chmielinski kochte Tee. Ich saß gegen einen Baumstamm gelehnt und wollte Notizen machen.

»Joe, worüber hast du heute nachgedacht?« fragte mich Chmielinski, als er mir den Tee brachte.

»Ich weiß nicht«, antwortete ich. »Ich kann mich nicht mehr erinnern.« Ich konnte mich an überhaupt nichts mehr erinnern. Die Seite in meinem Notizbuch war leer.

Chmielinski wandte sich wieder dem Benzinkocher zu und machte das Abendessen. Ich legte mein Notizheft beiseite, holte einen Eimer Wasser und hörte dann den Fröschen zu.

»Autos«, sagte ich, als ich ihm das Wasser brachte. »Autos und Motorräder.«

Er rührte in seinem Topf. Heute abend würden wir die letzte eingeschweißte Essensportion zu uns nehmen, die wir von Arequipa mitgebracht hatten. Chmielinski häufte uns Hähnchen nach Jägerart in die Schüsseln.

»An was denkst du, Piotr?«

»An das große Strudelloch auf dem Apurímac. Wo Zbyszek Jack rausgeholt hat. Erinnerst du dich noch?«

Es schien mir Ewigkeiten her, auf einem anderen Fluß. Was hatten wir seither schon alles hinter uns gebracht: den Unterlauf des Apurímac, den Ene, den Tambo, den Ucayali, den Marañón, den Solimões. 4800 km. Obwohl ich jeden Meter gepaddelt war, schien es mir unwirklich.

Und obwohl es schon drei Monate her war, seit wir die Acobamba-Schlucht befahren hatten, hatte ich noch immer Alpträume. Ein grünes Monster hielt mich umschlungen, wirbelte mich herum und wollte mich nicht loslassen. Das Komische war, daß ich dabei nicht naß wurde, aber auch nicht fliehen konnte. Ich wachte jedesmal in kalten

Schweiß gebadet auf, was in den Tropen unbestreitbar eine erstaunliche Leistung ist.

»Wir sind wirklich Glückspilze, wenn wir es bis zur Mündung schaffen«, meinte Chmielinski. »Wir können von Glück reden, daß wir es überhaupt bis hierher geschafft haben.«

»Da hast du vermutlich recht«, erwiderte ich, obwohl ich mich nicht gerade glücklich fühlte.

Am folgenden Nachmittag, kurz vor Parintins, verschmälerte sich der Fluß und toste so sehr, daß mein Steuerruder vom Kajak gerissen wurde. Das Boot geriet außer Kontrolle und bäumte sich auf wie ein Pferd in Panik. Es überraschte mich nicht, daß Parintins eine Kaimauer, einen geschützten Hafen und eine Rampe aus Beton hatte, die von der Kaimauer herunterführte wie die Zugbrücke einer Burg.

Trotz dieser bedrohlich wirkenden Eingangspforte wirkte die Stadt angenehm unauffällig. Sie verströmte die freundliche Atmosphäre der ramponierten Harmonie einer alten Stadt. Die Kirche von Parintins, ein riesiger Ziegelsteinbau aus dem 18. Jahrhundert, ist die älteste Kirche des Gliedstaates Amazonas. Eine reizvolle, von Bäumen gesäumte Promenade führt am Ufer entlang, und dickleibige Palmen säumen die Plaza. Auf der Straße um die Plaza zählte ich sieben Maultiere, von denen drei einen Karren zogen, neun klapprige Drei-Gang-Fahrräder, vier VW-Käfer und einen dreckigen Mercedes-Benz Sedan. Diese Plaza schien wie in einer Nußschale nicht nur ganz Parintins, sondern ganz Amazonas widerzuspiegeln.

Das einzige Hotel der Stadt war ein kühler Bau aus Schlackenstein, in dessen Innenhof ein Garten angelegt war. Bzdak, Kate Durrant und ein neues Mitglied unserer Mannschaft warteten bereits auf uns. Jacek Bogucki hatte Polen 1979 gemeinsam mit Chmielinski und Bzdak verlassen. Bogucki lebte jetzt mit seiner peruanischen Frau Teresa in Casper, Wyoming. Er hatte polnische Wurst, Schokolade, eine Filmkamera und den Rest des Darlehens, das er zum Kauf seines Flugtickets aufgenommen hatte, mitgebracht.

Außerdem hatte er das Geld dabei, das die Bewohner von Casper für uns gesammelt hatten und das nach ihrem Wunsch zum Kauf eines Bootes verwendet werden sollte, damit die gesamte Mannschaft gemeinsam den Atlantik erreichte. Im Hafen von Parintins lagen Hunderte von Frachtschiffen vor Anker, aber außer einem bestanden sie alle aus Holz. Als Chmielinski und ich in Parantins ankamen, hatten Kate Durrant, Bzdak und Bogucki bereits die achtzehn Meter lange *Roberto II* gemietet.

Ihr Kapitän war ein großer, dicker und gemütlicher *Caboclo* von ungefähr 60 Jahren. Er hieß Deomedio, und man konnte ihn je nach Beleuchtung und Perspektive für einen Indianer, einen Portugiesen oder einen Asiaten halten. Bzdak hatte ihn schnell zum »Capitan-Almirante« unserer Flotte ernannt. Der Capitan hatte vor mir noch nie einen Nordamerikaner gesehen. Er hatte die 2570-km-Strecke von Parintins nach Belém und wieder zurück erst ein einziges Mal befahren, und zwar im Jahre 1951. Sein erster und einziger Maat hieß Afrain und war ein schüchterner, knochiger Junge von 15 Jahren, der jüngste von 21 Enkeln des Capitans. Afrain hatte sich noch nie weiter als 15 km von Parintin entfernt.

Eigentlich wollten wir noch an diesem Tag auslaufen, aber der Capitan hatte geträumt, daß die *Roberto II* ein Leck habe. Er zog das Boot aus dem Wasser und brachte den ganzen Tag mit der Reparatur des Lecks zu, das sich, wie sich herausstellte, direkt unter dem Steuerruder befand.

Während der Capitan sein Boot reparierte, ging Chmielinski mit ihm die bevorstehende Fahrt durch. Der Capitan erklärte ihm, daß er den Fluß bis zur Stadt Santarém kenne. Von dort an müsse er sich auf seine Nase und seine Augen verlassen.

»Das hier wird helfen«, meinte Chmielinski und hielt ihm eine Flußkarte hin, die er in Manaus gekauft hatte.

Der Capitan studierte die Karte, nickte brummelnd mit dem Kopf und gab Chmielinski die Karte zurück.

»Ich kann sie nicht lesen«, meinte er.

»Warum nicht?« fragte Chmielinski.

»Ich kann nicht lesen«, erwiderte der Capitan. »Aber das macht nichts. Ein Lotse, der so was braucht, gehört nicht auf den Amazonas.«

An jenem Abend waren die Mitglieder unserer Expedition Ehrengäste bei einer Tanzveranstaltung, die den Beginn des Karnevals einläutete. Sie fand im Club Knapp statt, einer Bar mit Freiterrasse über dem Fluß. Die Viererband (Saxophon, Conga-Trommeln, Baß und Schlagzeug) war auf *Forro* spezialisiert, den man in Parintins mit steifem Oberkörper und wild kreisenden Hüften tanzt. Dabei tanzen die Paare so eng miteinander, daß man meinen könnte, »sie seien an den Hüften zusammengewachsen«, wie Kate Durrant bemerkte. Ein Lied ist schneller und ausgelassener als das andere, und ein einzelner Tanz kann bis zu einer Stunde dauern.

Zur Freude der Versammelten beherrschte Kate Durrant den *Forro* von uns allen am besten. Bzdak glich mangelnde Eleganz durch großen Eifer aus. Der charmante Chmielinski war der Liebling der Frauen von Parintins. Da er bisher jedoch nur Walzer und Menuette getanzt hatte, fand er den *Forro* ein bißchen obszön. »Was machen die denn da?« fragte er mich in einer Tanzpause und kreiste mit den Lenden.

Auch ich gab mein Bestes. Ich hatte kein Fieber mehr und war zu jeder Schandtat bereit. Die dralle, dunkelhäutige Isabella war einen Kopf größer als ich und wollte mir im Gegenzug für Englischstunden das Tanzen beibringen. Sie wollte nach Manaus, um dort amerikanischen Touristen die Stadt zu zeigen: »Die spanisch Leute sind viele Leute, aber Amerikaner hab'n mehr Geld«, meinte sie in schauderhaftem Englisch.

Die ersten paar Tänze gingen ganz gut, aber während einer besonders langen Runde rang ich an Isabellas stattlichen Busen gedrückt nach Luft. Ich geriet aus dem betörenden Rhythmus von Hüfte an Schenkel, was mir in Anbetracht des rasanten Tempos, in dem der *Forro* getanzt wird, plötzlich große Schmerzen verursachte.

Ich geleitete Isabella langsam von der Tanzfläche. Wir setzten uns an einen Tisch und bestellten Bier. Sie lächelte und sagte: »Die Leute vom Amazonas viel Fisch und Manioks essen. In Jenuar Fluß hinaufgeht und Insel untergeht. Ford Escort mit seinem Schaltknüppel ich sehr lieben.«

Ich entschuldigte mich und ging hinaus an den Fluß. Chmielinski saß auf einer Bank und starrte aufs Wasser. Zum sechsten Mal seit Beginn unserer Expedition hatten wir Vollmond. Er warf eine gekräuselte, goldbraune Bande über den Fluß, die in der Dunkelheit verschwand, denn selbst beim hellen Licht des Vollmonds konnte man das andere Ufer nicht erkennen. In diesem goldbraunen Licht sah der Amazonas zugleich wunderbar und mächtig aus. Aber Chmielinski wirkte traurig, was für ihn ungewöhnlich war. Ich fragte ihn, was mit ihm los sei.

»Das ist ein nettes Städtchen, aber ich fühle mich trotzdem nicht wohl«, meinte er.

»Wie meinst du das?«

»Selbst wenn ich nur einen Tag nicht auf dem Fluß bin, fühle ich mich
nicht wohl. Er ist meine Heimat«, meinte er und zeigte auf den Fluß.
»Ich habe jetzt das Gefühl, daß ich den Amazonas kenne. Ich möchte
ihm immer nah sein.«
Zu meiner Überraschung stellte ich fest, daß es mir genauso ging.

Am Morgen kaufte der Capitan von unserer ersten Anzahlung einen
neuen plastikbeschichteten Tisch für die Kombüse. Nachdem der Tisch
an Ort und Stelle stand, kletterten Chmielinski und ich in unsere Kajaks,
während Kate Durrant mit ihren beiden polnischen Begleitern an Bord
der *Roberto II* ging. Afrain machte die Taue los, und der Capitan-Almirante steuerte sein Boot aus dem Hafen hinaus auf den Amazonas.
Dann steckte er die Nase in den Wind und nahm Kurs in Richtung
Atlantik, von dem uns immer noch knapp 1300 km trennten.
Die *Roberto II* hielt sich dicht am rechten Ufer; Chmielinski und ich
paddelten dagegen in die Mitte des Flusses, wo die Strömung am
stärksten ist. Obwohl kein Wölkchen am Himmel war, mußte ich die
Augen zusammenkneifen, um die schmalen grünen Landstreifen jeweils 3 km rechts und links von uns noch zu erkennen. Dann zog
Nebel auf und legte sich über den Fluß, so daß ich überhaupt nichts
mehr erkennen konnte.
Bis zum späten Nachmittag begegneten wir keiner Menschenseele.
Erst dann schipperte die *Roberto II* auf der ozeanartigen Dünung
durch die dichte Nebelwand. Während das Boot langsam Formen annahm, hörten wir zum ersten Mal an diesem Tag wieder Stimmen.
Arme winkten uns von oben vom weißen Rumpf des Bootes zu. Als
es neben uns war, fiel mir eine Dose Bier in den Schoß.
Mit einem Mal schrie Afrain auf. Eine Buschmeister-Schlange oder
*surucucú,* wie sie hier heißen, schlängelte sich auf den Bug meines
Kajaks zu. Afrain sprang auf mein Kajak und hob das Tier mit meinem Paddel aus dem Wasser. Bogucki, der alles und jedes sammelte,
leerte den Inhalt eines Mayonnaiseglases aus und füllte *Cachaça* in
das Glas in der Hoffnung, daß der Alkohol die Schlange töten und
gleichzeitig konservieren würde. Afrain packte die etwa 60 cm lange
Schlange hinter dem Kopf und ließ sie in das Glas fallen, Bogucki
drückte schnell den Deckel auf das Glas.
Der Capitan fand das Ganze scheußlich. »Das ist pervers«, meinte er.
»In Brasilien ißt man Schlangen nicht mit Mayonnaise.«

Der Sonnenuntergang gehörte zu den Naturschauspielen des Amazonas, die ich schon seit längerem nicht mehr richtig gewürdigt hatte. Als die Sonne eine Stunde später unterging, drehte ich mich um und betrachtete den Horizont hinter mir. Der gelbe Ball der Sonne, klein und weit weg am äquatorialen Himmel, schob sich hinter einer purpurfarbenen Wolkenwand hervor. Sie tauchte den jetzt friedlichen Fluß in einen silbrigen Schleier, warf rote Strahlen über eine im Norden aufziehende schwarze Wetterwand und färbte die sumpfige *Várzea* tiefgrün. Ein leichter Wind kam auf und trieb kleine Wellen über das Wasser, die das Silber mit braunen Malerklecksen durchsprenkelten.

Vor mir, im Südosten, ging der gelbe Vollmond auf. Als er im Zenit der Dunstglocke stand, strahlte er grellweiß herab. Wenn alles nach Plan verlief, war das unser letzter Vollmond am Amazonas. Wir wollten in weniger als vier Wochen den Atlantik erreichen. In meiner Erinnerung war der erste Vollmond südlich des Äquators, oben auf dem kalten Hochland der Puna, als wir von der Quelle des Amazonas herabstiegen, doppelt so groß wie der Mond hier in den Tropen. Aber damals war ich einsam und verzweifelt.

Jetzt paddelte ich todmüde, aber glücklich und zufrieden im Licht des Mondes. Zum ersten Mal seit meiner Ankunft in Peru vor sechs Monaten war ich optimistisch genug, zu glauben, daß wir den Atlantik wirklich erreichen würden.

Die *Roberto II* brummte dumpf neben mir, ihr starker Dieselmotor machte ein tiefes, kaum hörbares Geräusch. Vorne am Bug tauchten silhouettenhaft im Mondlicht Bzdak und Kate Durrant auf. Bzdak hatte seinen Arm um Kate gelegt. Dadurch, daß wir den Capitan und die *Roberto II* angeheuert hatten, ging für uns natürlich ein Stück Abenteuer verloren. Chmielinski und ich würden jetzt nicht mehr an die Türen wildfremder Leute klopfen und um ein Nachtquartier bitten müssen. Aber das war ein kleiner Verlust angesichts des viel größeren Gewinns, den wir daraus zogen, mit so prächtigen Kameraden wie dem Fotografen und der Ärztin zusammen zu reisen.

Der Capitan führte uns an eine Schwarzwasserlagune, die unter einer hohen, unterhöhlten Klippe lag. Die Lagune war erfüllt von den Geräuschen der Insekten, Nachtvögel und springenden Fische und ringsum von Buschwerk umgeben. Ich wollte mein Kajak festbinden, stand in meiner Sitzluke auf und lehnte mich gegen einen Wollbaum. Ich hörte, wie ein Ast abbrach, und spürte, wie mir etwas auf den rechten Arm fiel und hängenblieb. Nachdem ich mein Kajak festgemacht hatte, wollte ich mit der linken Hand den Ast entfernen. Dabei sah ich, wie mich zwei winzige Augen anstarrten. Ich machte unwillkürlich eine ruckartige Bewegung und warf die Schlange in die Dunkelheit. Dann fiel ich aus meinem Kajak in die seichte Lagune, was mir noch mehr Angst einjagte.

Der Capitan hatte diesen Zwischenfall von Anfang an beobachtet. »Yo«, rief er mir zu, als ich aus dem Wasser stieg. »Brauchst du ein Glas Mayonnaise?«

# 18. Der Pará

Der Gliedstaat Pará beginnt 50 Flußkilometer unterhalb von Parintins. Von Tag zu Tag wurde der Amazonas breiter. Obwohl zwischen Manaus und Belém viele Frachtschiffe verkehren, sahen wir selten mehr als die Silhouette eines solchen Frachters am Horizont im konturlosen Schatten zwischen dem dunklen Fluß und dem grauen Himmel der Regenzeit. Die Fauna war bereits ozeanisch. Wir sahen vor allem Seeschwalben und Möwen, und obwohl wir noch immer fast 1300 km vom Atlantik entfernt waren, hatten wir mit einem beschwerlichen Gezeitenunterschied von rund 3 m pro Mondtag zu kämpfen. Beschwerlich deshalb, weil uns die Flut keine Strömung mehr vorantrieb. Der Fluß stieg und fiel wie das Wasser in einer Badewanne, oder, wie ich es mir zusammenphantasierte, wie eine Wasserschlange, die langsam ihre Luftbeutel füllt und leert.

Die 350 km lange Fahrt zwischen Parintins und Santarém mit der *Roberto II* verlief nach demselben Muster wie unsere Fahrt mit der *Coronel Brandão* zwischen Coari und Manaus. Chmielinski und ich setzten vor Morgengrauen unsere Kajaks ins Wasser, nahmen Thermoskannen mit Kaffee mit und paddelten den Tag über allein flußabwärts. Nur wenn ein Sturm aufzog, suchte der Capitan den Fluß nach uns ab und fuhr dicht neben uns, bis der Sturm vorüber war. Das barg mehr Gefahren für die *Roberto II* als für uns, denn unsere Kajaks waren den Stürmen gut gewachsen, aber die flachkielige *Roberto II* schaukelte gefährlich in den Wellen und drohte mehr als einmal zu kentern.

Abends, wenn der Capitan die *Roberto II* in eine Lagune oder einen kleinen Nebenfluß gesteuert hatte, wuschen wir uns und setzten uns zum Abendessen. Er hielt dann an seinem neuen, glänzenden Kombüsentisch hof und erzählte uns langsam, aber stetig Geschichten in seinem monotonen Portugiesisch. Es störte ihn keineswegs, daß wir von seinen Geschichten nur die Hälfte verstanden, denn er lachte selbst am meisten über seine Witze und Pointen. Und er erzählte jeden Abend dieselben Geschichten. Am liebsten brachte er portugiesische Witze wie diesen: »Ein *Caboclo* sagt nach dem Essen ›Danke!‹. Ein Portugiese sagt nach dem Essen ›Mehr!‹.« Außerdem erzählte er uns Gruselgeschichten und schien um so zufriedener, wenn wir ihm nicht glaubten. So erzählte er beispielsweise von einer Anaconda, die ungefähr vor einem Monat ein Boot von der Größe der *Roberto II* zerdrückt haben sollte.

Nach dem Essen stellten wir unsere Zelte auf und vertäuten die Hängematten. Der Capitan nippte an einem Glas Wein und unterhielt sich mit seinem Enkel. Afrain hörte zu, nickte und sprach wenig. Der Capitan wurde nie laut mit Afrain. Eines Tages jedoch, als Afrain auf dem Achterdeck kniete und einen Stoß besonders schmutzigen Geschirrs spülte, rollte eine Welle über das Deck und nahm zwei Töpfe mit in den Fluß.

Afrain erzählte es seinem Großvater. Der Capitan sagte kein Wort. Aber später, als die *Roberto II* an einer Reihe klappriger Hütten am Südufer vorbeifuhr, drehte der Capitan den Bug des Bootes in Richtung Ufer und sagte zu Afrain: »Arbeite hart, sonst endest du in einer dieser Hütten.«

Afrain besuchte keine Schule, aber er hatte einen hellen Verstand. Es amüsierte ihn, daß mein Wörterbuch die portugiesischen Begriffe für Sex, Penis, Vagina und Busen nicht enthielt, und brachte mir mehrere Synonyme für diese Bezeichnungen bei. Er hatte darüber hinaus neben dem intuitiven Verständnis für die Verhaltensweisen am Fluß das wohl wichtigste Talent eines *Caboclo*-Flußschiffers: Er konnte alles an seinem Boot reparieren. Dazu brauchte er kaum mehr als Spucke, Schweiß und einen leidlich bestückten Werkzeugkasten. Afrain besaß zum Beispiel nur zwei Schraubenzieher und einen Schraubenschlüssel.

Kate Durrant machte Afrain zu seinem 16. Geburtstag ein Geschenk, das für ihn wahrscheinlich so wertvoll war wie für andere Juwelen. Sie schenkte ihm ihr Schweizer Taschenmesser. Afrain schärfte die Klingen, ölte die Federn und hängte sich das Messer an einer Schnur um den Hals. Den Rest der Reise hing das Messer entweder um seinen Hals, oder Afrain hielt es in der Hand.

Der Capitan bewunderte dieses Geschenk und meinte: »Ich habe auch in vier Tagen Geburtstag.«

»Das mußt du erst mal beweisen«, foppte ihn Bzdak, aber Bogucki schenkte ihm seine Ersatzsonnenbrille und ich meine Baseballmütze der San Francisco Giants. Daß diese Mütze den gesamten Weg von der Quelle des Amazonas bis hierher mitgemacht hatte, war für den Capitan ungefähr so wichtig wie das Baseballspielen insgesamt: beides war ihm völlig gleichgültig. Aber die Mütze und die Sonnenbrille zusammen verliehen ihm bei Verhandlungen mit den Einheimischen großes Ansehen, und er legte von da an Mütze und Sonnenbrille tagsüber nicht mehr ab.

Der Capitan wollte Bzdak im Gegenzug seine Uhr schenken, aber wir wußten mittlerweile alle über diese Uhr Bescheid.

»Wie spät ist es, Capitan-Almirante?« fragte Bzdak jeden Tag beim Abendessen. Mit feierlicher Miene studierte der Capitan daraufhin das breite silberfarbene Zifferblatt seiner Uhr und wartete, bis Ruhe eingekehrt war, bevor er die Uhrzeit verkündete. Diese wich mit schöner Regelmäßigkeit rund zwei Stunden von der tatsächlichen Zeit ab. Wenn Bzdak auf diese Tatsache hinwies, was er jedesmal tat, zuckte der Capitan nur mit den Achseln und meinte: »Es ist eben eine portugiesische Uhr.«

Dann zog er bedächtig seine Uhr auf, als wolle er bekräftigen, daß in diesem Teil des Universums unsere Zeitvorstellungen einfach keine Bedeutung hätten.

Am vierten Tag nach unserer Abreise aus Parintins weckte mich Chmielinski kurz vor Morgengrauen. Der Regen prasselte auf das Dach der *Roberto II* – schwerer, heftiger Regen, der die Sicht behinderte und hohe Wellen aufwühlte. Am Nachmittag hatte etwas in meinem Rücken geknackst, und als ich mich jetzt umdrehte, um nach der Kaffeetasse zu greifen, die Chmielinski mir ans Bett gebracht hatte, durchfuhr mich ein stechender Schmerz. Ich wollte heute nicht paddeln.

Um Zeit zu gewinnen, fragte ich: »Wie ist das Wetter?«

»Es wird ein wunderbarer Tag«, erwiderte Chmielinski.

»Das ist doch wohl polnischer Stuß!«

»Ach, so ist das. Kaum bist du wach, machst du mein Land schlecht.«

Er machte auf dem Absatz kehrt, stieg in sein Kajak und legte ohne mich ab. Ich folgte ihm so schnell ich konnte, aber er hielt mich auf Abstand. Wir sprachen den ganzen Tag über kein Wort. Erst bei Son-

nenuntergang paddelte er langsamer und wartete, bis ich ihn eingeholt
hatte. Nachdem wir einige Minuten schweigend nebeneinander gepaddelt hatten, fragte er mich: »Warum hast du das gesagt?«
»Was meinst du?« fragte ich. Ich hatte die Sache längst wieder vergessen.
»Polnischer Stuß«, erwiderte er und ahmte meinen verletzenden Tonfall perfekt nach.
»Es tut mir leid. Ich dachte, du wolltest dir einen Scherz mit mir
erlauben, als du gesagt hast, es sei ein herrlicher Tag. Es hat geregnet.«
»Ich habe keinen Scherz gemacht. Ich war den ganzen Tag über wütend. Vielleicht bin ich zu empfindlich, aber so bin ich nun mal.«
Ich entschuldigte mich noch einmal und versprach, künftig meine
Zunge besser zu hüten. Mein Fauxpas tat mir schrecklich leid, und ich
machte mir Sorgen. Chmielinski und ich hatten zwar auch schon vorher Meinungsverschiedenheiten gehabt, aber dabei war es meist um
organisatorische Fragen gegangen: Wie weit wir an einem bestimmten
Tag kommen wollten oder wieviel Lebensmittel wir mitnehmen sollten. Wir hatten uns niemals über persönliche Dinge gestritten. Obwohl
wir jetzt schon seit Monaten zusammen reisten, hatte wir uns nie
wirklich zerstritten. Ich schloß mich für gewöhnlich seinem Urteil an.
Ich hatte den Verdacht, daß hinter Chmielinskis Reaktion ein viel
tiefergreifendes Problem steckte. Er, Bzdak, Kate und ich waren jetzt
seit sechs Monaten unterwegs, und obwohl wir immer noch drei Wochen vor uns hatten, fürchtete sich jeder von uns auf seine Weise vor
dem psychischen Schock, den das Erreichen des Atlantiks sicherlich
bei uns auslösen würde. Der Fluß hatte uns jeden Tag so viel abverlangt, daß wir uns ein Leben ohne den Fluß kaum mehr vorstellen
konnten.
Auf Chmielinski traf dies in besonderem Maße zu. Er trug die emotionale Hauptlast von uns allen, nicht nur in seiner Eigenschaft als
Expeditionsleiter. Er war zugleich der Mann für Öffentlichkeitsarbeit,
wofür er ein besonderes Talent hatte. Das hatte er schließlich in Manaus eindrucksvoll demonstriert. Wir waren ohne einen Cent in der
Tasche, schmutzig und mit einem Paar Schuhe für uns alle in der Stadt
angekommen. In den nächsten Tagen inszenierte Chmielinski in einem
Land, dessen Sprache er kaum beherrschte, eine großangelegte Wer-
bekampagne. Er spielte die nationale Touristikbehörde gegen die bundesstaatliche, die bundesstaatliche Touristikbehörde gegen die städti-

331

schen Medien und die städtischen Medien gegen die Politiker aus. Wir waren aus Manaus nicht nur als die Helden der Stadt abgereist, sondern mit der Zusicherung freier Unterkünfte in Santarém, Belém und Rio de Janeiro und einem kostenlosen Heimflug in der Tasche. Bei unserer finanziellen Lage, die trotz der Mittel aus Casper nach wie vor prekär blieb, war diese Unterstützung für uns von beträchtlichem Wert. Chmielinski hatte sich bei dieser Werbeaktion jedoch völlig verausgabt.

Gleichzeitig durfte er nicht vergessen, seine Frau Joanna abzuholen. Vor sechs Monaten hatte er zum letzten Mal mit ihr in Polen telefoniert. Sie sollte, soweit er wußte, in wenigen Wochen in den Vereinigten Staaten eintreffen. Er mußte sie nicht nur vom Flughafen abholen, sondern auch den Lebensunterhalt für sie beide bestreiten. Joanna hatte zwar ein Diplom in Pharmazie und klinischer Chemie, aber es würde bestimmt Monate dauern, bis sie in den Staaten Arbeit fand.

Je näher wir dem Atlantik kamen, desto mehr Tempo legte Chmielinski vor. Er reagierte nicht immer angemessen. Da wir jetzt wieder gemeinsam fuhren, war weniger Raum, um die Spannungen innerhalb der Gruppe auszutragen.

Ich hatte es vermutlich am einfachsten. Hätten Chmielinski und ich inzwischen nicht gelernt, uns gegenseitig solche kleinen Ausrutscher zu verzeihen, dann hätten wir uns wahrscheinlich schon lange getrennt. Daher taten wir dieses letzte Aufeinanderprallen als Lappalie ab. Für Kate Durrant und Bzdak hingegen gestaltete sich das Leben unter den beengenden Verhältnissen innerhalb des Teams zunehmend schwieriger. Auch für sie war das bevorstehende Ende unserer Expedition belastend. Bzdak blieb nichts anderes übrig, als nach Casper zurückzukehren. Er hatte dort seine Arbeit, und genau wie Chmielinski würde auch er nach Ablauf dieses Jahres die amerikanische Staatsbürgerschaft bekommen. Beide waren daher schon ein Risiko eingegangen, als sie wegen unserer Amazonasexpedition die Staaten verlassen hatten. Nach London zu ziehen wäre für ihn ein ebenso einschneidender Schritt gewesen wie damals seine Ausreise aus Polen. Kate Durrants Situation war keineswegs einfacher. Welche Art von Leben hätte sie in Casper erwartet? Um eine Zulassung als Ärztin in den Staaten zu bekommen, hätte sie nochmals ein Jahr an einer Medical School absolvieren müssen. Außerdem befand sich die Ölstadt Casper angesichts des momentanen Absackens der Ölpreise in einer

Depression. Kate würde daher mit großer Wahrscheinlichkeit nach London zurückkehren müssen.

Am folgenden Tag erreichten wir wieder einen Flußabschnitt, der fast so spektakulär war wie der in Manaus: Der klare, blaue Tapajós verband sich mit dem schlammig-braunen Amazonas. Kaum waren wir in unserem Hotel in Santarém angekommen (der Capitan und Afrain wollten die *Roberto II* nicht verlassen und zogen es vor, an Bord zu schlafen), schon fing Chmielinski an, Bzdak wegen Fotos für die Zeitungen der Stadt, Anweisungen zum Kauf von Karten, Vorräten und Proviant zu bestürmen.

Das war an sich nichts Besonderes, aber heute schlug Chmielinski einen barschen Ton an. Als er anordnete, daß Bzdak nach Belém vorausfahren sollte, um dort Vorbereitungen für unsere Ankunft zu treffen, was bedeutete, daß er nicht mit uns zusammen dort ankommen würde, explodierte der sonst nicht aus der Ruhe zu bringende Bzdak. Chmielinski war über Bzdaks Ausbruch schockiert und aufgebracht. Kate Durrant versuchte anfangs, sich aus dieser Auseinandersetzung herauszuhalten, aber schließlich platzte auch ihr der Kragen. Sie hielt Chmielinski vor, daß er uns mit seiner Gier nach Publicity noch auseinanderbringen werde.

Ich selbst mischte mich in diese schlimmste Auseinandersetzung seit Luisiana nicht ein. Während sie sich stritten, arbeitete ich an meinen Aufzeichnungen. Ich fühlte mich jedoch schuldig, denn ich begann erst jetzt zu begreifen, was das Ende der Expedition für sie bedeutete. Wir brachen am folgenden Tag unter einer glühendheißen Sonne aus Santarém auf. Chmielinski und ich paddelten weit vor der *Roberto II*, hielten uns nördlich am Tapajós, wurden bei der »Begegnung der Wässer« zwischen Amazonas und Tapajós kräftig durchgeschüttelt und steuerten dann unser nächstes Ziel an, das 800 km flußabwärts gelegene Belém.

»Diese Frau ist an allem schuld«, sagte Chmielinski. »Solche Probleme hatten wir noch bei keiner Expedition. Noch nie ist eine Frau auf diese Weise zwischen Zbyszek und mich getreten.«

Ich versuchte ihm zu erklären, daß ich die Anspannung, die auf uns allen lastete, für die Ursache dieses Konflikts hielt. Chmielinski hörte zu und widersprach nicht, aber an diesem Abend und den ganzen nächsten Tag sprach er kein Wort mit Bzdak oder Kate Durrant. Bogucki sagte zu mir, daß es zwischen seinen beiden Landsleuten noch nie eine derartige Auseinandersetzung gegeben habe. Bzdak war ruhig, seine Miene verriet keinerlei Emotionen, und Kate Durrant saß stundenlang allein an Deck der *Roberto II*.

Am nächsten Tag wurde Chmielinski von Schüttelfrost, Fieber, starkem Zittern und Brechanfällen heimgesucht. Er war zu schwach, um sein Zelt zu verlassen. Man hätte meinen können, etwas sei in ihm zerbrochen. Morgens war er blaß und verwirrt. Kate Durrants vorläufige Diagnose lautete auf Malaria, aber sie würde es erst dann mit Bestimmtheit sagen können, wenn die Symptome eindeutiger würden. Chmielinski bestand darauf, es wenigstens zu versuchen, mit dem Kajak weiterzufahren. Wir ließen unsere Kajaks zu Wasser; ich paddelte dicht neben ihm und beobachtete ihn genau. Seine Augen waren blutunterlaufen, er konnte sich nicht aufrecht halten, sein Kajak driftete hin und her. Nach zwanzig Minuten hatte ich ihn schließlich davon überzeugt, daß es besser wäre, wenn er wieder an Bord der *Roberto II* ging. Der Capitan steuerte eine Lagune an, wo wir Chmielinski in eine Hängematte legten. Kurz darauf schlief er ein.

Als er nach dem Essen aufwachte, wollte er unbedingt wieder auf den Fluß. Aber auch dieses Mal mußte er schon bald wieder aufgeben, erneut an Bord der *Roberto II* gehen und schlafen. Wenn er Malaria oder auch nur eine der sechs anderen Krankheiten hatte, die ähnliche Symptome aufweisen, mußten wir Chmielinski schnell in ein Krankenhaus bringen.

Da es bereits zu spät war, um nach Santarém zurückzufahren, machten Bzdak und ich uns mit den Kajaks auf, um die Lagune zu erkunden. Für einen Fotografen ist das Licht in der Dämmerung am interessantesten, und Bzdak hoffte, Fotos von Urwaldpflanzen machen zu können, aber wir wurden enttäuscht. Außer Sumpfgras, niedrigen Büschen und gelegentlich Wollbäumen war nichts zu sehen. Am anderen Ende der Lagune stand eine Herde Wasserbüffel bis zum Bauch im Wasser. Hinter ihnen standen sechs ausgemergelte Zebus auf einer immer kleiner werdenden Anhöhe. Der über die Ufer tretende Fluß überschwemmte ihr Weideland. Die Tiere mußten entweder flüchten oder langsam verhungern.

Wir paddelten auf eine drei mal drei Meter große Hütte zu, die auf dürren Pfählen mitten in der Lagune stand. Vier zahnlose Erwachsene und acht ausgemergelte Kinder kamen aus der Hütte. Ihre Kleider bestanden nur noch aus Lumpen, ihre Mienen waren ausdruckslos. Sie erzählten uns, sie könnten uns weder Obst noch Fisch verkaufen, und das Vieh und das umliegende Land gehöre einem Mann aus Santarém. Als wir auf die *Roberto II* zurückkamen, schlief Chmielinski noch immer. Der Capitan machte sich Sorgen. Er kannte den Amazonas unterhalb von Santarém nicht und hatte sich seither auf Chmielinskis Hilfe beim Erkunden des Flusses verlassen. Auch der Capitan hatte Schmerzen. Nach ein paar Stunden und einer Flasche Wein hatten Bzdak und ich ihn so weit, daß er sich von Kate Durrant untersuchen ließ. Danach war uns allerdings klar, warum er sich so beständig gegen die Untersuchung gewehrt hatte. Seine Hoden waren entzündet und angeschwollen; deshalb hatte er sich nicht von einer Frau untersuchen lassen wollen.

Nachdem ihn Kate mit Antibiotika versorgt hatte, untersuchte sie mich. Ich hatte wieder Beulen an meinen Beinen, an den Fußgelenken, am Kinn und hinter den Ohren. Kate Durrant vermutete, daß es sich um Fliegenlarven handelte. Sie öffnete die Geschwüre und reinigte sie. Danach stellte ich mein Zelt auf und ging schlafen.

Mitten in der Nacht wachte ich auf. Die *Roberto II* schaukelte auf ganz eigentümliche Weise. Ich ging an Deck. Grillen zirpten, und ein Geruch von Moschus lag in der Luft. Dunkle Schatten rieben sich am Rumpf des Bootes – die Wasserbüffel hatten uns eingekreist. Dieses Schaukeln war ganz anders als das von Wellen. Es hatte einen seltsamen, hämmernden und unregelmäßigen Rhythmus, und mit jedem neuerlichen dumpfen Hämmern wurde meine Seelenruhe tiefer gestört. Den Frieden, den ich in jener ersten Nacht nach Parintins gefühlt hatte, machte einer inneren Unruhe und einem Gefühl von Krankheit Platz. In dieser traurigen Lagune schien der Atlantik genauso weit weg und unwirklich zu sein wie vor fünf Monaten im einsamen Puna-Hochland.

Doch am nächsten Morgen sahen wir ein gutes Zeichen. Chmielinski war zwar noch nicht wieder völlig hergestellt, aber er fühlte sich viel kräftiger. Vor dem Morgengrauen hatte er uns um den Kombüsentisch versammelt und breitete die Flußkarten aus, die er in Santarém gekauft hatte. Es stand eine schwerwiegende Entscheidung an. An der Mündung des Amazonas teilt eine Insel, die Ilha de Marajó, die größer ist als die Schweiz, den Fluß in zwei Hälften. Sieben Achtel der Wassermenge des Amazonas fließen nördlich von dieser Insel in den Südatlantik. Dieser Fluß wird wie die Insel Marajó genannt, und viele Hydrographen sind der Meinung, daß man nur diesen Arm des Stroms als zum Amazonas gehörend bezeichnen kann. Das Wassersystem südlich der Insel hingegen sei ein völlig eigenständiger Fluß, der Pará.

Andererseits kann man natürlich vorbringen – und tatsächlich argumentieren vor allem brasilianische Hydrographen so –, daß ein Teil des Amazonaswassers südlich des Marajó abfließt. Dieses Wasser fließt durch den Gurupá-Kanal, verbindet sich mit dem Tocantins und anderen kleineren Flüssen und bildet den Pará, so daß man strenggenommen auch den Pará zum Amazonas zählen muß.

Diese Gabelung wirft die Frage auf, welcher denn nun der längste Fluß der Erde ist. Gemessen an der nördlichen Route ist der Amazonas der zweitlängste Fluß der Erde, 110 km kürzer als der Nil. Gemessen an der südlichen Route ist der Amazonas jedoch 80 km länger als der Nil (außerdem, so beeilen sich die Brasilianer hinzuzufügen, befördert der Amazonas in beiden Fällen eine zehnmal größere Wassermenge als der Nil).

Welche Route sollten wir einschlagen? Angesichts des Gewirrs von Kanälen und der Gezeitenströmungen im Gurupá-Kanal wären wir auf der nördlichen Route fast zwei Wochen früher am Atlantik als auf der südlichen. Wir diskutierten über eine Stunde, aber schließlich kamen wir doch zu dem meiner Meinung nach längst feststehenden Entschluß. Wir hatten die am weitesten zurückliegende Quelle des Amazonassystems als Ausgangspunkt unserer Reise gewählt, und daher war es nur konsequent, daß wir jetzt auch die längste Mündungsroute zum Meer wählten.

Obwohl ich der Meinung war, daß wir die richtige Entscheidung getroffen hatten, war ich nicht ausgesprochen froh darüber, daß wir jetzt noch einmal zwei oder drei Wochen länger auf dem Fluß sein würden. Meine Muskeln waren zwar zwischenzeitlich gut ausgebildet, aber meine Gelenke taten mir weh. Das Knacken in meinen Schultern, das ich bei jedem Paddelschlag hörte, beunruhigte mich, obwohl Kate Durrant mir versichert hatte, daß ich keine bleibenden Schäden davontragen würde.

Die Marajó-Bucht bereitete mir ebenfalls Kopfzerbrechen. Nach den wenigen Informationen, die wir von Fischern bekommen hatten, erwarteten uns dort schwere Stürme, Wellenbrecher und sturmartige Winde, die in die breite, ungeschützte Mündung des Ästuars (= Mündungstrichter) ungehindert vom Atlantik hereinwehten.

Am nächsten Tag, als wir zuerst in südlicher Richtung und dann nach Nordosten in den Gurupá-Kanal einfuhren, wurden wir auf eine ganz unerwartete Weise freudig überrascht. Der Gurupá-Kanal ist in Wirklichkeit der erste innerhalb eines weitverzweigten Kanalnetzwerks, das durch einen ganz eigenen Mündungstyp geprägt wird. In diesem den Gezeiten ausgesetzten Ästuarsystem dominiert nicht wie sonst der tropische Regen als Wasserlieferant. Im Gegensatz zum Hauptarm des Flusses, der fünf Monate im Jahr überflutet wird, erfährt diese ozeannahe Flußniederung, die *Várzea,* zweimal am Tag eine Überflutung. Die Gezeitenunterschiede des 480 km östlich gelegenen Atlantiks wirken sich bis hierhin aus. Der Fluß bleibt nicht in wohlgeordneten Bahnen, sondern überflutet den Wald. Die Vegetation ist dichter als an den knapp 1300 Flußkilometern unterhalb des Solimões und besteht vorwiegend aus Palmen (von denen rund ein Dutzend Arten in diesem Kanalsystem wachsen). Diese Bäume wirken wie riesige Zimmerpflanzen, die ungehindert und wild wachsen. Laute, die wir schon allzulange nicht mehr gehört hatten, drangen an unser Ohr. Das Geschrei von Brüllaffen und die Rufe von Papageien hallten im Urwald wider. Sie erschienen uns wie Willkommensgrüße von alten Freunden.

Chmielinski schien sich in dieser Umgebung schnell zu erholen. Kurz bevor wir in den Gurupá-Kanal einfuhren, brach er sein Schweigen mit Bzdak. Die beiden unterhielten sich auf polnisch, aber Bogucki erzählte mir später, daß Chmielinski Bzdak lediglich darum gebeten habe, Fotos von diesem Kanal zu machen. Das genügte. Bzdak kletterte bald an Deck der *Roberto II* herum und verschoß schnell einen Film nach dem anderen.

Unterdessen paddelte Chmielinski in einen der Seitenkanäle. Als er zurückkam, war sein Kajak festlich mit Orchideen, trompetenförmigen Kletterpflanzenblüten und Schwertlilien geschmückt. Die Blumen überreichte er Kate Durrant und stammelte eine Entschuldigung. Am Abend standen die Blumen in einer Plastikvase auf dem Kombüsentisch.

Wir fuhren tiefer in diese feuchte Flußmündung hinein und kamen an einer Handvoll kleiner, aus Holzhütten bestehender Dörfer vorbei, die alle gleich aussahen. Um eine winzige Sägemühle mit Benzinmotor und Treibriemen gruppierten sich zehn bis zwanzig klapprige Hütten. Lebensmittel waren rar. In diesen Barackensiedlungen gab es nur Maniokmehl oder meist gar nichts zu kaufen. Wir aßen den Rest unserer Hafergrütze und die letzte, bereits angerostete Dose Sardinen, die wir schon in Peru gekauft hatten.

Nach drei Tagen in dem Kanalsystem, nur wenige Kilometer vom Pará entfernt, stießen wir auf einige Einbäume und stinkende, motorbetriebene Vehikel, die kaum den Namen Boot verdienten. Sie bestanden vornehmlich aus Schnüren, morschem Sperrholz, Blechstücken und Leder- und Stoffetzen. Ein Mann bediente die Ruderpinne, ein anderer schöpfte Wasser aus dem Boot, und dazwischen sahen wir ein Dutzend besorgt dreinblickender dunkler Gestalten, eine Ladung Palmholz oder einen Haufen roten Lehm. Die Namen auf diesen lecken Kähnen waren unglaublich hochtrabend: *Königin von Belém*, *Gottes Gnade*, *Prinzessin der See*. Das Wort *Princesa* war so von Ruß bedeckt, daß man es kaum noch lesen konnte.

Die Einbäume waren zum Befahren der stürmischen Marajó-Bucht mit groben Dreieckssegeln ausgerüstet. Chmielinski hielt an und fragte einen der unerschrockenen Flußfahrer, wie es möglich sei, daß sein Einbaum, der weder mit einem Kiel noch mit einem Schwert ausgestattet war, in den berüchtigten Winden der Bucht nicht kenterte.

Der Mann zuckte mit den Schultern und meinte: »Wenn Kanu kentert, ich falle heraus. Wenn Wind nachläßt, ich klettere wieder hinein.«

Für den Capitan war dieses Gebiet etwas absolut Neues. Zum einen verblüfften ihn die Gezeitenunterschiede und die Kanäle, und zum anderen die Tatsache, daß Chmielinski es immer im voraus wußte, wenn wir uns einer Stadt näherten. Als er sich allmählich davon überzeugt hatte, daß das, was er auf der Karte sah, dem entsprach, was er am folgenden Tag an Land sah, wollte er unbedingt das Kartenlesen lernen. (Daß er mit Flußkarten nicht vertraut war, hatte einen einfachen Grund: Die zehn Karten, die Chmielinski in Santarém gekauft hatte, hatten so viel gekostet, wie der Capitan in einem Monat verdiente.) Er klemmte sich die Karten über das Steuerrad und starrte oft mehr als eine Stunde ununterbrochen darauf.

Eines Tages drückte ich ihm meinen Kompaß in die Hand. Er hielt ihn in der ausgestreckten Hand und drehte sich langsam im Kreis. Dabei starrte er auf die Kompaßnadel. Nach diesem Experiment nickte er feierlich und stellte fest: »Es funktioniert.« Nach meiner kurzen Unterweisung im Gebrauch dieses Geräts legte der Capitan den Kompaß neben die Karten. Ich habe nie gesehen, daß er ihn wirklich benutzte, aber ich habe des öfteren bemerkt, wie er ihn versonnen anstarrte – als ob er sich fragen würde, welcher Geist ihn wohl in Bewegung setzte.

Wir hatten gehofft, das Kanalsystem des Ästuars in drei Tagen hinter uns zu lassen, dann den Pará entlang bis in die Marajó-Bucht und von dort aus nach Belém zu fahren. Aber wir hatten die Strömung nicht berücksichtigt. Sie hatte jetzt, rund 320 km vor dem Atlantik, drei bis vier Knoten. Außerdem wechselte sie in jedem der Kanäle die Richtung. Wir befuhren einen Kanal und paddelten mit der Strömung, aber bereits im nächsten paddelten wir gegen sie, und wieder einen Kanal weiter stand das Wasser vollkommen still. Wir hatten uns 80 km am Tag vorgenommen, doch jetzt konnten wir von Glück reden, wenn wir 30 km schafften. Zehn Tage nach unserer Abreise aus Santarém hatten wir keine Lebensmittel mehr, wir waren entnervt, und es schien, als ob wir es nie mehr bis zum Atlantik schaffen würden. Selbst in Breves, der größten Stadt innerhalb des Kanalsystems, war außer einem mageren Huhn nichts Eßbares aufzutreiben.
Noch schlimmer wurde es, als wir die Kanäle hinter uns gelassen hatten und in den 8 km breiten Pará einfuhren. In der ersten Nacht machten wir in Curralinho halt. Die Stadt hatte, abgesehen von der schönen Ziegelsteinkirche, nur viele verfallene Hütten, eine laute, unfreundliche Bar und einen mit Müll aufgefüllten Hafen zu bieten. In der ganzen Stadt war außer Palmherzen in Dosen nichts Eßbares aufzutreiben.
In Curralinho hatte bereits diese Woche der Karneval begonnen. An diesem Abend gingen wir alle mit Ausnahme des Capitans in die Stadt und versuchten, unsere knurrenden Mägen zu vergessen. Mitten auf dem ebenen Dorfplatz wurde Müll verbrannt. Ein drahtiger Mann mit freiem Oberkörper bearbeitete wie ein Wilder eine große Trommel. Seine Hose war am Schenkel zerrissen, am rechten Fuß trug er keinen Schuh. Links trug er eine Beinprothese mit einer grellorangefarbenen Socke und einem neonblauen Tennisschuh. Dieser Tennisschuh war der erste Schuh, den ich seit unserer Einfahrt in den Gurupá-Kanal gesehen hatte.
Um den Trommler gruppierten sich weitere Männer mit Schlaginstrumenten, Tambourins und Congatrommeln. Die Besetzung wechselte

ständig. Jemand brachte die Familientrommel mit, spielte eine Stunde lang und verschwand wieder. Zwei geschmeidige junge Frauen tanzten in Röcken, die bis zum Schenkel aufgeschlitzt waren, und schüttelten dabei Körperteile »wo andere Menschen gar nichts haben«, wie sich Kate Durrant ausdrückte.

Die hämmernden Trommeln und die schwitzenden, gelenkigen Frauen lenkten mich ab. Ich vergaß meinen Hunger. Tage später, mit vollem Bauch, wurde mir klar, daß genau das der Zweck der Übung war.

Nach Curralinho fuhren wir 65 km am linken Ufer des in östlicher Richtung dahinfließenden Pará entlang. Zwei Tage später erreichten wir die Stelle, wo der breite Tocantins von Süden her in den Pará mündet. Nach dem Zusammenfluß verbreitert sich der Fluß schlagartig auf 16 km und geht ein kurzes Stück flußabwärts in die Marajó-Bucht über. Wir trennten uns eine Weile von der *Roberto II*, da sie den Wellen und den plötzlich aufkommenden Stürmen in der Bucht nicht gewachsen war. Der Capitan machte kehrt und fuhr ein Stück flußaufwärts, von wo aus er über ein Seitenkanalsystem am rechten Ufer nach Abaetetuba, das geschützt hinter einer Insel liegt, fahren sollte. In Abaetetuba wollten wir uns dann wieder mit der *Roberto II* treffen.

Dunkle Sturmwolken waren im Osten aufgezogen, als Chmielinski und ich am Spätnachmittag dieses Tages durch den Ästuar der Marajó-Bucht paddelten. An diesem Tag hatten wir wirklich Glück, denn die Wellen in der Bucht waren zwar hoch, aber keine Brecher, und der Himmel verdunkelte sich, aber es kam kein Sturm auf. Dennoch hatte ich bei unserer Ankunft in Abaetetuba Schmerzen am Kinn. Ich hatte während der gesamten Fahrt durch den Ästuar die Zähne aufeinandergebissen.

Die *Roberto II* stieß wie geplant in Abaetetuba zu uns und ging vor Anker. Kurz nach Einbruch der Dunkelheit hörten wir von der Stadt herunter Trommelgeräusche. Der Karneval war für Afrain der Höhepunkt des Jahres. Er packte seine Trillerpfeife und hetzte zur Plaza. Aber schon nach einer Stunde kam er enttäuscht wieder zurück. Der Karneval bestand in Abaetetuba aus einem einsamen Trommler, Betrunkenen, die auf der Straße lagen, und einer Handvoll benebelter Einheimischer, die sich im Kreise drehten. Die meisten Bewohner der Stadt hatten sich in einer Bar versammelt und sahen sich im Fernsehen eine Übertragung der Karnevalsumzüge in Rio de Janeiro an.

An diesem Abend entdeckte ich den Widerschein der Lichter Beléms am Himmel und ein Passagierflugzeug – das erste seit Lima. Während wir schliefen, stahl jemand Kate Durrants Windjacke von der Wäscheleine der *Roberto II*. Bisher war uns in ganz Brasilien noch nichts gestohlen worden.

Am folgenden Tag paddelten Chmielinski und ich 30 km am rechten Ufer der Bucht entlang und konnten uns gerade noch rechtzeitig in den Furo do Arrozal, einen Seitenkanal, flüchten, bevor ein Sturm über uns hereinbrach. (Der Capitan hatte es vorgezogen, den Tocantins hinauf und von dort aus über ein System kleinerer Flüsse nach Belém zu fahren, anstatt die gefährliche Marajó-Bucht zu durchqueren.)
Hätte ich nicht gewußt, daß wir nur 25 km vor der größten und, wie ich vermutete, zivilisiertesten Stadt am Amazonas paddelten, hätte ich nichts davon gemerkt. Im Leben am Furo do Arrozal deutete nichts auf diese Tatsache hin. Die Gesichter, die ab und zu hinter einer Palme oder einem Mangrovenbaum hervorlugten, wirkten verzweifelt und verängstigt – eine Folge des feuchten, dunklen und schwülen Regenwalds des Mündungsdeltas, wie ich vermutete. Licht drang hier nur an den freien Stellen über den Kanälen in den Wald, und selbst am Mittag fiel das Sonnenlicht nie direkt auf den Urwaldboden. Die wenigen Menschen, die uns begegneten, wirkten, bis auf ein paar Männer, die an einer freiliegenden Stelle Lehm aus dem Ufer hackten, träge und schlapp. Sie hörten das Klatschen unserer Paddel im Wasser und sahen von der Arbeit hoch. Sie hatten breite und muskulöse Oberkörper, aber ihre Augen waren ausdruckslos und tot. Sie starrten uns an, sprachen aber kein Wort.
Wir bogen in den Furo do Cavado ein, ein Kanal, der so eng war, daß wir hintereinander paddeln mußten. Die Hütten am Ufer waren kaum mehr als verrottende Abfallhaufen, die wenigen Menschen wirkten träge. Kein Vogelgezwitscher war zu hören, kein Fisch sprang aus dem Wasser. Von Zeit zu Zeit tauchten Schwärme 5 cm langer, durchscheinend gelber, echsenartiger Tiere aus dem Schatten auf. Sie bliesen sich beim Hüpfen auf, trieben ein paar Sekunden auf dem Wasser und verschwanden dann. Diese 16 km erschienen mir als das primitivste Gebiet unserer gesamten Reise. Der einzige Hinweis darauf, daß wir uns im 20. Jahrhundert befanden, war ein gelber VW-Käfer, der

an einem kleinen abbröckelnden Pier abgestellt war. Aber dem Wagen fehlten die Reifen, die Türen und der Motor.

Der Kanal bildete Schleifen und Windungen, wurde so schmal wie eine Paddellänge und wirkte hier noch dunkler und gespenstischer. Wir kamen um eine Biegung – da türmten sich plötzlich vor uns die Wolkenkratzer von Belém auf – auf der anderen Seite des aufgewühlten Canal da Das Oncas. Nur drei Kilometer entfernt, aber durch Jahrhunderte getrennt.

# 19. Der Atlantik

16. Februar

Belém ist das portugiesische Wort für Bethlehem. Ungläubig nähern wir uns dem Ziel unserer sechsmonatigen Reise. 6800 Flußkilometer und 3 Millionen Paddelschläge liegen hinter uns. »Wohin gehst du?« bin ich zigmal von Leuten gefragt worden, die jene Orte nie sehen würden, die ich auf dieser Fahrt gesehen hatte. Meine Antwort war immer dieselbe: »Nach *Belém!*« Diese Worte haben jetzt ihre Bedeutung verloren, weil ich sie schon zu oft benutzt habe.

Die *Roberto II* erwartet uns bereits im Hafen. Der Capitan füllt seinen Laderaum mit Zwiebeln, die er auf der Rückfahrt in den ausgehungerten Dörfern zwischen Belém und Parintins verkaufen wird. Wir nehmen unterdessen Afrain mit in die Stadt und laden ihn zum Essen ein. Außerdem bekommt er von uns eine verwegene Sonnenbrille geschenkt. Er ist völlig überwältigt von der Größe der Stadt, genauso wie ich. In Belém mit seinen 1,5 Millionen Einwohnern leben schätzungsweise zehnmal mehr Menschen als an der rund 3200 Kilometer langen Strecke bis zur peruanischen Grenze (mit Ausnahme von Manaus, das ja am Rio Negro liegt).

Nach dem Essen gehen wir mit einer Flasche brasilianischen Ersatzchampagners zur *Roberto II* zurück. Nach Genuß des Champagners und, wie mir erst später bewußt wurde, wegen der im Laderaum gelagerten Zwiebeln bricht der Capitan in Tränen aus. Zuerst fürchten wir, wir hätten ihn beleidigt, obwohl wir ihm beträchtlich mehr gezahlt haben, als vereinbart worden war (aber auch er hat mehr gegeben, als er versprochen hatte). Es stellt sich jedoch heraus, daß er lediglich traurig darüber ist, uns nicht bis zum Atlantik begleiten zu können, von dem uns immer noch 110 schwierige Kilometer trennen. Aber die *Roberto II*, die uns im winzigen Parintins so groß erschienen war, wird hier in Belém selbst von den kleinsten Fischerbooten in den Schatten gestellt. Sie alle sind mit einem hohen, den Wellen trotzenden Bug ausgestattet.

Wir trinken den Champagner aus, verabschieden uns, und die *Roberto II* macht sich auf den Weg nach Westen, wo sie hingehört. Ich werde den Capitan und Afrain vermissen und immer gerne an sie zurückdenken.

Wir gehen in die Stadt zurück. Bogucki ist bereits auf dem Nachhauseweg nach Wyoming und zu seiner besorgten Frau. Kate Durrant und Bzdak haben sich unterdessen völlig selbstverständlich in dem Fünf-Sterne-Hotel niedergelassen, das ihnen das brasilianische Touristenbüro Embratur vermittelt hat.

Chmielinski und mich hingegen erwartet Schwerstarbeit. Nachdem ich mich in der Hotelsauna blamiert hatte – ein Frank-Sinatra-Song, der über die Lautsprecher dröhnte, hatte mich zu Tränen gerührt, wofür mir keine andere Erklärung als mein Heimweh einfiel –, ging ich zurück auf mein Zimmer und trank aufgekratzt eine Flasche kaltes Bier. Seit langem habe ich wieder Angst – vor der letzten Etappe unserer Reise, der Durchfahrt durch die Marajó-Bucht hinaus auf den Atlantik. Ich traue mir nicht zu, auf offener See zu paddeln, die Größe der im Hafen vor Anker liegenden Schiffe schürt meine Angst.

Aber es gibt kein Zurück mehr. Ich werde auch morgen, wie ich es schon seit Monaten getan habe, hinter meinem guten Freund Piotr Chmielinski herpaddeln.

17. Februar

Beim ersten Morgengrauen gehen wir hinunter zum Hafen. Fischer rufen uns aufmunternd zu, Kaffeeduft liegt in der Luft, als wir unsere kleinen Plastikboote im flachen, grauen Dos Oncas zu Wasser lassen und nach Norden paddeln.

Bzdak und Kate Durrant fahren an diesem Morgen in einer kleinen, motorgetriebenen Barkasse, die die brasilianische Marine uns zur Verfügung gestellt hat, neben uns her. Bzdak verknipst noch schnell die restlichen der insgesamt 7000 Dias, die er auf dieser Reise geschossen hat. Während der letzten Woche hat der Fluß mein Messer, eine Thermoskanne, einen Hut, zwei Füller und meine lächerlichen Schlappen verschlungen. Es ist fast so, als wolle er mich reinigen und mich meines Besitzes entledigen, so daß mich nur noch meine Gedanken, Erinnerungen und die Bande der Freundschaft aufs Meer hinaus begleiten.

»Als wir zum ersten Mal in den Westen gekommen sind, hat man uns gesagt, daß jeder Fluß einen Tribut fordert«, erklärte Bzdak. »Besser, er nimmt sich einen Gegenstand als ein Menschenleben.«

Kate Durrant und Bzdak wünschen uns noch viel Glück und versprechen uns Champagner und ein großes Fest, wenn wir uns in drei Tagen wieder treffen. Dann kehren sie zurück nach Belém, und Chmielinski und ich paddeln in östlicher Richtung durch die Marajó-Bucht hinaus.

Das Wasser ist ruhig, der Horizont klar. Um die ins Meer hinaustreibende Strömung voll auszunutzen, paddeln wir in die Mitte der Bucht. Die Ufer zu beiden Seiten sind nicht zu sehen.

Hier ist die Bucht, der Fluß – für mich ist das dasselbe – über 25 km breit. Für mich haben Amazonasbecken und Hochanden eins gemeinsam: Ihre schiere Größe wirkt beengend. Wie oft bestand meine kleine Welt lediglich aus dem Polen, der jetzt, wo ich diese Worte niederschreibe, mit mir Kaffee trinkt. Damals in Atalaya, als wir die Reise mit den beiden Kajaks fortsetzten, hatte ich mich vor der Nähe, die der Fluß uns aufzwingen würde, gefürchtet. Chmielinski hat seither meine schwächsten Seiten kennengelernt. Er sah mich krank, verängstigt und verzweifelt. Und doch hat er mich nie im Stich gelassen. Ich kann nur hoffen, daß ich als Kamerad wenigstens halb so gut war wie er. Wir haben auf dieser Reise zwar viele Stunden schweigend verbracht, aber es war das Schweigen von Brüdern. (Er hat acht Geschwister, ich fünf.)

Chmielinskis Enthusiasmus ist selbst nach all dieser Zeit ungebrochen. Wir paddeln weiter, und er stimmt einen seiner geliebten, die Stimmbänder strapazierenden polnischen Märsche an. Inzwischen kann auch ich den Text und singe aus voller Kehle mit. Ich habe zwar keine Ahnung, was die Worte bedeuten, verspüre aber nicht die geringste Lust, ihn danach zu fragen.

Das Paddeln ist einfacher, als ich erwartet habe. Wir schippern auf den sanften Wellen der Bucht, der Himmel ist ein dünnes Grau. Bei Sonnenuntergang haben wir beinahe 65 km hinter uns gebracht. Mein Selbstvertrauen wächst, vorsichtiger Optimismus kommt bei mir auf – schon bald werde ich zum letzten Mal aus meinem Kajak steigen. Ich werde zum Beginn der Baseballsaison in Kalifornien sein. Ich werde mehr als zweimal in ein und demselben Bett schlafen. Ich werde die Frau, die ich liebe, küssen.

Wir beschließen, in dem kleinen Hafen von Vigia an Land zu gehen.

Ein paar grauhaarige, stiernackige Männer mit Unterarmen wie Popeye der Seemann und zahnlosen Mündern stehen an der Kaimauer und beobachten uns. Mit Befriedigung stelle ich fest, daß mich der Anblick dieser hartgesichtigen Burschen nicht im geringsten einschüchtert. Ich sage mir, du bist genauso ein Flußmensch wie sie. Dann versuche ich einen von Chmielinskis Tricks. Mit fünf starken Paddelschlägen lasse ich mein Kajak weit in den Sand zu Füßen der Kaimauer hochschnellen. Dieses großspurige Gehabe macht mich in ihren Augen entweder zu einem harten Kerl oder aber zu einem Idioten. In jedem Falle also zu jemandem, mit dem nicht zu spaßen ist.

Mein Imponiergehabe ist jedoch völlig überflüssig, denn diese Burschen sind Fischer, Brüder der See. Nachdem Chmielinski ihnen erklärt hat, was uns hierher führt, schultern sie unsere Kajaks, und wir marschieren in einer langen Reihe zum einzigen Hotel von Vigia. Dort werden wir mit Bohnen, frischem Fisch und kaltem Bier bewirtet.

Selbst jetzt, da ich nicht mehr in meinem Kajak sitze, wippe ich unentwegt weiter. Als ich in einem kühlen Vorraum in der Nähe der Küche fast schon einnicke, merke ich, wie mein Körper sich im Rhythmus der Wellen des Ozeans bewegt.

18. Februar

Die Marajó-Bucht treibt mir die Selbstüberschätzung des gestrigen Tages schnell aus. Am späten Morgen verdunkelt sich der Himmel, ein Sturm braust heran. Sturzregen peitscht gegen unsere Kajaks. Obwohl wir im Abstand von 1,5 km parallel zum rechten Ufer paddeln, wäre es zwecklos, dort Schutz zu suchen. Die Wellen würden uns direkt in einen Mangrovensumpf hineintreiben und uns gegen die freiliegenden Wurzeln der faulig riechenden Bäume schmettern.

Daher drehe ich, Chmielinskis Beispiel folgend, den Bug des Kajaks in die Wellen und harre einfach bis zum Nachmittag aus. Endlich legt sich der Sturm, die See wird wieder ruhig.

Den halben Tag in den Wellen auszuharren, kräftig paddelnd, doch ohne von der Stelle zu kommen, das hatte uns erschöpft. Das Ufer ist jedoch so dicht von Urwald bewachsen, daß man nirgends durchkommt und ein Zelt aufschlagen kann – deshalb paddeln wir weiter.

Zwei Stunden später sehen wir auf einer niedrigen Insel am Horizont, wie sich Schilf im Wind bewegt. Wir ziehen unsere Kajaks durch knietiefen Schlamm die versandete Lichtung hinauf. Zwei dunkle, knochige Männer sitzen um ein kleines Kohlenfeuer. Ein Schwein reibt sich an einer weggeworfenen Dose, ein räudiger Hund und zwei Katzen, die ersten in ganz Brasilien, fressen einen Fischkopf. Einer der Männer dreht sich eine Zigarette und zündet sie sich an der glühenden Kohle an. Mit einem scheelen Blick sagt der Mann, wir dürften gern auf seiner Schlafplattform unsere Zelte aufschlagen. Die Plattform besteht aus zwölf krummen Planken und vier Pfählen und wird, soweit ich erkennen kann, nur durch die »graça da Deus«, die Gnade Gottes, zusammengehalten.

Es stinkt nach Schwein, alles ist feucht, und sechs Nachbarn, die plötzlich aus dem Nichts aufgetaucht sind, hocken auf dem Boden und starren uns an. Chmielinski versucht, ihnen den Zweck unserer Expedition zu erklären – sie nicken stumm und unverständig. Der Kopf eines schwangeren Mädchens ist dick wie ein Wasserkopf.

Warum bin ich über diesen Empfang enttäuscht? Nach 6800 km müßte ich eigentlich wissen, daß von der Quelle des Amazonas zu kommen gleichbedeutend ist mit ›vom Mars kommen‹. Ich sollte nicht mehr erwarten als das Schwein, das die ganze Nacht unter der Plattform rumort, grunzt und wühlt.

Am nächsten Morgen ist das Schwein verschwunden – die Lichtung ist überschwemmt. Wir paddeln los, ohne den Besitzer zu wecken, der in einer Ecke zusammengerollt auf einem Stück Pappe schläft.

### 19. Februar

Heute zeigt sich die Marajó-Bucht wieder von einer ganz anderen Seite – sanft plätschernd wie ein ruhiger, grauer See. Wir paddeln mit der ins Meer ziehenden Strömung. Um die Mittagszeit haben wir die Strömung gegen uns. Wir befinden uns ungefähr eineinhalb Kilometer vor der Landspitze von Taipu. Die Marajó-Bucht liegt in nordöstlicher Richtung, ihr Nordufer trifft beim Kap Maguarinho auf den Atlantik. Das Südufer der Bucht endet ungefähr bei der Insel Dos Guarás, die 56 km südöstlich von Kap Maguarinho und 16 km östlich von Taipu liegt. Wenn wir von Taipu aus nach Norden paddeln, werden wir nach 21 km eine imaginäre Linie zwischen Kap Maguarinho und Dos Guarás überqueren ...

Wir suchen in einer nahegelegenen Lagune Schutz und stoßen auf einen kleinen Schoner mit einer Gaffel-Takelung. Die *Gott ist dein Richter* ist ein ungefähr 7 m langes Holzboot ohne Motor. Die Crew besteht aus drei verschlafenen Männern: dem lederhäutigen Kapitän Juarez, dem Ersten Maat Edino und Mano. »*Marinheiro!*« sagt er und klopft sich auf seine schmale, unbehaarte Brust. Sie liegen hier in der Lagune seit zwei Tagen vor Anker und haben das Ende des Sturms, der gestern tobte, abgewartet. Der Sturm ist zwar jetzt vorbei, aber ihre *Cachaça*-Vorräte sind noch nicht aufgebraucht. Daher haben die Fische in der Marajó-Bucht von ihnen vorläufig nichts zu befürchten.

Die Lagune ist ein herrlicher Platz, um zu rasten und etwas zu trinken; sie ist von allen Seiten von Palmen und Mangroven umgeben. Auf einer aus dem Wasser ragenden Sandbank stehen aufgereiht aristokratisch wirkende, langbeinige Ibisse. Sobald die Strömung es wieder zuläßt, paddle ich auf sie zu, aber sie erheben sich sogleich als orangefarbene Wolke in den grauen Himmel.

Wir verabschieden uns von der Mannschaft der *Gott ist dein Richter*, Chmielinski nimmt Kurs nach Norden, und wir paddeln aus der Lagune in Richtung Atlantik.

Ein weißer Schleier legt sich über die Marajó-Bucht und verdichtet sich bald zu Nebel. Mir fällt ein, daß die Quelle des Amazonas ebenfalls in Nebel gehüllt war, aber in diesem Moment habe ich das Gefühl, das sei in einer anderen Welt gewesen. Ich bin jetzt schon so lange ein Mann der Tropen, daß ich mir kaum noch vorstellen kann, was es heißt, zu frieren. Was hatte der fremde Pole damals zu mir gesagt, als wir die Wasserscheide überschritten? ›Von jetzt ab geht es immer bergab.‹ Ich erkannte jetzt, daß ich sechs Monate lang einer Idee nachgerannt war, die nur ein Vorwand gewesen war, um weiterzumachen.

Drei Stunden später schaukeln wir auf sanften, in langen Abständen kommenden Wellen. Mit jedem Meter, mit jedem Paddelschlag wird das trübe Wasser durchsichtiger und grüner. Knapp 100 m vor uns taucht ein dunkler Schatten im Nebel auf. Während wir auf diesen Schatten zupaddeln, nimmt das verschlissene Segel eines alten Kutters allmählich Gestalt an. Es ist die *Jesus aus Galiläa* – grobe Jute-Takelage, morsches Holz, weder Messing noch Plastik. Ein Schiff aus einem anderen Jahrhundert.

Wir holen unsere Paddel aus dem Wasser. Chmielinski ruft den Kutter an. Keine Antwort. Der Nebel wird dichter, und wir sind zusammen mit dem Geisterkutter hier eingeschlossen. Wir sitzen regungslos in unseren Kajaks und hören die Takelage gegen das Holz schlagen. Das alte Schiff schaukelt ruhig in den Wellen, ziellos.

Chmielinski beugt sich aus dem Kajak, nimmt eine Handvoll Wasser und führt sie an die Lippen.

»Salz!« sagt er.